LES CÉSARS

TOME I

PARIS. — IMPRIMERIE DE J. CLAYE
RUE SAINT-BENOIT, 7.

LES CÉSARS

PAR

LE Cte FRANZ DE CHAMPAGNY

—◇—

TOME I

LES CÉSARS JUSQU'A NÉRON

—◇—

TROISIÈME ÉDITION

REVUE ET AUGMENTÉE

PARIS

AMBROISE BRAY, LIBRAIRE-ÉDITEUR

RUE DES SAINTS-PÈRES, 66

—

1859

Tous droits réservés.

PRÉFACE

DE LA PREMIÈRE ÉDITION

Les essais qui vont suivre, et dont quelques-uns avaient déjà paru à différentes époques, embrassent toute la période pendant laquelle régna la famille des Césars. Un tableau de la société et des mœurs terminera ce travail, et achèvera la peinture de ce siècle, qui commence avec Jules César et finit avec Néron.

Ce travail, fait à des temps divers, peut manquer d'unité quant à la forme. Au moins a-t-il été fait sous l'influence d'une même pensée. C'est le moment d'en dire un mot.

La science de l'histoire a fait de nos jours d'incontestables progrès. Un don particulier à notre siècle, c'est de savoir, au besoin, s'oublier et faire abstraction de lui-même pour s'identifier à autrui. Il s'est épris à la fois de tous les siècles qui l'ont précédé ; il a imité leurs arts; il a relevé leurs monuments ; il s'est fait le traducteur universel de tous les souvenirs, l'éditeur de toutes les grandes œuvres. Sous cette influence, l'histoire a été autrement comprise qu'elle ne l'avait été jusque-là. Au lieu de l'enchaînement de quelques faits, le plus souvent recommandés à notre souvenir par leur rapport avec le présent, nous avons appris à y trouver, sous la plume de quelques écrivains supérieurs, une entière résurrection du passé. Ils ont évoqué de leurs tombes couvertes de mousse les anciens chevaliers nos pères; ils nous ont appris leur langue; ils nous ont fait vivre de leur vie; ils nous ont fait voyager par les siècles, plus loin de notre patrie et de nous-mêmes que lorsque nous voyageons par le monde. Les noms propres ne viennent pas aisément sous ma plume : l'éloge est suspect, la critique ne me regarde pas. Ici d'ailleurs est-il besoin de nommer ? Depuis vingt-cinq ans, la science de l'histoire s'est renouvelée. L'Allemagne, avec sa hardiesse aventureuse, s'est embarquée de prime abord, comme ses aïeux les Scandinaves, sur le vaste océan de l'antiquité et des origines; elle a mené sa nef toucher à toutes les plages; elle a abordé et la Grèce mythologique, et la Rome conjecturale, et l'Inde mystérieuse, et quelque chose, s'il se peut, de plus caché et de plus inconnu. En France, avec la promptitude de notre coup d'œil et la ténacité de notre logique, nous avons jeté à bas notre histoire, comme nous avons jeté à bas notre société ; nous sommes occupés à refaire l'une et l'autre : puisse notre société se reconstruire aussi vite et aussi bien que notre histoire ! L'Angleterre est venue en aide à cette œuvre par le roman, gracieux engagement à la science, séduisant exemple dont l'imitation est trop commode, et dont les banales copies allaient pervertissant l'intelligence historique, si la lassitude ne fût venue. En un mot, jamais chaque époque, chaque pays n'avait été, dans sa vie propre, plus étudié et plus compris ; et si, comme le dit Fénelon, en fait d'histoire, nous ne pouvons tenir la vérité que par fragments, jamais du moins nous n'avions tenu autant de fragments de vérité.

Mais il y a dans notre nature un besoin d'unité, un désir de l'absolu, qui nous empêchera toujours de nous contenter de tels résultats ; nous voulons avoir le dernier mot de l'énigme, connaître la philosophie de toute cette science et l'unité de tous ces fragments. Ici, depuis longtemps, une double question avait éveillé la pensée humaine. Bossuet, d'un côté, a cherché dans les événements leur but et leur fin ; il les montre tous conduits par la Providence vers l'éternel objet de ses desseins ; il assigne au monde la grande fin de son être, et il le fait voir mené vers cette fin par une pensée qui sait tout y faire concourir. D'un autre côté, Vico le premier, je crois, chercha, non sans génie et sans hardiesse, si quelque loi constante, nécessaire, mathématique, réglait la marche des choses ; si le retour de certaines phases, en différents temps et en pays différents, n'était pas obligé et prévu comme les révolutions des astres ; il voulut découvrir la règle qui gouverne la vie des peuples. Il cherchait la loi de l'histoire ; Bossuet en avait cherché le but. L'un considérait les nations en elles-mêmes et les événements comme les phases de leur vie ; l'autre ne les voyait que comme instruments, et s'inquiétait peu de leur caractère et de leur sort, quand il avait touché le point important et fait voir leur utilité dans les desseins de Dieu : diversité de point de vue qui n'entraîne pas, du reste, la contrariété des doctrines ; ce sont deux aspects divers d'une même chose, deux questions posées sur le même sujet, deux études compatibles l'une avec l'autre.

Mais cette loi que cherche Vico, l'a-t-il découverte ? Dans l'antiquité, sa présence paraît manifeste ; la vie des peuples est bornée par le temps, presque régulière dans sa marche, presque uniforme dans ses phases; elle a son cours, ses phénomènes, ses périodes, je dirais presque sa physiologie, comme la vie de l'homme; et ces rapprochements entre les âges de l'homme et les âges d'un peuple, l'enfance, la maturité, la vieillesse de l'un et de l'autre, sont familiers à la sagesse antique. Mais chez les peuples chrétiens en est-il de même? Déjà ils comptent plus de siècles d'histoire positive que n'en compta l'antiquité (et ce qui leur est particulier, c'est que leur histoire est positive dès le jour où ils sont chrétiens). Pendant ces siècles, la loi de leur existence s'est-elle révélée à nous? Avons-nous signalé leurs différents âges? Leur grandeur a-t-elle constamment amené leur déclin; le déclin, la mort? N'ont-ils pas eu chacun et plus d'une vieillesse et plus d'un retour à la virilité? Remarquez que pour les formes politiques, pour les institutions, pour les empires, pour tout ce que l'homme a créé, l'antique loi de progrès et de déclin, d'enfance et de vieillesse, a subsisté; les peuples seuls lui échappent : les puissances tombent et les peuples restent, l'empire croule sans entraîner la nation. Les nations abaissées et comme vieillies se relèvent; les nations tombées ne désespèrent pas et comptent toujours sur leur avenir; « leur jeunesse se renouvellera comme celle de l'aigle. » Il semble que les peuples chrétiens soient immortels; et, en effet, comptez-vous beaucoup de peuples chrétiens qui aient disparu de l'histoire?

C'est que « la vérité nous a affranchis, » c'est que les lois fatales de l'antiquité ne pèsent plus sur nous; c'est peut-être que le genre humain a repris son libre arbitre, et que le libre arbitre de l'homme, ondoyant et divers, sans pour cela concourir moins aux desseins de Dieu, ne se soumet pas aux lois mathématiques qui régissent le monde matériel; c'est peut-être aussi que la mort, ayant perdu « son aiguillon, » il ne doit plus rien y avoir de fatal ni d'irrémédiable; rien n'est dû au néant. C'est enfin que, l'unité des nations s'étant fondue dans la grande unité chrétienne, il n'y a plus de nations aux yeux de la Providence; plus de peuples, en tant que peuples, à récompenser et à punir; plus de générations solidaires pour les générations précédentes; il n'y a, à bien dire, qu'un seul peuple et un peuple immortel, le peuple chrétien.

Pour avoir négligé cette différence, Vico, si ingénieux et si frappant de vérité quand il parle des nations antiques, tâtonne lorsqu'il s'agit des peuples modernes. Bossuet demeure, au contraire, fermement appuyé sur la pierre angulaire de sa pensée. Son époque était moins avancée que la nôtre dans la science historique proprement dite; mais il amène l'histoire à une généralité assez haute pour que cette ignorance de quelques détails perde de son importance. Et en même temps il l'éclaire par trop de génie et trop de foi, pour qu'en face de cette lumière une erreur grave puisse subsister. Bossuet dit quelque part : « Notre siècle est plein de lumières [1], » et peut-être le dit-il à meilleur droit que nous, parce que son siècle avait pour lui cette rectitude de sens et cette liberté d'esprit qui tient au calme intérieur et vaut beaucoup de science.

En effet, notre siècle est venu, plus riche de connaissances, mais moins calme et moins recueilli, trop hâtif pour être philosophe : aussi, en tout, c'est le côté philosophique auquel nous prétendons davantage et qui nous manque le plus. Une certaine préoccupation de finir empêche l'esprit de com-

---

1. Explication de l'Apocalypse, dans la préface, 26.

prendre jusqu'au bout; on n'a pas le temps d'approfondir, on devine. On pense à demi; le mot est à peine né sur les lèvres, que déjà il est accepté comme une idée. Concevoir, énoncer, définir, tout cela demande bien du temps; qui s'en occupe sera volontiers montré au doigt comme idéologue. Sous cette influence, la philosophie de l'histoire, comme toute philosophie, est devenue plutôt éloquente que précise, plutôt emphatique que sérieuse : et cette double question, qui exerçait le génie de Bossuet et celui de Vico, nous n'avons pas pris le temps de la poser, que déjà nous nous trouvons l'avoir tranchée d'un seul coup.

« La loi de l'histoire, avons-nous dit, et en même temps son but, c'est le progrès. Le progrès, c'est la marche ascendante et indéfinie de l'humanité vers le bien! L'*humanité*, c'est le genre humain dans sa vie unitaire, le genre humain formant un seul être et résumant en soi la destinée de tous les hommes ! »

Mais sur tout cela, que de choses à dire, ou, plutôt, que de questions à faire? Le *progrès*, qu'est-il donc? qui le fait? Dieu ou l'homme? la fatalité ou le libre arbitre? — Hélas ! on ne sait guère ; ce sont des abstractions dont on s'est peu occupé. — Si le progrès est la loi du monde, le monde a donc commencé par le mal? Le monde marche donc sans cesse vers le bien? Il n'aura pas de vieillesse, il n'aura pas de déclin? — Mais le bien ou le mal, quel est-il? Mais le progrès, n'est-ce pas ce que d'autres appellent déclin? Mais le déclin, n'est-ce pas ce que d'autres nommeront progrès?

L'*humanité!* Mais quoi donc! faut-il admettre que l'individu n'est pas et que l'homme ne vit que comme une molécule de ce grand tout, l'humanité? « Oui, sans doute, n'hésite-t-on pas à répondre, l'humanité vit, sent, souffre dans tous les hommes; elle souffre moins chaque jour, parce qu'elle *progresse;* elle arrivera, à force de *progresser,* à un état presque sans souffrance, à un état que nous appellerions parfait si un état plus parfait ne devait le suivre, et ainsi de suite jusqu'à l'infini. — Et à mesure qu'elle *progressera,* elle sera indemnisée plus complétement de ses souffrances passées. — Et ainsi, par cette fatale et bienheureuse tendance, l'histoire s'explique, la philosophie est satisfaite; l'homme n'a rien de plus à demander à la Providence : il n'est pas besoin qu'on lui parle d'une vie hors des sens et hors de ce monde (préoccupation fatigante); la vie des sens et de ce monde suffira à elle seule pour satisfaire l'humanité et justifier la justice de Dieu. »

Ainsi, je me trompe quand je me crois un être un, indépendant, identique avec moi-même. Mon individualité n'existe pas; mes souffrances pourront justement être payées à celui qui ne les aura pas souffertes. Ma personne sera indemnisée en la personne de mon petit-neveu. Le sens intime me trompe quand il me persuade de mon unité propre, de la propriété de mes mérites, de mes droits personnels à la justice et au bonheur.

Chose étrange ! il y avait une école philosophique qui ne permettait pas au christianisme de s'appuyer, pour l'explication des destinées humaines, sur cette loi mystérieuse, mais admise par toute l'antiquité, de la solidarité des races; il y avait une école scientifique qui rejetait l'unité d'origine du genre humain; il y avait une école politique qui s'élevait contre tout privilége héréditaire, et même contre la transmission des biens du père au fils : et de ces écoles est sortie la doctrine de l'unité absolue du genre humain, de la compensation entre les souffrances du père et le bonheur du fils, de la fusion en une seule personne, l'humanité, de toutes les personnes humaines.

Sans discuter ces doctrines émises, je dirais volontiers chantées, avant d'avoir été perçues et définies, — je demande seulement : qu'en est-il sorti ? Beaucoup de poésie peut-être, des traités de philosophie en forme d'hymnes et d'épopées, — mais en même temps une confusion étrange. Qui prend la peine aujourd'hui de distinguer entre l'humanité et l'homme, entre la raison et le fatalisme, entre la chose et le symbole, entre la métaphore et la réalité, entre l'idée et le mot ? L'esprit humain s'est appuyé sur le vide ; il s'est fait un marchepied de paroles pour atteindre, s'il se pouvait, à une idée. Jamais chaos ne fut plus complet que dans certains livres d'un siècle qui, en sa qualité de siècle positif, abhorre la métaphysique comme nébuleuse : — et je ne saurais dire que d'admirables talents, que d'imagination, de style, de science, d'esprit surtout, se sont déplorablement consumés sur l'autel du transcendantalisme et du symbolisme, ces dieux inconnus, dieux de la Germanie (pour parler comme Tacite) « qui se cachent dans les ténèbres des forêts, et dont la grandeur mystérieuse ne se révèle que par le respect qu'elle inspire [1]. »

1. « Lucos et nemora consecrant deorumque nominibus appelant secretum illud quod solâ reverentiâ vident. » Tacite, *Ger.*

Et pourtant de cette confusion il est sorti de graves conséquences.

Ce qu'on appelle le progrès, ce que j'appellerais le changement, a été reconnu comme la loi universelle des choses. S'il en est ainsi, rien au monde ne saurait lui échapper, pas plus les dogmes que les institutions, pas plus les religions que les sociétés, pas plus les idées que les faits. On a porté, même dans la foi, dans ce sanctuaire de l'immuable et de l'absolu, cette universelle adoration du changement. Il n'y a plus, a-t-on dit, de vérités générales ni de dogmes éternels. Le dogme s'est appelé la forme, tandis que, pour qui veut parler français, le dogme et la forme sont absolument les deux contraires. — Rien n'est vrai que d'une façon relative; en d'autres termes, rien n'est vrai. — La vérité d'hier n'est pas la vérité de demain; en d'autres termes, il n'y a pas de vérité. — Dieu était hier, Dieu ne sera peut-être pas demain; en d'autres termes, Dieu peut bien ne pas être.

Voilà les tristes et dernières conséquences auxquelles une logique involontaire nous mène plutôt qu'une logique raisonnée. Ces conséquences, nous ne reculons pas devant elles; nous les enveloppons seulement de quelques nuages; nous évitons de les accuser sous leur forme précise et philosophique. Nous voulons, ici comme partout, échapper à la réfutation par le vague. Il n'en est pas moins vrai (ce qui par la suite humiliera l'orgueil de notre siècle) que, pour tout soumettre à notre universelle *formule* de progrès, nous sommes arrivés à la négation de toute croyance, de toute philosophie, de toute vérité; que nous en sommes venus à dire implicitement (usant, pour ne pas le dire d'une façon plus explicite, de notre phraséologie confuse et de notre style antiphilosophique) que le dogme de l'existence de Dieu, vrai il y a un siècle, peut ne pas être vrai aujourd'hui; que l'âme humaine, hier immortelle, peut demain ne pas l'être; qu'on a eu raison de croire à la Providence, et qu'un jour on aura raison de ne pas y croire.

Et nous ne voyons pas que de toutes parts, au contraire, nous heurtons l'immuable et l'absolu? Le monde n'accomplit-il donc pas des lois éternelles? La géométrie recevra-t-elle jamais un démenti! Le dogme mathématique cessera-t-il de régir les nombres? La nature viendra-t-elle à s'insurger contre la gravitation et à secouer le joug de cette vieille loi newtonienne? L'homme souverain abrogera-t-il à la majorité des voix les formules surannées par les-

quelles Dieu gouverne le monde physique? Notre
corps cessera-t-il jamais d'être régi par cette loi
mystérieuse de la vitalité qui se cache éternellement
à nos recherches? Notre âme (ou, ce que vous appelez l'homme moral) cessera-t-elle d'être inclinée
vers les mêmes pentes, poussée par les mêmes passions, retenue par les mêmes liens? Et la grande
révolution chrétienne elle-même, la seule importante dans l'histoire de l'homme, a-t-elle donc
changé sa nature, ou n'a-t-elle fait que lui prêter
un secours surhumain? Dans le monde extérieur
des phénomènes, dans le monde abstrait des nombres, dans le monde moral de nos volontés, nous
trouvons le dogme, c'est-à-dire l'incommutable.
Dans le monde de l'intelligence, nous manquera-
t-il? La sphère des idées, la plus abstraite de toutes,
serait-elle donc la seule sans vérité et sans loi? Quelques révolutions humaines qui ont à peine effleuré
la surface du globe étourdissent notre orgueil : mais
tout ce que l'homme a changé ou pourra changer
en ce monde est imperceptible auprès de tout ce que
jamais il ne changera. Nous sommes environnés de
lois immuables; l'absolu pèse sur nous de toutes
parts ; les vérités éternelles nous gouvernent en tous
sens, et notre plus grand désir, comme le plus beau

triomphe de notre science, est d'en reconnaître et d'en proclamer une de plus.

Et il y a encore un ordre de vérités que notre système de mutabilité à l'infini nous fait méconnaître : je veux parler des vérités purement morales, et j'en vais dire un mot dans leur application à l'histoire. Ici, du moins, une idée nette, une conséquence pratique commence à se produire et perce le nuage.

La voici : Si le progrès, dit-on, est fatal et nécessaire; si le bien-être de l'avenir est mis au prix des souffrances du présent, ne faut-il pas laver de tout reproche ceux qui par les désastres du présent ont instinctivement travaillé au bonheur de l'avenir? Ils n'ont fait qu'accomplir une loi du destin, une loi même miséricordieuse et clémente ; ils n'ont rien ôté à l'humanité qui ne dût lui être rendu plus tard; leur devoir a été cruel ; mais comme la Providence, ils ont aperçu le but, et le but excuse tout.

En effet, si le progrès est inévitable, si l'issue en toute chose est nécessairement favorable au progrès, quiconque réussit a travaillé pour le progrès; quiconque réussit est justifié; les tyrans ne seront plus que des hommes intelligents qui étaient eux aussi de l'avis du destin, et aimaient mieux l'humanité future que l'humanité présente, leurs arrière-petits-neveux que leurs frères et leurs cousins.

Mais qu'est-ce alors que le juste et l'injuste, le bien ou le mal, la vertu ou le vice, la faiblesse même ou le génie? Tout cela est absorbé par une fatalité immuable. L'homme ne peut rien sur les choses humaines; il n'a qu'à les servir, et il est assez vertueux. Il y a au monde des hommes intelligents qui comprennent le mouvement et le suivent; il y a des fous qui le méconnaissent et lui résistent : voilà tout. L'histoire n'a plus à louer ni à flétrir, à s'occuper des bonnes ou des mauvaises actions; l'histoire a bien autre chose à faire : à glorifier l'humanité dans son infaillible progrès, quelle que soit la route qu'elle a suivie, à reconnaître et à honorer partout, au bout de toutes les révolutions et de toutes les misères, l'inévitable gravitation du genre humain vers son bien-être.

Il est vrai que la tyrannie ne fait pas seulement souffrir le genre humain; il est vrai qu'un Robespierre ou un Néron, donneraient-ils au monde, en échange du sacrifice de quelques milliers de proscrits, tout le bonheur matériel possible, n'en auraient pas moins dégradé, avili, abaissé moralement l'humanité. Mais on ne tient pas compte (et c'est une grande faute) de ce malheur moral que les gouvernements tyranniques infligent aux nations ; on ne compense pas avec un bonheur matériel, au moins douteux, une misère et une dégradation de l'âme, qui doit tôt ou tard enfanter le malheur matériel ; on arrive, malgré soi, sans se le dire, sans se l'avouer, par la force des choses ou la force des mots, à séparer le bonheur d'avec la vertu.

J'ai hâte de le dire : ce ne sont pas là des doctrines écrites, des dogmes proclamés ; ce sont bien plutôt des tendances auxquelles nous obéissons, des habitudes qui nous dominent. Nous nous complaisons dans cet enchaînement des causes par lesquelles nous déduisons les uns des autres les événements humains ; nous aimons à jouer le rôle de Providence ; nous ne voyons dans les actions que leurs conséquences sociales, et ces conséquences nous paraissent tellement grandioses, que, sans y songer, nous passons l'éponge sur les actions elles-mêmes.

Oserai-je le dire à mon siècle, lui si fier de ses lumières et de sa science, lui qui pense avoir tellement hâté la marche de l'esprit humain? S'il a quelque chose à apprendre, ce n'est pas la partie la plus mystérieuse de quelque science indéfinie ; dans l'indéfini et dans le vague, personne au monde n'a été plus avant que lui. Ce ne sont pas quelques notions plus transcendantes et plus hardies que les siennes ; pourrait-il y en avoir ? Non ! je lui demanderai au contraire de s'abaisser un moment. **La morale est quelque chose de bien peu transcendant et de bien vulgaire** ; il ne faut qu'une portée d'esprit assez médiocre pour distinguer le bien du mal, la vertu du crime ; en histoire, c'est le sentier battu, la vieille ornière, le lieu commun où chacun s'est traîné depuis Hérodote. Et pourtant, si quelque chose nous reste à apprendre, si quelque chose manque dans l'histoire telle qu'on l'écrit aujourd'hui, c'est tout simplement peut-être cette naïve et vulgaire équité, cette bonhomie d'honnête homme d'un Hérodote ou d'un Rollin ; c'est une appréciation des choses et des hommes, non pas seulement dans leur rapport avec l'histoire de l'humanité, mais aussi dans leur rapport avec notre sens moral et nos habitudes d'honnêtes gens. Voilà humblement ce que je voudrais faire ici, admettant bien et en toute franchise, qu'il y a des choses plus intellectuelles et plus hautes, n'admettant pas qu'il y en ait de plus utile ni de plus vraie.

J'insiste trop peut-être sur le vague des idées et l'oubli du point de vue moral chez les hommes de talent qui suivent les tendances du siècle. Mais j'aime le talent à ce point qu'il me peine de le voir conduit et dominé, même par son siècle et par un siècle tel que le nôtre. Un excès d'indépendance ne lui sied pas mal, et de notre temps une noble impopularité lui eût parfois été utile. L'opposition contre le pouvoir est une vertu assez peu rare, souvent honorée davantage quand elle est plus facile; l'opposition contre l'opinion suppose toujours quelque courage. En face de l'opinion, je voudrais le génie factieux plutôt que courtisan : les Bonald, les Chateaubriand, les de Maistre, le spirituel Ch. Nodier, Ballanche, ce génie si contemplatif et si pur, sont des factieux qu'aime assez notre siècle lui-même, et auxquels le siècle suivant pourra bien donner raison. Nous qui sommes la foule, il nous serait plus permis de céder à l'impulsion commune, et de ne pas nous retourner contre ce flot qui nous pousse. Mais, quant au génie, il faut qu'il marche à notre tête, ou qu'il marche contre nous; il ne faut pas qu'il nous suive. Je lui voudrais cette devise d'une vieille famille féodale : *Contre le torrent !* Le torrent, pourra-t-on me dire, est désormais un beau fleuve, majestueux et puissant, dont le cours égal, quoique irrésistible, emmène avec lui certains génies, même des plus beaux ; certaines âmes, même des plus droites. — Eh bien ! oui, j'excuse ceux qui le suivent : laissez-moi honorer d'autant plus ceux qui lui résistent.

A cet égard, l'époque qui est traitée dans ce livre me semble instructive, principalement pour notre siècle. Elle est un embarras et une épreuve pour ces théories de progrès infaillible dont nous venons de parler. Toute l'antiquité se résume dans cette époque et y vient aboutir ; ce siècle devrait être la gloire et la perfection de l'antiquité ; il en est le siècle le plus misérable et le plus dégradé ; et, par cela même, j'ose ajouter, le plus souffrant et le plus triste. L'humanité, livrée à elle-même, et certes sans que les beaux génies ou les guides puissants lui aient manqué, l'humanité en est venue là, à ne vivre que sous la condition d'adorer son dieu Néron. Si l'humanité, autrefois, avait été plus haute, plus morale et plus heureuse, qui l'avait fait descendre ? Et surtout si, plus tard, elle eut plus de dignité, plus de vertus, plus de bien-être que jamais, qui la fit monter ?

Non ! ce n'est pas elle-même. Ici, nous rencontrons (si une telle citation est permise) ce « nœud digne d'un Dieu, » et qu'un Dieu seul peut dénouer. Entre l'antiquité et les âges modernes, il y eut une autre différence que celle d'une science plus ou moins profonde, d'un progrès plus ou moins grand, d'une philosophie plus ou moins certaine (comme si, du reste, on fût arrivé aujourd'hui, plus qu'il y a deux mille ans, à la certitude philosophique). Le genre humain, avant le Christ, était déshérité ; c'était le fils de la servitude envoyé comme l'enfant d'Agar, pour souffrir de la soif au désert. Le genre humain a été appelé de la servitude de l'esclave à la liberté des enfants ; il est devenu « l'héritier de Dieu et le cohéritier du Christ. » Les nations ont maintenant auprès d'elles, même quand elles veulent s'en éloigner, la lumière éternelle et intelligente, à laquelle seule il faudra qu'elles viennent demander la vie, si elles ne veulent pas que leur vie s'éteigne ; elles ont auprès d'elles non-seulement la parole écrite, mais la parole vivante du Christ, cette Église qui a sauvé les nations par la vertu du Christ qui a sauvé les hommes. C'est là tout le secret de notre félicité, de notre vertu, de notre perfectionnement et de notre progrès.

Voilà dans quelle pensée et dans quel but on s'est arrêté si longtemps sur une époque, curieuse à quelques égards, mais bien repoussante par ses crimes et ses turpitudes. Resterait maintenant une seconde moitié du travail ; car le siècle des Césars n'est pas ici tout entier. Il faudrait encore à côté des corruptions du paganisme montrer le christianisme déjà tout parfait dans sa nouveauté. Ici, par le spectacle de ce qu'était le monde quand le christianisme lui manquait, on a cherché à montrer l'utilité sociale du christianisme et les bienfaits que les hommes lui doivent ; là, dans l'histoire même du christianisme, on trouverait la preuve de sa vérité : et ce point de vue est plus important encore ; car, si l'on veut juger une religion, c'est sa vérité qu'il faut discuter par-dessus tout. Dans ce nouvel essai, l'écrivain trouverait une compensation à tous les dégoûts et à toutes les tristesses qu'à offerts à ses yeux la décrépitude du monde païen, il se reposerait à cette « lumière admirable » de Dieu qui « est la voie, la vérité et la vie » au milieu de tout ce qui est divin, de tout ce qui est saint, de tout ce qui est pur.

Mais un tel travail ne saurait être l'ouvrage de quelques jours. Et, comme nous le dit l'apôtre : « Nous ignorons ce qui sera demain... » Nous devons dire : « Si le Seigneur le veut, et, si nous vivons, nous ferons ceci ou cela [1]. »

1. Jac., IV, 14, 15.

Juillet 1841.

P. S. En publiant cette nouvelle édition, je n'ai rien à changer et j'ai peu à ajouter à la préface qu'on vient de lire. Je n'ai rien à y changer; car l'idée ou plutôt le mot de *progrès*, bien qu'il ait perdu un peu de son crédit, est demeuré une des grandes banalités, un des grands non-sens, une des grandes déceptions de notre époque.

Je n'ai rien non plus à ajouter, si ce n'est que j'ai fait ce qui était en moi pour rendre ce livre moins indigne de l'accueil indulgent qu'il a reçu. Cet accueil, je le sais, n'était pas dû au talent de l'auteur; il était dû tout entier à ce que l'histoire en elle-même a de saisissant, lorsqu'elle est traitée dans sa simple vérité, sans mutilation, sans parti pris, sans prétention de plaidoyer. Les anciens disaient : l'histoire plaît de quelque façon qu'elle soit écrite (*historia, quoque modo scripta, placet*); et il a fallu chez certains modernes un grand effort de bonne volonté et de talent pour rendre l'histoire ennuyeuse.

J'ai tâché donc de donner un caractère plus précis à l'étude des causes qui amenèrent la décadence de la république romaine; sur cette époque, les fragments nouvellement retrouvés de Nicolas de Damas ont pu être employés avec fruit, pour confirmer bien plutôt que pour rectifier les renseignements des historiens déjà connus. J'ai tâché surtout de développer davantage l'époque d'Auguste, cette époque qui fut celle de la construction de l'empire romain. J'ai dû me rappeler une controverse qui s'est produite, il y a quelques années, sur la manière de juger la révolution opérée par César et par Auguste; mais j'ai dû aussi me rappeler que cette controverse, soutenue par d'éminents écrivains, s'était ressentie à beaucoup d'égards de la récente impression des événements contemporains. J'ai tâché, après ces écrivains, de traiter la même question, non pas avec une connaissance plus grande du passé (cela n'eût pas été possible), mais avec une moindre préoccupation du présent. Enfin, dans tous les détails de ce livre, j'ai fait ce qui était en moi pour améliorer, rectifier, rétablir, quand il en était besoin, l'exactitude matérielle des faits, et atteindre, d'une manière complète, s'il se peut, à l'exactitude morale du récit.

Du reste, pas plus dans cette troisième édition que dans la seconde, je n'ai cru nécessaire d'ôter à ce livre sa date. Il est de 1841 et de 1843. Bien des expressions, bien des souvenirs, bien des rapprochements peuvent s'y trouver qui sont de ce temps-là et ne sont plus guère du nôtre. Je demande pardon au lecteur de ces anachronismes, inévitables en un siècle qui va si vite.

Seulement, cette différence des temps me suggère une pensée à laquelle il est impossible que je ne donne pas place ici. On lira le dernier chapitre où j'achevais mon labeur par un coup d'œil jeté sur notre siècle et sur ce que j'appelais le paganisme de notre siècle. Ce coup d'œil était triste, j'en conviens, mêlé de douloureux pressentiments et de faibles espérances. Je n'ai pu le relire sans reconnaître avec quelque joie que les espérances avaient eu raison contre les craintes. Nous sommes encore bien loin du but; mais du moins ces seize années nous ont-elles fait faire quelques pas. Elles nous ont fait voir, après la salutaire leçon de 1848, cette réaction vers l'ordre moral et la foi religieuse, qui à pu s'affaiblir depuis, mais dont les fruits subsistent. Elles nous ont fait voir le Christ vénéré, en 1848, par ce peuple de l'émeute qui, en 1830, brisait les croix ; la sainte patrone de Paris reprenant possession de ce temple dont on avait fait le Panthéon de Marat ; la nation à ses heures de périls, sortant des voies révolutionnaires d'autant qu'on avait voulu l'y pousser davantage, et demandant ce jour-là conseil au prêtre et à l'homme de bien qu'elle avait tant de fois repoussés. Elles nous ont fait voir surtout l'enseignement, qui n'avait pu être émancipé par les stipulations d'une Charte, émancipé par suite d'une révolution, et les écoles dépositaires de la foi se multipliant comme par enchantement d'un bout de la France à l'autre ; — la liberté des vœux monastiques conquise par l'assentiment de l'opinion autant qu'obtenue de la bonne volonté du pouvoir ; — la liberté des conciles également rendue à l'Église à qui on l'avait si obstinément disputée ; — le chemin de Rome ouvert au clergé, et les voyages épiscopaux, grâce à la vapeur et à la liberté, se multipliant vers cette cité à laquelle on prétendait empêcher autrefois qu'une lettre même pût parvenir. Hors de France, qu'avons-nous vu encore ? La papauté secourue par la France un moment républicaine ; — une guerre infligée à l'Europe, propre sans doute à attrister les cœurs, mais en même temps à retremper les âmes, et montrant dans une nouvelle génération de soldats autant d'héroïsme militaire et plus de foi chrétienne que n'en avait eu la génération précédente. Nous avons vu, il y a peu d'années, non pas un concile sans doute, mais une assemblée d'évêques de tous les points du monde proclamant au Vatican cette doctrine de la Conception Immaculée qui était depuis longtemps l'enseignement de l'Église de France avant de devenir le dogme de l'Église universelle. Et aujourd'hui, voici que les mondes fermés de l'Orient s'ouvrent aux nations chrétiennes, et, pour la première fois depuis le temps de Jean Sobiesky, deux peuples catholiques unissent leurs armes pour la cause de leur foi.

Sans doute il y a bien des ombres au tableau et bien des mystères dans l'avenir. Mais les ombres n'anéantissent pas la lumière, et les périls de l'avenir n'annuleront pas les conquêtes du passé. Quelles que soient les agitations du moment actuel, je ferme ce livre en 1859 avec de moins tristes pensées que je ne le fermais en 1843. Nous sommes loin, je le sais, d'avoir remonté la pente que depuis un siècle nous avons si rapidement descendue. Nous avons peu de chose à envier à nos pères; mais, à nos grands-pères, en revanche, nous avons toujours beaucoup à envier. Dieu veuille nous mener plus loin dans cette voie! Ce n'est pas, j'en conviens, la voie du progrès, tel qu'on le prône aujourd'hui, qu'on le déifie et qu'on l'adore. Mais, à mes yeux obstinés, ce n'en est pas moins la voie du seul progrès digne de ce nom.

Avril 1859.

LES CÉSARS

JULES CÉSAR

§ Ier. — DERNIERS TEMPS DE LA RÉPUBLIQUE.

L'époque qui s'écoula depuis les guerres de Sylla et de Marius jusqu'à la bataille d'Actium, fut une des plus actives de l'histoire du monde. Ces soixante-dix ans (ans avant J.-C. 88-31, de Rome 665-722) sont une révolution permanente. Quand la guerre civile n'est point au champ de bataille, elle est au Forum ; quand des légions, qui souvent paient leur général pour les mener au pillage de Rome, ne s'avancent pas vers le Capitole, poussant devant elles l'Italie éperdue, alors des milliers d'hommes, libres, affranchis, esclaves, gladiateurs, délibèrent au pied du Capitole, le bâton ou l'épée à la main : c'est là l'état de paix.

La fièvre du combat est partout : orgueil ou souffrance, le monde entier veut prendre part à ce grand déchirement de la puissance romaine. Les pâtres errants, les fils vagabonds des anciens Samnites, les esclaves fugitifs dont l'Italie est pleine, sont prêts à se lever à la voix du premier Catilina qui les appellera. Les Scythes placés si loin de

Rome se soulèvent contre elle au nom de Mithridate (ans de Rome 675-690). L'Asie, sucée jusqu'au sang par la cupidité romaine, monte sur des barques, et des nations de pirates couvrent la mer (674-686). En Espagne, le parti de Marius, chassé de l'Italie, a trouvé un refuge, et Sertorius veut ériger une Rome nouvelle au lieu de la Rome de Sylla (666-675). La Gaule vaincue se soulève contre son vainqueur (700), et plus de soixante nations révoltées mettent César en danger : 1,192,000 hommes périrent dans ces guerres de la Gaule[1]. Les pâtres de Sicile, malheureux esclaves que leurs maîtres ne jugent pas même à propos de nourrir, armés d'épieux, vêtus de peaux de bêtes, suivis de chiens énormes, se font brigands, et il faut pour les réduire d'effroyables guerres où périt, dit-on, un million de ces hommes (648-654). Enfin les gladiateurs, dégoûtés de tuer et de mourir pour le plaisir d'un parterre romain, prétendent tuer et mourir pour leur propre compte; Spartacus l'esclave (679-681) plante sa tente aux portes de Rome, qui, peu d'années auparavant, a manqué d'être prise par une armée de pâtres samnites (662-665).

Et au milieu de tous ces déchirements, l'empire reste debout : César lui conquiert la Gaule (695-701); Mithridate vaincu lui laisse l'Asie (690); Sertorius, en soulevant l'Espagne contre Rome, la lui a donnée; chaque parti qui se meurt entraîne avec lui quelque royauté ou quelque nation indépendante : la république mourante s'agrandit au profit de l'empire qui va naître. Il y a plus : la civilisation ne périt pas. Ce monde qui se déchire est plein de lumières. Ce ne sont pas des barbares qui font ainsi égorger leurs ennemis au Forum; ce sont des hommes élégants, des littérateurs

---

1. Pline, *Hist. nat.*, VII, 25, d'après le compte de César.

qui ont fait leurs études à Athènes, qui parlent grec comme Isocrate, qui se battent pour Zénon ou pour Épicure, autant pour la république que pour l'empire, des artistes qui ne pillent les provinces qu'afin d'enrichir leurs galeries et tuent des hommes pour avoir un Praxitèle. César est orateur, grammairien et poëte ; Lucullus, le premier helléniste de son temps ; Verrès est un Winckelmann ; pendant un an ou deux de retraite, que lui donne la royauté de César, Cicéron traduit toute la philosophie grecque ; l'épicuréisme ne domine à Rome que sous le manteau de poésie dont l'habille Lucrèce.

J'essaie aujourd'hui d'expliquer cette époque. L'apogée de la gloire romaine avait été à la fin des guerres puniques : Rome vainquit alors sa plus redoutable ennemie ; elle la vainquit à force de patriotisme et de dévouement ; elle avait été, pendant ces guerres, plus une que jamais, plus croyante en elle-même, plus religieuse envers ses dieux. A cette époque, la longue querelle des patriciens et de la *plebs* était finie ; la plebs victorieuse était arrivée au niveau du patriciat, la cité était pacifiée ; la démocratie était dans les lois, mais l'aristocratie était dans les mœurs, en sorte que le peuple était à la fois satisfait et conduit. L'État était puissant, mais la nation encore pauvre ; les armes de Rome étaient redoutées, mais ses conquêtes bornées encore ; et le second des Scipions, après la prise de Numance, changeant la formule des prières, demandait aux dieux, non plus d'agrandir, mais de conserver la puissance romaine.

Il le faisait avec un sens profond. Il comprenait que, Carthage soumise, la conquête du monde irait trop vite ; que nulle part ailleurs la résistance ne serait sérieuse ; que des peuples nouveaux afflueraient dans l'empire, corrompus pour la plupart, étrangers à l'esprit romain, tout crus encore et non façonnés par une longue guerre : il voyait Rome disparaître sous l'affluence de ses propres sujets et envahie par ses vaincus.

C'est ce qui arriva. La même année (607 de Rome), qui vit tomber Carthage, la Macédoine fut conquise ; Corinthe prise ouvrit la Grèce aux Romains. Bientôt, Numance prise acheva de leur donner l'Espagne. De cette conquête si rapide, résulta pour le peuple vainqueur lui-même une triple révolution : économique, morale, politique.

En effet, des pays nouvellement conquis, pays jadis puissants et toujours riches, l'or et les captifs affluèrent dans l'indigente Italie. Ils affluèrent, concentrés entre les mains de quelques hommes, généraux ou traitants, qui avaient été les ouvriers et surtout les exploitants de la victoire[1]. L'Italie subit l'ascendant si perturbateur et si dangereux des fortunes soudaines. La richesse exerça sur elle un empire inattendu et inaccoutumé. Elle acheta au peuple ses suffrages ; elle lui donna du blé ; elle lui paya des spectacles. Maîtresse des comices, elle disposa des magistratures ; maîtresse de la censure, elle mania et remania à son gré ces divisions du peuple en centuries et en tribus, si importantes pour le vote ; maîtresse du sénat, elle administra et exploita les provinces ; maîtresse du Forum, elle se fit attribuer le droit de juger, qui fut depuis si âprement disputé. Mais surtout maîtresse des capitaux, elle envahit le sol italique et s'efforça d'accaparer cette terre glorieuse qui avait donné au monde ses vainqueurs.

Elle eut pour cela deux moyens.—Les plus illustres parmi les enrichis, nobles ou sénateurs, accaparèrent l'*ager publicus*. Il faut dire ici ce qu'était l'*ager publicus*. Le droit de

---

1. Sallust., *in Catilina*, 10.

guerre de l'antiquité ne laissait pas de propriété aux vaincus. Rome avait usé de ce droit plus modérément que d'autres cités; mais elle en avait usé, et la conquête successive des différentes portions de l'Italie lui avait donné d'immenses domaines. En certains endroits jugés importants comme boulevards de sa puissance, elle avait établi des villes nouvelles, repeuplé des villes anciennes, donné des terres à ses citoyens et à ses soldats, fondé ce qu'elle appelait des colonies; mais partout ailleurs un immense apanage lui était resté, inculte en grande partie et dévasté par la guerre. Ce domaine était inaliénable; pour en tirer parti, la république ou l'affermait aux enchères, ou même, sans stipulation expresse, laissait le possesseur s'y établir, et ne réclamait de lui qu'une faible redevance.

Ces concessions dès les temps les plus anciens avaient commencé à devenir le privilége des plus riches; soit parce qu'aux enchères, par la faveur des censeurs, ils parvenaient à écarter le pauvre; soit parce que ces terres, éloignées des villes, avaient besoin pour être protégées des châteaux et de l'armée de clients que possédait l'aristocratie. La classe opulente était devenue ainsi l'unique détenteur, et avait fini par se considérer comme seul et véritable propriétaire de l'*ager publicus*[1]. Le peuple s'était irrité pourtant, les tribuns avaient réclamé. La loi Licinia (388), en bornant chacun à un *maximum* de 500 *jugères* (126 hectares 40 ares) d'*ager publicus*, avait arrêté cette concentration des fortunes, maintenu le sol italique aux mains de cette classe moyenne qui était la moelle de la république et la pépinière des lé-

---

1. *V.* surtout Appien, *de Bello civili*, I, 7; II, 10; Plut., *in Gracch.*, 8, 9. Sur les châteaux (*arces*) de l'ancienne féodalité romaine, *V.* Denys d'Halic., V...; Tit.-Liv., V, 44. Sur les armées de clients, *V.* la célèbre expédition des Fabii auprès de leur château de Crémère.

gions ; elle avait aidé aux grands triomphes des armées et à la grande époque de la cité romaine.

Mais, après la prise de Carthage, sous le règne des nouveaux riches, l'équilibre fut de nouveau rompu. La loi Licinia fut oubliée ou éludée. Les détenteurs du domaine public s'établirent de nouveau en propriétaires. Il est vrai que cette propriété usurpée, illégitime, provisoire, contestée toujours, eût été gênante à manier et à transmettre sans l'officieuse habileté du préteur. Le préteur était à Rome le grand redresseur des rigidités de l'ordre légal, l'homme aux expédients, chargé de plier au sens commun la vieille loi des Douze-Tables. Le préteur ne pouvait déclarer propriétaires ceux qui détenaient ainsi le sol italique, il ne pouvait leur donner d'action civile pour réclamer ces biens; mais par un *édit possessoire* il leur en rendait la jouissance, par un *interdit* il les y maintenait. Leurs successeurs ne pouvaient y prétendre par droit d'hérédité : le préteur leur donnait la *possession de biens*. On ne pouvait transmettre à titre de legs, de donation, ni de vente, ces biens dont on n'était pas propriétaire légal, il est vrai; mais si on les avait légués, donnés ou vendus, le légataire les possédait *pro legato*, le donataire *pro donato*, l'acquéreur *pro empto*: ce qui, de compte fait, revenait exactement au même [1].

Mais restait le peuple et sa souveraineté menaçante, restaient les tribuns toujours prêts à se lever pour réclamer au nom des pauvres la propriété publique. La grande question des lois agraires, longtemps mal comprise des modernes, éclairée enfin par la science de notre siècle, n'est autre que celle-là : le combat entre le droit du peuple, strict, absolu,

---

[1]. Sur cette origine de la possession prétorienne, *V.* les travaux pleins de lumière de Savigny, *Recht des Besitzes;* Niebuhr, tome III, et le savant ouvrage de M. Giraud, *De la propriété chez les Romains.*

rigoureux, et le droit des possesseurs maintenu pendant des générations et confirmé par l'hérédité. Que fallait-il faire? Expulser le détenteur de ces héritages devenus siens par le fait? Laisser le patrimoine public à l'abandon, la *plebs* sans terre à cultiver, et une multitude inquiète, oisive et toujours croissante, sans ressource dans sa misère [1]? Aussi les Gracques eux-mêmes (619-629) n'osèrent tenter la restitution sans promettre une indemnité aux possesseurs, et ne réussirent pas. Une loi subséquente maintint ceux-ci, en les soumettant à une redevance dont l'usage tomba bientôt [2].

Et ainsi, grâce à la possession de l'*ager publicus*, se forma une aristocratie nouvelle. Ce ne fut plus le patriciat, cette aristocratie sacerdotale de l'ancienne Rome, exclusive et despotique, mais patriotique et digne : le patriciat avait perdu tous ses priviléges, et sauf quelques fonctions religieuses ou quelques distinctions honorifiques, un patricien n'était plus autre chose qu'un homme qui ne pouvait pas être tribun du peuple. Ce ne fut pas non plus la *noblesse* (*nobilitas*), aristocratie de seconde main, et qui, sans droit exclusif, sans privilége, sans autre titre que ses services et sa gloire, avait gouverné Rome au temps de sa plus grande paix intérieure et de sa plus grande puissance militaire. Ce fut l'oligarchie de la fortune, le patriciat des enrichis, le règne de quelques soldats heureux et de quelques millionnaires anoblis.

Et déjà pourtant, une autre oligarchie s'élevait derrière celle-ci; les chevaliers coudoyaient les sénateurs; les nou-

---

1. Reduci plebs in agros unde poterat nisi possidentium expulsione qui ipsi pars populi erant? Et tamen relictas sibi a majoribus sedes quas jure hæreditario possidebant. (Florus, III, 13.)

2. Au moins pour une partie de ces terres. Ainsi Atticus payait quelque chose pour les siennes, Térentia ne payait rien. Cic., *ad Attic.*, II, 15. *V.* sur tout ceci Plutarque et Appien, *ibid.*; Cic., *Brut.*, 36; Appien, I, 27.

veaux riches marchaient sur les talons des riches anoblis. La possession de certaines magistratures vous faisait sénateur ; le *droit d'images* vous faisait noble ; la seule quotité de votre fortune vous faisait chevalier (vers les derniers temps, 400,000 sesterces, 108,000 fr.)[1]. Les places de finances, la ferme des impôts, emplois interdits aux sénateurs ou dédaignés par eux, obscurs et de médiocre profit dans la pauvreté des temps anciens, engraissaient maintenant bien des fortunes de chevaliers. Ces publicains, comme on les appelait, formés en compagnies commerciales, associés par la médiocrité même de leur ambition, répandus par tout l'empire, exploitant toutes les provinces, correspondaient par un service de postes organisé pour eux seuls, de l'orient à l'occident, de l'Asie en Espagne. Leur centre était à Rome ; toutes ces sociétés y avaient leur représentant (*magister societatis*) ; elles avaient crédit au sénat, puissance pour agiter le Forum ; le sang y coula pour elles. Cicéron les loue en public, se plaint d'elles dans l'intimité[2]. César leur fait remettre le tiers d'un bail onéreux ; les pontifes, maîtres du calendrier, abrégent ou allongent l'année pour leur complaire, selon que leur bail est avantageux ou ne l'est pas[3]. Jamais corps élu ni aristocratie héréditaire ne fut plus cohérente que cette aristocratie formée par le cens.

Or, un débris leur était échu de la fortune de l'ancien patriciat. L'usure, cette grande ressource du sénat antique,

---

1. Hor., *Epist.*, I, 1. Pline, *Hist. nat.*, XXXIII, 2. Pline, *Epist.*, I, 17. *V.* l'évaluation du sesterce aux différentes époques dans M. de La Malle, *Économie politique des Romains*, liv. 1, c. 7. Quant au talent, je l'évalue toujours à 6,000 deniers romains, d'après Pline, *Hist. nat.*, XXXV, 15.

2. *V.* pour l'éloge, *Pro lege Manilia*, et presque toutes les harangues ; pour la critique, la correspondance avec Quintus, entre autres, I, 1, § 2. — Nosti consuetudinem hominum, leurs rancunes, etc. (*Fam.*, I, 9.)

3. Suet., *in Cæs.*, 40. Solin, 1. Macrobe, I, etc.

cette fréquente occasion de révolte plébéienne, était en bonne partie en leurs mains. Ils se trouvaient et les fermiers généraux et les banquiers et presque les seuls commerçants, en un mot tout le tiers état de cet empire romain qui était le monde. Le goût leur vint bientôt de partager avec la noblesse le domaine privilégié du sol italique. L'hypothèque, ce vasselage de la propriété territoriale envers la propriété mobilière, cette inféodation de la terre aux capitaux, un des fléaux des temps actuels, était chez les Romains bien autrement dévorant. Les fréquents appels pour la guerre mettaient vite le pauvre colon à la merci de son riche voisin ou de l'usurier de la ville. Ce que les riches du sénat ne détenaient pas à titre d'adjudicataires publics, les chevaliers l'acquirent à titre de créanciers; ceux-ci s'agrandirent aux dépens de l'*ager privatus*, la propriété libre, comme ceux-là s'étaient agrandis aux dépens de l'*ager publicus*, la propriété domaniale : les vastes domaines envahirent dès lors une énorme portion de l'Italie, et le tribun Philippe ne craignit pas de dire qu'il n'y avait pas dans la république deux mille hommes qui eussent quelque chose [1].

C'est qu'aussi il fallait un large espace à l'importance et à la gloire du Romain civilisé; de la place pour ses villas, pour ses jardins plantés d'arbres exotiques, pour ses volières, pour ses viviers, pour son peuple d'amis, de clients, d'affranchis et d'esclaves. Un parc de quelques arpents pouvait-il suffire au maltôtier romain qui s'était logé militairement dans les immenses palais des rois d'Asie? Il faut donc s'arrondir (*agros continuare*), acheter de gré ou de

---

[1]. Non duo esse hominum millia in civitate qui rem haberent. (Cic., *de Off.*, II, 21.) Ce mot ne doit peut-être pas être pris à la lettre, mais il est à remarquer que Cicéron, tout en blâmant Philippe de cette parole dangereuse, n'en conteste pas la vérité.

force l'héritage voisin, déposséder le pauvre qui doit et ne trouve pas de répondant; s'adjuger le bien du soldat qui, en partant pour la milice, a laissé des enfants trop jeunes pour cultiver; faire marché pour quelques écus avec le légionnaire qui, après vingt ans de combats, revient centurion, mais épuisé par la guerre et hors d'état de labourer son champ. Le *latifundium* (la grande propriété) est envahissant de sa nature; on n'a pas des terres, on a des provinces[1].

Mais maintenant, ces terres trop facilement acquises, va-t-on les cultiver avec amour? Souvent le droit du possesseur est contestable, douteux, provisoire : ce n'est pas un père de famille, c'est un créancier nanti; ce n'est pas un cultivateur, c'est un gardien. Exploiter par soi-même n'est pas digne; affermer donne de l'embarras : un métayer raisonne, paie mal; au moment des semailles ou de la récolte, la guerre vient vous l'enlever[2]. Mais l'esclave, cette bête de somme, qui, sous la conduite d'un esclave comme lui, travaille et n'a jamais le droit de rien demander, qui dans sa vieillesse peut encore être vendu pour quelques écus, qui enfin n'est jamais digne de marcher sous les aigles romaines, l'esclave est un outil bien plus commode. Ce genre d'exploitants n'est pas cher; les captifs, je l'ai dit, ne manquent pas au peuple qui a vaincu le monde; on ne voit que Thraces, Africains, Espagnols, les fers aux pieds et la marque du fouet sur le dos, envahissant le pays qui les a vaincus; les maquignons vont en Asie et en Grèce enlever des hommes libres, et en amènent à Rome des cargaisons. Ainsi le *latifundium* sera livré à des mains serviles; le *tugurium* du pauvre colon sera jeté au vent; l'immense

---

1. Appien, I, 7. *V.* Sénèque, Pline, Horace, etc. — 2. Appien, *Ibid.*

villa, la grande ferme lui succédera avec sa partie souterraine, l'*ergastule*, peuplée d'ouvriers qui dorment les pieds dans les entraves.

Mais l'esclave cultive mal, sans cœur, sans espérance, peu importe ! Si l'esclave cultive mal, du moins peut-il garder les troupeaux ; l'agriculture fera place à une industrie moins embarrassante ; le sol, jadis cultivé, se changera en de vastes pacages où les seules traces de civilisation seront quelques pâtres gardant des bestiaux ; ce sera là une grande partie de la fortune des riches. Des domaines immenses, dont le maître ne peut pas faire le tour à cheval en une journée, seront broutés par la dent des troupeaux ou piétinés par les bêtes fauves [1]. Ainsi, par suite du même progrès social, auront succédé les vastes domaines à la culture partielle, les travaux de luxe aux travaux utiles, l'esclave au cultivateur libre, le pâtre au laboureur [2].

Le propriétaire perd-il beaucoup à cette révolution agricole ? Non ; la transformation du labour en pâturage, commode à son indolence, n'est pas toujours une spéculation funeste à ses intérêts. Même en notre siècle, si la campagne de Rome demeure en pâturage comme au temps de Sylla, c'est bien souvent parce que les propriétaires y trouvent leur compte. Quand, au dernier siècle, dans plusieurs comtés d'Angleterre, de grands propriétaires expulsèrent leurs tenanciers, détruisirent les chaumières, réduisirent les villages à la solitude, remplacèrent l'agriculture par

---

1. Varron, *de Re rustica*, III, 10. Cet écrit est de l'an de Rome 718.
2. Sur cette diminution de la culture, *V.* liv. VI, 12, Plut. *in Gracch.*, 8; Cic. pro *Roscio Am.*, 18 ; Colum., I, *Præf.* II, 12. La plus grande partie de l'*ager publicus* était en pâturages. Varron, *de Re rustica*, V, 36. Pline, *Hist. nat.*, XVIII, 3.

le pacage, ils ne le firent certes pas pour se ruiner [1].

Dans l'antiquité, d'ailleurs, ces centaines et ces milliers de pâtres esclaves qu'on installait sur le sol, n'étaient pas une propriété toujours inutile; en ces temps de guerre civile, qui sait s'il ne leur devra pas son salut? Dans sa maison à Rome, dans ses villas de luxe, dans ses villas d'exploitation, dans ses pâturages surtout, le riche a une légion d'affranchis et d'esclaves toute prête à marcher; on n'est pas riche, dit Crassus, si l'on n'a de quoi entretenir une armée. Ainsi verrez-vous Catilina tomber au champ de bataille entouré de ses affranchis et de ses colons esclaves; Domitius, aborder à Marseille avec sept navires pleins de ses esclaves, de ses affranchis et de ses colons; Pompée, conduire à Pharsale 800 cavaliers, ses pâtres ou ses esclaves; Catilina, pour faire la guerre, vendre ses troupeaux et garder ses pâtres [2] : ce sont les armées féodales et les guerres privées du moyen âge.

Voilà pour le propriétaire! mais pour l'État? que gagnera la république à cette révolution agricole qui lui donne, au lieu de champs fertiles des pâturages, au lieu de blé des troupeaux, au lieu de citoyens libres des esclaves? D'abord, avec cet accaparement de la propriété et cette diminution de la culture, on verra rapidement disparaître cette *plebs rustica,* la pépinière de tant d'armées, elle jadis estimée bien au-dessus de la *plebs urbana* qui était à peu près exclue de la milice? Elle est fière, privilégiée, en tant que romaine; elle s'est faite l'égale des patriciens : mais en

---

1. Une noble dame écossaise renvoya 15,000 habitants de ses terres pour les convertir en pâturages. Sismondi, *Études*, t. I, p. 213.

2. Cum libertis et colonis. (Sallust., *Catil.*, 62.) Servis, libertis, colonis, Cæsar, *Bell. civ.*, I, 34, 56.) Servos, pastores. (*Ibid.* I, 24, IV, 3.) Cic. *Fragm. in togâ candidâ,*

tant que pauvre, elle est méprisée, expulsée de son champ[1], dévorée par l'usure. L'industrie, exercée par les esclaves au profit des riches, est improductive et impossible pour l'homme libre. Les saintes lois protectrices, les lois *Porcia et Sempronia*, ce *bill des droits* du citoyen romain, cette charte qui constitue son privilége au-dessus de l'étranger, ne sont pas toujours respectées vis-à-vis des plébéiens de la campagne; ils sont parfois battus de verges, et on les envoie comme esclaves dans les provinces[2]. Et si à tant de causes de ruine on joint la guerre que Rome, avec les seules forces que lui fournit le centre de l'Italie, soutient depuis tant d'années sur tous les rivages, on comprend la prompte disparition de la population romaine des campagnes.

S'il en est ainsi de la population romaine, à plus forte raison les populations italiques, jadis associées à sa grandeur, et qui, depuis la fin des guerres puniques, la remplacent souvent dans les légions, sont-elles associées aujourd'hui à sa misère. Elles sentent lourdement le pouvoir de l'oligarchie romaine et les volontés arbitraires de ses préteurs : un d'eux fait battre de verges les magistrats d'une ville, parce que les bains ne sont pas restés libres assez tôt pour sa femme qui les voulait

---

1. Servili imperio patres plebem exercere..., de vita et tergo more regio consulere, agro pellere.... (Sallust., *Fragm.* I, 9.) — Quicumque propter plevitatem agro publico ejecti sunt... Hemina : cité par M. Giraud, — Plebeios.... paulatim agris expulsos. (Salluste, *Lettre politique*, II.)

2. « Vous vous croyez assez libres, dit un tribun au peuple de Rome, parce que vous n'êtes pas frappés de verges, parce que les riches, vos maîtres, vous laissent encore aller et venir librement. Il n'en est pas de même des citoyens des campagnes : leur sang coule sous la verge au milieu des querelles des grands; on les donne en présent aux magistrats qui vont dans les provinces. » (Discours de Licinius Macer, dans Salluste.)

occuper à une heure inaccoutumée [1]. Entre la violence du préteur et la *prépotence* du riche, entre l'invasion juridique du colon romain et l'invasion semi-légale du possesseur noble, entre le droit du conquérant et celui de l'usurier, entre la fiscalité et la chicane (*calumnia*), toute la population agricole de l'Italie, déjà appauvrie par tant de guerres, sera déplacée. Italien ou Romain, le colon sera réduit à errer, comme dit un des Gracques, sans tombeau et sans autel; heureux s'il peut pénétrer dans la cité merveilleuse où le pauvre espère toujours qu'il vivra, Rome, l'Eldorado du proscrit, qui semble encore un asile ouvert, comme au temps de Romulus, à tous les misérables qu'elle a faits. Ne donne-t-elle pas au moins l'air, le soleil, quelques aumônes, la liberté du lazzarone?

Seulement, la population rurale qui s'éteint ou qui émigre, laisse après elle la stérilité, la solitude, les marécages, la peste. La dépopulation de la *malaria*, que l'on impute à certaines contrées de l'Italie moderne, date de l'Italie romaine et républicaine. Lisez les lettres de Cicéron et ses précieux discours sur la loi agraire, qui jettent tant de jour sur l'état territorial de la Péninsule; combien de fois il parle de la solitude de l'Italie, de propriétés abandonnées, de terres incultes et insalubres. Dans tout le Samnium, au temps d'Auguste, deux villes seules étaient debout; les autres n'étaient plus que des bourgades. Pline parle de cinquante-trois peuples éteints dans le seul Latium; Tite-Live, de cantons d'où sortaient jadis des armées, habités de son temps par des esclaves et fournissant à peine un faible contingent aux légions. Tib. Gracchus, traversant l'Étrurie, la trouve à peine habitée par quelques laboureurs et quel-

---

1. *V. Cat.* et *Tib. Gracch.*, apud Aulu Gell., X., 3, 5.

ques pâtres, tous esclaves. L'Italie compte peu d'habitants, et encore ce peu d'habitants elle ne peut les nourrir. Il faut qu'elle demande des masses de blé à l'étranger [1].

Et enfin, comme la population romaine ou italique, la population des provinces est poussée vers Rome par les mêmes ambitions ou plutôt par les mêmes souffrances. La domination romaine arrive aux provinces, représentée par le proconsul et le publicain. Quant au proconsul, lisez dans Cicéron [2] quel fut le gouvernement de Verrès en Sicile, celui de Pison en Macédoine, celui de Gabinius en Syrie : voyez surtout dans ses lettres intimes [3] en quel état il trouva la Cilicie, succédant à Appius avec qui il correspond poliment et respectueusement et qui se plaint bien haut que Cicéron se donne des airs de le condamner en faisant mieux que lui. Lisez ce qu'est l'arrivée d'un proconsul avec sa *cohorte*, c'est-à-dire avec sa tourbe d'affamés et d'endettés romains qui viennent se refaire dans la province, jeunes oiseaux de proie que le vieux milan mène à la chasse ; ses voyages ruineux, ses redoutables assises, les désastreux passages des troupes romaines (les Cypriens payèrent 200 talents, 936,000 fr., à Appius pour éviter une garnison) ; ses pillages de tableaux, de vases et de statues ; ses marchés pour la justice ; ses réquisitions de blés pour

---

1. V. Cic., *de Lege agr.*, II, 26, 27, 36 ; *de Rep.*, II, 6 ; Strabon, V et VI ; Denys d'Halic. ; Pline, *Hist. nat.*, III, 5 ; Tit.-Liv., VI, 12 ; Plut., *in Gracch.*, III, 2. La Gaule et l'Espagne bien plus salubres que l'Italie. Cæsar, *Bell. civ.*, II, 2. Sénèque., *Ep.* 105. Martial, IV, 60. Insalubrité de Rome. Horace, *Ep.* I, 7, in princ. Cic., *ad Att.*, XII, 10. Tit.-Liv., VII, 8. Sénèque, *Ep.* 104. En parlant des époques postérieures, j'indiquerai le chiffre de la population probable de l'Italie.

2. *In Verrem. De Provinciis Consularibus. In Pisonem*, etc. V. aussi la lettre officielle à Quintus, I, 1.

3. V. sur le proconsulat de Cicéron en Cilicie., Cic. *ad Attic.*, V, VI, 5 et seq. — *Fam.*, II, 10, 17 ; III, 1 et seq. ; IX, 25 ; XV, 1 et seq.

l'approvisionnement de Rome, source d'abus infinis; son pouvoir de vie et de mort; son omnipotence sur les villes, les peuples et les rois. Pison lève en Achaïe des impôts pour son propre compte ; oblige les plus nobles filles à se jeter dans les puits pour échapper à sa brutalité; ailleurs, vend la vie de son hôte, et, fidèle au marché, lui fait ouvrir les veines; envoie à son ami Clodius des centaines d'hommes libres pour combattre dans l'amphithéâtre. Gabinius arrive, dit Cicéron, tendant la main, criant qu'il a tout acheté et qu'il veut tout vendre. Débarquant en Cilicie, Cicéron trouve ce vaste royaume insolvable, tous les biens vendus (sans doute à des Romains), la rentrée des impôts devenue impossible ; et quand on voit qu'il se conforme aux lois, que satisfait des 2,200,000 sest. (429,000 fr.) que le sénat lui donne, il n'exige ni blé pour sa suite, ni bois pour sa tente, ni foin pour ses chevaux, la province tout entière vient émerveillée faire haie sur son passage; son arrivée est une résurrection pour elle [1].

Mais une tyrannie plus redoutable, parce qu'elle ne varie pas, est la tyrannie usurière et fiscale des chevaliers romains. Tous, publicains, négociants, hommes d'affaires des riches sénateurs, agents financiers de toute espèce (ces mots : négociants, banquiers, *argentarii, mensarii, negotiatores,* ne veulent guère dire qu'usuriers; les Romains, en fait de commerce, n'estimaient que celui de l'argent), tous forment dans chaque ville une assemblée (*conventus*)[2], se serrent les uns contre les autres, se séparent de l'étranger par ce sentiment de nationalité âpre et jalouse, dont les

---

1. Adventu meo revixisse. (Cic., *ad Attic.*, V, 10.)
2. Conventus civium Roman... Conventus agere. (Cæs., *Bell. gallic.*, I, 54; *Bell. civ.*, II, 20, 36; III, 9, 21.) Suet., *in Cæs.*, 7, 30, 56; *in Galba*, 9.

Anglais sur le continent nous offrent aujourd'hui un type assez vrai. Le *conventus* est une puissance, souvent égale ou hostile à celle du proconsul, et que sa nationalité romaine rend inviolable. Ces gens, d'une haute *respectabilité*, spolient à qui mieux mieux et la province et le trésor, accaparent le blé dans les disettes, perçoivent les impôts dont ils ont grand soin de cacher le taux légal; sont créanciers de tout le monde, hommes, villes et dieux; forcent la cité à vendre son temple, le père son fils; mettent les hommes libres aux enchères, les soumettent à la torture, les jettent pour toute leur vie dans un cachot fangeux. Tout-puissants à Rome, recommandés par les chefs du sénat aux proconsuls et aux préteurs, ils font casser les sages règlements de Lucullus, par lesquels plus encore que par la guerre il avait vaincu Mithridate. Ces bourgeois de Rome ruinent jusqu'à des rois; Déjotarus est devenu gueux; Ariobarzane paye à Pompée 33 talents (153,440 fr. environ) par mois, tout le revenu de ses États, et n'acquitte même pas l'intérêt de sa dette. Scaptius, l'agent et le prête-nom de l'austère Brutus, est créancier de la ville de Salamine, se fait donner des cavaliers par le gouverneur Appius, enferme le sénat de cette cité, l'assiége si longtemps que cinq sénateurs meurent de faim : Cicéron arrive et examine les prétentions de Scaptius; il trouve qu'au lieu de 106 talents de capital, il en réclame 200, et quant aux intérêts, il se contente de 4 pour 100 par mois (ou 48 pour 100 par an) se cumulant au bout de l'année[1]. Jugez si les sujets de Rome qu'elle nommait dérisoirement ses alliés, ne devaient pas tourner un œil d'envie vers cette cité où semblait s'être réfugiée toute la liberté du monde.

1. Cic., *ad. Attic.*, VI, 1, 2.

Dans l'antiquité d'ailleurs la suzeraineté des villes est un fait permanent. La ville possède le sénat et l'assemblée populaire; la campagne en est, sinon exclue, du moins éloignée[1]. Les nationalités, haineuses et jalouses, aimaient à s'enfermer derrière les murailles : c'était là l'État, la cité, πόλις; la campagne n'était que le champ (*ager*), le territoire et le domaine de la ville, je dirais presque son esclave : ici c'était le Spartiate, là c'était l'Ilote. Toute la force des nations résidait dans leurs villes. Aussi les grandes conquêtes s'achevèrent par un siége : Numance prise donna aux Romains l'Espagne; Carthage, l'Afrique; Syracuse, la Sicile; Corinthe, la Grèce.

Et Rome surtout, la ville des villes, l'archétype des mille colonies qui peuplent l'Italie et peupleront le monde, Rome, dont l'immuable *Pomœrium* a été consacré par d'éternels augures, exerce plus énergiquement que toute autre cette puissance d'absorption[2]. Tout accourt vers elle : le riche vient y jouir, le pauvre y mendier, le nouveau citoyen y donner son suffrage, le citoyen dépossédé y réclamer ses droits. Le banqueroutier s'y met à l'abri de son créancier, le criminel y fuit son accusateur, le riche endetté s'y fait protéger par quelque potentat contre la saisie de biens et la pique du préteur[3]. Le rhéteur asiatique y ouvre

---

1. Quelques traces de vie municipale dans les campagnes : Festus v° *vici*. Cicéron parle des *colléges* de la campagne (*pro Domo* 28) et Horace de son hameau :

> ....Habitatum quinque focis, et
> Quinque bonos solitum variam dimittere patres.

2. Rome! Rome! c'est elle qu'il faut habiter, Rufus, c'est dans sa lumière qu'il faut vivre. Il n'y a pas de gloire à gagner au dehors, pour peu qu'on puisse s'illustrer à Rome. Cic., *Fam.*, II, 12.

3. Salluste, *Catil.*, 38, énumère très-bien tous ces éléments de désordre

son école ; le philosophe grec y apporte sa loquacité bouffonne ; l'astrologue chaldéen, le magicien d'Égypte, le prêtre mendiant d'Isis ou de Bellone, le petit Grec surtout (*Græculus*), le chevalier d'industrie de l'ancienne Rome, qui « monterait au ciel pour un dîner » :

> Græculus esuriens in cœlum, jusseris, ibit [1].

Tous ces gens qui cherchent fortune pensent la trouver là, et, à défaut d'autres, prennent Rome pour patrie et pour nourrice [2].

Nourrice ingrate et dont le lait doit s'épuiser ! Rome est encombrée et l'Italie donne peu de blé ; les bouches abondent et les bras manquent. Le sénat, pour décharger Rome, envoie la *plebs* se partager des terres au nord de l'Italie ; il veut la disséminer en colonies : mais ce remède incomplet est accepté avec répugnance, parce qu'il ôte avec le voisinage de Rome les trois priviléges de la cité romaine : le vote au Forum, le spectacle au théâtre, les distributions de blés. Quant à l'étranger, malheur à lui ! Au jour de famine, le sénat le jette hors des portes ; il ira où il voudra, hors de Rome, hors de l'Italie. Une fois, un tribun fait expulser Gaulois, Espagnols, Grecs, tous les étrangers, à l'exception du seul Glaucippus [3]. Les Latins eux-mêmes, ces frères du peuple romain, ces premiers alliés de la ville de Romulus, ne seront pas toujours épargnés (ans de Rome 566, 581, 632). Bien des siècles plus tard, lorsque Rome, dans sa décadence, sera devenue plus tolérante, les rhéteurs

---

qui se réunissaient à Rome. *In Romam sicut in sentinam confluxerant.* V. aussi Appien ; Suet., *in Aug.*, 42.

1. Juvénal. — 2. Roma, dit Q. Cicéron, urbs ex nationum consensu constituta. (*De Petitione consulat.*) — 3. V. Cic., *de Lege agrar.*, I, 4.

grecs lui reprocheront cette nécessité inhumaine et glorifieront leur patrie qui sut toujours l'éviter[1].

On chasse l'étranger ; mais il faut nourrir le citoyen. Depuis longtemps (an 260), les consuls ont commencé à acheter du blé en Étrurie et en Sicile, pour le revendre à bon marché[2] aux citoyens pauvres. La Sicile ne suffisant plus, la Sardaigne et l'Afrique sont devenues des greniers de l'empire : remède funeste et qui augmente le mal ! L'Italie, ou du moins tout ce qu'elle contient de citoyens romains, n'accourt que davantage aux portes de Rome[3]. L'ouvrier laisse sa famille, et vient mendier de l'édile un bon pour avoir du blé (*tessera frumentaria*). Le nombre de ces indigens légaux augmente sans cesse. César seul osera le réduire de 320,000 hommes[4] à 150,000.

Ces 320,000 hommes sont les véritables heureux du siècle. Noble ou chevalier, on peut sans doute se moquer de ces petites gens, de ces hommes en tunique (*tenues, ignobiles, tunicati, tribules*); mais au jour des comices, on les appelle par leur nom, on leur serre la main; on paie cher leur voix. Le sénat les redoute ; les tribuns leur font la cour. Enfant gâtée de l'empire, sangsue du trésor[5], cliente heureuse et redoutée de cette aristocratie qui gouverne le monde, capricieuse, bruyante, écervelée, la *plebs urbana* jouit de tout et ne paie rien. Ses édiles lui donnent chaque année des jeux magnifiques; Pompée lui bâtit un théâtre ; d'autres lui dressent des portiques pour ses promenades

---

1. Libanius, p. 366; Themist., *Orat.* 6. — 2. Tit.-Liv., II, 34.
3. Salluste, *ibid.* Appien, *Bell. civ.*, II, 1.
4. Je suppose les femmes et les enfants au-dessus de onze ans compris dans ce nombre. V. Suet., *in Cæsare*, 41, *in Aug.*, 41. D'après le coût des frumentations (*V.* ci-après), on peut supposer que le nombre des parties prenantes était, en 686, de 125,000; en 694, de 166,000.
5. Concionalis hirudo ærarii. (Cic., *ad Attic.*, I, 16.)

du matin, des bains pour ses divertissements du soir. Les triomphateurs lui donnent de l'argent, les magistrats du blé. Le blé s'est d'abord vendu au peuple un *as* le boisseau[1]; puis les Gracques (628) l'ont mis à 10 onces[2]. Caton, l'austère Caton (689), fera dépenser au sénat 1250 talents[3], afin de le donner gratuitement une fois : et pour rendre cette libéralité perpétuelle, Clodius (694) diminuera d'un cinquième les revenus publics[4].

La *plebs urbana* est organisée pour la vie politique, c'est-à-dire pour l'émeute; ses corporations de métiers (*collegia, sodalitates, decuriati*), vieille institution de Numa, ont leurs chefs, leurs assemblées, leurs sacrifices; elles sont devenues de véritables clubs, des loges de carbonari, quelque chose de pareil à ces unions d'ouvriers qui, il y a quelques années, couvraient et inquiétaient la Grande-Bretagne; tour à tour supprimées par le sénat et relevées par les tribuns, elles sont de merveilleux instruments d'insurrection et de tapage. Les esclaves eux-mêmes s'y introduisent; tous les éléments de désordre de la grande cité s'y développent à l'aise. Des chefs d'émeute conduisent cette mêlée aux batailles du Forum, gens voués à qui les paie et qui font l'insurrection pour de l'argent[5].

Vous comprenez donc qu'on devait tenir à se faire citoyen romain, mais citoyen romain résidant à Rome. Vivre oisif

---

1. Pline, *Hist. nat.*, XVIII, 3. L'as valait environ un sou.
2. L'once est le douzième de l'as. Le *boisseau* (modius) est de 8 litres 67 cent.
3. 5,831,250 francs. Mais Plutarque ne paraît pas bien d'accord avec lui-même. V. Plut., *in Cæs.*, *in Caton*.
4. Cic., *pro Sextio*, 25. Il consacra donc à ces distributions 10 millions de deniers sur 50.
5. Duces multitudinis qui pretio remp. vexare solebant. (Sallust., *Cat.*, 38.)

sous les portiques de marbre du Champ de Mars, avoir le blé pour rien, vendre son suffrage aux comices, voir au Cirque les éléphants et la girafe, faire tapage au théâtre, donner des terreurs à ce sénat qui gouverne le monde : ce sort valait mieux que celui d'un pauvre paysan sabin, sans cesse menacé par les chicanes de son voisin le chevalier, par le bâton du centurion, ou par l'omnipotence d'un préfet romain. Ces Romains de Rome sont vraiment le peuple-roi. A eux aboutit cette constitution maladive de l'empire, le bénéfice de tant de gloire, le solde de ce compte où figurent tant de misères.

Et cependant, ces Romains sont romains à peine. Dans une proportion de plus en plus forte, la *plebs* romaine est remplacée dans les campagnes par des esclaves, à Rome par des affranchis. Le travail de l'homme a si peu de valeur, la propriété en est si souvent onéreuse, qu'on l'affranchit avec une facilité singulière ; et l'affranchi d'un Romain est Romain lui-même. Souvent, on émancipe son esclave dans le seul but de prélever une dîme sur les distributions de blé que la république fera à ce nouveau maître du monde [1]. L'esclavage est le chemin le plus court pour arriver à la cité ; les provinciaux se font esclaves pour devenir citoyens [2]; les Latins eux-mêmes, les plus favorisés parmi les alliés de Rome, vendent leur fils à un citoyen, pour que leur fils affranchi soit citoyen comme son maître et que l'esclavage fasse un Romain.

Et, comme les esclaves se recrutent parmi les captifs et les barbares, il arrive que ce peuple qui vote au Forum est en bonne partie Grec, Espagnol, Africain, Syrien d'origine. Ou

---

1. Denys d'Halic., IV. Suet., *in Aug.*, 42.
2. Petrone, 57. Tit.-Liv., XLI, 8.

leurs grands-pères, ou leurs pères, ou eux-mêmes sont venus prisonniers en Italie, les fers aux jambes, les pieds marqués de craie, les cicatrices du fouet sur les épaules, avant qu'une pirouette et un soufflet devant le préteur leur conférassent ce droit de cité pour lequel l'Italie a combattu tout un siècle. Aussi la multitude, qui s'appelle et se croit le peuple romain, ne porte-t-elle plus la toge et mendie en tunique à la porte des grands. Et quand un jour Scipion Émilien, irrité de leurs murmures, leur a crié du haut de la tribune : « Silence, faux fils de l'Italie [1] ! » ils ont baissé la tête sous la parole de cet homme qui les avait vaincus.

Ainsi, en résumé, — c'est l'or et les esclaves qui ont métamorphosé l'Italie. Avec l'or, quelques enrichis ont acheté le sol ; avec les esclaves, ils l'ont exploité, moins par la culture que par le pâturage. — L'Italie, appauvrie d'hommes et encore plus de blé, est devenue infertile, déserte, malsaine. La vieille race agricole et militaire, décimée, dépossédée, affamée, disparaît ou va disparaître. Et à sa place, il se fait dans les villes du moins une nouvelle nation romaine, héritière de l'ancienne par un droit analogue à celui qui donne à l'affranchi l'héritage de son patron.

Seulement, une telle métamorphose ne s'accomplit pas sans lutte. Ni le patriciat lui-même, annulé depuis plus de deux siècles, n'est tout à fait sans ambitieuses espérances ; ni la noblesse et le sénat sans inquiétude sur la rivalité des chevaliers ; la *plebs rustica* mourante dans les campagnes, la *plebs urbana,* accumulée dans Rome, demandent des lois agraires ; l'Italie demande le droit de cité : telles sont les questions qui nous mènent jusqu'aux dernières années de la république. Dès le temps des Gracques (ans 619-632), ces

---

1. Tacete, quibus Italia noverca !

intérêts divers sont en présence. C'est au secours de la *plebs rustica* que veulent d'abord venir les Gracques, vrais Romains qui prétendent relever le citoyen romain ; mais la *plebs rustica*, absente du Forum, ne peut ni se défendre, ni les soutenir : les Gracques cherchent à lui donner pour appui tantôt les chevaliers, tantôt la *plebs urbana*, tantôt l'Italie ; difficiles et dangereuses alliances ! En servant les uns, ils offensent les autres ; leurs actes se contredisent, la *plebs rustica* seule reste leur alliée fidèle, et ils périssent. — Saturninus (654) embrasse la cause de l'Italie ; mais les chevaliers, les riches qui ont dépossédé l'Italie, craignent sa vengeance si elle devient citoyenne, et Saturninus meurt comme les Gracques. — La puissance des chevaliers, accrue par ce sanglant triomphe, inquiète le sénat ; Drusus (661), profitant de cette terreur, veut vaincre et par le sénat et par l'Italie ; mais le sénat est vaincu par les chevaliers, et Drusus meurt : c'est le quatrième tribun immolé dans cette lutte de l'Italie contre l'oligarchie financière de Rome. Faibles avocats dont les clients sont trop éloignés d'eux, ils ont voulu en vain s'appuyer sur la *plebs urbana*, infidèle, capricieuse, indifférente. — Lasse de cette guerre parlementaire où sa défaite est certaine, l'Italie prend les armes et entreprend ce qu'on a appelé la guerre *sociale*. Elle est vaincue sur le champ de bataille ; mais sa défaite a coûté si cher qu'au même moment elle gagne sa cause au Forum : la plus grande partie des peuples italiques est admise à la cité romaine (Loi Julia, 662 ; d'autres lois, 663) ; bienfait illusoire qu'une argutie légale leur enlève au même instant : accumulés dans la dernière tribu, les Italiens ne donnent qu'un vote inutile et qui ne sera même pas compté. — Le combat recommence donc (666) ; Marius, perfide ami, ennemi atroce, ne secourt personne, ne soutient personne, meurt ivrogne, et son nom reste pourtant le drapeau du parti italien. — Arrive un homme cruel (672), mais d'un génie supérieur; dans cette complication d'intérêts, Sylla ne connaît qu'une seule cause à défendre, celle du sénat et de la vieille Rome. Lui, du moins, a une politique; il frappe les chevaliers par ses proscriptions; il enlève à l'Italie son droit de cité ou plutôt le noie dans le sang, il dévaste l'Étrurie, livre le Samnium tout entier au fer du soldat, disant que Rome ne sera pas en sûreté tant qu'il existera quelques Samnites à portée de se réunir. Quant à la *plebs urbana,* il lui interdit les comices par tribus, la forme d'assemblée essentiellement plébéienne, il abaisse le tribunat, il prétend relever la cité antique et patricienne. Mais ce n'est pas assez : remontant à la source du mal, il veut remanier la propriété comme il a remanié le pouvoir; dans ces immenses domaines qu'ont laissés vides les proscriptions, il installe les soldats de vingt-trois légions (environ 140,000 hommes), il leur donne des terres, il veut greffer de nouveau sur cette Italie sanglante la vieille race plébéienne et militaire; il leur interdit d'étendre leurs possessions, il leur interdit de vendre; il voudrait sauver la république du fléau de la concentration des biens [1].

Mais les œuvres de violence ne durent pas; Sylla n'était pas mort (674) que l'Italie reprenait son droit de cité. Cicéron, plaidant pour une femme d'Arezzo, osait faire prononcer que la loi de Sylla, en ôtant à des citoyens romains leur caractère, violait le droit naturel et ne devait pas être observée. Volterra à laquelle Sylla avait voulu ôter son droit de cité, l'avait maintenu les armes à la main [2].

En même temps, la *plebs urbana* réclamait le tribunat;

1. Cic., *de Lege agrar.*, II, 28, 29.
2. Cic., *pro Cæcina*, 32; *pro Domo*, 33.

il fallut bien au bout de quelques années (679 et 684) que le sénat le lui rendît avec tous ses priviléges. La propriété nouvelle fondée par Sylla ne dura pas davantage ; ses légionnaires, qu'il avait ramenés chargés de l'or de Mithridate, ne tinrent pas contre la rage du luxe ; ils voulurent avoir esclaves, litières, maison à Rome ; ils s'endettèrent, éludèrent, ce qui est toujours facile, la loi de leur fondateur, vendirent leurs terres à vil prix[1], et enrichirent cette oligarchie financière que Sylla avait prétendu combattre.

Il se trouva donc que Sylla n'avait porté remède à rien. Les chevaliers qu'il avait proscrits furent après lui plus puissants que jamais[2] ; la propriété qu'il avait voulu reconstituer, plus confuse et plus incertaine. Les publicains au nom de l'état et l'engagiste en vertu de sa possession héréditaire, le colon italien expulsé et le soldat de Sylla mis en sa place, le fils du proscrit et le spéculateur qui, au Forum, s'était fait adjuger le bien du proscrit, se disputaient maintenant le même héritage. Une usurpation nouvelle avait été entée sur l'usurpation première ; une nouvelle perturbation s'était ajoutée à la perturbation antique. La propriété fondée par Sylla se trouvait non-seulement illégitime, mais odieuse, flétrie, menacée[3]. Après tant de bouleversements et de violences, tout droit était douteux, toute possession précaire ; nul titre sûr, nulle propriété authentique. Beaucoup de terres avaient été abandonnées, d'autres étaient tombées aux mains du premier occupant[4] ; d'autres, confisquées, n'avaient été assignées à personne ; les premiers venus ou plutôt les plus riches, *un petit nombre d'hommes*[5], dit Cicéron, les détenait

---

1. Cic., *in Catil.*, II, 9. Appien *de Bell. civ.*, II, 17. Varron, II, 9 ; III, 10.
2. Cic., *de Leg. agrar.*, passim.
3. Agri pleni periculi, pleni invidiæ. (Cic., *de Lege agrar.*, I, 5 ; II, 26 ; III, 2.) — 4. *Id.*, III, 4. — 5. Cic., *de Lege agrar.*, III, 3.

sans ombre de droit. *Un petit nombre d'hommes* (remarquez ce mot) détenait ainsi le territoire de Préneste tout entier, que Sylla avait distribué à ses vétérans[1]. Les riches s'étaient agrandis, en faisant proscrire leurs voisins[2]. Enfin, Sylla, en bouleversant l'Italie pour relever la race agricole et la culture partielle, n'avait travaillé qu'au profit des vastes domaines et de la culture servile. Il n'avait enrichi que les riches; et ce remaniement du domaine italique tournait en définitive au profit de quelques agioteurs en crédit, sénateurs ou chevaliers, assez déhontés pour mettre l'enchère sur les biens des proscrits, assez puissants pour compter qu'ils les garderaient.

Du reste, la rage des guerres civiles n'avait pas arrêté un instant la passion du luxe. Ce qui demeurait de vieux patriciens se ruinait à lutter contre la *noblesse* de magnificence privée et de corruption politique. La *noblesse* elle-même consumait ses biens dans ces doubles profusions de la vie publique et de la vie privée. Bien des riches endettés liquideraient encore une honnête fortune, s'ils consentaient à une vente : mais se séparer de cette belle villa! dire adieu à cette piscine où se jouent les dorades et les murènes! laisser mettre aux criées cette volière magnifique! laisser détruire ce parc aux huîtres dans le Lucrin, où les huîtres de la Grande-Bretagne viennent se rafraîchir et s'engraisser pour la bouche du seigneur! Mieux vaut jouer sa vie, se faire gladiateur ou conspirer avec Catilina. Le Romain moderne tient à son parc comme le vieux Romain tenait à son champ. Il faut toujours que cette nation ait racine dans le sol. Le luxe à Rome s'immobilise, et, comme le pouvoir, veut être éternel.

---

1. Cic., *de Lege agrar.*, II, 28, 29. — 2. *Id.*, III, 4.

Quant à l'Italie, il est vrai que, malgré Sylla, elle est en bonne partie romaine, qu'elle a le magnifique privilége de faire 40 ou 50 lieues pour exercer à Rome son demi-millionième de souveraineté par tête, et donner avec les dernières tribus un vote perdu au milieu des clameurs du Forum. Mais ce n'est là que de la liberté légale, et la liberté légale toute seule est bien peu de chose. Plusieurs villes d'Italie ont même préféré à cette liberté romaine leur liberté municipale; à cette association à un grand tout, une existence inférieure, mais qui leur est propre : elles n'ont pas voulu du droit politique de Rome, parce qu'en même temps il fallait subir les rigueurs et les subtilités de son droit civil[1]. Ce qu'il faudrait être, ce n'est pas seulement citoyen, mais habitant de Rome : et Rome ne saurait contenir tous ses citoyens.

Que devient donc la race agricole? Une grande partie a péri sous le fer de Sylla, une autre portion dans les légions romaines au bout du monde. Ce qui reste, chassé de la culture, sollicite la grâce de partager avec les esclaves la garde des troupeaux (dernière et pitoyable ressource de la race libre que César tâchera de lui assurer, en ordonnant que le tiers au moins des pâtres[2] soit pris parmi les hommes libres). Et souvent le pâtre, ayant perdu son troupeau, gagne des cimes plus désertes, se fait brigand et détrousse les voyageurs aux portes mêmes de Rome[3]. L'esclave fugitif, l'affranchi sans argent, le vétéran évincé, le débiteur poursuivi, les mille *outlaws* d'une civilisation comme celle de Rome se joignent au pâtre et au laboureur dépouillé : danger permanent, éternels instruments de guerre civile;

---

1. *V.* cette interprétation de la loi Julia très-bien établie : Giraud, II, 3, § 3, d'après Cicéron, *pro Balbo*, 8.
2. Suet., *in Cæsare*, 42. — 3. Cic., *pro Milone*, 19, et ailleurs.

premiers aïeux des *bandits* des Abruzzes. Grâce aux usurpations des riches, grâce aux massacres de Sylla, l'ennemi des riches, l'Italie demeure dépeuplée.

Tel est donc, vers le temps où César commence à se montrer, le dernier état de la Péninsule : la vieille *plebs* romaine, la forte race des soldats et des laboureurs italiens détruite ou disséminée ; — dans les campagnes, des cultivateurs esclaves, culture insuffisante et improductive ; — beaucoup de terres abandonnées aux troupeaux, à leurs pâtres et aux bandits ; — dans quelques villes opulentes, un reflet de la richesse et des misères de Rome : — à Rome, trois ou quatre mille sénateurs, chevaliers, ou riches affranchis ; des usuriers, des agioteurs, des meneurs d'émeute ; peu de bourgeoisie, de fortune due au travail ; 300,000 âmes vivant d'aumônes légales ou aristocratiques et du trafic des suffrages ; au-dessous, 2 ou 300,000 hommes de plèbe innomée, étrangers, barbares, esclaves surtout ; multitude toujours croissante à mesure que les vieilles races se détruisent, que les races bâtardes pullulent, que les fortunes se dégradent ; multitude dangereuse, n'ayant de pain que par hasard, vivant par tolérance, prête à être chassée de Rome au premier jour de famine ; — tout cela nourri par le blé de la Sicile et les moissons de l'Atlas qu'un naufrage ou une guerre peut faire manquer d'un jour à l'autre ?

Il est encore question de lois agraires. C'est toujours le remède suprême, la panacée universelle que les harangueurs de la tribune promettent au peuple. Mais la loi agraire ne peut plus être ce qu'elle était encore au temps des Gracques. Revendiquer au nom du peuple l'*ager publicus*, revenir sur l'antique usurpation des nobles, invoquer les délimitations primitives des pontifes, rétablir les bornes augurales déplacées depuis près de deux siècles : cela est impossible. Tant d'usurpations nouvelles qui ont passé sur cette usurpation première, l'ont pour ainsi dire légitimée. Mais, par un moyen quelconque, repeupler l'Italie déserte, décharger Rome encombrée d'habitants, telle est la question.

Ainsi la pose le tribun Rullus (an 691); je m'arrête un peu sur son projet de loi, parce que Cicéron en le combattant nous le fait connaître mieux qu'aucun autre. Rullus commence par légitimer la possession, antique ou nouvelle, usurpation des nobles ou confiscation de Sylla. Nulle terre ne sera reprise de force, nul ne sera contraint de vendre malgré lui. Mais dix commissaires au nom de la république, Rullus à leur tête, vendront ce qui reste encore de domaines publics en Italie, ce que Rome a récemment conquis en Asie, en Afrique, dans la Perse, dans la Macédoine, ses terres à blé en Sicile, ses forêts, des royaumes même et des villes, jusqu'à des temples et des lieux sacrés, jusqu'aux territoires maudits de Carthage et de Corinthe. Avec le produit de cette vente, ils achèteront quelques portions de la sainte terre d'Italie, hors de laquelle nul habitant de Rome ne se laisserait déporter. Ils y ajouteront le territoire fertile de Capoue, domaine presque religieusement conservé par le sénat. Là, Rullus conduira le surcroît de la population de Rome; il choisira les colons, il occupera telle ville, il fondera telle colonie qu'il jugera à propos, il environnera Rome d'une ceinture de villes nouvelles ou du moins renouvelées. A leur tête il mettra Capoue, il relèvera cette cité que la jalousie du sénat tient au rang de simple bourgade; elle aura son sénat, ses pontifes, ses augures, et son territoire sera donné par portions de dix arpents à 5,000 citoyens. La pensée de Rullus n'est pas moins qu'un remaniement de toute la population italienne.

Mais à travers ces plans populaires, perçait la rapacité e l'homme d'État romain. Cet immense agiotage territorial, e gigantesque tripotage de la fortune publique ; ce pouvoir sans limites et sans contrôle qu'on allait donner aux nouveaux décemvirs, à Rullus et à ses amis (dix rois! s'écrie Cicéron) ; Capoue, cette vieille et menaçante rivale que Rome allait relever contre elle-même : tout cela décelait trop évidemment la pensée d'un envahissement politique et pécuniaire.

Et de plus, une cabane en Italie, dix arpents de terre, la vie de laboureur, souriaient peu à la *plebs* de Rome, oisive et souveraine. Cicéron le faisait remarquer : quand le domaine de la république serait vendu, qui désormais donnerait au peuple le blé à bon marché? C'était le « grenier du peuple » (*horreum Reipublicæ*), les terres de Sicile et d'Afrique qu'on allait vendre. Les pauvres restes de la *plebs rustica*, dont Rullus se faisait le défenseur, n'étaient pas en majorité sur le Forum ; la *plebs urbana*, indignée de se voir « balayée comme une immondice hors de Rome [1], » aima mieux garder comme le lui disait son consul, « la puissance, la liberté, le grand jour de l'empire, le Forum, le suffrage, les spectacles, les fêtes [2]. » La populace de Rome répondit par des acclamations à ces paroles, et un coup de dés de l'urne législative sauva la grande propriété que Rullus, maître des terres et de l'argent, allait écraser de sa prépondérance.

Voilà pourquoi, du reste, jamais loi agraire, ni le projet de Pompée, ni celui de Cicéron lui-même, ni la loi de

---

1. Exhauriendam esse urbem, quasi de sentinâ quâdam, non de optimo civium genere loqueretur. (Cic., *de Lege agrar.*, II, 26.)
2. Gratia, libertas, lux Reipublicæ, suffragia, Forum, ludi, festi dies, etc. (*Id.*, II, 27.)

César dont je parlerai plus tard n'eut de suites bien sérieuses ; le vrai pouvoir, les 300,000 potentats à qui la république donnait du blé ne voulaient pas de cette loi. Seulement après la dernière guerre civile, il y eut, non plus pour le peuple, mais pour les soldats, des lois agraires réellement exécutées : celles-ci amenèrent un dernier remaniement de la propriété italienne dont je parlerai ailleurs.

La propriété continua donc à se concentrer en quelques mains. La loi agraire elle-même fût devenue une loi d'oligarchie (*ad paucorum dominationem scripta* [1]), et Cicéron prouve que le territoire de Capoue dont Rullus prétendait faire le partage entre 5,000 familles, n'aurait bientôt plus formé qu'un petit nombre de grands domaines [2].

Et comme va la propriété, ainsi va le pouvoir : la révolution se fait dans la politique, comme elle se fait dans la politique et dans les mœurs. Disons un mot de l'état politique de Rome.

Les institutions romaines supposaient une certaine bonne foi. Le droit d'empêcher était si absolu, qu'un parti, si un peu de pudeur ne le retenait, pouvait toujours forcer la république à cesser d'être. Le *veto* d'un tribun empêchait les comices, arrêtait les levées de soldats. Le sénat de son côté, par la religion, pouvait tout suspendre : un augure avait-il entendu un coup de tonnerre, et personne autre ne l'eût-il entendu, les comices étaient levés; un aruspice faisait-il dire qu'il observait le ciel, c'est-à-dire le vol des oiseaux, nul acte légal n'était possible [3]. Le préteur n'avait qu'à enlever le drapeau du Janicule, et l'assemblée des centuries devait se dissoudre. Enfin, ce qui sem-

---

1. Cic., *de Lege agrar.*, III, 4. — 2. *Ibid*, II, 30.
3. Cic., *Philipp.*, II, 33 et seq.; *Id., de Legibus*, III, 12.

blerait monstrueux et inexplicable aux géomètres de la politique moderne, il y avait un double souverain; le sénat et la *plebs* avaient chacun leurs magistrats, leurs assemblées, leurs lois, leur droit public; ils commandaient chacun de leur côté et souvent en opposition l'un à l'autre.

Mais il y a mille choses légalement et physiquement possibles qui pourtant ne se font pas : dans l'ancienne Rome, la lutte avait été permanente, jamais jusqu'à la ruine. Quand le sénat en deuil venait supplier un tribun de retirer une opposition funeste à la république, le tribun reculait et n'osait se charger d'un tel méfait. Le sénat comprenait à son tour que pousser jusqu'à l'abus des droits comme les siens, c'était provoquer la violence. Surtout l'approche de l'ennemi pacifiait le Forum; entre ces deux souverains, entre ces pouvoirs illimités d'agir et d'empêcher, il se faisait une transaction dont le patriotisme commun était le médiateur; nul ne poussait son droit jusqu'au bout; et à travers ces querelles souvent violentes qui avaient abouti à la victoire définitive des plébéiens, la république n'avait pas été atteinte au cœur, l'unité romaine s'était maintenue, la puissance extérieure avait grandi.

Les constitutions ne sont ni bonnes ni mauvaises : elles sont ce que sont les peuples. Bien qu'au dernier siècle on ait inventé des constitutions toujours excellentes, si vicieux que soient les hommes, qu'on soit parvenu par l'algèbre à supprimer toute morale de la science politique et à régir le monde par de pures combinaisons d'intérêts : malgré 152 constitutions nées de ce principe, et mortes sous lui [1], je tiens bon pour la vertu et ne la crois pas encore tout à fait inutile au gouvernement des peuples.

---

1. De 1789 à 1830 seulement. (*V.* dans la *Revue européenne*, t. I, page 359, l'extrait d'une brochure du baron de Miltitz). Et bien d'autres depuis !

La constitution romaine, comme toute constitution, fut détestable quand le peuple fut corrompu. Quand les idées nouvelles et les citoyens nouveaux arrivèrent pêle-mêle sans que Rome eût le temps de les démêler; quand les idées grecques, l'épicuréisme surtout, jetèrent à bas la foi des ancêtres sur laquelle roulait le patriotisme romain; quand à la suite des guerres sociales 200 mille citoyens environ furent donnés à Rome tout d'un coup; quand les affranchissements plus multipliés chaque jour firent *membres du souverain,* comme on disait élégamment en 93, des milliers d'esclaves africains, daces, ou espagnols; alors la vieille morale et par suite la vieille politique durent s'en aller en lambeaux.

Alors on abusa de tout; toutes les règles furent portées à l'excès, et on passa par-dessus toutes. Quand un tribun fut trop opiniâtre dans son *veto,* on se moqua de lui, on battit sa personne sacrée; quand les nobles abusèrent de leur pouvoir religieux, ce qu'ils rendaient légalement impossible on le fit par violence; les épées tranchèrent la question dans ce Forum où il était inouï qu'un homme fût venu armé. Cette lutte entre des pouvoirs légalement illimités et moralement effrénés ne pouvait se résoudre que par la force brutale : tribuns, consuls, préteurs, s'envoyèrent réciproquement en prison, et le peuple, souvent simple spectateur de ces débats, resta encore en fait d'ordre et de paix publique plus timoré que ses magistrats.

La violence alors gouverna tout : c'est-à-dire rien ne fut gouverné, car la violence est une arme qui passe de main en main. Le grand moteur des affaires, le moyen suprême de gouvernement finit par être une poignée d'esclaves avec des bâtons; la population esclave était plus nombreuse à Rome que la population libre; l'habit même avait cessé de la distinguer¹ et le sénat n'osa jamais rétablir cette distinction de costume, de peur de laisser voir clairement le petit nombre des hommes libres². Il y avait surtout, sur le pavé de Rome, bien des esclaves à peu près sans maître, les uns fugitifs, les autres abandonnés (car l'esclave était une propriété onéreuse que souvent on délaissait sans se donner la peine de l'affranchir). Ces bandes de *marrons* étaient au premier venu qui les payait. Prenez-en quelques centaines, lâchez-les dans le Forum ; eux, n'ont ni dieux, ni lois, ni patrie, ni sénat à respecter, ils bouleverseront tout, maltraiteront tribuns et consuls, jetteront l'orateur à bas de la tribune, briseront l'urne aux suffrages, chasseront le peuple, et feront ainsi les lois du sénat et du peuple romain.

Bien mieux encore, quand les gladiateurs commenceront à intervenir dans la politique, quand l'épée remplacera le bâton, l'édile qui aura donné des jeux, le fils qui aura célébré avec magnificence les obsèques de son père, garderont chez eux sous ce prétexte une *famille* de combattants thraces ou gaulois prêts à dégainer de tout cœur contre le peuple romain pour le plaisir duquel ils prennent la peine de mourir à l'amphithéâtre. Avec les seuls gladiateurs qui lui restent des nombreuses fêtes qu'il a données, Milon entreprend une guerre civile³ ; lorsque Rome est menacée par Catilina, le sénat se hâte de la mettre à l'abri contre les gladiateurs, en les renvoyant dans les villes d'Italie⁴ ; c'est en faisant provision de ces bonnes lames qu'Antonius l'ami de Catilina, se dispose à conspirer⁵ ; César édile donne des jeux où il produit jusqu'à 640 combattants ; ses adver-

---

1. Appien, II, 17. — 2. Sénèque, *de Clementiâ*, I, 24.
3. Cæsar, *de Bello civili*, III, 5.
4. Sallust., *in Catil.*, 31. Cic., *in Cat.*, II, 12. — 5. Cic., *in Togâ candidâ*.

saires s'effraient, le sénat ordonne qu'à l'avenir nul ne pourra garder dans Rome plus de 120 gladiateurs[1]. On se tire d'affaire en les gardant hors de Rome, et César en conserve un dépôt à Capoue[2]. Au temps de La Fontaine, « tout marquis voulait avoir des pages; » à Rome, tout personnage tant soit peu parlementaire voulait avoir des gladiateurs.

Or comprenez ce qu'étaient ces armées de gens condamnés à mort pour la plus grande volupté des fainéants de Rome, et en général toute cette population esclave, sans nom, sans demeure, de toute langue, de toute superstition, de toute race, légalement infâme et méprisée, ennemie nécessaire de la chose publique, dont regorgeait l'Italie et même l'empire. Comprenez comment l'esclavage, plaie mortelle de l'agriculture, fléau destructeur des races italiques, perturbateur salarié du Forum, instrument toujours prêt pour la guerre civile, se retrouve au fond de toutes les institutions et de toutes les misères de l'antiquité.

Si la violence fait les lois, la corruption fera les magistrats. Les comices par centuries dans lesquels le peuple procède aux élections sont soumis à des formes plus solennelles et plus religieuses; le sénat y garde plus d'influence, la violence y a moins d'accès, mais la corruption y règne : si au Forum le peuple romain risque d'être bâtonné, au Champ de Mars on le paie. Les lois contre les brigues se multiplient chaque jour, les brigues plus encore que les lois. Ce sont de véritables élections anglaises où ne manquent ni les *hustings* ni les *meetings* (*conciones*), ni les cacusations de *bribery* (*ambitus*), ni les mêlées et les coups. La corruption électorale est organisée de la façon la plus régulière; des *interprètes* se font courtiers de suffrages, des

---

1. Suet., *in Cæsare*, 8. Dion., 54. — 2. Cæsar, *Ibid.*, I, 14.

séquestres tiennent l'argent en dépôt, des *diviseurs* attachés à chaque tribu le distribuent aux électeurs, ou le gardent pour eux. L'approche des comices consulaires fait quelquefois monter au double l'intérêt de l'argent.

L'homme est toujours le même : je recommande à tout aspirant à la Chambre un *manuel du candidat* qui fut rédigé au moment des élections de l'an 690 de Rome par l'honorable Q. Cicéron, frère de l'orateur. Il y trouvera d'utiles conseils, il y apprendra le grand principe que le candidat est ami de tout le monde ; qu'il ne ménage vis-à-vis de personne ni les poignées de mains, ni les paroles affectueuses, ni les promesses, sauf à oublier plus tard ces amis électoraux. En temps de candidature, dit l'auteur, le cercle de l'intimité s'élargit[1] ; *amitié de candidature* est devenu proverbe. Donner de grands repas ; louer des places au spectacle pour toute une tribu ; flatter les *diviseurs*, les meneurs du quartier ; caresser l'esclave favori d'un homme influent ; ménager ses propres esclaves qui sont pour beaucoup dans la réputation du maître ; avoir des amis de tout genre[2] ; ne mépriser ni l'homme important d'un municipe, ni le chef d'une petite corporation, ni la forte tête d'un village ; savoir par cœur la carte de l'Italie[3], parler à chacun des *intérêts de sa localité;* aller en Étrurie, dans la Cisalpine, pour y recruter des voix ; faire intriguer dans les bains, les cabarets, les *tonstrines;* mettre en mouvement jusqu'aux femmes, grandes agitatrices de la politique, qui sollicitent, importunent, vont aux salutations du matin : telle est une partie des ruses du métier. Chaque matin le candidat ouvre son

---

1. Nomen amicorum in petitione latiùs patet. (Q. Cicero, *de Petitione*, 4, 5.) — 2. Cujusque generis amici. (*Id.*)

3. Omnem Italiam memoriâ descriptam habere. (*Id.*) V. aussi Cicéron, *pro Murena, pro Milone*, et alibi passim, principalement *in Verrem*, II, 52.

salon, compte ses amis, pense avec inquiétude aux absents, fait bonne mine à ces électeurs indécis qui vont, de salutation en salutation, toiser les candidats et donner leur vote à celui qui leur paraîtra le plus assuré de son succès. Ensuite il descend au Champ de Mars, un cortége de quelques milliers d'amis l'accompagne : il salue, il s'incline, il est courtois ; sans connaître les gens, il les appelle par leur nom qu'un esclave lui souffle à l'oreille ; il donne le prénom aux plus importants ; il se promène bras dessus, bras dessous, avec les grands personnages ; il flatte, il promet, il baise les mains ; il tâche de s'humilier assez bas devant ces hommes pour être jugé par eux digne de les gouverner.

Voilà les candidats, voyons les élus ; voilà comme on gagne les places, voyons comment on les occupe.

Pardonnez si, pour expliquer la carrière politique des Romains, je reviens à l'exemple de l'Angleterre. Romulus est frère de John Bull, leur ressemblance m'a toujours frappé. Ni l'un ni l'autre ne manque de bon sens, mais tous deux sont hargneux, crient après l'aristocratie et le pouvoir, tout en respectant beaucoup le pouvoir et l'aristocratie ; les *torys* (*optimates*) sont au fond les vrais Anglais et les vrais Romains, les *whigs* (*populares*) ont toujours un certain vernis d'étrangeté. L'Anglais et le Romain sont légistes tous deux ; il y a une curieuse analogie entre les formes du droit romain et celles du droit anglais, d'autant plus curieuse qu'elle ne provient pas d'imitation, et que les Anglais ont eu peur du droit romain comme d'un fer rouge. Tous deux sont formalistes redoutables : voyez les *writs* et toute la procédure anglaise ; les Romains de leur côté sont les inventeurs du bel axiome *la forme emporte le fond* [1] ; la chicane et les procureurs sont l'objet pour tous

---

[1] Qui cadit à formulâ, cadit à toto.

deux d'un profond respect. Tous deux sont loyaux, mais loyaux au pied de la lettre, tenant la lettre de leurs promesses plutôt que l'esprit; en affaires, probes, mais âpres et impitoyables; en politique, graves et sérieux; peu philosophes, n'envisageant des choses que le côté matériel et secondaire; peu comiques et peu gais, ou du moins ayant leur gaieté à eux qui n'amuse personne autre (Cicéron parle quelque part de [1] cette *humour* romaine). Ni l'un ni l'autre n'est artiste, malgré sa bonne volonté de l'être à l'exemple des Grecs ou des Italiens. Comment sauraient-ils imiter l'étranger? ils le méprisent; ils ne connaissent et n'adorent que ce qui vient de leur patrie; ils disent avec emphase : *Civis romanus sum,* — *a freeborn Englishman!* Aussi sont-ils croyants sincères à toutes les idées, à tous les préjugés nationaux; esclaves du convenu, de la mode, du goût national; professant la justice officielle, la vertu officielle, la religion officielle de leur nation; faisant de la religion affaire d'état plus que de conscience (*State and Church* — *Dii patrii indigetes*), ne généralisant rien, pas même ce qui se rapporte à Dieu (le *Church-of-Englandism* répond à la religion politique des Romains); adorateurs du passé et pleins de respect pour les ancêtres (*Old England*; — *mores majorum*) :

Moribus antiquis stat res romana virisque.

L'un et l'autre se laisse mener, en rechignant un peu, par une aristocratie opulente, orgueilleuse, nourrie de traditions, qui, élevée dès le berceau pour la politique, âpre gouvernante d'une nation forte et dure, la mène au combat sous la garcette du contre-maître, ou le cep de vigne du

---

1. Romani veteres atque urbani sales... mirificè capior facetiis maximè nostratibus... antiqua et vernacula festivitas. (*Fam.*, IX, 15.)

centurion. Tous deux sous cette conduite deviennent maîtres l'un de l'Océan, l'autre de la terre ; opiniâtres envahisseurs, habiles à s'implanter sur le sol étranger ; pleins, il est vrai, d'un scrupuleux respect pour les lois, les mœurs, la nationalité de leurs alliés, mais peu à peu, par la force de leur tempérament national, se subordonnant ces mœurs, dominant cette nation, faisant des sujets de ces alliés. Tous deux ont des prétentions de philanthropie, sincères et honorables sans doute, mais singulièrement utiles à leur puissance : Rome n'a conquis les Gaules que pour abolir les sacrifices humains, John Bull ne s'est rendu maître des mers que pour abolir la traite des noirs. On pourrait pousser cette comparaison dans les petites choses, rapprocher les combats de coqs des combats de bêtes, le *turf* du Cirque, les courses de chevaux des courses de char, les boxeurs des gladiateurs (sauf la distance du peuple idolâtre au peuple chrétien). Le fermier anglais est plus heureux et plus libre que le colon romain, parce que l'aristocratie, châtelaine plutôt que citadine, s'appuie sur les campagnes. Au contraire, le *Quirite* pauvre est plus heureux que le *Cockney* : il a au-dessus de sa tête une aristocratie de grands seigneurs qui l'amuse et le nourrit, au lieu d'une aristocratie de marchands qui le fait travailler durement et le paie le moins qu'elle peut. Il ne s'attriste pas à lire d'énormes gazettes, il a ses conteurs de nouvelles. Il ne s'abrutit pas à boire l'ale et le porter, il a du vin. Il ne s'étiole pas dans les exhalaisons empestées de la Tamise ; il a le Tibre et le soleil. La *frumentation* vaut mieux pour lui que la taxe des pauvres (deux institutions dont je montrerais, au besoin, tout le rapport ;) la *frumentation* n'attente pas à sa liberté ; elle ne le met pas à la merci du marguillier ou du clerc de la paroisse. Il achète avec l'o...ole du riche quelques légumes au marché, il va au bain que le riche ouvre pour lui, il s'endort sous le portique que le ...che lui a bâti; le jour, le Forum, les basiliques, les aqu...ducs sont à lui, tandis que John Bull, esclave des affai...es, trotte dans la boue, le brouillard et la fumée de char...on. Mais quand il est riche, le *Quirite* s'ennuie comme John Bull; il a beau avoir des parcs, des villas, des chevaux, hors de toute idée; il a beau avoir des meubles en cèdre ou en citronnier, des Praxitèles ou des Phidias, une foule de dieux volés en Grèce, une bibliothèque magnifique dont il n'ouvre jamais un livre; son bouffon, son philosophe, ses comédiens, ses gladiateurs ont beau venir le distraire à ses repas, il s'ennuie. Il part, visite Rhodes, l'Égypte, l'Asie et la Grèce, et revient plus ennuyé que jamais : alors devenu philosophe, réduisant tout au positif, il se fait gourmand, il a un cuisinier grec, comme à Londres on a un cuisinier français; il boit dès midi [1], il multiplie et prolonge ses repas, fait le déjeuner (*jentaculum*), le *luncheon* (*prandium*), le dîner (*cœna*), la *medianoche* (*commissatio*); après le repas il se met au bain, aide par l'émétique à l'insuffisance de son estomac. Mais tout finit par lasser, la bonne chère elle-même; le spleen (*fastidium*) le gagne, un beau jour une idée lui vient, et il se tue.

Mais revenons. Dans tous les gouvernements électifs, la vie politique se ressemble. On se ruine pour parvenir; parvenu, on rétablit et on accroît sa fortune : seulement la perte est certaine, le gain ne l'est pas.

En France nous déboursons peu et nous ne gagnons guère. Les élections coûtent plus de pas, plus de paroles, plus d'encre que d'argent. On est député à bon marché;

---

1. De mediâ potare die. (Horace.)

député, on se contente d'être conseiller d'état ou directeur général à 10,000 francs, cela est misérable. Nous en sommes là, grâce à notre jeunesse représentative, à notre candide innocence, disons sérieusement, grâce au meilleur esprit de notre nation.

Chez les Anglais, nos maîtres en fait de gouvernement constitutionnel, comme on disait en 1828, on achète pour une grosse somme un siége aux Communes. Chez les Romains, qui eussent été les maîtres des Anglais, on achetait au moins aussi cher la questure ou l'édilité : c'était le début. Comme le peuple nommait et que le peuple était nombreux, l'élection était fort chère. Or la place d'édile ne rapportait rien ; seulement il fallait donner des jeux au peuple : si le peuple était content de vos jeux il vous nommait préteur ; s'il les trouvait trop mesquins, il vous laissait là sans place et sans patrimoine. Aussi, ceux qui voulaient faire fortune donnaient-ils des jeux magnifiques, et pour cela empruntaient au taux légal de 12 pour 100, quelquefois quadruplé par l'usure [1]. Vous sentez que cela devait aller loin ; jugez-en par le budget de quelques *notabilités parlementaires* (pour emprunter ce barbarisme à notre langue actuelle) : César avant d'être édile devait plus de 7 millions de fr. ; Milon, lorsqu'il fut condamné, 14 millions ; Curion, lorsqu'il se vendit à César, 12 millions ; Antoine, aux Ides de Mars, 8 millions [2].

Devenu préteur, on passait d'abord un an à juger le *stillicidium* ou le mur mitoyen, à protéger l'orphelin et la veuve, sous les yeux des consuls, sous l'inspection du sé-

---

1. Un sénatus-consulte, proposé par Caton en 703, fixe le taux légal à 12 pour 100. L'usure alla parfois jusqu'à 48. Cic., *ad Attic.*, V, 21 ; VI, 15.
2. Plut., *in Cæsare*. Pline, *Hist. nat.*, XXVI, 15. Valèr.-Max., IX, 1. Velléius Patercul., II, 48. Cic., *Philipp.*, II, 37.

nat, sous la férule des Catons. Les profits étaient petits, mais au bout de l'année on allait en province; c'est là qu'on relevait sa fortune, qu'on s'enrichissait de deniers siciliens ou espagnols; de là on rapportait de belles statues, et, revenu à Rome, on se reposait sur sa chaise d'ivoire au sénat, comme un ministériel émérite à la chambre des lords; on montrait à ses amis sa magnifique galerie, on protégeait les sculpteurs grecs, on était artiste, dilettante, Mécène.

Mais si on avait de l'ambition, il fallait se ruiner une seconde fois et devenir consul. Ce n'est pas que le consulat, ce pouvoir si précaire et si combattu, fût encore le *nec plus ultrà* de l'ambition romaine. Ce qu'on achetait quelquefois jusqu'à 20 ou 22 millions de sesterces[1], ce n'était pas l'honneur de se pavaner douze mois avec les faisceaux et la robe de pourpre. Mais après le consulat, comme après la préture, on se fait donner une province, la Gaule, par exemple, l'Espagne, ou quelqu'un de ces royaumes de l'Asie devenus, sous le nom de provinces consulaires, de simples districts de l'empire, pour le gouverner quatre ou cinq ans, avec une armée à ses ordres, des trésors à sa disposition, droit de guerre et de paix, droit de vie et de mort. La province consulaire, c'était la joie de l'homme embarrassé dans ses affaires; c'est là qu'il donnait rendez-vous à ses créanciers pour l'apurement de ses comptes, qu'il rentrait dans ses déboursés électoraux: une élection était un placement. Les provinces qui nourrissaient les publicains, saturaient l'ordre des chevaliers, donnaient l'abondance et l'oisiveté à la canaille romaine, rétablissaient aussi le patrimoine endommagé du patricien ou du noble. Il y avait deux ennemis aux dépens desquels tout le monde s'enrichissait : les provinces et le trésor public.

1 *V.* App., *de Bell. civ.*, II. Cic., *ad Quint.*, II, 15; *ad Attic.*, IV, 15.

Tout aboutissait donc à une jouissance d'argent. Ajoutez, comme dernière cause de désordre, le renouvellement annuel des magistratures, vieille précaution contre le despotisme, moins fâcheuse au temps où il y avait plus d'unité dans la nation. Maintenant, c'était l'instabilité régulièrement organisée, la révolution rendue annuelle : chaque automne, pouvoir, magistrats, principes politiques, étaient l'affaire d'une partie de dés sur le tapis vert des comices (pardonnez-moi ce mot). Il y avait sans doute alors de grands publicistes pour prouver que l'activité politique avait besoin de cet aliment, et que c'était là l'essence du gouvernement populaire. Toujours est-il que nul n'était vainqueur ou vaincu que pour douze mois ; le mort pouvait toujours ressusciter, nulle tyrannie tant soit peu durable ne pouvait s'établir : aussi chacun avait-il hâte de prendre sa part d'un butin précaire, de « dévorer ce règne d'un moment, » et de faire servir le pouvoir qui passe à l'acquisition de la fortune qui reste.

Dans cette instabilité de tous les pouvoirs, un seul grandissait. En toute chose il y avait chance d'un prochain retour ; une élection était pour un an, une loi pour moins encore ; mais après une sentence des juges il y en avait au moins pour quelques années. Quand on était condamné, exilé de l'Italie, civilement décapité (*capitis minor*), on allait en Grèce ou à Marseille, attendre non plus un simple revirement des comices, une crise ministérielle, mais une révolution véritable. Le pouvoir judiciaire s'accroissait donc par l'inconsistance des autres pouvoirs. Disons un mot de cette justice, une des plus originales portions de la vie romaine.

Le citoyen romain était un être merveilleusement privilégié. Tous les *habeas corpus* de la Grande-Bretagne eussent paru insuffisants pour protéger sa personne sacrée. L'esclave, le barbare, l'allié romain, étaient à peu près égaux devant la justice du préteur; les ténèbres de la prison, les fers, les cachots infects étaient le droit commun pour eux; un magistrat inférieur siégeait seul pour les condamner; on crucifiait l'esclave, on étranglait l'étranger dans un cul-de-basse-fosse appelé *Tullianum,* on jetait son corps sur les degrés, et un croc le menait au Tibre. Mais le criminel romain était autrement respectable : la prison, ce supplice servile, était quelque chose d'atroce et de hideux, le rare châtiment des plus grands crimes [1]. L'accusé restait libre; un ami le cautionnait, ou bien, pour prouver sa bonne foi, il se remettait à un magistrat qui le recevait dans sa maison, l'y gardait ou ne l'y gardait pas [2]. Condamné, il n'était ni battu de verges, ni mis à mort ; on lui *permettait l'exil :* la peine de mort ne pouvait être prononcée que par le peuple.

Mais si le citoyen romain n'avait rien à craindre de plus que l'exil, par compensation, les chances de l'exil étaient grandes. L'accusation n'était pas la suite légale du crime, l'action naturelle des pouvoirs publics; c'était un duel, une bataille entre deux égaux, une lutte de haine personnelle ou de partis politiques : le premier venu avait le droit d'accuser. Mais on n'accusait pas sans s'être fortifié contre la

---

1. La prison que nos aïeux ont établie vengeresse des plus grands crimes. Cic., *in Catil.,* II, 12. Silanus, cherchant à revenir sur son avis, déclare qu'en votant la peine la plus grave contre des sénateurs, il a entendu la prison (dans la délibération sur les complices de Catilina). Plutarque. Et César propose *horribilem custodiam.* Sallust., Cic., *Catil.* IV. Sous les empereurs mêmes, les jurisconsultes interdisent l'usage de la prison perpétuelle. Ulpien, *Digeste* XLVIII, tit. 19, 1. 8, § 9 *de Pœnis.* Callistrat., *Ibid.,* 1, 35. V. aussi 3, *de Custod. reor.*

2 Libera custodia, φυλακή ἄδεσμος. Tacite, *Annal.,* VI, 3, 4 ; V, 8. Dion Cassius, LVIII. Sallust., *Cat.* 47. Cic., *Catil.,* 1, 3. Suét., *in Vitell.,* 2. Tit.-Liv., XXXIX, 14.

puissance de son adversaire. Une accusation mettait en mouvement Rome tout entière; le sénat prenait parti; du haut de la tribune on échauffait le peuple. Accusateur et accusé avaient trente jours, quelquefois plus, pour chercher des preuves, acheter des témoins, arracher par la torture des aveux aux esclaves; l'accusé en habit de deuil, en haillons (*sordidatus*), environné de ses amis en larmes, allait de porte en porte, supplier ses juges, pleurer à leurs genoux. Au jour du champ clos, en plein Forum, chacun comparaissait avec un cortége de défenseurs, de solliciteurs, de patrons (*patroni, advocati, laudatores*). Pendant deux, trois jours et plus, se heurtaient toutes les passions, luttaient les témoins, invectivaient les orateurs; la colère combattait contre les prières, la malédiction contre les larmes; sous un ciel ouvert et le ciel du midi, en présence de tout un peuple [1], les passions se développaient autrement que sous les formes resserrées de notre justice domestique; cinquante, soixante ou quatre-vingts juges, le visage ému des passions de l'auditoire, venaient déposer leur suffrage, jusqu'à ce que de l'urne sortit la lettre salutaire (A, *absolvo*), ou bien que le préteur, dépouillant sa robe prétexte, prononçât l'anathème qui interdisait au coupable le feu et l'eau.

La puissance judiciaire était donc le *fatum*, l'arbitre supérieur des querelles politiques. Mais à qui devait-elle appartenir? Dans quel corps seraient choisis ces juges, ou, pour mieux dire, ces jurés qui distribuaient l'absolution ou

---

1. Cùm tot pariter et tam nobiles Forum coarctarent; cùm clientelæ quoque et tribus et municipiorum legationes et partes Italiæ periclitantibus adsisterent; cùm... crederet populus Romanus suà interesse... (Tacite, *de Causis corruptæ eloquentiæ*, 39.) *V.* sur le changement qui s'opéra depuis dans les formes extérieures de l'éloquence, les belles pages de ce Traité (38 et 39) et Quintilien plein de détails curieux.

l'exil? Les Gracques enlèvent ce droit aux sénateurs, et le donnent aux chevaliers (loi Sempronia, an 630). Sylla le rend au sénat (Cornelia, 673). Après le procès de Verrès, le peuple, révolté de la vénalité des jugements, partage ce pouvoir entre les sénateurs, les chevaliers et les tribuns du trésor, représentants de la *plebs* (loi Aurelia, an 679). Nul pouvoir ne fut l'objet de luttes aussi violentes.

Mais quels qu'ils fussent, ces quelques centaines d'hommes [1] entre lesquels se partageait le droit de juger, ne pouvaient échapper à la corruption de leur siècle. Riches, ils menaient siéger avec eux les passions politiques; pauvres, ils y menaient la faim. Sous la loi de Sylla, le proverbe était, et Cicéron le répète en plein tribunal, « qu'un homme riche ne peut être condamné [2] »; et Lentulus, acquitté par deux voix de majorité, s'écrie : « J'ai jeté mon argent par la fenêtre, qu'avais-je affaire de cette voix de trop? » Sous la loi populaire, les juges de Clodius l'acquittent, les uns pour de l'argent, les autres pour un salaire plus infâme; à d'autres juges qui, sous prétexte de dangers personnels, demandent des gardes : « C'est sans doute, dit-on, pour qu'on ne vole pas votre argent [3]. » Cette corruption permanente à laquelle aucune loi ne remédia, explique l'incroyable impunité d'une foule de crimes, surtout pendant les an-

---

1. 300 au temps des Gracques. Par la loi de Pompée, en 697, 350 selon Paterculus, II, 76; 850 selon Cic., *ad Attic.*, VIII, 16.

2. Cic., *in Verrem*.

3. Hortensius, pour savoir si on lui manque de parole, donne aux juges payés des bulletins de couleur différente. Cic., *de Divinat.*, 24; *in Verrem*, I, 40. Asconius, *Ibid.* Un dignitaire de la république condamné dit à ses juges : « Au moins deviez-vous vous faire mieux payer, vous avez vendu un homme comme moi pour un morceau de pain. » Plut., *in Cic.*; Cic., *in Verrem*, I, 38. V. surtout une curieuse histoire de juges corrompus, Cic., *pro Cluentio*, 25, suivant laquelle un juge se payait 40,000 sest., (7,800 fr.).

nées qui précédèrent la conjuration de Catilina (691).

Voilà donc en ce temps l'état des pouvoirs politiques. Au Forum, aux comices législatifs, règne la violence, une violence payée; au Champ de Mars, aux comices électifs, règne la corruption; les magistratures sont une spéculation souvent hasardeuse, mais presque toujours une spéculation; les jugements se vendent : « Ville vénale, il y a longtemps que Jugurtha le disait, à laquelle il ne manque qu'un acheteur! » Ne vous étonnez pas, puisque l'argent gouverne tout, que la puissance politique suive le sort de l'argent, et que le pouvoir se concentre comme la richesse.

Aussi, la tendance vers l'oligarchie se montre-t-elle plus à nu chaque jour. Chaque homme et chaque opinion, le démocrate Salluste[1], l'aristocrate Cicéron[2], le révolutionnaire Catilina[3], César lui-même[4], s'en plaignent tour à tour. Ce rêve des peuples, le gouvernement de tous par tous, leur échappe plus complétement à l'heure où ils ont cru l'atteindre plus complétement. Avec cette multitude de citoyens égaux en droits, cette inanité des formes légales du pouvoir, cet abandon de tout à la corruption et à la violence, ce ne sont ni les consuls, ni le sénat, ni le peuple, qui ont succédé à Sylla, ce sont quelques sénateurs, cheva-

---

1. Potestatem de vectigalibus sumptibus, judiciis... paucis tradidit... (Salluste, *Lettre politique à César, I.*) Et Licinius Macer dans Salluste : Pugnatur et vincitur à paucis... omnia jam concessere in paucorum dominationem.

2. Suffragia descripta tenentur à paucis. Patimur et silemus, cùm videmus ad paucos homines omnes omnium nationum pecunias pervenisse. (Cic., *in Verrem de suppliciis*, 48.) Totus ordo paucorum improbitate et audaciâ premitur. (*In Verr. Act.*, I, 12. *De Aruspicum responsis*, 28.)

3. Respublica in paucorum potentium jus et dominationem concessit. Salluste, *Cat.*, 20.)

4. Certior fiebat,... id agi paucorum consiliis. (Cæsar, *de Bell. civ.*, VIII, 52.)

liers ou centurions enrichis des biens de ses proscrits ; huit ou dix familles, qui, après avoir tiré bon parti de la conquête du monde par l'Italie, ont tiré meilleur parti encore du déchirement et des misères de l'Italie. Un Crassus possède en terres 200 millions de sest. (39 millions de fr.), autant en argent, en meubles et en esclaves[1]. Un Verrès, au compte le plus modéré, a rapporté de Sicile, après trois ans de préture, 40 millions de sest. (17,800,000 fr.)[2]. Cæcilius Isidorus, après s'être ruiné dans les guerres civiles, léguera 4,116 esclaves, 3,600 paires de bœufs, 27,500 têtes d'autre bétail et 60 millions de sest. en argent[3]. Quand tous les intérêts politiques ont péri, qui résistera à de telles puissances? Depuis qu'il y a cinq cent mille souverains légaux, on ne compte plus que sept souverains réels, créanciers de tout le monde, maîtres des terres et de l'argent, par là, maîtres des élections, du sénat, des magistratures, des provinces : on les appelle les sept tyrans[4]. Ces préteurs à la petite semaine sont les vrais successeurs de Sylla.

Il n'y avait, du reste, de force nulle part. Le sénat, entaché de corruption et même de crimes, « fait pour fatiguer tous les censeurs et même tous les juges[5], » le sénat était mené par ces vieux riches, ces « amateurs de viviers qui

---

1. Pline, *Hist. nat.*, XXXIII, 10.
2. Cic., *in Verrem; de Divinat.*, 5; *in Actione*, I, 18.
3. Pline, loc. cit.
4. Cic., *de Lege agrar.*, III, 1. Ce sont, on le suppose, les deux Lucullus, Crassus, Metellus, Hortensius, Philippus et Catulus, tous enrichis par les proscriptions. — De simples soldats avaient un faste royal. (Sallust., *Catil.* 38). Un centurion possédait 10 millions de sest. César et Caton firent un peu rendre gorge à ces spoliateurs, à ceux du moins qui avaient eux-mêmes pris part aux meurtres (Plut., *in Cæs., in Cat.*). « La fortune était à des hommes ignobles et décriés; la république était malade, qui le voulait pouvait la renverser. » Plut., *in Cicer.*
5. Cic., *de Legibus*, II, 13.

trouvaient toujours la république en assez bon état, s'ils avaient de beaux barbeaux dans leurs piscines [1].» Les nobles ne pouvaient souffrir qu'un homme nouveau, un Pompée, eût l'impertinence de s'asseoir auprès d'eux [2]. En présence des prolétaires et des débiteurs armés, le sénat et les chevaliers se faisaient une guerre de jalousie et de chicane. Quant au peuple de Rome, c'est une femme capricieuse, qui ne sait guère ce qu'elle veut. Il lui faut une idole : Pompée, élève de Sylla, bientôt tourné contre le parti de son maître et revenu aux chevaliers, ses amis d'origine; Pompée, heureux vainqueur de Sertorius (675) et de Spartacus (681), et qui arrive toujours à temps pour terminer à sa gloire les guerres qui allaient finir à la gloire d'autrui; Pompée, qui a balayé la Méditerranée des pirates et assuré les subsistances de Rome (686); Pompée, l'unique ressource, la seule épée, le seul général possible de la république; Pompée, qu'au moindre danger on investit de pouvoirs extraordinaires; Pompée est l'idole actuelle du peuple, et rend populaires jusqu'aux publicains ses amis; il tempère l'oligarchie, il protége le peuple contre la noblesse : le peuple souverain a grand besoin d'être protégé. Pompée lui a rendu le tribunat dans toute sa splendeur (loi Pompéia, an 684 [3]) : les tribuns amusent le peuple, ils vivifient la monotonie du Forum; les luttes politiques sont, après les combats de bêtes et les farces atellanes, un spectacle de plus.

Pendant que Pompée est roi du fond de son camp, Cicéron, son lieutenant pacifique, tient pour lui le Forum. Cet

1. Piscinarii,... tritones... qui se digito putant cœlum attingere si barbatos mullos in piscinis habeant;... stulti qui credant piscinas, republicâ perditâ, servare. (Cic., *ad Attic.*, I, 18, 19; II, 2.)

2. Sur cette jalousie contre les hommes nouveaux, *V.* Q. Cic., *de Petitione consulatus*, 4.

3. Cicéron approuve cette loi. *De Legibus*, III, 11.

homme nouveau, compatriote de Marius, a débuté par une opposition vive et hardie contre le parti de Sylla, les chefs du sénat et la noblesse. Il leur a jeté le gant dans la scandaleuse affaire de Verrès. Il a révélé au peuple leurs déprédations dans les provinces, comparables seulement aux déprédations des publicains ses amis. Il a ruiné la puissance judiciaire du sénat, et ce pouvoir immense a été partagé entre les trois ordres (loi Aurélia, 679). Ainsi les chevaliers escomptent en pouvoir réel la popularité que Pompée leur donne.

La seule chose certaine, c'est que l'exemple de Sylla ne sera pas perdu. Tôt ou tard, un homme sera maître de l'empire; la concentration du pouvoir deviendra complète; l'oligarchie se fera monarchie. Le peuple se donne à Pompée; il se donnera bien autrement à César. « Prenez garde, disaient les fameux aruspices interprétés par Cicéron, prenez garde que l'état de la république ne soit changé et que les discordes des grands ne finissent par donner l'empire à un seul[1]. » Cette prévoyance d'une révolution qu'il abhorre et qu'il juge inévitable est à chaque pas dans Cicéron.

---

1. Cicéron ajoute : « En effet, les querelles des hommes puissants ne finissent d'ordinaire que par la destruction universelle ou par le règne du vainqueur. » Il cite Cinna et Octavius, Marius et Sylla. « Sylla, qui a rétabli la république, a exercé pourtant la puissance d'un roi. » *De Aruspicum responsis*, 19, 25, 27, 28. Et Tacite : « Marius et Sylla triomphèrent de la liberté et la remplacèrent par le souverain pouvoir... Pompée fut plus caché sans être meilleur, et depuis, on ne lutta plus que pour savoir qui serait le maître. » *Hist.*, II, 38. Sur les prévisions de Cicéron, qu'il préfère, à bon droit, à celles des augures, *V. ad Attic.*, VIII, 11; IX, 7, 10; X, 7, 14 « La république est perdue. Nous luttons sans aucune espérance. X, 2. J'ai jugé en inspiré de la chose publique (*me de rep. nisi divine cogitasse*), elle a péri par la tempête que j'avais prévue quatorze ans à l'avance, X, 4. Notre divination ne nous trompe pas... » et tout ce qui suit. *Fam.*, VI, 6. Ç'avait été avant lui la prévision de l'orateur Antonius, *Fam.*, VI, 2.

Il y a plus, et on pouvait dire que cette révolution avait été déjà décrétée. Le jour, où, par la loi Julia, le peuple romain avait déclaré les villes d'Italie admissibles, si elles le voulaient, à la cité romaine ; ce jour-là, il avait décrété l'empire. Les libertés publiques de l'antiquité étaient aristocratiques de leur nature ; elles n'étaient possibles qu'entre un petit nombre de citoyens. La presse manquait ; l'idée de la représentation par députés n'existait pas ou n'était pas praticable. Il ne pouvait y avoir de publicité, de délibération commune, de gouvernement en commun que dans une seule ville et dans les trois ou quatre arpents de terrain qui formaient son Forum. Qui n'entrait pas au Forum était en dehors de la vie publique. Aussi, dans les cités grecques et même dans la libérale Athènes, un nombre très-limité de citoyens, seuls maîtres de leurs droits, et qu'on appelait les *pairs* (ὅμοιοι) de la cité, avaient joui de la pleine étendue de la liberté. L'esclave, le *métèque* (étranger domicilié), le prolétaire même et quelquefois l'affranchi, avaient été plus ou moins rigoureusement exclus. Des milliers d'hommes ne pouvaient être libres en même temps. Pour que Rome se maintînt en république, il fallait qu'elle conservât à la tête de son empire et au-dessus de toutes les nations, une nation romaine, seule dominante, élite du monde, peu nombreuse et privilégiée.

Aussi, dès le jour où fut faite la loi Julia, la question fut seulement de savoir si la loi Julia serait ou non prise au sérieux. Si elle n'était qu'une lettre morte, si elle pouvait être ou brisée par la force, comme Sylla voulut le faire, ou éludée par la ruse, comme le fit longtemps le sénat, ou délaissée par l'indifférence de l'Italie, comme il arriva longtemps pour un certain nombre de cités, Rome pouvait demeurer en république. Mais si l'Italie tout entière acceptait la loi Julia et la relevait contre l'épée de Sylla ; si, à l'encontre des ruses du sénat, l'Italie, non contente des immunités et des priviléges personnels du citoyen romain, prétendait à des priviléges politiques et voulait l'égalité complète, effective et sérieuse avec les Romains de Rome : ce jour-là, l'empire était fait. Le droit de suffrage, partagé entre 500,000 ou un million de citoyens, était forcément aboli[1]. La démocratie victorieuse devait se compléter par un empereur.

En tout, même avec la presse et les formes modernes, la démocratie est-elle bien compatible avec la liberté? Le pouvoir absolu n'est-il pas sa forme propre, même la plus tutélaire et la plus digne? Les sociétés, quoi qu'on fasse, ne seront jamais gouvernées, en réalité, par huit ou dix millions de suffrages, parfaitement égaux. Ne voyons-nous pas en certains pays quelle anarchie matérielle et souvent quel abaissement moral entraîne la démocratie extrême jointe à l'extrême liberté? Dans l'antiquité au moins, où il n'y a plus une aristocratie qui délibère, il faut un maître qui décide. Si la démocratie païenne était une bête sauvage, autant valait qu'elle fût muselée.

Au moment dont nous parlons, Rome est donc dans l'attente de son maître, et ce maître que l'on prévoit sans le connaître, les uns le combattent d'avance, les autres travaillent à le servir; les plus hardis veulent l'être.

Voilà donc l'immense prix offert aux ambitions romaines! Ne vous étonnez pas si cette époque de dissolution réveille tant de génies, active tant d'intelligences, met au jour tant d'ardentes passions. Ce n'est pas une sphère ordinaire que celle où s'agitent un César, un Pompée, un Cicéron, un Cati-

---

1. Le cens de l'année 683 de Rome donna 450,000 citoyens. Liv., *Epist.* XCVIII.

lina, un Caton, et, dans un rang inférieur, les Clodius, les Curion et tant d'autres. Ces hommes nés pour aspirer à tout, fiers de leur noblesse ou impatients de leur obscurité, exaltés par une éducation emphatique et brillante; tous appelés à combattre, l'un par son épée contre un Mithridate qui ressuscite en quelques jours des armées de 300,000 hommes ; l'autre par sa parole, au milieu de l'Italie assemblée, parmi les angoisses de l'éloquence et les inquiétudes de la candidature, à cette tribune où un geste mal interprété de l'un des Gracques fut puni de mort : tous ont une fortune à faire ou à doubler, des ennemis à écraser, des passions effrénées à satisfaire ; tous peuvent se croire appelés à ce pouvoir qui n'appartient à personne, mais que tout le monde attend, au pouvoir absolu dans la cité qui gouverne le monde.

Toutes les proportions s'agrandissent. Un propréteur (un préfet, dirions-nous) est le monarque d'un vaste royaume. Pompée, chargé de la guerre des pirates, devient autocrate de la Méditerranée, a pleine puissance sur tout être humain depuis les colonnes d'Hercule jusqu'en Cilicie, et dans les terres jusqu'à vingt lieues de distance ; tous les trésors lui sont ouverts ; il peut lever partout des armées et des vaisseaux. Voilà ce qu'est un simple commandement sous la domination romaine.

Et auprès de telles espérances, que de périls ! les haines personnelles combattent en ligne parmi les haines politiques. J'ai dit quel duel est l'accusation où l'on met comme enjeu ses biens, sa liberté, ses droits; comme disent les Romains, son salut et sa tête. Aux jours plus funestes, la table de proscription remplacera le bulletin du juge; le sicaire sera seul accusateur, et le fugitif s'estimera trop heureux s'il a gardé auprès de lui le stylet de ses tablettes ou l'épée de son fidèle affranchi. Depuis la mort de Sylla jusqu'au règne d'Auguste, je ne vois guère un homme quelque peu notable mourir dans son lit[1].

Ces craintes et ces espérances remuaient surtout les familles patriciennes ; ces nobles déchus souriaient à l'idée de se relever par une révolution. Quelque conquête que la démocratie eût faite dans les lois, la puissance du nom gardait sa force. Deux patriciens, deux Cornélius, Cinna et Sylla avaient été tour à tour *tyrans* de Rome (je donne à ce mot sa signification antique : l'homme qui usurpe le pouvoir dans un état libre) : le complice de Catilina, Lentulus, qui était aussi de la *gens* Cornélia, trouvait dans les livres sibyllins qu'un troisième Cornélius devait régner dans Rome. Catilina vieux noble, César fils de Vénus, aspiraient hautement à l'empire, tandis que le plébéien Pompée n'osait y marcher que par des détours. Si Rome devait avoir un maître, au moins voulait-elle que ce maître fût du sang de quelque dieu ; le sang des dieux ne lui manquait pas : ce qui du reste n'empêcha point que tous ces patriciens aspirants à la royauté aboutissent à donner l'empire au très-plébéien Octave.

De plus, soit que la ruine de leur fortune fît d'eux les chefs naturels de tout ce qui n'avait rien, soit que leur dédain pour la finance leur fît préférer les humbles habitués des rostres et des marchés ; ces hommes, dont les pères avaient été les rigides défenseurs de la vieille aristocratie, deve-

---

1. Lucullus me paraît avoir été le seul, et encore pas sans un soupçon de poison. On remarque que tous les meurtriers de César périrent par l'épée. Suet., *in Cæs.*, cap. ult. — Le mot : *Il a acheté le cheval de Seïus* devint proverbial. Le premier maître de ce beau cheval, Seïus, condamné à mort par Antoine, périt dans des tourments affreux ; Dolabella qui l'acheta ensuite 100,000 sesterces, assiégé dans le cours des guerres civiles, se donna la mort ; Cassius prit ensuite le cheval, et se tua à la bataille de Philippes. Aulu-Gelle, III, 9.

naient les avocats du peuple. Un Caton, un Cicéron, un Pompée, ces nouveaux venus, ces Marses, ces gens d'Arpinum, pouvaient bien prendre pour le vieux sénat de Rome leur sénat de parvenus, et défendre comme légitime héritière de l'aristocratie ancienne leur aristocratie de fraîche date. Mais un Catilina et un César trouvaient la *plebs* de meilleure compagnie et l'Italie plus romaine ; un descendant des Appius, ces farouches défenseurs de la prérogative du sénat, Clodius, se faisait plébéien pour être tribun du peuple ; un Cornélius Dolabella en faisait autant. Dès les premiers temps de Rome, les Mélius, les Manlius, tous ceux qu'on accusa de vouloir parvenir par la popularité à la tyrannie, avaient été des patriciens ; et en général les démagogues les plus fougueux, comme les Gracques, sont nés aristocrates, et, comme Mirabeau, le sont restés de cœur.

En tout, ce siècle est l'agonie de l'antiquité. Toute nationalité englobée dans la nationalité romaine, tout patriotisme réduit au patriotisme romain, toute liberté, toute foi et toute vertu, refoulée dans la liberté, la foi et la vertu romaine, expiraient maintenant avec Rome elle-même.

Nous sommes faits pour comprendre ces temps de révolution ; nous avons payé assez cher notre expérience. Pour peu que nous y regardions, nos partis et nos passions politiques se retrouvent là. Tant est vraie l'éternelle similitude de l'homme ! Le premier mouvement en lisant l'histoire est de trouver toutes les époques différentes, le second est de les trouver toutes pareilles. Otez le costume, détachez la toge, ouvrez le manteau ; ce n'est plus le Romain, le Français ni le Chinois : c'est l'homme ; les mêmes passions, la même intelligence, la même vie. On a étudié l'histoire bien petitement quand on n'a pas compris cela.

Si l'on ne s'arrêtait à l'habit, si la manie de la couleur locale et le pittoresque maniéré de l'histoire ne nous trompaient, comme on découvrirait bien vite, dans ces races qui semblent autant d'espèces différentes, l'unité première du genre humain !

L'étude de cette époque me paraît une des plus instructives et des plus politiques. Nul temps de révolution, sans excepter notre siècle, ne nous est enseigné par d'aussi précieux monuments. César a écrit ou fait écrire ses campagnes, modèle de précision et de bon sens, où sous la simplicité du soldat se cache, mais souvent se trahit, la finesse de l'homme d'état. Salluste, l'homme lige de César, écrivain qui semble tenir des publicistes modernes, qui a leurs vues ingénieuses et souvent aussi leur pédantisme [1]; Salluste, retiré des affaires, occupé à mettre sa réputation sous un jour favorable et à moraliser le passé de son parti, est, à ce point de vue, un des plus curieux raconteurs des temps anciens. Deux Grecs, Plutarque et Dion, suspects, l'un d'admiration, l'autre de dénigrement envers la république romaine, sont dignes d'être lus ; fiez-vous au panégyriste plutôt qu'au détracteur, il y a toujours plus de bonne foi, de désintéressement, de vérité dans l'enthousiasme que dans la satire. Mais le grand historien de ce temps est Cicéron : sans parler de ses harangues, quelle autre époque nous a laissé des lettres écrites à un frère, à une femme, à un intime ami, sur les événements de chaque jour, par l'homme le plus instruit et le plus sensé de son temps, le

---

1. Ego adolescentulus, initio... ad remp. latus sum. (*Catil.*, 3.) Atq. in eâ cognoscendâ magnam multamque curam habui, etc... *Lettre politique*, I, in princ. — Et plus bas : J'ai donné peu de temps aux armes, à la chasse, aux chevaux ; mais j'ai fortifié mon esprit ; j'ai lu et écouté ; j'ai compris comment les empires, les cités, les nations, sont arrivés à leur plus haut point de gloire, etc. *V.* aussi *Catil.* 4, et alibi, passim.

plus impartial par nature, le moins aveuglé par l'amour de son parti, observateur d'autant plus fidèle qu'il est forcément politique indécis! — Et au contraire, de notre révolution toute chaude encore, que reste-t-il, sinon des journaux et des pamphlets; puis, sous le nom de mémoires, encore des pamphlets et des journaux, toujours le mot d'ordre des partis, leurs colères et leurs admirations officielles? Tandis que ceux-là s'en vont qui ont vu cette époque et la savent véritablement, que l'écho de leur voix n'est pas recueilli, qu'avec eux s'en va cette histoire si voisine de nous, mais qui, écrite trop tôt, n'est comprise de personne parmi ceux qui naissent, et dans cinquante ans, malgré ses matériaux immenses, ses monceaux de journaux et son chaos de renseignements officiels, sera de toutes, je le crains, la plus embarrassante à écrire et la plus mal connue!

Je ne dis rien des modernes qui ont éclairci les derniers temps de la république romaine; des travaux de l'Allemagne, qui depuis un demi-siècle ont jeté sur les antiquités de Rome une lueur toute nouvelle, trompeuse parfois par trop d'imagination et de hardiesse, souvent harmonieuse et satisfaisante; ni d'un précieux travail de patience germanique, où le dernier siècle de l'histoire romaine est raconté *gens* par *gens*, famille par famille, homme par homme [1]; ni du coup d'œil prompt et enthousiaste de M. Michelet; ni des travaux dont M. Amédée Thierry nous a fait connaître quelques portions.

Je tâche de mettre à profit ces lumières, non de les ac-

---

1. *Geschichte Roms*, etc... Histoire de Rome, dans son passage de la république à la monarchie, ou Pompée, Cicéron, César et leurs contemporains, — dans l'ordre des races, — par Drumann, 1830-1838. J'ajoute ici l'excellente *Histoire romaine* de M. Duruy (1844).

croître; ou si je prétendais y ajouter quelque chose, ce serait tout au plus par la patience de l'examen et la lenteur du jugement.

§ II. — CÉSAR ET SES COMMENCEMENTS JUSQU'A LA GUERRE CIVILE.

Ce que nous disions en dernier lieu fera comprendre César : il est patricien, le monde est plein d'opprimés, le combat est ouvert pour la royauté. Il dit fièrement dans l'oraison funèbre de sa tante : « Mon aïeule était descendante d'Ancus-Martius, la tige des rois de Rome ; la *gens* Julia à laquelle appartient ma famille descend de Vénus : il y a donc dans notre famille et la sainteté des rois si puissants parmi les hommes, et la majesté des dieux qui sont maîtres des rois. » Celui qui parle ainsi se contentera-t-il de la faveur d'un sénat d'anoblis? Celui qui pleure au pied de la statue d'Alexandre, parce que Alexandre à son âge avait déjà conquis de grands royaumes ; celui qui dès sa plus tendre jeunesse, dit Suétone, ambitionna le souverain pouvoir; qui, à la vue des querelles électorales d'une petite bourgade des Alpes, a dit ce joli mot d'une franche ambition : « J'aimerais mieux être le premier ici que le second à Rome; » celui-là sera-t-il satisfait d'une lieutenance auprès de Pompée ? Il y a plus, sa naissance qui le rapproche des dieux, le rapproche du peuple : il est neveu de Marius.

A dix-sept ans, déjà fiancé, il a épousé une autre femme, que Sylla a voulu en vain lui faire répudier; il s'est enfui devant la vengeance du dictateur, il s'est caché chez les paysans de la Sabine (alors un proscrit trouvait encore un asile), il a gagné à prix d'or un espion qui allait l'arrêter. Ses amis, les vestales, toute la noblesse, intercèdent pour lui auprès de Sylla; le dictateur est vaincu par la fortune de César. « Vous le voulez, dit-il, gardez-le, mais il vous perdra. Je vois en cet enfant plusieurs Marius (672). »

Peu sûr de ce pardon, César est allé en Asie faire l'apprentissage des armes, premier début de toute ambition romaine. Mais Sylla meurt (674), César revient; un Lépidus préparait un mouvement contre la politique du dictateur; César est tenté de s'y associer, mais il juge le chef incapable et se tient à l'écart. A vingt et un ans (676), il accuse un consulaire, Dolabella, début indispensable de l'orateur après le début du soldat; Dolabella est absous; César, afin d'éviter les ressentiments, part pour Rhodes faire sa rhétorique sous Apollonius. En chemin, des pirates le surprennent, pirates ciliciens, les plus déterminés brigands de la mer; ils lui demandent 20 talents (93,000 fr.) de rançon : — « Je vous en donnerai 50 et je vous ferai pendre. » Pendant que des esclaves vont chercher la somme promise, César avec un médecin et deux valets de chambre (la plupart des médecins étaient esclaves), reste trente-huit jours au milieu des pirates, non comme un prisonnier que l'on garde, dit Plutarque, mais comme un prince qu'on accompagne; joue avec eux, se moque d'eux à leur barbe, leur fait des vers, les traite de barbares quand ils ne les admirent pas; s'il veut dormir leur fait dire de se taire; les pirates sourient de la naïve forfanterie de cet enfant : lorsque enfin l'argent arrive, l'enfant, mis en liberté, arme des vaisseaux, attaque ses hôtes, les fait mettre en croix pour ne pas leur manquer de parole, mais, par souvenir de leurs bons traitements, a la gracieuseté de leur faire d'abord couper la gorge : auquel propos Suétone admire son humanité et sa reconnaissance.

César reprend alors son cours de rhétorique et l'interrompt quelques mois seulement pour faire de son chef la guerre à Mithridate.

Enfin, il reparaît au Forum : — vous vous rappelez ces romanesques héros de l'aristocratie anglaise, comme ils abondent dans les romans de toutes les misses et mistresses qui ont fait des romans au siècle dernier, gens doués de tous les *accomplissements* possibles, beaux, jeunes, riches, spirituels, qui à treize ans sont déjà des messieurs bien peignés, à dix-huit ans des hommes, à vingt ans de grands personnages, qui mènent de front les affaires de cœur et les affaires d'État, sont éloquents dans un salon et fashionables au parlement, se font un jouet et un délassement de la politique dont Fox et Sheridan se tourmentent, soulèvent des tempêtes à Saint-Stephen pour se distraire d'un froncement de sourcil de miss Flora ou miss Anna Bell : — César, sauf la distance entre le roman et l'histoire, me semble quelque chose de pareil : lord Byron, cet Anglais idéal, ne fut qu'un César manqué.

Vénus, la déesse de la fortune, celle qui donne au joueur les dés les plus heureux, a versé sur son petit-fils ses dons avec abondance. Voyez comme sa taille est haute et mince, ses yeux noirs et pleins de vie [1], combien est fine et blanche sa peau épilée avec soin! Il descend de sa maison encore modeste de la Suburra, il a élégamment ramené ses cheveux sur le haut de sa tête pour dissimuler sa chauveté naissante, il marche mollement sur les franges ornées et les plis flottants de cette toge qui faisait dire à Sylla : « Prenez garde à cette ceinture lâche; » il n'est pas en litière, il marche à pied, il met sa main blanche dans la rustique

---

[1]. Nigris et vegetis oculis, dit Suétone. — Gli occhi grifagni, dit le Dante.

main d'un plébéien en tunique, il le courtise, il l'appelle de son nom, il est populaire, il est gai. Sa dépense est inouïe, sa table ouverte à tous est magnifique, son patrimoine déjà presque épuisé ; s'il parle, sa voix haute et vibrante, son geste impétueux et plein de grâce, font reconnaître l'orateur inférieur au seul Cicéron, et qui eût été le premier de tous les orateurs s'il n'eût mieux aimé être le premier homme de guerre. Le peuple l'applaudit ; les femmes l'adorent ; Caton murmure ; Cicéron a bien quelque crainte, mais, toute réflexion faite, il ne se figure pas que ce beau garçon si bien peigné, et qui se gratte la tête à la façon des voluptueux de l'époque, mette la république en péril.

Mais, conduisez-le à la guerre, ce voluptueux, cette femme, comme on l'appelle : il sera plus dur à lui-même que les plus durs centurions ; il passera les fleuves à la nage, marchera la tête découverte par les orages et la pluie, à pied, à cheval, dans la première voiture venue ; il fera cent milles en un jour, devancera les messagers qui l'annoncent. Dans ce siècle de jouissances grossières, il ne connaît pas les plaisirs de la table, et Caton, dont la vertu s'échauffe parfois avec le falerne, déclare que César est le seul homme sobre qui ait entrepris la ruine de la patrie [1].

César connaît son siècle, et le comprend ; il veut, non pas le suivre, mais le devancer. Il a deviné que dans la révolution qui va se faire, il n'y aura qu'une place digne de lui ; que s'il n'est maître, il devra être esclave. Pour ne pas être écrasé par cette révolution, il faut qu'il la mène. Nous avons les oreilles rebattues de personnages qui symbolisent une époque, de héros qui sont des mythes : le mythe à

---

1. Suét., *in Cæs.*, 53.

part, cette formule banale convient merveilleusement à César. Il rejette les vertus surannées des temps antiques; il sait qu'elles n'ont plus chance de succès. Gardera-t-il le respect antique pour Jupiter? Il vole l'or du Capitole, pille les temples, se rit des augures. — La sainte parcimonie des Fabius? Il achète si cher certains esclaves, qu'il n'ose porter le prix sur ses comptes. — La chasteté de Scipion? Ses soldats, au milieu de son triomphe, comme ses ennemis dans leurs invectives, rediront à ses oreilles l'infâme amitié de Nicomède. — La foi aux serments? Il répète sans cesse ces vers d'Euripide :

S'il faut manquer à la justice, il est beau d'y manquer pour le trône. Soyez pieux en tout le reste [1],

et plus tard il dira : « Si les sicaires et les bravi m'eussent rendu service, je ferais consuls les bravi et les sicaires. » Il s'est fait malhonnête homme avec tout son siècle.

Pour cela, du reste, il ne faut pas grand génie. Mais d'où lui sont venues des vertus que ses aïeux ne connurent pas, que son siècle ne connaît pas davantage : la reconnaissance, le respect pour les inférieurs, le pardon des injures? Les éloges qu'on lui donne à cet égard peuvent être la mesure de ce qu'était la charité antique.

En voyage, disent Plutarque et Suétone, avec un de ses amis malade (*ami* commençait à signifier courtisan), il lui cède le seul lit d'une auberge et va coucher à la belle étoile. Un hôte lui sert des asperges mal accommodées, il en mange comme si elles étaient bonnes, et quand ses amis traitent l'hôte de mal appris, il leur répond qu'eux-mêmes le sont. A sa table les provinciaux s'assoient auprès des

---

1. Cic., *de Offic.*, III, 82.

Romains ; un esclave s'avise de lui servir un meilleur pain qu'à ses convives, il punit l'esclave. Ce sont là de petits faits ; mais il faut comprendre que, dans le monde antique, c'étaient de merveilleux exemples d'égalité, et qu'on eût passé à moins pour révolutionnaire.

Il y a plus : il a tellement juré de méconnaître les plus saints devoirs, qu'il enfreint même le devoir de la vengeance ; il oublie le point d'honneur jusqu'à pardonner ; il vote pour le consulat de Memnius qui, dans ses harangues, l'a décrié ; il invite à souper Catulle, dont les épigrammes eussent offensé un autre que César. Quand il se venge, il *se venge très-doucement*[1], dit Suétone : vous venez de voir combien il fut bénin envers les pirates. Un esclave qui avait voulu l'empoisonner fut *tout simplement puni de mort*[2] ; Suétone ne plaisante pas, César fut vraiment miséricordieux de ne pas le mettre à la torture. Il *n'eut jamais le cœur de faire du mal*[3] à l'espion qui, au temps de Sylla, avait découvert sa retraite. « Il ne tua jamais un homme désarmé[4]. » Le peuple qui l'adore lui fait un seul reproche ; c'est que, quand il donne des combats de gladiateurs, il fait enlever de l'arène et soigner les combattants blessés, ceux même que les spectateurs ont condamnés ; tant il a pris le rebours de l'antiquité, tant il pousse loin l'esprit novateur ! Il ne garde rien des vieux Romains, pas même leurs vices ; il a deviné l'humanité, cette vertu sans nom dans les langues antiques.

Ne nous faisons pourtant pas illusion : César ne fut jamais un philanthrope désintéressé. Sa carrière politique, malgré tant de facultés brillantes, est au commencement

---

1. In ulciscendo naturâ lenissimus. (Suét., *in Cæs.*, 74.)
2. Non graviùs quàm simplici morte puniit. (*Ibid.*)
3. Nunquàm nocere sustinuit. (*Ibid.*) — 4. Sénèq., *de Benef.*, IV, 16.

celle d'un tribun ordinaire, à peu près celle de tous les jeunes gens de son siècle qui voulaient faire promptement fortune par l'opposition, et se jetaient dans le parti populaire de la compassion et de la miséricorde. Nous avons une certaine expérience de cette charité politique, et j'espère que notre siècle ne se prosternera plus devant les amis des hommes, à la façon du marquis de Mirabeau, ni devant les amis du peuple, à la façon de Marat. César, en prenant le parti de la pitié systématique, ne fit longtemps que de l'opposition et une opposition assez vulgaire. Plus tard, en donnant de vrais et nobles exemples d'humanité, il fit encore de la politique, mais de la politique la plus haute, la plus noble et la plus habile.

Ses dettes, d'ailleurs, étaient une cause très-efficace de philanthropie : il avait besoin de faire vite son chemin, talonné qu'il était par ses créanciers, et de devenir grand homme de façon ou d'autre, pour qu'ils lui laissassent un peu de répit. Avant d'avoir accepté aucune charge, il devait 1,300 talents (6,055,000 fr.), et ses adversaires se rassuraient en pensant qu'un jour ou l'autre la banqueroute ferait justice de lui. Vous comprenez qu'un tel homme était le protecteur ardent de tous les prolétaires, l'ennemi acharné de l'oligarchie des riches.

Aussi, dès le principe, quiconque se plaint a recours à lui. Sa première cause a été pour la Grèce opprimée contre les magistrats romains. — Puis, simple tribun des soldats, pour gagner la *plebs* de Rome, il travaille vigoureusement au rétablissement du tribunat. Des exilés du parti de Marius veulent rentrer; il harangue pour eux, obtient leur retour. — Devenu questeur, l'Espagne où on l'envoie lui paraît une terre stérile : nulle ambition ne peut croître qu'à Rome; il y revient, trouve les Transpadans (nord de l'Italie au delà du Pô) prêts à se révolter pour obtenir le droit de cité, et peu s'en faut qu'il ne les soulève.

Deux conspirations se trament dans Rome. César paraît n'y être pas étranger; dans la première, d'accord avec un Sylla, avec Catilina et avec Crassus, il devait, disait-on, donner le signal pour le massacre du sénat. Dans la seconde, un Pison devait soulever l'Espagne, tandis que lui soulèverait ses amis de la Cisalpine [1].

César cependant devient édile (689), donne des jeux pleins de merveilles, 320 paires de gladiateurs; étale sa magnificence dans les galeries en bois qui couvrent le Forum et le Capitole. Un matin, le Capitole apparaît orné des statues de Marius; les trophées de ses victoires sont relevés avec les inscriptions que le sénat avait fait effacer. Le peuple est ravi, les vieux soldats de Marius pleurent de joie. Le sénat s'indigne; ce n'est plus par la mine, dit-on, c'est à tranchée ouverte que César attaque la république. Mais César, à force de grâce et d'habileté, calme le sénat et obtient son pardon.

Plus tard, chargé du jugement des accusations de meurtre, il condamne, malgré les lois qui les protégent, ceux qui ont pris part aux proscriptions de Sylla : il remonte jusqu'au meurtre de Saturninus, tué, il y a trente-six ans, par ordre du sénat; il fait accuser Rabirius qu'on prétend l'auteur de cette mort : après l'avoir fait accuser, il siége comme juge, il condamne pour un crime qui date de l'année même de sa naissance. Mais toute l'aristocratie prend parti pour l'accusé, et la violence même de son juge se trouve le servir auprès du peuple (690).

---

1. Sur ces deux complots, dont les détails offrent peu de certitude, *V.* Suét., *in Cæs.*, 9. Sallust., *Catil.*, 18, 49. Cic., *in Togâ candidâ.; in Catil.*, 1, 6. *Pro Syllâ*, 4.

Cependant les magnificences de son édilité; la voie Appia qu'il a fait reconstruire à ses frais; ses *villæ* de Baïes construites sur de hautes montagnes, et qui sont des forteresses plus que des maisons[1]; sa villa d'Aricie, somptueusement bâtie et jetée à bas le lendemain parce qu'elle a cessé de lui plaire, tout cela a ruiné César; il lui faut le grand pontificat pour le sauver des recors. En allant aux comices, il embrasse sa mère : « Tu me reverras ce soir, dit-il, grand pontife ou exilé. »

Il triomphe. Mais plus tard, à son départ pour l'Espagne comme préteur, ses créanciers malavisés reviendront à la charge, ne comprenant pas qu'il va devenir plus grand homme que jamais et les payer aux dépens du monde entier. Il sera trop heureux, ce dieu futur, pendant qu'il part à la hâte, tremblant d'être assigné et sans attendre ses passe-ports, que Crassus le cautionne pour 830 talents (3,865,600 francs). Il s'en ira, convenant qu'il lui manque 250,000,000 de sest. (48,512,000 fr.)[2] pour que sa fortune égale zéro. Voilà les grandeurs du héros! voilà ses misères!

Ici un orage amassé dès longtemps va éclater. Pompée était parti pour la guerre de Mithridate (688). L'absence du seul homme populaire avait donné une force nouvelle à l'oligarchie[3]; l'absence de la seule autorité morale qui fût dans l'empire avait ouvert une nouvelle porte au désordre. Le défaut de crédit, l'impunité des crimes les plus évidents, le mépris de la chose jugée étaient au comble. Il n'était ques-

---

1. Non villæ, sed castra. (Senec. *Ep.*, 51.) Suet., *in Cæs.*, 46, 47. Sur la villa d'Aricie, Cic., *ad Attic.*, VI, 1.

2. Sur ces chiffres, croyables ou non, V. App., *Bell. civ.*, II, 32. Plut., *in Cæsare*.

3. Postquàm Pompeius in Mithridatem et in maritimum bellum missus, imminutæ plebis opes, paucorum potentia crevit. Ii magistratus provincias aliaque omnia tenere, etc... (Sallust., *Catil.*, 40.)

tion que de révolutions, de royauté même [1]; qui le voudrait, pourrait jeter à bas la république [2].

L'évidence du danger opéra une réconciliation soudaine. Nobles et parvenus, sénateurs et chevaliers, aristocrates et gens de finance, si violemment en guerre les années précédentes, s'unirent au moins pour un jour. Les vieux nobles consentirent à porter au consulat Cicéron l'homme nouveau, l'homme des chevaliers (an 690). Cicéron et César étaient la monnaie de Pompée absent; l'un avait son crédit sur les riches, l'autre l'*intérim* de sa popularité : César, avec tout son génie, n'était encore, à trente-six ans, que le plus mauvais payeur de l'empire et l'idole en second de la *plebs* romaine.

C'est alors qu'éclata le mouvement révolutionnaire de Catilina, une des plus curieuses phases de l'antiquité romaine (691).

Lucius Sergius Catilina était un patricien, compagnon de Sylla, et qui avait largement versé le sang des proscrits. La tradition nommait parmi ses aïeux un Sergius Silus, qui, blessé vingt-trois fois dans les guerres Puniques, avait fini par combattre comme Goetz de Berlichingen avec son bras mutilé garni d'une main de fer. Ainsi, sa naissance l'unissait au patriciat écrasé par la prééminence de la *nobilitas*; les souvenirs de sa vie militaire, aux vétérans de Sylla, ruinés pour la plupart; la similitude de son désastre, à tous les banqueroutiers de Rome, de l'Italie, des provinces mêmes.

Avec cela, hardi, patient, capable même du bien; ses vertus de soldat avaient séduit plusieurs honnêtes gens,

---

1. Nulla Foro fides... perturbatio judiciorum... rerum judicatarum infirmatio... novæ dominationes, imo regna. (Cic., *in Catil.*, 3.)
2. Plut., *in Cicer.*

Cicéron lui-même[1] ; comme aussi ses *vertus* de joueur, de *bravo* et de débauché séduisaient le reste. Autour de ce Mirabeau soldat, qui maniait la parole comme l'épée, tout ce qui avait besoin de révolution affluait : ainsi de jeunes patriciens, élégants de boudoir, qui se frisaient, se parfumaient, portaient des tuniques à larges manches et des robes de pourpre transparentes ; qui jouaient, s'enivraient, dansaient nus dans les festins, mais n'en étaient pas plus disposés à tenir Rome quitte de la réhabilitation qu'elle devait à leur banqueroute et des consulats qu'elle devait à leur nom : — ainsi de tous autres hommes, des misérables, parfois profondément dévoués, *bravi* sans emploi, gladiateurs sans maîtres, assassins à grand'peine absous par des juges payés : — ainsi toute l'Étrurie vaincue ou victorieuse, vétérans de Sylla ou proscrits de Sylla (n'avons-nous pas vu marcher dans le même parti les serviteurs de Napoléon et les vieux républicains ses ennemis ?) : — ainsi, même des femmes ; courtisanes vieillies, femmes nobles auxquelles le libertinage échappait, femmes lasses de leurs maris, qui cherchaient une occasion de devenir veuves impunément ; — en un mot tout ce qui avait un compte à régler avec la république, tout ce qui réclamait d'elle impunité de crimes, abolition de dettes, fortune, plaisirs, honneurs même (quand on était Sergius ou Cornélius on ne s'en passait pas si aisément) ; gens de tout parti, de toute condition, de toute origine[2].

Plus loin, des hommes prudents laissaient le nuage se former et, comme nous disons, voyaient venir[3] : c'étaient

---

1. *V.* l'éloge de Catilina, par Cicéron. *Pro Cœlio*, 5, 6.
2. Sur la composition de ce parti, *V.* Salluste, 6, 17, 38, et surtout Cic., *Catil.*, II, 8, 9, 10. *Pro Murenâ*, 24-26, 37.
3. Erant præterea complures paulò occultiùs consilii hujusce participes nobiles. (Sallust., 17.)

des riches qui eussent liquidé leurs affaires en vendant une villa; mais la villa leur tenait trop au cœur, une révolution valait mieux [1] ! c'étaient soixante-quatre sénateurs qu'un coup de stylet du censeur avait rayés et qui s'agitaient pour rentrer au sénat ; c'était peut-être le spéculateur Crassus, spéculant même sur cette guerre contre les riches; peut-être César qui menait le peuple de Rome, et qui aurait essayé cette occasion de conquérir le pouvoir s'il n'eût jugé Catilina de taille à le lui disputer.

Ce n'était pas, du reste, une intrigue, un complot nocturne; à vrai dire, ce n'était pas un complot, c'était un fait qui levait la tête et allait droit son chemin. C'était la querelle du riche et du pauvre (ou plutôt de *l'appauvri*), mise à nu, affichée publiquement; cette question, qui est au fond de toutes les questions politiques et apparaît quand elles sont vidées, ne se posa jamais plus franchement. Catilina est un pauvre de bonne maison. C'est le noble flamand qui met l'écu à son chapeau et se fait chef des gueux; c'est Goetz de Berlichingen, le seigneur féodal qui commande la révolte des paysans. Cette misère patricienne accueille toutes les misères roturières. « Pauvres et malades, leur dit-il, défiez-vous des riches et des forts. Voyez qui je suis, ce que je dois, ce que je puis faire. Prenez un gueux pour être le porte-étendard des gueux [2] ».

Aussi son étendard est-il déployé : ce n'est pas en secret qu'il soutient cette jeunesse perdue, lui fournit argent, maîtresses, chiens et chevaux, tout cela sur la fortune qu'il n'a pas ; qu'il encourage tous ces gentilshommes verriers, qu'il touche dans la main à tous ces truands : avec la vie

---

1. C'est à ceux-là que Cicéron dit ce mot : Errant qui tabulas novas à Catilinâ exspectant...Tabulas quidem proferam, verùm auctionarias. (*Id.*)
2. Cic., *Catil.*, I

en plein air de Rome, tout cela se voit. Chacun a vu l'éclair insultant de ses yeux ; chacun peut savoir ses superstitions sinistres, cet aigle de Marius qu'il a prise pour son dieu, à laquelle il a érigé chez lui un sanctuaire, et offre, dit-on, des libations de sang humain. Sa vie passée ; le meurtre d'un fils pour épouser une seconde femme[1] ; quatre accusations, de meurtre, d'inceste avec une vestale, de conspiration[2] et de brigue ; quatre acquittements obtenus en dépit de l'évidence : rien de tout cela n'est secret domestique ou affaire de famille. Il vend ses troupeaux et garde ses pâtres ; il a demandé deux fois le consulat ; il vient d'échouer contre Cicéron ; il demande encore le consulat, il le demandera tant que la révolution ne sera pas faite. Au Champ-de-Mars, où il vient solliciter les électeurs, tout ce qu'il y a de proscrits, de sicaires, d'aventuriers, lui fait cortége. Cicéron menacé ne sort pas sans escorte et montre une cuirasse sous sa toge. Croyez-vous que Lucius Catilina se cache ? Voilà ce qu'en plein sénat il a répondu à Cicéron : « Il y a deux corps dans la république : l'un faible, mais qui a une tête (le sénat), l'autre puissant, mais qui n'en a pas (le peuple) ; je serai cette tête qui lui manque. » — Caton le menace de l'accuser : — « On allume l'incendie contre moi, je l'éteindrai sous des ruines. »

C'est donc un parti plus qu'un complot, des révolutionnaires plus que des conspirateurs. L'évidence du péril a seule fait porter Cicéron au consulat, et Cicéron, dès les premiers jours de sa charge, haranguant le peuple[3], a dé-

---

1. Sallust., 15.
2. C'est la conspiration patricienne dans laquelle César fut compromis. *V.* ci-dessus. Sur les antécédents de Catilina, voyez les curieux fragments de Cicéron *in Togâ candidâ*, etc., 9. Cic., *de Petitione consulatûs*.
3. (Janvier 691.) *De Lege agrariâ*, II, in fine.

signé Catilina et parlé clairement de ses projets. Mais il y a de ces moments où, en présence d'une crise imminente, on est d'accord pour dissimuler et pour attendre : nul n'ose aller droit au fait et tirer à boulet sur le nuage. Autrefois le sénat eût nommé un dictateur, et son maître de la cavalerie, homme de cœur et de main, serait déjà allé tuer Catilina en plein Champ de Mars [1]. Mais le sénat se demande : Pour qui sera le peuple ? Le peuple, timide et ami de son repos, sera peut-être contre le premier qui osera jeter le gant ; le peuple, qui suit la fortune, sera peut-être pour celui qui aura remporté la première victoire [2]. Catilina doute du peuple et ne se lève pas ; Cicéron doute du peuple et n'ose déchirer cette trame qui s'ourdit depuis dix-huit mois [3], et dont ses espions lui révèlent jusqu'aux moindres détails. Il y a des choses en politique, évidentes pour tous aujourd'hui et qui seront douteuses demain : si le sénat proclamait Catilina ennemi public, le peuple pourrait bien le déclarer innocent.

Mais le jour des comices mettra fin à cette longue attente. Catilina échoue une fois encore. Un accusateur défère son nom aux tribunaux. De plus, les échéances l'écrasent ; aux Ides de décembre (13 décembre) il sera en banqueroute. Il faut donc se décider ; ses émissaires courent soulever l'Italie ; l'Étrurie prend les armes sous son lieutenant Mallius. Le sénat proclame enfin le danger public (21 octobre 691).

Catilina reste pourtant à Rome, y reste libre, vient au

---

1. Cicéron, la conspiration depuis longtemps découverte, dit à Catilina au sénat : « Voilà vingt jours qu'un décret est lancé contre toi, vingt jours que chacun a le droit de te tuer, et cependant tu es libre..., etc. » (Cic., *Catil.*, I. 2.) Cicéron avoue pleinement la faiblesse de son pouvoir.

2. Quod si Catilina superior aut æquâ manu discessisset, profecto magna clades... remp. obrepsisset. (Sallust., 40.)

3. Depuis le mois de juin de l'année précédente. Sallust., 17.

sénat; l'*habeas corpus*, sa dignité de sénateur le protége. L'arrêter, l'exiler de Rome serait un acte arbitraire que le peuple dans sa conscience constitutionnelle ne pardonnerait pas. Cicéron comprend qu'il faut à tout prix le mettre en colère et le pousser à partir. Quand il vient au sénat, nul ne le salue; les bancs restent vides autour de lui. Cicéron lui adresse cette fameuse interpellation pleine de courroux calculé et de toute la rhétorique de l'injure. Catilina, qui veut d'abord répondre de sang-froid, laisse peu à peu son sang patricien s'allumer; injurie ce « nouveau venu, ce Marcus Tullius, ce bourgeois d'Arpinum, qui a pris Rome pour son hôtellerie[1]. » Les murmures du sénat achèvent de l'exalter; Rome le rejette, il la maudit; il part la nuit même, laisse Rome à ses adversaires (7 novembre).

On ne quitte pas impunément une telle capitale; le peuple donne tort aux fugitifs. Que fait à la *plebs* cette conjuration patricienne, aux Romains cette insurrection étrusque, au parti populaire ce réveil du parti de Sylla? Il ne reste plus à Rome qu'une conspiration sans tête, un complot de salon; les Lentulus et les Céthégus, élégants scélérats, mignons sanguinaires, tout gonflés d'orgueil nobiliaire, tout occupés de prophéties et d'oracles sibyllins. Du haut de la tribune Cicéron les menace, il les montre du doigt dans le sénat, intriguant toujours, toujours libres : tant l'*habeas corpus* veille sur leurs personnes sacrées ! tant le sénat veut avoir le droit pour lui avant de franchir la légalité !

Mais au bout d'un mois, ils tentèrent d'associer à leur cause des députés allobroges. Ces Gaulois tinrent peut-être le sort de Rome entre leurs mains : que n'eût pas été la

---

1. Sallust., *in Catil.*, 22. Appien.

conspiration, si les provinces s'y étaient jointes? Après mûre réflexion, ils eurent foi à la fortune de Rome, et, par leurs soins, émissaires des conjurés, lettres à Catilina, plans des complots, tout tomba aux mains de Cicéron.

Le peuple crut alors à tous les crimes des conjurés. Ils avaient sollicité le secours des étrangers, appelé à eux les Gaulois. Le plan de la conjuration passait de bouche en bouche; les rôles, disait-on, étaient distribués : Cassius devait incendier Rome, Céthégus égorger le sénat; Catilina, aux portes, immolerait les fugitifs; le fils tuerait son père, la femme son mari; la flamme éclaterait dans douze quartiers; déjà des amas de combustibles se préparaient, les aqueducs allaient être bouchés!

Cicéron est aux rostres, ralliant tout ce qui est menacé, tout ce qui possède : sénateurs, chevaliers, scribes du trésor, simples affranchis. Il en appelle même aux boutiques, tenues en général par des esclaves; il évoque l'industrie au nom du repos dont elle a besoin[1]; cette évocation des intérêts privés me rappelle nos journaux ministériels en temps d'émeute. Le sénat a gagné sa cause. Les grands seigneurs de la finance, les chevaliers, l'armée habituelle de Cicéron[2], formés autour de lui, en garde nationale dirions-nous, occupent le Capitole, gardent les avenues de la Curie, emplissent le Forum sur les pas de leur consul. Le peuple a entendu la voix de Jupiter, le ciel a parlé[3] par des prodiges; le peuple, dont un humble mobilier est toute la fortune[4], est épouvanté des projets d'incendie, et quand bientôt Caton

---

1. *Catil.*, IV, 7, 8.
2. Is exercitus noster locupletium, dit-il à Atticus.
3. *Catil.*, III, 8, 9. Sur la foi de Cicéron à ces prodiges, V. *de Divinatione*, I, 12; II, 21.
4. Quippe cui omnes copiæ in usu quotidiano et in cultu corporis erant. (Sallust., *Catil.*, 49.)

lui fera distribuer par le sénat pour 1,250 talents[1] de blé gratuit, l'exécration sera unanime contre Catilina.

Cependant Cicéron instruisait contre les conjurés avec toute la réserve d'un légiste romain, les invitait à passer chez lui, de là les menait au sénat, donnant la main à Lentulus qui était préteur. Après même qu'ils eurent tout avoué, on ne les mit pas en prison; on les logea chez des magistrats qui répondaient d'eux. Cicéron tenait à garder tous les procédés.

Le sénat s'assemble pour les juger. César, pour venir parler dans ce sénat où Crassus n'ose paraître, traverse une haie de fougueux chevaliers qui le menacent de leurs épées. César parle : il maudit la conspiration; mais, légiste philanthrope, il ne veut pas d'une mort servile pour d'aussi nobles têtes; il parle à l'esprit gentilhomme des uns[2], il parle à la peur des autres, il fait craindre au sénat sa responsabilité en face du peuple. Le sénat s'effraie, revient sur son avis, va opiner pour la prison perpétuelle (perpétuité à laquelle personne ne pouvait croire). — La réponse de Cicéron est indirecte, mais habile; il compromet César dans la cause du sénat, fait remarquer au peuple la malédiction de César contre les conjurés, sa part à toutes les mesures du sénat, sauf un scrupule légal qui le fait reculer devant la peine de mort; il s'associe, en un mot, devant le peuple, ce populaire et bien-aimé complice[3]. — Caton, lui, va droit au fait, traite César de malhonnête homme qui a pitié de quelques scélérats, et n'a pas pitié de sa patrie; Caton parle aux riches, comme César a parlé aux nobles; la vertu les ennuie, il ne leur prêchera pas la vertu; ce n'est pas la pa-

---

1. 5,820,000 fr. Plutarque, cité plus haut.
2. *V.* Plut., *in Cæsare*, et Appien.
3. Comitem... populo carum et jucundum. (*Catil.*, IV, 6.)

trie qu'il faut sauver, ce sont leurs villas et leurs viviers[1]. — Là-dessus on apporte à César un billet que Caton, d'autorité, se fait remettre; c'est une lettre d'amour de Servilie, sa propre sœur, à César : « Tiens, ivrogne, » lui dit-il en la lui jetant, et il reprend son discours[2]. — Chacun joua bien son rôle; le sénat se sentait poser devant le peuple, il avait besoin d'en être entendu; des sténographes recueillaient tout le débat pour le transmettre à l'Italie; le sénat invoquait la publicité pour justifier sa propre justice.

Le soir même, Cicéron, par le Forum et la voie Sacrée, mena les condamnés dans la prison, où ils entraient pour la première fois peu d'instants avant leur supplice. « Le peuple suivait avec un silence plein de terreur; il semblait que, pour la jeunesse surtout, ce fût le moment de son initiation aux mystères d'une antique et redoutable aristocratie. » Des groupes de clients et d'émeutiers payés s'agitaient encore sur le Forum, quand du seuil de la prison, Cicéron leur cria : *Ils ont vécu!* et revint chez lui, tout le sénat à ses côtés, les chevaliers à sa suite, les maisons illuminées, les femmes aux fenêtres[3] (4 décembre).

Mais l'Italie était le côté sérieux de la conspiration. Si le complot s'étendait, gagnait la Cisalpine, gagnait la Gaule et les provinces, Cicéron comprenait qu'il avait tout à craindre. En Italie, il y avait matière à révolution, il y avait de véritables souffrances que ne connaissait pas le peuple gâté de Rome. Mais le temps des guerres sociales était passé. C'est un curieux spectacle et qui prouverait l'inanité des conquêtes politiques, que de voir cette race italique qui avait soulevé contre Rome tant de milliers d'hommes pour

---

1. Vos ego appello qui semper domos, villas, pluris quàm remp. fecistis. Apud Sallust., 54, et Plut., *in Catone*. — 2. Plut., *Ibid.*
3. Plut., *in Cicerone*.

lui arracher les droits de citoyen, maintenant qu'elle les avait obtenus, réduite à arborer, au lieu de son drapeau national, le drapeau du débiteur récalcitrant, ne mettre sur pied que quelques milliers de pâtres, de bandits, de paysans en faillite, de vieux légionnaires endettés, et, après avoir conquis sa liberté politique, désespérer de sa liberté corporelle.

Le manifeste de ces révoltés italiens est énergique et curieux. Les termes tels que Salluste nous les transmet ne sont pas authentiques, sans doute, mais le fond de la pensée doit être exact. Il est adressé par le chef de ces révoltés à un général du sénat :

« Imperator, nous attestons les dieux et les hommes que si nous avons pris les armes, nous ne voulons pourtant pas mettre en péril ou la patrie ou nos concitoyens. Nous ne voulons que protéger nos personnes. Misérables et pauvres que nous sommes, la rigueur et les violences de nos créanciers nous ont enlevé à presque tous notre patrie, à tous notre réputation et notre fortune. On nous refuse jusqu'au bénéfice des lois anciennes ; on ne nous permet point, par l'abandon de nos biens, de sauver notre liberté : telle est la dureté et des usuriers et du préteur ! Souvent l'ancien sénat eut pitié de la *plebs*, et par ses décrets porta remède à la misère publique ; de notre temps même, on a ainsi libéré les patrimoines grevés à l'excès, et, de l'avis de tous les gens de bien, il a été permis de payer en cuivre ce qu'on devait en argent[1]. Souvent aussi, la *plebs*, poussée par des désirs ambitieux, ou provoquée par l'arrogance des magistrats, s'est séparée du sénat. Mais, quant à nous, nous ne demandons ni la puissance ni la fortune, ces grandes causes

---

1. Loi Valéria en 667. Les dettes se trouvèrent par là réduites des trois quarts. Velleius Patercul., II, 23. Sallust., *Cat.*, 33.

de combat entre les hommes, nous demandons seulement la liberté, qu'un honnête homme ne consent à perdre qu'avec la vie. Nous vous supplions, toi et le sénat, prenez garde à la misère de vos concitoyens. Rendez-nous la sauvegarde de la loi que le préteur nous refuse, et ne nous mettez pas dans la nécessité de chercher une mort quelconque, mais une mort du moins qui ne sera pas sans vengeance. »

C'est à ces alliés qu'était arrivé Catilina, débarrassé de son cortége de jolis danseurs et d'élégants patriciens, Catilina soldat de Sylla, peut-être d'origine étrusque, peut-être, comme devaient l'être bien des familles patriciennes, lié par des rapports de patronage aux races italiques, mais surtout Catilina pauvre, aventurier, proscrit. L'Étrurie, cette terre si cruellement ravagée par l'épée de Sylla, se souleva à son approche; les pacages de l'Apennin lui envoyèrent leurs pâtres armés d'épieux, et les forêts leurs bandits; les vétérans de Sylla, les colons militaires d'Arezzo et de Fésules, reprirent leurs vieilles épées; les esclaves lui vinrent en foule, mais par orgueil patricien ou par un reste de probité, il les repoussa : et néanmoins d'un camp de deux mille hommes, il eut bientôt formé deux légions (environ douze mille hommes).

Il se passa ainsi près de deux mois. Catilina avait commencé par attendre l'explosion du complot dans Rome, et le soulèvement de l'Italie; le sénat avait peu de troupes et craignait beaucoup; mais les villes dévouées à sa cause[1]

---

1. On voit que Cicéron compte sur elles : Jàm verò urbes municipiorum coloniarumque respondebunt Catilinæ tumulis silvestribus. (*Catil.*, II, 11, 12.) *V.* la conduite de la préfecture de Reate (*Catil.*, III, 2), le décret rendu par Capoue (*pro Sextio*, 4). Le Picenum, l'Ager Camertinus, la Gaule cisalpine, étaient favorables à Catilina, Naples était contre lui (*pro Syllâ*, 19). *V.* aussi Cic., *Catil.*, II, 3. *Pro Sextio* 4. Sallust., 42. Appien, II.

contenaient l'Italie, veillaient sur Rome, et la débarrassaient de ses hôtes dangereux, les gladiateurs.

Aussi quand arriva la nouvelle du supplice, les trois quarts de l'armée de Catilina désertèrent. Il ne lui resta guère avec ses affranchis que les soldats de Sylla, les plus sérieux partisans de sa cause. Les troupes du sénat approchaient. Une armée lui ferma l'entrée de la Gaule cisalpine; une autre était entre Rome et lui; il n'avait plus de vivres, il avait abandonné ses bagages. Il prit son parti en homme de cœur, redescendit l'Apennin, se posta au pied (près de Pistoie). Il avait en face de lui le consul Antonius son ancien ami, assez favorable à sa cause, mais qu'en lui cédant un riche proconsulat, Cicéron avait gagné. Cicéron fit même en sorte que le jour du combat Antonius eût la goutte; un officier de fortune commanda l'armée. Il n'y avait guère de part et d'autre que de vieux soldats appelés à la hâte pour la révolte ou pour la défense. Aussi le combat fut-il acharné. Nul homme de condition libre (*ingenuus*) ne se rendit. Tous les morts furent trouvés à leur poste, blessés par devant. Les deux chefs qui commandaient sous Catilina furent tués. Lui-même, se voyant presque seul, « se rappela sa naissance et sa dignité, marcha au plus épais des rangs ennemis et tomba percé de coups; on le trouva bien en avant de sa ligne parmi les cadavres des soldats romains, respirant encore et la fierté sauvage de son âme peinte dans ses regards » (janvier 692).

Cette grande secousse heureusement soutenue aurait dû affermir la puissance qui gouvernait Rome. L'union des chevaliers et du sénat, ce rêve de Cicéron, semblait accomplie [1]. Mais des questions d'écus ne tardèrent pas à

1. Prima causa inventa est in quâ omnes consentirent... quam conjunctionem si... perpetuam in rep. tenuerimus, confirmo vobis nullum

rompre cette alliance *replâtrée* [1] et à mettre la brouille entre les vieux millionnaires du sénat et les insatiables publicains. Quant à Cicéron, le héros de cette crise, dont la gloriole fut sans doute trop bavarde, mais qui n'en avait pas moins eu le courage de s'exposer, et le courage bien plus rare de se compromettre, il savait qu'au premier revirement politique, ce courage-là serait puni. Il devait voir que la punition n'était pas loin : Pompée répondait si froidement aux emphatiques bulletins de sa victoire [2] !

Pour César, ce n'est guère à cette époque qu'un démagogue, je dirais volontiers un tapageur vulgaire. Il soulève assez gauchement contre Cicéron un tribun qui ne fait qu'attirer au consul les applaudissements du Forum. Puis (an 692), accusé, non sans quelque apparence de raison, de complicité avec Catilina, il se justifie en faisant, comme préteur, emprisonner le questeur qui a reçu l'accusation, et en jetant l'accusateur au peuple qui pense le déchirer. Puis il imagine avec le tribun Métellus de demander le rappel de Pompée, pour venir « mettre en ordre la république » (Pompée était le grand drapeau populaire, à l'ombre duquel on pouvait tout tenter) ; il amasse pour cela des armes, fait emplette de gladiateurs, amène des soldats étrangers. Caton son adversaire vient seul sur la place publique, au milieu de cet appareil de guerre : « Les lâches, dit-il, d'avoir assemblé tant de soldats contre un homme désarmé ! » Il va droit s'asseoir entre César et Métellus, les déconcerte, leur met la main

malum civile aut domesticum ad ullam reip. partem esse venturum. (*Catil.*, IV, 7.)

1. Tueor, ut possum, conglutinatam concordiam. Sur ces brouilles, *Att.*, I, 17, 18, 19. — 2. *V.* la lettre où Cicéron s'en plaint. *Fam.*, V, 7.

sur la bouche pour les empêcher de lire leur projet de loi ; les pierres pleuvent sur lui, mais sa bonne contenance a vaincu, il parle au peuple ; le sénat intervient, Métellus furieux quitte Rome ; César, mieux avisé, demande son pardon de bonne grâce et l'obtient.

Une année de préture en Espagne (693) lui donna le moyen de payer ses dettes et lui permit une politique un peu plus noble. Il revint général vainqueur, plus puissant que lorsqu'il était l'idole fragile du Forum. Par un coup d'habileté, il réconcilia deux anciens ennemis, Crassus et Pompée ; une alliance se forma entre eux trois, où Crassus mit son argent, Pompée sa popularité, César son génie : alliance qui devait les rendre tout-puissants. Tous les intérêts généraux s'effaçaient devant la puissance d'un nom et d'une armée.

Cette alliance fit César consul. L'élection coûta 20 millions de sest. (3,880,000 fr.). César ne devait pas être riche, surtout s'il avait payé toutes ses dettes ; Crassus se souciait peu de lui prêter une telle somme ; César associa à sa candidature celle du riche Luccéius ; Luccéius paya pour deux, et César fut nommé seul (694).

Consul, il fallait qu'il reprît la question agraire (an 695). Chacun prétendait à l'honneur et au bénéfice de la résoudre. Pompée, qui n'y voyait qu'un moyen de doter ses soldats, avait fait proposer une loi agraire, toute menaçante pour les droits acquis [1]. Cicéron, l'homme des tempéraments et du bien possible, voulait au contraire rassurer tous les possesseurs, et prétendait acheter des terres pour le peuple avec cinq ans des nouveaux revenus de la république ; car Pompée, vainqueur de Mithridate, avait rapporté 20,000

---

1. Cic., *ad Attic.*, I, 18, 19. Texte précieux.

talents au trésor[1] et presque triplé le revenu public[2]. César à son tour imitait cette sagesse, déchargeait Rome, repeuplait l'Italie, récompensait les soldats, mais ne troublait aucune possession[3], n'achetait rien qu'à l'amiable, réservait le territoire de Capoue, s'excluait lui-même du nombre des commissaires chargés de la répartition, soumettait sa loi au sénat, implorait des amendements, promettait de les adopter, se posait en homme modéré, en conciliateur.

Le sénat, que dirigeait l'oligarchie financière, ne critiquait rien, mais rejetait tout. La loi agraire était de ces actes si souvent proposés, amendés, discutés, que peu importe de savoir s'ils se feront, mais qu'on dispute seulement à qui le fera. Le sénat (et Caton le disait tout haut) craignait moins la loi agraire que la popularité de celui qui la ferait[4].

César irrité change alors sa loi : c'est la Campanie, terre sacrée aux yeux du sénat, qu'il veut partager au peuple. La question est bien réduite ; la partie libre de la Campanie peut nourrir environ 5,000 familles, le reste du peuple se trouve désintéressé dans la querelle[5]. La loi ainsi faite, le

---

1. 93,600,000 francs.
2. Il le porta, dit Plutarque, de 50 à 135 millions de drachmes (*in Pompeio*, 62), ou plutôt de deniers romains comme le fait comprendre M. Letronne (*Considération sur les monnaies*, p. 96). Le denier équivaut à 4 sesterces. Le revenu public aurait donc été depuis la victoire de Pompée (692) de 540 millions de sesterces (104,700,000 francs). — C'est environ 330 millions de francs que Cicéron aurait prétendu employer en achat de terres.
Cicéron en 698 (*pro Sextio*, 25) semble fixer à 40 millions de francs seulement le revenu de l'État ; il est clair qu'il ne parle que des revenus anciens. *V.* aussi Pline, *Hist. nat.*, VII, 27 (26).
3. Ainsi pour le territoire de Volterra. Cic., *ad Attic.*, XII, 21.
4. Cic., *ad Attic.*, XII, 21.
5. Omnis spes largitionis in agrum Campanum derivata est... cætera

consul Bibulus la combat. César, gardant toujours les dehors, supplie Bibulus, le fait supplier par le peuple : Bibulus tient bon, et comme le sénat peut toujours quand il veut fermer les voies légales, César en appelle au peuple, c'est-à-dire à la force.

Il interpelle à la tribune Crassus et Pompée, l'homme d'argent et l'homme d'épée. Tous deux approuvent la loi agraire : « Si on vient, dit Pompée, l'attaquer avec l'épée, je la défendrai avec l'épée et le bouclier. » La cause de César est gagnée ; la voix de ces trois hommes valait plus que les 450,000 suffrages du peuple.

Bibulus et Caton veulent pourtant combattre. Bibulus déclare fériés tous les jours de l'année. César se moque de lui et de ses fêtes. César fait emprisonner Caton, mais une heure après, honteux, suscite un tribun qui fait mettre Caton en liberté. Caton et Bibulus viennent au Forum : mais quand Bibulus ouvre la bouche, on lui jette sur la tête un panier d'ordures ; on le traîne sur les degrés ; il découvre sa poitrine, il demande qu'on le tue et que sa mort retombe sur César. Caton est rejeté deux fois hors du Forum, et sans qu'il soit besoin de sénat, de consul, ni même de peuple, la loi passe.

Dès lors l'autorité des triumvirs est sans limites : comme Bibulus proteste et se tient enfermé chez lui, César est à lui seul tout le gouvernement ; Pompée et Crassus sont le peuple souverain. Ils font des traités, donnent des domaines, répandent des largesses. On ne vient plus au sénat ; Lucullus menacé se jette aux genoux de César. Le tribun Curion ose faire de l'opposition : on suscite un délateur

---

multitudo abalienetur necesse est. (Cic., *ad Attic.*, II, 16.) César ajoute aux territoires à partager un territoire voisin nommé Stellas, et établit 20,000 familles. Suét., 20. Sur sa loi : Dion, XXXVIII. 1-7. App., II, 10. Velléius, II.

qui prétend que Curion lui a proposé le meurtre de César. Mais le délateur est si gauche que l'affaire tombe toute seule ; il ne reste plus qu'à supprimer ce maladroit personnage d'une comédie manquée, et le délateur de Vettius est trouvé étranglé dans sa prison[1].

Les affaires de l'État se traitent en conseil de famille : un pêle-mêle de mariages et de divorces, commodes instruments des alliances politiques, et durables comme elles, a cimenté l'union des triumvirs ; Pompée, qui a répudié sa femme à cause de César et qui appelait César son Égisthe, épouse une fille de César ; César, qui a aussi répudié sa femme, fille de Pompée, épouse une fille de Pison, et promet à son beau-père le consulat pour l'année suivante ; Cépion, à qui la fille de César était fiancée, épouse en dédommagement une fille de Pompée, déjà fiancée à un autre, et Caton va criant « qu'on fait de la république une entremetteuse de mariages, et que les provinces et les consulats ne seront bientôt plus que des cadeaux de noces[2]. »

Mais le peuple que dit-il? Le peuple, qui veut au moins se croire souverain, abandonne tout à fait ses idoles. « L'autorité du sénat lui était odieuse. Qu'est-ce donc maintenant qu'elle est concentrée entre trois hommes violents? Rien n'est populaire comme la haine contre les gens populaires[3]. » Rome est pleine d'invectives, de quolibets contre eux ; on s'attroupe pour lire affichées les proclamations du solitaire Bibulus ; plus libre au théâtre qu'au Forum, le peuple fait répéter vingt fois les allusions contre Pompée, applaudit Curion, siffle César. Les triumvirs, furieux de

---

1. Cic., *ad Attic.*, II, 24. — 2. Plutarque, *in Pompeio.*
3. Nil tàm populare quàm odium popularium. (Cic., *ad Attic.*, II, 9.)

n'être plus populaires, menacent le peuple de lui supprimer les distributions de blé [1].

Cicéron était fort triste et se tenait à part. Les triumvirs, toujours les maîtres bien que le consulat de César fût fini, imaginèrent de crever le nuage qui menaçait Cicéron, et lâchèrent Clodius contre lui (696). Clodius, avec un génie inférieur, était, comme César et Catilina, un patricien tourné au peuple. Une intrigue avec la femme de César lui avait valu un procès criminel ; on l'avait trouvé déguisé en femme dans la maison de César, au moment où se célébraient des mystères dont les hommes étaient exclus ; il y avait et adultère et sacrilége ; mais des juges faméliques pour de l'argent, des juges débauchés pour un plus infâme salaire, rendirent en sa faveur le verdict équivoque N. L. (*non liquet*) [2] : Cicéron seul lui avait fait payer ce triomphe par un orage d'éloquentes invectives mêlées d'épigrammes et de mots à double sens, et Clodius, resté tête basse, gardait à Cicéron une rancune profonde. César, au contraire, avait si bien pardonné, qu'après avoir refusé de rendre témoignage contre Clodius, et avoir dit ce mot célèbre sur la femme de César, il avait, contre vents et marées, aidé le patricien Clodius à devenir plébéien et tribun du peuple.

Clodius se rangea donc en bataille contre Cicéron. L'armée, qui sous le consulat de César gouvernait le Forum, fut renforcée de coupe-jarrets auxquels Clodius ouvrit la prison, d'ouvriers qu'il soudoya, d'esclaves qu'il incorpora dans ces prétendues confréries de métiers, puissants instruments pour l'émeute. Il logea ces troupes dans le temple de Castor qui dominait le Forum, en jeta bas les degrés, en fit une vraie citadelle. Les légions de César étaient proches,

---

1. Cic., *ad Attic.*, II, 18, 19, 20, 21.
2. Emptum et constupratum judicium. (Cic., *ad Attic.*, I, 15, 16, 18.) Plut.

César lui-même, qui était censé en chemin pour la Gaule, était dans un faubourg dirigeant les manœuvres. Une loi fut proposée *déclarant exilé* quiconque ferait *ou aurait fait* mourir illégalement des citoyens. Rien n'était moins régulier, mais la légalité, arme puissante pour l'attaque, est rarement utile pour la défense : c'est une épée, non un bouclier. Cicéron dut céder et partit en gémissant.

Caton lui-même conseillait son départ et prévoyait un prochain retour. En effet la brouille des partis était incroyable. Clodius voulait relever le parti de Catilina que Pompée et César trouvaient trop incendiaire ; Pompée et César à leur tour étaient trop aristocrates pour Clodius. Clodius et le consul Gabinius, créature des triumvirs, avaient chacun leur armée d'émeutiers qui se livrait bataille sur le Forum, laissant le peuple romain spectateur fort impartial de leurs luttes. Un jour Clodius vole à un ami de Pompée, qui le gardait en dépôt pour celui-ci, un prisonnier étranger de haute importance ; de là combat de gladiateurs sur la voie Appia, meurtre d'un autre ami de Pompée, brouille complète de Pompée et de Clodius, réconciliation de Clodius avec le sénat, à qui il promet de lui rapporter Cicéron sur ses épaules. Ces braves gens confisquaient à qui mieux mieux les biens des uns des autres : il n'y avait pour cela qu'à les consacrer à quelque dieu ; dès lors la spoliation était inviolable. Clodius avait ainsi consacré la maison de Cicéron, puis il consacra les biens de Gabinius, Gabinius ceux de Clodius. Clodius menaça même la maison de Pompée : « J'élèverai un beau portique aux Carènes pour faire pendant à mon portique du mont Palatin » (élevé sur les ruines de la maison de Cicéron). Ce grand drame du triumvirat finissait, aux sifflets du peuple, en une plate comédie.

César, plus homme d'esprit que les autres, voyait son

coup manqué, sa popularité de six ans tuée en quelques mois ; il avait senti qu'il fallait s'éloigner de toutes ces misères. Il s'était fait doter d'un magnifique proconsulat, l'Illyrie, la Gaule cisalpine et transalpine, avec trois légions, de belles guerres à soutenir, tout un pays à soumettre, et une frontière qui venait à cinquante lieues de Rome. Il partit donc, ayant un accusateur à sa poursuite et son questeur déjà arrêté, trop heureux d'en finir ainsi avec sa royauté de deux ans, et disant que « du fond de la Gaule il n'était si faible femme qui ne pût se moquer de Rome et de tout l'empire. »

A son départ, toute la puissance du triumvirat s'en alla. Pompée n'imagina rien de mieux que de se réconcilier avec le sénat (697) et de travailler contre Clodius au rappel de Cicéron, lui qui, au temps où Cicéron venait l'intéresser à sa cause, sortait par une porte de derrière pour éviter sa visite. Clodius, furieux, fait un horrible carnage, laisse une mare de sang sur le Forum, et les égouts encombrés de cadavres. Un tribun du parti de Pompée est blessé si grièvement que Clodius craint à la fin de s'être compromis, et pour charger ses adversaires d'un meurtre pareil, il imagine de faire assassiner un tribun de son parti et de jeter le crime sur eux. L'histoire des révolutions ne manque pas de traits pareils, et l'assassinat de Michel Lepelletier peut n'avoir été qu'une manœuvre de ses amis les montagnards[1].

Le parti du sénat arme à son tour : le tribun Milon a ses gladiateurs comme Clodius ; les rencontres sont journalières ; il n'y a plus ni tribunaux aux basiliques, ni assemblée au Forum, ni sénat au Capitole. Ces violences sans but et sans mesure réveillent une dernière réaction d'es-

1. *V.* de curieux documents à ce sujet dans une *Notice sur le château de Saint-Fargeau*, par le baron Chaillou des Barres. Auxerre, 1839.

prit public. Non plus seulement Rome, mais toute l'Italie, sénateurs, chevaliers, peuple, affranchis, soupirent pour un peu d'ordre et de repos. Le sénat, à qui les députés de toute la Péninsule viennent demander le rappel de Cicéron, donne le signal d'une grande insurrection légale. Aux applaudissements du peuple il appelle toute l'Italie à venir faire acte de présence au Champ de Mars, et à imposer par son concours silence aux satellites de Clodius. Toutes les classes de la bourgeoisie italienne, depuis les plus riches chevaliers et les plus puissantes associations de publicains, jusqu'aux communautés de la campagne et aux confréries d'artisans, rendent des décrets en faveur de Cicéron ; et au Champ de Mars, dans une assemblée solennelle, la plus nombreuse et la seule paisible qui ait eu lieu depuis longtemps, l'Italie entière vote son retour [1]. Lui-même raconte sa marche triomphale jusqu'à Rome, les députations qui le saluèrent de la part de toutes les villes, la haie qui se forma sur sa route depuis Brindes jusqu'à la porte Capène, les saluts de la multitude au pied du Capitole. Je crois facilement à cet enthousiasme : l'Italie pensait en avoir fini avec le gouvernement personnel des triumvirs et avec le gouvernement sanguinaire des gladiateurs ; l'homme qu'elle saluait était pour elle le symbole de la liberté régulière, de cette autonomie des nations, leur constant et inutile désir. Cicéron, l'Arpinate, l'homme nouveau, triomphant de la faction patricienne des Catilina, des César et des Clodius, était bien aux yeux de l'Italie le symbole de son pacifique avénement aux priviléges de la vie romaine. Cicéron aussi, l'homme des tempéraments, des droits acquis, de la conciliation, du juste milieu, l'homme qui ne fut jamais l'en-

---

1. *V.* sur le retour de Cicéron, *pro Sextio.* 116, 147 ; *post. Reditum* 39 ; *pro Domo*, etc., et toute sa correspondance avec Atticus, IV, I et seq.

nemi d'une seule corporation dans l'État, semblait bien fait pour les rallier toutes contre les influences personnelles, pour opposer les volontés communes et modérées aux volontés individuelles et violentes. Dans les moments de lassitude, les partis de juste milieu triomphent par leur caractère, apparent au moins, de conciliation et de justice, et ce jour-là on brûla dans toute l'Italie de l'encens aux pieds des lares domestiques, comme, au 7 juin 1832, dans les boutiques de Paris, on buvait des rasades à la santé de l'ordre public.

Mais dès le lendemain le gouvernement personnel et le gouvernement des gladiateurs reprirent le dessus. Il y eut disette, et le peuple ne vit que Pompée au monde en état de lui procurer du blé : des pouvoirs extraordinaires furent remis à Pompée. D'un autre côté, Clodius enrôlait chaque jour quelque aventurier ou quelque esclave fugitif ; des esclaves étaient ses aides-de-camp ; il les admettait au théâtre, il les faisait monter sur la scène, il souillait par leur présence la sainteté des jeux [1], il leur promettait la liberté, touchant ainsi sans y penser à la grande question de son siècle que n'avait osé remuer Catilina. Chaque homme important ne marche plus sans une armée, et quand deux de ces escortes se rencontrent, il y a du sang versé [2]. Les maisons deviennent des citadelles ; Clodius les attaque en plein jour, y met le feu, réduit en cendres celle du frère de Cicéron. Milon l'accuse, mais Clodius sera fait édile aujourd'hui, et lorsqu'il sera édile, il ne pourra être jugé. — Non, il ne sera pas édile, il n'y aura pas d'élection aujourd'hui,

---

1. Ludos populi Romani pollutos ! etc. (Cic., de Aruspicum responsis, 12.)
2. « J'aurais pu faire tuer Clodius, dit Cicéron ; mais j'ai assez de la saignée, je veux traiter par le régime. » Diætâ curare incipio ; chirurgiæ tædet.

Milon déclare les auspices défavorables. — Du moins il sera édile demain; ses gens viendront au Champ de Mars de bonne heure, l'élection sera faite avant que Milon ne signifie les auspices. — Point du tout, Milon y sera dès la nuit, il y sera demain, il y sera après-demain, aussi souvent qu'on voudra tenir les comices. — Milon est en force. On déserte Clodius; il n'a plus sous le portique de sa maison que quelques misérables déguenillés[1]. Ainsi, c'est toujours la force qui gouverne. L'Italie ne peut pas tous les matins venir mettre le holà dans Rome sa souveraine. Le peuple de Rome, content de sa liberté du théâtre, s'amuse de ces luttes, s'en effraie parfois, ne se sent pas capable d'y mettre fin.

Depuis le mouvement italique qui rappela Cicéron, entre la monarchie déguisée de Pompée, l'anarchie armée de Clodius, l'oligarchie de quelques vieux riches, rien de digne ne se fit plus. Ce ne furent que jalousies et petites haines. — Les potentats du sénat, Crassus, Hortensius, Servilius, ramassant dans la boue sanglante du Forum, pour ameuter les oisifs contre Pompée, leur vieil ennemi Clodius;—Pompée, à force d'hésitations, de cajoleries menteuses, de bassesses pour être populaire, devenu impopulaire une seconde fois; odieux à tous, sénat et peuple, jeunes et vieux; faisant venir des soldats pour garder sa personne; se maintenant autocrate sous prétexte de la disette, recevant 40 millions de sesterces pour nourrir Rome, la nourrissant mal, et, comme de raison, accusé de l'affamer; — Clodius et Cicéron se rejetant l'un à l'autre des présages, des bruits souterrains, des réponses d'aruspices; — Pompée parlant pour Milon accusé, hué par les gens de Clodius,

---

1. Cic., *ad Attic.*, IV, 3.

Clodius par ceux de Pompée ; — Clodius jouant la comédie, et du haut de son tréteau des rostres interpellant son monde : « Qui affame le peuple ? — Pompée. — Qui est le plus débauché général ? — Pompée. — Qui se gratte la tête ? — Pompée. — Qui veut aller à Alexandrie (rétablir un roi d'Égypte sur le trône, mission profitable) ? — Pompée. — Qui doit y aller ? — Crassus. » Et trois heures de hurlements, d'injures, de chansons satiriques, d'épigrammes obscènes ; quand, à un signal donné, les gens de Clodius crachent sur ceux de Pompée et de Cicéron : bataille s'ensuit ; Clodius est mis en déroute, jeté à bas de la tribune ; il prend la fuite. Cicéron lui-même s'enfuit[1] (*ne quid in turbâ*, dit-il naïvement).

Mais on tombait vite d'anarchie en oligarchie. César intervint (698), se rendit à l'extrême frontière de sa province dont il ne pouvait sortir, vit Crassus à Ravenne, Pompée à Lucques, renoua le triumvirat. Il fut convenu que Pompée et Crassus seraient consuls, auraient pour provinces après leur consulat, l'un l'Espagne, l'autre la Syrie ; qu'à César on assurerait la Gaule pour cinq ans de plus. Par l'union nouvelle de ces trois puissances, le sénat comprit que toute liberté aristocratique ou républicaine allait finir ; il prit le deuil et vint supplier les tribuns qui avaient résolu d'arrêter les comices si Pompée et Crassus n'étaient pas nommés. Le peuple applaudit au sénat : « Applaudissez, dit un consul, demain vous ne le pourrez plus » : peuple et sénat n'y purent rien. A brigue ouverte, à force d'argent et de menaces, après avoir fait assassiner en pleine rue leur compétiteur, au milieu de la tristesse et de la solitude, Pompée et Crassus furent élus. Le gouvernement personnel fut de nouveau solennellement installé.

1. Cic., *ad Quint.*, II, 3. *Fam.*, 1, 5.

Les années qui suivirent (699-701) peuvent être racontées brièvement. Tous les personnages s'amoindrissent. Le vieux Crassus saute de joie quand sa campagne de Syrie lui est assurée ; il prétend vaincre les Parthes, conquérir l'Inde, ajouter des millions à ses millions. Mais le vieil avare va périr à l'œuvre, et Rome demeurera, par sa faute, engagée dans une guerre de plusieurs siècles contre cette nation envers qui elle a rompu la paix.

Les nobles, qui tiennent toujours Clodius en haleine contre Pompée, ne songent pas qu'ils s'aliènent Cicéron. Celui-ci blessé dément toute sa vie, se jette dans les bras des triumvirs. « Au moins, dit-il, ceux-là ne sont pas des gens perdus. Qu'on les souffre avec patience, ils nous laisseront du repos. » César le flatte et le caresse ; l'amitié de César peut l'ennoblir ; mais l'amitié de Pompée le rapetisse étrangement. Pompée l'emploie à plaider en justice pour les misérables dont Pompée se sert depuis dix ans. Le vieil avocat plaide ces mauvaises causes, défend des hommes qu'il déteste, tantôt gémit de cette rude tâche, tantôt prend le parti d'en rire [1], regrette « la liberté de sa haine [2], » et envie Caton « auquel personne n'ose demander une mauvaise action. »

Caton, lui du moins, est une grande âme. Il ne porte pas de tunique sous sa toge, et n'a que des semelles au lieu de sandales, en signe d'austérité républicaine. Caton propose au sénat de livrer aux Gaulois César leur vainqueur,

---

1. « Cause difficile ! Mais je tâcherai... Que pourrais-je dire ? Je veux être étranglé si j'en sais un mot... Je me suis endurci. » Stomachus concalluit.

2. Meum ne odium quidem esse liberum. (*V.* Cic., *ad Quint.*, III, 3, 5) ; *Fam.*, VII, 9 ; *ad Attic.*, IV, 16, 18, et les lettres à Lentulus. *Fam.*, I. 7 et 8, où il fait son apologie. Libertas sublata, tota dignitas in sententiâ dicendâ. (*Fam.*, I, 7.)

pieds et poings liés. Il mène avec lui Favonius, son singe, comme on l'appelle, copie outrée d'un modèle outré lui-même. Favonius, édile, donne à la gloire de Caton des jeux d'une simplicité tout antique, distribue aux vainqueurs des couronnes de lauriers au lieu de couronnes d'or, au peuple des betteraves et des concombres au lieu d'argent : le peuple trouve la plaisanterie originale, mange de bon cœur les raves et les laitues du philosophe, rit de bon cœur à ces jeux dont Caton est le seul ornement ; Caton rit lui-même, et il n'y eut jamais si grande foule au théâtre que ce jour-là où l'on venait voir rire Caton.

Et Pompée ? Pompée voit le gouvernement légal impossible : la corruption est portée si loin que le consul Appius et son austère collègue Domitius font avec deux prétendants au consulat le marché suivant : « Ceux-ci, une fois nommés par l'aide des consuls actuels, les paieront ou en argent ou en faux témoins ; c'est-à-dire leur donneront 400,000 sest. (77,630 fr.), ou leur trouveront trois augures et deux consulaires, prêts à jurer que, par une loi que le peuple n'a point faite, par un sénatus-consulte que le sénat n'a pas rendu, de beaux proconsulats ont été assignés à Domitius et à Appius. » La convention est dénoncée en plein sénat, les billets et les livres de compte sont produits[1], et l'on sait la juste mesure de ce qui reste de probité et de bonne foi républicaines, comme aussi la juste valeur d'un sénatus-consulte et d'une loi.

Pompée voit donc la royauté venir, et s'il voulait, pourrait la prendre : César et Crassus sont loin. Proconsul d'Espagne où il ne daigne même pas aller, il a fait de cette contrée un château fort, une position en cas de guerre,

---

1. Cic., *ad Attic.*, IV, 16, 18.

un titre de propriété sur cinq légions qu'il fait commander par ses lieutenants. Mais la coquetterie de Pompée aime à se faire prier. Il fait proclamer par ses amis que la république en lambeaux a besoin d'un dictateur ; il donne au peuple des jeux magnifiques, lui construit un théâtre, fait apparaître 600 mulets sur la scène, 50 éléphants au Cirque[1] ; mais du reste, homme modeste et retiré, nouveau marié de 50 ans, très-épris de sa femme, la promenant par toute l'Italie, il attend que le peuple le tire de ses jardins et le fasse dictateur.

Pour hâter le moment, il s'avise d'arrêter les élections (702) ; huit mois se passent sans consuls. Le gouvernement anarchique est à son tour réinstallé. Milon et ses gladiateurs, Clodius et ses satellites se rencontrent. Clodius est tué. La mort de cet homme soulève un tumulte effroyable ; Fulvie, sa femme, énergique et violente, fait exposer le corps sous le vestibule de sa maison. Le peuple s'y succède de nuit et de jour, les boutiques sont fermées. Les tribuns portent Clodius aux rostres ; d'une salle du sénat on lui fait un bûcher. On force les maisons, on les pille, on cherche partout les amis de Milon, on tue tout ce qui porte un vêtement plus riche. Dans ce désordre Pompée est redevenu la seule force au monde, le seul gouvernement possible.

Pompée triomphe donc. Le peuple le nomme seul consul, chose inouïe. Pompée, monarque, veut de l'ordre, remplit Rome de soldats, arrête les pillages, fait condamner Milon. Pompée, monarque, veut régler le seul pouvoir un peu indépendant du sien, le pouvoir judiciaire ; il fait de sages lois contre la corruption des juges, interdit les sollicitations souvent menaçantes dont les accusés s'entou-

---

1. Cic., *Fam.*, VII, 1.

raient, et Cicéron, ravi de voir un peu d'ordre dans Rome, appellera divin ce second consulat de Pompée.

Mais Pompée n'était pas fait pour être roi. Plein de petites passions républicaines, il violait ses propres lois, faisait venir chez lui pour les endoctriner les juges de son beau-père accusé, et disait à un autre accusé qui le sollicitait : « Tu fais refroidir mon souper. » D'un autre côté, il était ombrageux ; il voulait avoir une arme contre César : il fit une loi sur la brigue, loi dont l'effet remontait jusqu'à plusieurs années en arrière, loi qui comprenait et César et lui-même et tout le monde. En vertu de cette loi, Pompée exile tout ce qui l'offusque, et ces exilés vont à César.

César seul donc grandissait et grandissait par son absence. Il avait échappé à temps à ces querelles mesquines du Forum. Il y a dans la guerre quelque chose de loyal et de sérieux qui devait mûrir ce génie et l'élever à toute sa hauteur ; sans la guerre, César demeurait un habile, spirituel et séduisant tribun, moins franchement populaire que Clodius, moins énergique peut-être que Catilina, moins noble et moins désintéressé que les Gracques.

La Gaule était une belle matière à son génie. Il la surprenait à une époque décisive, lorsque déjà sa native férocité commençait à s'amollir dans la civilisation méridionale. Par la Province romaine (Languedoc, Provence, Dauphiné) lui arrivaient les arts et le luxe de l'Italie. Des trois grandes portions de la Gaule, l'Aquitaine et la Celtique penchaient vers les nouvelles mœurs, la Belgique seule gardait toute sa belliqueuse indépendance. Mais, par ce mouvement vers des habitudes plus sociables, les peuples se rapprochaient, la Gaule tendait à l'unité, les ambitions voyaient leur horizon s'agrandir. A quelle faction et à quel peuple le sceptre des Gaules appartiendrait-il? « En Gaule, dit César, il y a des factions dans chaque État, dans chaque bourg, presque dans chaque famille. » La lutte des partis y est organisée, elle est même la sauvegarde du peuple, qui se range sous la clientèle des grands. Les deux factions principales, des druides et des chevaliers, de la caste sacerdotale et de la caste guerrière, du clergé et de la féodalité, y sont en présence comme dans l'Europe du moyen âge. Les peuples les plus faibles se groupent autour des plus forts, et deviennent leurs vassaux. Ainsi se forment ligues contre ligues; les Édues, fiers de leur nombreux vasselage, prétendent à la royauté des Gaules. La ligue des Séquanes et des Arvernes, trop faible pour les combattre, appelle les Germains à son secours. Plus de 100,000 hommes, Suèves ou alliés des Suèves, passent le Rhin, écrasent les Édues, et rejettent leur république parmi les états secondaires. Mais bientôt la Gaule ralliée se réunit contre ces auxiliaires étrangers, elle est vaincue; les Suèves demeurent maîtres d'une vaste partie de son territoire (l'Alsace). D'un autre côté, ce même sentiment de domination pousse la nation guerrière des Helvétiens; fatiguée de défendre contre les invasions germaniques un territoire montagneux et stérile, elle quitte ses demeures, incendie ses 12 villes et ses 400 bourgs, emporte le blé de plusieurs récoltes, brûle celui qu'elle ne peut emporter, et traverse le Jura, hommes, femmes, enfants, vieillards, 360,000 hommes, pour aller, aux bords de l'Océan, conquérir, avec la puissance suprême sur tous les Gaulois, les terres fertiles des Santons (le Saintonge).

Au milieu de ces luttes, César apparaît[1]. Il arrive à la

---

1. Sur la vie et les habitudes militaires de César : Suét., 57-70; Cic., *pro Rabirio Posth.*, 15.

hâte, faisant 100 milles par jour, à cheval, ou dans la première voiture qu'il rencontre; si un fleuve l'arrête, il le passe à la nage. Cet élégant, ce corps délicat, cet épileptique, par une nuit d'orage éveille son armée, laisse là le bagage, marche en tête, le front découvert, à pied plus souvent qu'à cheval, traverse les marais, l'eau jusqu'au cou, et va surprendre, dans les immenses forêts où ils se sont retranchés, 100 ou 200,000 barbares. Si un de ses lieutenants est en danger, il part seul, se déguise, traverse le territoire ennemi, et va porter aux Romains en péril le nom et la fortune de César. Ainsi apparaît-il d'une contrée à l'autre, inattendu, avec ses légions qui semblent voler sur ses pas. Il parcourt vingt fois la Gaule en tous sens; en peu de mois visite l'Illyrie, Trèves, la Germanie, la Bretagne : il semblerait que ce cheval aux pieds d'homme, que César seul a droit de monter et auquel les aruspices ont attaché l'empire du monde, soit un magique hippogriffe qui le porte à travers les airs[1].

Bonaparte et César, si différents comme hommes politiques, se touchent comme hommes de guerre. L'un et l'autre s'affranchissent des lenteurs de la stratégie ancienne, craignent de disséminer leurs forces, de perdre le temps à des siéges sans fin, réunissent sous leur main leur forte armée, la poussent à la hâte partout où est le danger, la mènent par des chemins impraticables, lui font franchir des montagnes où un messager ne passerait pas[2], la décu-

---

1. « Le cheval qu'il montait était d'une beauté singulière; ses pieds ressemblaient à des pieds humains, et le sabot avait des fissures en forme de doigts. Ce cheval, né chez lui, et qui, selon les aruspices, présageait à son maître l'empire du monde, fut dompté par César, et ne souffrit jamais un autre cavalier. César, qui le nourrit toujours avec grand soin, consacra dans la suite son image en avant du temple de Vénus *genitrix*. » Suét., *in Cæs.*, 62. — 2. Plut., *in Cæs.*

plent en la rendant présente partout. L'un et l'autre, pour la manier ainsi, a commencé par se la rendre propre et par mêler son âme à leur âme. Cette armée si prompte et si docile, et qu'ils opposent à tant d'ennemis à la fois, eux-mêmes l'ont faite, par cette puissance morale qui fait seule les grands généraux. César domine ses soldats par l'amitié, par la rigueur; il punit la trahison et la révolte, il pardonne le reste; il leur donne de l'or, il leur permet, après la victoire, le repos, les plaisirs, le luxe, les armes d'or et d'argent. « Les soldats de César peuvent vaincre, dit-il, même parfumés. » Mais une fois en marche, ni l'heure du départ, ni l'heure du combat n'est connue; il faut être toujours prêt. César affecte de partir tout à coup, les jours de repos, au moment des orages; il recommande qu'on le suive, et il s'éloigne, il se dérobe; il faut que son armée le cherche et s'accoutume à la fatigue en marchant comme son général. Il appelle ses soldats *camarades*, il les aime, il pleure leur mort; après le massacre d'une de ses légions, il se laisse pousser la barbe jusqu'à ce que cette légion soit vengée. Mais s'il voit ses soldats se troubler, s'ils pâlissent en pensant aux géants de la Germanie qu'ils vont combattre[1], s'ils font leur testament, s'ils pleurent sur leurs enfants et leurs femmes, César en prend son parti : il laissera là les pleureurs, il ira seul en avant, lui et sa dixième légion, sa « vieille garde. » En Afrique les soldats s'effraient des récits qu'on leur fait sur l'approche du roi Juba et de ses forces immenses : César ne craint pas d'exagérer encore le sujet de leur crainte : « Il est vrai que le roi sera ici dans peu de jours, avec dix légions, 30,000 chevaux, 100,000 hommes de troupes légères, 300 éléphants. N'en demandez pas plus, fiez-vous à moi qui le sais, ou je jette les questionneurs

---

1. Cæsar, *de Bello Gallico*, I, 50.

sur un vieux navire, je les pousse en mer, et le vent les mènera où il voudra. »

Aussi s'est-il créé une armée qui se meut avec lui comme le corps se meut avec l'âme. Je ne saurais dire le fanatique dévouement de ses soldats : une cohorte est attaquée dans une île, loin de tout secours ; tous sont tués, excepté un seul, qui, après avoir admirablement combattu, se jette à la nage, gagne la côte où César l'attend ravi d'admiration, et là se prosterne à ses pieds, lui demandant pardon d'avoir abandonné son bouclier. Une autre fois les légions qui se sont mal battues, demandent elles-mêmes à être punies. Quand elles sont découragées, César n'a autre chose à faire qu'ordonner la retraite, et les légions le supplient de les laisser en présence de l'ennemi. La nature humaine, sous la main de César, a une puissance toute nouvelle. En quelques mois, il fait de ses soldats des matelots, arme une flotte immense, se jette à travers l'Océan, cette limite du monde, dont les flux et les reflux confondent la science romaine, et s'en va donner sur la grève, à marée haute, dans les flots mêmes de la mer, la bataille aux barbares de la Grande-Bretagne. Un jour, toute la dixième légion monte les chevaux des Gaulois, et César confie sa garde à ces escadrons improvisés. En quelques semaines, autour d'Alise, de Gergovia, d'Uxellodunum ou de tel autre de ces *oppida* gaulois dans lesquels se renferme tout un peuple, s'exécutent les immenses travaux de la circonvallation romaine, plus vastes et plus puissants que jamais, et dans une forteresse longue de plusieurs lieues, des légions se retranchent à la fois et contre l'ennemi du dedans et contre ses auxiliaires du dehors.

Mon dessein n'est pas d'entrer dans le détail des guerres extérieures des Romains. Quant à celles de César, on peut en lire dans M. Michelet une rapide et brillante analyse. En dix ans, la Gaule, depuis la Méditerranée jusqu'à l'Océan et depuis les Pyrénées jusqu'au Rhin, a été foulée aux pieds jusque dans ses derniers recoins : il n'y a si obscure peuplade, ni si redoutable nation qui n'ait plié la tête en rugissant sous la conquête romaine; une centaine de peuples dont les noms mêmes étaient ignorés à Rome[1] ont été soumis, puis se sont révoltés, puis ont été vaincus et écrasés de nouveau. Leurs vastes *oppida,* leurs marécages, leurs forêts immenses, véritables forteresses, que des abatis d'arbres gigantesques rendent plus impraticables, où toute une nation se réfugie, les guerriers sur la lisière, les femmes, les enfants et les vieillards dans l'intérieur du bois, ont été forcés par sept ou huit légions romaines au plus. La Bretagne mystérieuse et redoutée, refuge de la Gaule vaincue et auxiliaire de la Gaule combattante, a été visitée par deux fois à travers les périls de la mer, et les soldats romains ont cru aborder un nouveau monde[2]. César a passé deux fois le Rhin, troublé dans ses forêts cette Germanie dont les secours entretenaient la résistance de la Gaule; il y a rejeté les Suèves qui déjà étaient en possession des terres gauloises et préludaient à la grande invasion du ve siècle; César a compris que le danger vient de là, et que de ce côté sont les futurs conquérants de Rome. Puis, la Gaule soumise s'est révoltée, sous Ambiorix, sous Vercingétorix (700) : ce n'est plus un peuple, mais une ligue de nations qui conspirent ensemble depuis l'Escaut jusqu'à la Saône, se soulèvent la même nuit, massacrent les Romains, proclament la guerre, en quelques heures communiquent par des signaux depuis Genabum

---

1. Quas gentes nulla vox, nullæ litteræ notas fecerant. (Cic., *de Provinciis consul.* 13.) *V.* encore 12 et 14. — 2. Eumenius, *Panegyric.*, IV, 2.

(Orléans) jusqu'aux montagnes des Arvernes. Elles ont appris la tactique romaine et la mêlent aux puissantes ressources de leur tactique barbare ; la révolte s'étend jusqu'en Illyrie[1] ; les routes sont détruites, les ponts coupés ; il faut, à travers six pieds de neige, passer les Cévennes et venir combattre au pied des montagnes d'Auvergne. Au siége d'Alise où périssent les dernières forces de la Gaule, 700,000 (?) hommes sont enfermés dans la ville[2] ; 300,000 mandés de toute la Gaule, Belges, Armoriques, Germains viennent à leur secours : et lorsque la faim presse les assiégés : « Faisons, dit l'un d'eux, comme nos ancêtres, tuons les bouches inutiles, ce sera de la chair pour nous nourrir. » Quand la victoire de Rome semble complète ; quand nul *oppidum* ne résiste plus ; quand Uxellodunum, la dernière forteresse de la Gaule dont la longue résistance a fait craindre à César que toute ville fortifiée ne reprît cœur à son exemple, a été vaincu par la soif et que toute sa garnison a eu les mains coupées : alors, les peuples, au lieu de résister, disparaissent, se cachent dans les forêts, détruisent les récoltes, incendient les édifices, laissent aux Romains un désert. César comprend alors qu'à une révolte de ce genre il faut opposer d'autres armes : il adoucit le joug romain ; il traite les cités gauloises avec honneur ; la Gaule entière ne paie à Rome qu'un tribut de 40 millions de sest.[3] (7,760,000 fr.) : une légion gauloise est reçue dans son armée ; il ne veut pas laisser de guerre derrière lui, il se fera de la Gaule vaincue une auxiliaire et la mènera à la conquête de Rome.

César, en effet, du fond de sa Gaule est toujours présent à Rome. On lui écrit tout, grandes et petites choses[4]. L'été,

---

1. Plut., *in Cæs.* — 2. *Ibid., in Cæs.* — 3. Suet., *in Cæs.*
4. Maxima, minima, ad Cæsarem scribuntur. (Cic., *ad Quint.*, III, 1.)

au milieu des forêts des Nerviens, ou dans les marais de l'Escaut, pressé entre deux armées ennemies, il dicte, de son cheval, cinq ou six lettres à la fois pour Rome et pour le Forum; pendant l'hiver, quand la guerre lui laisse un peu de repos, il repasse les Alpes, arrive jusqu'aux extrémités de sa province, et là, à cinquante lieues de Rome, le vainqueur d'Arioviste peut contempler à son aise les petites querelles d'une démocratie corrompue, assez voisin pour n'en rien ignorer, assez éloigné pour ne pas se rapetisser dans ces intrigues.

A cette distance, en effet, il faut bien qu'on lui reconnaisse quelque génie; que le sénat lui vote d'énormes subsides et des jours de fête pour ses victoires; que Pompée le fassse continuer dans son commandement; que Cicéron, son vieil adversaire, entonne pour lui d'emphatiques éloges : « Les Alpes peuvent tomber aujourd'hui; depuis les victoires de César, l'Italie n'a plus besoin de rempart contre la Gaule[1]! » Il faut bien que Cicéron demande pour César cinq ans de gouvernement de plus, et à son grand regret obtienne ce qu'il demande.

La gloire n'est d'ailleurs pas le seul élément du crédit de César. Dès son consulat, il a pris au Capitole 3,000 livres d'or qu'il a remplacées par du cuivre doré. Pendant la grande orgie du triumvirat, il a vendu des royaumes, vendu la ferme des impôts; Pompée et lui ont reçu du roi Ptolémée près de 6,000 talents. Dans les Gaules où il a pillé les villes, dépouillé les temples, provoqué par ces déprédations les redoutables révoltes des dernières années, l'or lui est venu en abondance[2].

Avec l'or, il saura faire que le monde entier soit son

---

1. Cic., *de Provinciis consul.* — 2. Suét., *in Cœs.*, 44, 54.

obligé. Il verse dans l'Italie et les provinces l'or au prix modique de 3,000 sest. (582 fr.) la livre¹. Ce débiteur de tant de millions est créancier aujourd'hui ; mais il prête sans intérêt ou à un faible taux, et une bonne partie du sénat lui est attachée par ce lien. Il sait le prix de la moindre adhésion et il n'hésite pas à le payer². Il gagne le tribun Curion en payant pour lui 60 millions de sest. de dettes³ (11,640,000 fr.) ; le consul Paulus par un don de 1,050 talents⁴ (4,900,000 fr.) ; mais Paulus est généreux et consacrera par une magnifique basilique le souvenir de sa corruption. Quant à Cicéron, on le gagne par la vanité ; le patricien César comble Cicéron comme Louis XIV comblait Samuel Bernard ; il a Quintus, son frère, auprès de lui, il le caresse, il lui demande des nouvelles de son cher Cicéron ; Cicéron enchanté oublie le passé, compose un poëme sur la guerre de Bretagne et demande à Quintus : « Que pense César de mes vers⁵ ? » Quant au peuple —, avec des jeux, des repas publics pour les obsèques de sa fille, des gladiateurs qui ont pour maîtres d'escrime des sénateurs et des chevaliers (le peuple s'amusait de cette première dégradation de la noblesse romaine) ; avec un Forum nouveau dont le terrain seul coûte 60 millions de sest.⁶, un portique de marbre

1. Au lieu de 4,000. Suét. 54, *in Cæs.* La livre romaine égale 2/3 de la nôtre. Au prix donné par César, la livre d'or ne valait plus que 18 3/4 livres d'argent au lieu de 25.
2. Cæsar qui solet infimorum amicitiam quâque impensâ sibi conciliare. (Cic., *Fam.*, VII, 4.) — 3. Valère-Maxime, IX, 1, 6. Dion., XL, 60.
4. Plut., *in Cæs., in Pomp.* Appien, *Bell. civ.*, 11. Dion, XL.
5. Sur cette réconciliation de Cicéron avec César, V. *Fam.*, VII, 5; V, 8 (Litteræ, fœdus, non epistola), sa correspondance avec Quintus, II, 12, 14; III, 1 et seq., et avec Trebatius, jurisconsulte attaché par lui à l'état-major de César, député de Cicéron pour être ami de César. *Fam.*, VII, 5, et seq.
6. Suétone dit plus de 100 millions. Cicéron dirigea ces travaux. ic., *ad Attic.*, IV, 16.

long d'un mille au Champ de Mars, des *septa* de marbre pour les comices[1], César gagne le peuple.

Déjà tout à Rome se fait par César : pour obtenir les charges, on écrit à ce soldat, peut-être assiégé à l'heure qu'il est dans quelque marais de la Hollande ; il se fait délivrer par les gens qu'il appuie une promesse écrite de ne jamais consentir à ce qu'on lui donne un successeur. Dans l'hiver de 698, où il est venu renouveler le triumvirat, tout s'est pressé autour de sa croissante renommée. Il a tenu cour plénière à Lucques, le point extrême qui le sépare de la frontière romaine ; 200 sénateurs y sont venus avec Pompée ; 620 licteurs, amenés par des magistrats d'ordres divers, ont fait antichambre aux portes de César. Qui peut résister à ce séducteur? Exilés de Pompée qu'il a accueillis ; visiteurs qu'il a comblés de présents, eux, leurs affranchis, leurs esclaves mêmes ; gladiateurs qu'il a fait relever de l'arène ; condamnés qu'il protége ; banqueroutiers qu'il secourt[2] ; aventuriers plus compromis encore auxquels il dit : « Pour vous, attendez la guerre civile ; » rois auxquels il fait des cadeaux d'un millier d'esclaves ; villes d'Italie, de Grèce, d'Espagne, d'Asie qu'il a embellies de monuments ; nations qu'il a secourues sans la permission du sénat ; la jeunesse ; le peuple[3] de Rome presque entier ; la coterie sanguinaire et frisée de Catilina ; la garde populaire de Clodius ; et par-dessus tout ses onze

---

1. Sur ces monuments de César : *Basilique Emilia*, bâtie par Paulus. — Forum de César avec le temple de Vénus *genitrix*. — Septa Julia et *Villa publica* au Champ de Mars, *V.* Plut., *in Cæs.*, 29 ; Pline, *Hist. nat.*, XXXVI, 15 ; Suet., *in Cæs.*, 26, 78 ; Appien, *Bell. civ.*, 11, 102 ; Dion, XLIII, 22. La *Villa publica* était le lieu où se tenaient les augures pendant l'assemblée du peuple. Varron, *de Re rust.*, III, 2.
2. Omnes damnatos et ignominiâ affectos. (Cic., *ad Attic.*, VII, 3.)
3. Urbanam plebem, juventutem. (*Ibid.*)

légions auxquelles il donne le blé sans mesure, la paie double, des cadeaux de terres et d'esclaves : — tout cela forme autour de lui une immense armée révolutionnaire. Son grand point d'appui est la Gaule cisalpine, le foyer révolutionnaire de la Péninsule, très-suspecte de sympathie pour Catilina; partagée entre les Cispadans, les derniers venus de la cité romaine, et les Transpadans qui en sollicitent encore la concession, César a peuplé toute cette contrée de ses colonies et pour elle il a déjà manqué de faire une révolution [1]. Et même les gens paisibles, les hommes des intérêts matériels, les chevaliers, amis peu fidèles, désertent Pompée et viennent à César [2]. Ceux qui possèdent, usuriers et cultivateurs, sont déjà tout résignés à sa tyrannie si elle leur donne le repos; et quand, la Gaule pacifiée, il redescend dans la Cisalpine, tout ce nord de l'Italie vient en fête à sa rencontre : ce ne sont que repas publics, victimes immolées, arcs de triomphe à l'entrée des villes; riches et pauvres le fêtent en commun; César a trouvé le secret d'avoir pour lui et les débiteurs et les créanciers.

Que reste-t-il donc contre César? — Pompée, Bibulus, Caton, les princes du sénat, les dynastes, les amateurs de belles murènes, une quinzaine d'hommes; en un mot (si vous me permettez cette accumulation de barbarismes) quelques positions aristocratiques assez récentes, et à leur tête une individualité creuse et médiocre. Cicéron n'est pas avec eux; Cicéron, ami de César et de Pompée, s'afflige

---

1. La Gaule cispadane (Bologne, Modène, Ravenne, etc.) et la Gaule transpadane (le Milanais, Mantoue, Crémone, etc.) forment les deux parties de la Cisalpine.

2. Publicani Caesaris amicissimi, fœneratores agricolae, etc..... (Cic., loc. cit.)

et doute[1]. Le sénat même n'est pas avec eux, le sénat est traîné par eux plus qu'il ne les suit. Ces gens malavisés, qui ont nourri pendant huit ans la puissance de César, veulent aujourd'hui lui faire la guerre[2]. Pompée, ce cœur malade, qui ne sait jamais ce qu'il veut[3]; Pompée qui pour César a violé toutes les lois; qui, dans une de ses phases d'amitié pour lui, est allé au Capitole faire gratter une loi déjà inscrite sur l'airain et y ajouter la permission pour César de demander le consulat sans venir à Rome; Pompée a lancé contre lui sa loi sur la brigue, véritable déclaration de guerre. Pompée lui a fourni pour faire la guerre; et le motif, une menace d'accusation; et le prétexte, le droit de demander le consulat; et le moyen, dix ans de commandement dans les Gaules.

Pompée souhaite la guerre : Pompée trouve le monde trop étroit pour César et pour lui. La mort de Crassus, qui les débarrasse l'un et l'autre d'un commun rival, la mort de Julie, fille de l'un et femme de l'autre, adorée de tous deux, tout doit hâter la rupture. César sait que, s'il vient à Rome, il aura une accusation à subir (Caton qui jure toujours a juré de l'accuser dès qu'il n'aurait plus d'armée); d'onéreuses promesses d'argent et de monuments à tenir envers le peuple; peut-être des dettes à payer : tant de magnificence a dû l'appauvrir, et Pompée prétend qu'il est ruiné une seconde fois [4]. Les temps d'ailleurs sont mûrs pour une révolution : Pompée fait dire par ses amis que la monarchie est nécessaire, qu'il s'agit seulement de prendre

---

1. *V.* le septième livre à Atticus. Et ailleurs : Je souhaite que César soit vertueux, je puis mourir pour Pompée. *Fam.*, II, 15.
2. Serò resistimus ei quem per annos decem aluimus. (Cic., *Ibid.*, 5.)
3. Stomacho Magnus ita languenti ut quid cupiat non sciat. (Cœlius ad Cic., *Fam.*, VIII.) — 4. Suét., 30.

ce remède de la main du plus doux médecin [1]. Tout appelle et justifie un 18 brumaire.

Et César pourtant, si puissant, si évidemment appelé, si excusé d'avance, César est prudent, réservé, plein de modestie et de mesure. Cicéron lui rendra cette justice que Pompée seul souhaita la guerre, que César, sans la craindre, ne la désira pas [2]. Pendant que les amis de Pompée rompent ouvertement ; que le consul Marcellus (an 703) propose le rappel de César et l'abrogation de la loi qui lui permettait de demander le consulat sans être à Rome ; qu'arrivant jusqu'à l'insulte, Marcellus fait fouetter un sénateur de Côme, cité à laquelle César a conféré le droit de bourgeoisie : César parlemente deux années entières (703 et 704), renouvelle obstinément ses offres pacifiques, sur l'ordre du sénat livre à Pompée deux de ses légions, propose d'abdiquer le commandement de la Gaule pourvu que Pompée abdique celui de l'Espagne. Poussé même plus loin, il offre de licencier huit légions, et de ne garder que la Gaule cisalpine. Pressé par Cicéron, il se réduit à l'Illyrie avec une seule légion, résiste aux conseils guerriers qui l'environnent, recule les hostilités tant qu'il peut ; il mettra jusqu'à la fin les procédés de son côté.

Sans doute, cette patience était habile, cette modération sans danger : César savait Pompée décidé à la guerre. Mais cette guerre, César la voulait faire aussi plausible, aussi honnête, aussi motivée que possible. Il comprenait qu'une grande force manquait à son parti, la moralité C'était le rebours du 18 brumaire. Bonaparte, à cette époque, avait pour lui la partie honnête de la nation contre le

1. Plut., *in Pompeio.*
2. Pompeius cupere bellum, Cæsarem non tàm cupere quàm non timere. (Cic., *Fam.,* IX, 6.) *V.* encore *ad Attic.,* VII, 8.

gouvernement des clubistes et des fournisseurs appuyés par l'arrière-garde des sans-culottes de 93. Ce gouvernement-là ne personnifiait aucune vertu, n'avait aucune raison morale pour exister. Bonaparte eût souri si on lui eût dit de prendre garde qu'il s'attaquait à la moralité républicaine, et si on lui eût opposé comme une barrière sacro-sainte la légalité toute fraîche de l'an III. Mais le sénat de la vieille Rome, même alors, était quelque chose de plus grand que le directoire exécutif, et Pompée valait mieux que maître Jérôme Gohier. Les meneurs du sénat, gens si attaquables, représentaient pourtant la loi antique, le droit héréditaire, la moralité de la vieille Rome : honnêtes gens relatifs, ils gardaient le nom d'honnêtes gens et formaient, quoi qu'on fît, le parti de la vertu. Cicéron écrit à Atticus : « Je ne te comprends pas avec tes gens de bien. Pour ma part, je n'en connais pas un ! » et pourtant il finit par conclure : « Je marcherai avec les honnêtes gens ou du moins avec les hommes tels quels qu'on nomme honnêtes gens [1]. »

Le parti de César, au contraire, était celui des banqueroutiers, des gens compromis, des aventuriers de tout genre. Aussi arrivait-il doucement à son 18 brumaire, non sans ménagement et sans hésitation, poussé par les circonstances plus qu'il ne les poussait. La légitimité romaine méritait bien ces égards : elle du moins avait eu des siècles de vie, et on ne pouvait la traiter comme la constitution au maillot du directoire. Nous rions de ce collègue de Barras, à qui on disait au 18 brumaire : « La révolution est faite, Bonaparte est maître de tout. — Impossible ! dit-il tranquillement, j'ai les sceaux de la république dans mon tiroir. » César, loin de là, se défendra très-sérieusement, et de son

---

1. Cic., *ad Attic.*, VII, 7.

mieux, d'avoir enfoncé les portes du temple de Saturne : on les avait, dit-il, laissées ouvertes, et les consuls étaient partis sans penser même à reprendre la clef¹.

Les événements se précipitent (705). Les consuls refusent presque d'ouvrir les lettres de César, ne permettent pas que le sénat en délibère, déclarent qu'on ne délibérera plus que sur le danger public. « Si le sénat ne les seconde, s'il manque de fermeté, ils déserteront le sénat, ils iront, disent-ils naïvement, faire leur paix avec César. » Le sénat se laisse emporter par leurs menaces. En vain les parents de César proposent-ils de l'aller trouver, de négocier encore; tout se fait avec une violence étourdie. Pompée par orgueil, Caton par vertu, d'autres par ambition ou par embarras de fortune, se précipitent dans un abîme qu'ils ne regardent pas. César est déclaré ennemi public, si, à un jour marqué, il ne quitte son armée. On nomme son successeur, on ouvre le trésor de l'État à Pompée, on proclame, selon l'antique formule (*caveant consules*, etc...) le danger public et la suspension des lois; les tribuns, amis de César, menacés par ces mesures et enchantés de la menace, se déguisent en esclaves, quittent Rome de nuit, fuient vers César².

César était à Ravenne, n'attendant pas encore ce moment inévitable, que la violence de ses ennemis avait hâté. Il n'avait même auprès de lui qu'une seule légion, diminuée par tant de guerres; les autres, amenées par des lieutenants, lui arrivaient lentement à travers les Alpes. Mais après une rupture si éclatante il fallait marcher ou se soumettre, et César d'ordinaire prenait peu la peine d'attendre son arrière-garde. D'ailleurs, dans la personne de ses tri-

---

1. Cæsar, *de Bello civ.*, I, 14.
2. Le seul historien pour tout ceci est César lui-même., *Ibid.*, I, 1, et seq.

buns, lui arrivait un prétexte légal qui lui manquait et qu'il fut enchanté d'avoir : le soldat romain était Romain au fond du cœur; la religion du patriotisme vivait dans les camps, et il est évident que César n'eût pas été sûr des siens s'il n'avait su concilier sa cause avec les scrupules du patriotisme romain. Maintenant la majesté des tribuns était violée, les lois offensées; César harangue ses troupes comme un Caton eût pu le faire : « des mesures violentes dans la cité ! la suspension des lois ! l'état de siége ! quand tout était calme, quand ses amis restaient dans la sphère légale, quand nulle violence ne troublait le Forum ! » Les soldats lui répondent par des cris, marchent en avant; lui, reste à Ravenne.

Jusqu'au dernier moment, il dissimule ou il hésite. Il demeure là tout le jour, assiste à un spectacle, considère un plan d'édifice qui lui est présenté, soupe le soir avec de nombreux convives, se retire comme souffrant, fait mettre à sa voiture les mulets d'un moulin voisin, y monte seul avec quelques amis, suit des chemins détournés; les flambeaux s'éteignent, il s'égare, ne trouve un guide qu'au point du jour, chemine à pied par d'étroits sentiers, rencontre enfin ses cohortes qui l'attendaient au bord d'un petit fleuve nommé Rubicon[1].

Arrivé à cette rivière, frontière de sa province, aux bords de laquelle Manuce prétend avoir lu cette inscription : « Au delà de ce fleuve Rubicon, que nul ne fasse passer drapeaux, armes ou soldats, » César s'arrêta et dit à ses amis : « Pensons-y bien, nous pouvons encore revenir sur nos pas; si nous passons ce ruisseau, la guerre sera notre juge. » Alors, dit Suétone, se leva tout à coup un pâtre

---

1. Plut., *in Cæs.*, 10, Suet., *in Cæs.*, 31.

d'une taille colossale et d'une beauté singulière, qui jouait sur une flûte de berger, et quand il eut amassé les soldats autour de lui, il saisit une trompette, s'élança dans le fleuve et le traversa, en la faisant résonner avec force. La conscience patriotique des soldats avait sans doute besoin de cet encouragement. « Allons, dit César, où nous appellent les présages des dieux et l'injustice de nos ennemis ; les dés sont jetés. » Et, comme parle Tite-Live[1], il marcha contre l'univers avec 5,000 hommes et 300 chevaux (janvier 705).

§ III. — LA GUERRE CIVILE ET LA DOMINATION DE CÉSAR.

Après vous avoir traînés si longtemps sur ces misères d'un empire qui tombe, j'ai par compensation à vous proposer un spectacle plus digne, celui du génie de César dans son parfait développement. La guerre civile est l'époque de sa maturité et de sa grandeur. César a un grand crime à se faire pardonner, car le patriotisme n'est pas tombé si bas que même César ait pu passer le Rubicon sans remords. Il se fera pardonner ce crime à force de clémence et de génie.

L'idée d'une guerre civile tenait l'Italie dans l'épouvante. La guerre civile, telle qu'on la connaissait depuis Sylla, c'était le pillage, les proscriptions, la confiscation des biens, l'abolition des dettes, le retour des exilés (ce dernier symptôme apparut toujours à l'antiquité comme quelque chose de sinistre) ; et quand l'Italie pensait que le parti de César était le parti des aventuriers, des gueux et des débiteurs, sa terreur était encore plus grande[2].

Aussi, à la nouvelle du passage du Rubicon, tout le

---

1. Tit.-Liv., apud *Oros.*, VI, 15.
2. Tabulæ novæ, exsulum reditus, in bona invasio, cædes. (Cic., *ad*

monde fut consterné. Le sénat cria : *Sauve qui peut !* et déclara traître quiconque ne fuirait pas avec lui. Pompée n'avait rien fait ; il avait promis dix légions, à peine en avait-il deux. Il lui suffisait, avait-il dit, de frapper du pied la terre pour en faire sortir des légions : « Frappe donc la terre, » lui dit-on maintenant. Rien n'égale son trouble et sa faiblesse : « Il n'est pas homme politique, je le savais ; il n'est pas soldat, je le sais maintenant ; » c'est ce que disait de lui Cicéron peu auparavant[1]. Au milieu du désarroi général, Caton seul prit une grande résolution ; il jura de ne plus couper sa barbe ni ses cheveux : mais il partit, et avec lui un long cortége de magistrats et de consulaires couvrit les routes et se rencontra avec les populations italiennes en chemin pour se réfugier dans Rome.

Mais il ne convenait pas à César d'effrayer les honnêtes gens. Les airs de bandit ne lui allaient plus. Il ne voulait pas vaincre en malhonnête homme, quoiqu'il eût souvent lutté en malhonnête homme. Pour faire que toute vertu et tout honneur ne fussent pas du côté des vaincus, César prétendit être dans cette guerre le plus humain et le plus généreux. L'aristocratie avait pour elle la morale des lois et de l'antiquité ; César eut pour lui une morale nouvelle, ou plutôt une morale qui n'appartient qu'à lui dans les temps antiques, celle de l'humanité et de la clémence. Il se refit honnête homme, lui et son parti. Suivit-il un instinct de cette âme pour qui la vengeance, ce plaisir des dieux,

---

Attic., X, 8.) Egestates tot egentissimorum hominum. — Libidines, audaciæ,... sumptus. (*Ibid.*, IX, 7.) Cæsar... Phalaris erit an Pisistratus ? (*Ibid.*, VII, 20.) César, disait alors Cicéron, ne sera pas meilleur que Sylla. (*Ibid.*, VII, 7.)

1. Nil timidius, nil perturbatius. (Cic., *ad Attic.*, VII, 13.) Homo et ἀπολιτικώτατος, ut anteà putabam, nunc et ἀστρατηγικώτατος. (*Ibid.*, VIII, 16.) *V.* encore VII, 19, 20.

était un mets insipide? Ou comprit-il combien, après les épouvantables tueries de Sylla, une victoire toute compatissante étonnerait les peuples et les gagnerait? Y eut-il vertu ou calcul? L'un et l'autre, sans doute ; mais qu'importe? il faut en certains cas de la vertu pour suivre ses intérêts, et il y a tel calcul que ne fera jamais un méchant homme.

Au premier moment, César marche plus au milieu de l'étonnement que de l'amour; c'est, comme aux Cent Jours, une marche rapide et triomphante ; les troupes du sénat sont de vieilles troupes de César. Les garnisons passent à l'ennemi, chassent ou livrent leurs chefs ; les villes ouvrent leurs portes, les peuples sont stupéfaits, silencieux. Mais quand on voit ce neveu de Marius marcher en avant sans désordre, sans pillage; contenir ses troupes de la même voix qui les appela souvent à la licence ; dès qu'un chef pompéien tombe entre ses mains, lui donner la vie, lui donner la liberté et la liberté de rejoindre Pompée, lui rendre même le trésor de Pompée[1], faire de lui un messager de paix; renouveler des offres sans cesse rejetées avec entêtement[2]; déclarer qu'il estime son ami quiconque ne lui fait pas la guerre, tandis que Pompée déclare son ennemi quiconque ne le suit pas[3] : alors, toute l'Italie vient au-devant de lui, paysans et citadins, tout ce peuple, en un mot, qui faisait, il n'y a pas un an, fumer l'encens pour la convalescence de Pompée, et transformait le voyage de Pompée en triomphe. Les gens à argent se réconcilient

---

1. Sur la clémence de César envers Domitius pris à Corfinium, *V.* Senec., *de Benef.*, III, 24; Suétone, Pline, Plutarque.
2. Toutes les lettres de Cicéron à Atticus, et sa correspondance avec César et les amis de César. *Attic.*, VII, 1217; VIII, IX, X; *Fam.*, XVI, 12.
3. Suet., *in Cæs.*, 75.

avec ce général des prolétaires qui leur laisse « leurs belles petites villas et leurs chers petits écus[1]; » César enlève l'Italie sans coup férir, et, au bout d'un ou deux mois, il tient Pompée enfermé dans Brindes, barre presque entièrement le port, si bien que le grand Pompée eut à peine une passe étroite pour abandonner à jamais l'Italie.

Et ces Pompéiens qui n'osent mener leurs troupes contre César, parce que ces troupes reviendraient à leur ancien général; ces Pompéiens, dans leur fuite à travers l'Apennin, ont toujours leurs beaux esclaves et leur vaisselle d'or; ils ont des festins magnifiques où ils se partagent les dépouilles de l'Italie : « L'Orient leur appartient; là est la force de leur parti; ils tiendront la mer, ils occuperont l'Égypte et l'Afrique, affameront l'Italie et Rome, jetteront sur elles leurs alliés barbares de l'Orient, ravageront les campagnes, brûleront les villes, proscriront les riches, gorgeront d'or leurs soldats, livreront la Péninsule aux esclaves. » Il y a là des débiteurs comme il y en a au camp de César; mais ceux-ci fient leur fortune à leur général, ceux-là, trop grands seigneurs pour ne pas faire eux-mêmes leur part, stipulent chacun pour soi. « Vive Sylla! Pompée est élève de Sylla! Pompée ne rêve que Sylla et proscription[2]. »

Et, au contraire, le vainqueur César ne parle que paix et conciliation; tout ce qu'il demande, va-t-il jusqu'à dire, c'est de vivre en sûreté sous la domination de Pom-

---

1. Villulas et nummulos. (Cic., *ad Attic.*, VIII, 13; VIII, 12; IX, 13.)
2. Sullaturit animus ejus et proscripturit diù. (*Ibid.*, XI, 10.) Meras proscriptiones, meros Sullas... Causa agetur fœdissimè... utrinque difficultas pecuniarum... Leurs dettes, leurs beaux soupers, leurs discours. « Sois sûr que si Pompée l'emporte, il ne restera pas une tuile en Italie. » Tout le 9e livre à Attic., entre autres 7, 9, 11, 13, 14. *V.* aussi VII, 22, 20, 25; VIII, 1, 2, 3, 8, 9, 11, 16; IX, 9; XI, 6; *Fam.*, IV, 14.

pée[1]. César écrit à Cicéron ces belles paroles, hypocrites si l'on veut; mais puisse-t-il, dans les révolutions à venir, y avoir beaucoup de tels hypocrites!

« Tu me connais bien et tu as raison de dire que rien n'est plus loin de moi que la cruauté... Je me réjouis de te voir approuver ma modération ; et peu m'importe si ceux que j'ai rendus libres pensent, comme on le dit, à rentrer en hostilités avec moi ; je ne désire rien tant que de les voir rester ce qu'ils sont et moi demeurer ce que je suis[2]. »

Et à ses propres amis, Oppius et Balbus :

« J'ai résolu de montrer la plus grande douceur et de tout faire pour me réconcilier avec Pompée. Essayons si, en conciliant toutes les volontés, nous ne pourrons pas nous assurer une victoire durable; car la cruauté n'a servi qu'à attirer la haine et n'a garanti personne contre les revers : j'excepte le seul Sylla que je ne veux pas imiter. Je veux m'imposer cette loi nouvelle dans la victoire : de ne me fortifier que par la miséricorde et la clémence. Quant aux moyens, plusieurs pensées me sont venues, d'autres me viendront peut-être : vous-mêmes pensez-y[3]. »

On ne pouvait croire à tant de clémence. Quand César vint dans Rome déjà tranquille et où les honnêtes gens, dit Cicéron, se remettaient à faire l'usure ; lorsqu'après avoir, tant bien que mal, légalisé son pouvoir, il voulut avoir de l'argent et enfonça les portes du temple de Saturne : un mot un peu dur à un tribun qui lui résistait, quelques coups de sifflet que ce mot lui valut au théâtre, suffirent pour que l'on supposât sa clémence à bout. La contrainte avait été assez longue, disait-on; César ne rêvait plus que violences ; la tyrannie et les proscriptions, le cours naturel

---

1. Nil malle Cæsarem quàm Pompeio principe sine metu agere. (Cic., ad Attic., VIII, 9.) — 2. Ibid., IX, 16. — 3. Ibid., IX, 14.

des choses allait venir [1]. — Mais quoi! César était loin; il ne proscrivait pas en Italie, il allait combattre en Espagne.

Ici commence une série de guerres prodigieuses par leur rapidité, leurs hasards inouïs, la singulière fortune de César. César savait que le parti pompéien n'était pas vaincu, car il tenait les provinces et la mer. Le sénat, fort peu maître en Italie où il avait affaire aux caprices du peuple, était tout-puissant dans les provinces : il avait eu le temps de donner les proconsulats aux amis de Pompée, et un proconsul disposait de toutes les forces d'une contrée, rois, cités, peuples y compris. L'Espagne surtout, théâtre des premières victoires de Pompée, pleine de ses clients et de ses obligés, l'Espagne était depuis cinq ans sa province, c'est-à-dire sa réserve et son château fort. Pendant que Pompée passait en Grèce, César, habitué à frapper au cœur, allait l'attaquer en Espagne : « Allons, disait-il, combattre une armée sans général pour revenir combattre un général sans armée. »

Cette campagne de la Péninsule passe pour la plus belle de César. Il y tira un merveilleux parti de ses vaincus de la Gaule, de sa cavalerie gauloise, de l'infanterie légère des Germains. Et quant aux légions, il se les attacha par un singulier moyen; il emprunta aux officiers pour prêter aux soldats, et ainsi les lia tous à sa fortune.

Parmi les campagnes de César, il n'en est pas une où, comme de gaieté de cœur, il ne se soit jeté au moins une

---

1. C'est ce qu'écrit Célius à Cicéron, et Cicéron lui-même : Nihil nisi atrox cogitat et loquitur... simulationem amisit mansuetudinis in Metello, continentiæ in ærario... Ce règne ne peut pas durer six mois... César consent à être appelé tyran et l'est en effet...; il n'a été clément que parce qu'il a vu la clémence populaire... Il n'a jamais vu l'ombre de ce qui s'appelle *le beau* (τοῦ καλοῦ). *Fam.*, VIII, 16; *ad Attic.*, VII, 13; X, 4, 5, 7, 8.

fois dans quelque incroyable danger d'où sa fortune, plus encore que son génie, devait le faire sortir. Pris entre deux rivières dont les eaux débordent, les ponts emportés, il n'a que dix lieues de terrain pour faire vivre ses troupes; les agiles Espagnols passent à la nage sur des outres et viennent harceler son camp. Le blé s'y vend 50 deniers (39 fr.) le boisseau (8 litres 67). La nouvelle de ce danger arrive en Italie; on croit César perdu; bien des sénateurs, incertains jusque-là, vont rejoindre Pompée.

Mais César échappe à ce péril, et l'ennemi bat en retraite. César, pour lui couper le passage, fait un détour, traverse la Sègre ayant de l'eau jusqu'au cou, franchit des roches escarpées, où les soldats passent un à un, posant leurs armes et se les remettant de main en main; César gagne de vitesse, et se poste sur la hauteur en face de l'ennemi.

Celui-ci vaincu, restait dans le midi de l'Espagne une seconde armée pompéienne. Mais César, qui avait gagné la première autant qu'il l'avait combattue, voit bientôt venir à lui citoyens et soldats, Romains et Espagnols; il pardonne aux chefs, laisse aux soldats la liberté ou de s'incorporer dans ses troupes, ou de rester en Espagne, ou de revenir en Italie; n'inflige que des amendes à ses plus grands ennemis, et avant son départ donne audience à tout le midi de l'Espagne dans Cordoue, à tout le nord dans Tarragone. La Péninsule avait été soumise en quarante jours; César, qui avait laissé ses lieutenants au siége de Marseille, les y retrouva, et reçut la soumission de la cité phocéenne que, par respect pour son antiquité et ses lumières, il avait défendu de prendre d'assaut.

Il était temps qu'il revînt. Partout où il n'était pas, sa cause succombait. Ses lieutenants venaient d'être défaits en

Illyrie et en Afrique. Pompée avait eu toute l'année pour se fortifier dans la Grèce : au nom du sénat, les trésors des publicains, les greniers de Thessalie et d'Égypte lui étaient ouverts; l'Orient, qu'il avait vaincu dans la guerre de Mithridate, était comme son fief, rois et peuples étaient ses clients. L'Orient civilisé redoutait ce César que suivaient les barbares de Germanie et de Gaule; les cités de la Grèce firent, en soutenant Pompée, leur dernier effort pour leur liberté.

Pompée avait neuf légions formées de ces vétérans qui, dispersés par la victoire, avaient pris domicile dans toutes les parties du monde; des auxiliaires de Crète, de Lacédémone, de toute la Grèce; 7,000 hommes de cavalerie étrangère, une cavalerie romaine composée de toute la jeune noblesse, plusieurs rois, 200 sénateurs, 500 vaisseaux sur l'Adriatique. Pompée croyait la victoire assurée à qui tenait la mer et comptait, comme Thémistocle, sur les murailles de bois pour son triomphe [1].

En face de cette puissance, César passe l'Adriatique avec 20,000 hommes seulement (an 706), laissant le reste, faute de vaisseaux. A peine est-il passé, l'Adriatique se ferme derrière lui; Bibulus, l'amiral de Pompée, tient la mer. César, avec si peu de monde, hésite à attaquer; ses soldats s'impatientent : « César peut bien compter sur eux, disent-ils, et les mener seuls à l'ennemi. » De l'autre côté de l'Adriatique, ses légions montent sur les falaises pour voir revenir la flotte qui les portera. César, qui croit être mal obéi par ses lieutenants, se déguise en esclave, monte sur une barque, traverse de nuit toute la flotte pompéienne. (C'est alors qu'il aurait dit ce mot, douteux comme la plu-

---

1. *V.* Ciceroni : Consilium ducis nostri omne Themistocleum est.

part des mots célèbres : « Tu portes César et sa fortune. »)

Ses légions lui arrivent enfin, presque en dépit de leurs chefs. César, avec onze légions, mais onze légions mutilées (40,000 hommes seulement), assiége Dyrrachium, le quartier général de son ennemi. Pompée l'y suit. César, avec des forces inférieures, essaie d'investir Pompée dans une de ces terribles circonvallations qu'il pratiquait pendant la guerre des Gaules. Les deux armées souffrent de la faim. Les soldats de César n'ont pour faire du pain qu'une racine insipide qu'ils mêlent avec du lait; mais ils jurent de rester là tant que la terre produira de cette racine. Ils jettent de ce pain dans le camp de Pompée, qui s'empresse de le faire cacher, pour que ses soldats ne voient pas « à quelles bêtes féroces ils ont affaire. »

Mais une attaque subite trouve le courage des Césariens au dépourvu. César prend par le bras les fuyards qui se dégagent et lui échappent; les aigles qu'il saisit lui restent dans les mains; un porte-drapeau qu'il veut retenir lui met l'épée sur la poitrine. Ces dangers extrêmes sont communs dans la vie de César. Ce jour-là, si Pompée eût osé attaquer son camp, il était perdu; il en convenait.

Mais le lendemain, ses soldats, revenus à eux, ne demandent qu'à être châtiés. César les console; mais il faut songer à la retraite, et, à travers des gorges inaccessibles et des fleuves profonds, il gagne la Thessalie sans perdre un seul homme, ayant sur Pompée un jour d'avance.

Les Pompéiens le suivaient en triomphe ; ce parti aurait eu bien garde de disputer à César les avantages que lui donnaient sa modération et sa clémence. Des députés qu'il envoyait chaque jour avec des propositions de paix n'étaient pas entendus. En vain Caton, doué d'une âme tendre, malgré une philosophie inflexible, philanthrope plus désintéressé que ne l'était César, avait-il fait décider que nul prisonnier romain ne serait mis à mort, que nulle ville alliée ne serait pillée ; on ne tenait aucun compte de cette résolution à la fois humaine et politique. Bibulus, qui n'avait pas su empêcher le débarquement de César, arrêtait au retour les matelots qui l'avaient conduit et les égorgeait. On tuait des prisonniers de sang-froid : Labiénus, déserteur du camp de César, disait à ses anciens camarades, dans une entrevue : « Nous ferons la paix quand vous nous apporterez la tête de César. » Et, au combat de Dyrrachium, il s'était raillé des prisonniers césariens : « Sont-ce donc mes vieux camarades qui fuient ainsi ? » et les avait fait massacrer.

L'homme de sens et l'homme de cœur, Cicéron et Caton, étaient restés à Dyrrachium. Caton avait l'âme trop douce pour la guerre civile : au combat de Dyrrachium, en voyant égorger tant de citoyens, il n'avait pu retenir ses larmes ; il s'était voilé et était resté dans sa tente. Cicéron, qui voyait plus clair encore dans les misères de son parti, était triste, amer, ironique, et Pompée souhaitait tout haut que ce railleur passât au camp de César.

Les Pompéiens se faisaient déjà le partage des dépouilles : celui-ci aurait le grand pontificat que la mort de César allait laisser vacant ; celui-là, les villas et les jardins de César. D'autres faisaient louer des maisons sur le Forum, afin d'être à portée de solliciter les suffrages aux prochains comices ; d'autres intriguaient dans le camp pour avoir des voix. Le butin devait être magnifique. Fortune des ennemis, des neutres, des indifférents, on se partageait tout, jusqu'aux biens du prudent Atticus. Quiconque était resté en Italie n'était qu'un traître ; Cicéron lui-même, pour être venu un peu tard, s'était compromis avec ces *ultrà*. Les partis qui reposent sur un principe et défendent une légitimité, quoique plus moraux, sont parfois plus sujets à ces violences ; il leur est moins permis d'absoudre la neutralité ; ils se croient forcés de dire ce que Dieu seul peut dire avec justice : « Qui n'est pas pour moi est contre moi. » Mais il n'y a, du reste, pas de comparaison entre Coblentz et Pharsale ; l'émigration pompéienne était non-seulement violente, mais sanguinaire : « Sylla, disait-elle, n'était qu'un enfant quand il s'amusait à dresser des tables de proscription. On proscrira, non par têtes, mais par masses. » Domitius, sauvé pourtant par César, avait en poche une loi des suspects et un code de procédure pour le tribunal révolutionnaire[1].

Comme il arrive souvent, ce parti détestait son chef. Quand, au milieu de ces cris de vengeance, Pompée veut temporiser, attendre que la faim lui fasse raison de César, ne pas commettre ses conscrits contre les vétérans césariens, Pompée est un autocrate ! Il aime à prolonger les jouissances de sa dictature ; il aime à avoir une cour de sénateurs auprès de lui, des rois à son lever ! C'est un roi des rois, un Agamemnon ! Favorinus, mauvais philosophe, lui dit : « Je ne mangerai donc pas cette année des figues de Tusculum ! » Et cette jeune noblesse qui forme sa cavalerie va plus loin encore : « Vaincre César ; César vaincu, supplanter Pompée, rétablir l'aristocratie pure et le système de Sylla, c'est l'affaire d'un coup de main dans les plaines de Pharsale. » Aussi, lorsque, dans ces plaines, César, déjà en mouvement pour se retirer devant Pompée, le vit descendre des hauteurs et comprit qu'il avait cédé aux cla-

---

1. Cic., *ad Attic.*, XI, 6. Præter ducem et paucos alios, animi rapaces, crudeles, itâ ut victoriam horrerem... Maximum æs alienum... Nil boni præter causam. (*Fam.*, VII, 3.)

meurs de son armée, il se jugea sauvé : « Halte-là, dit-il, il ne s'agit plus de retraite ; nous avons désiré le combat : en voici l'occasion qui peut-être ne se retrouvera pas. »

Dans cette lutte, où quatre cent mille hommes combattirent, la cause de Pompée fut perdue en quelques heures. Ses élégants cavaliers, attaqués par deux cohortes auxquelles César criait : « Frappez au visage, » ne voulant pas être défigurés, tournèrent bride, se cachant le visage dans les mains. Les Thraces et d'autres barbares se défendirent seuls avec courage. Pompée jeta ses insignes, monta à cheval, gagna les hauteurs, laissa son armée détruite, son camp forcé. Au milieu de ce camp jonché de cadavres : « Ils l'ont voulu, dit César ; si je n'eusse demandé secours à mon armée, moi, César, après tant de victoires, ils me condamnaient. »

Le premier cri du vainqueur fut : « Épargnez les citoyens ! » Il brûla les lettres de Pompée pour n'y pas trouver des motifs de vengeance[1], accueillit les prisonniers avec douceur, n'imposa aux villes que des taxes pécuniaires ; et quand, plus tard, les Athéniens vinrent lui demander grâce : « Combien de fois encore, leur dit-il, la gloire de vos ancêtres servira-t-elle d'excuse à vos fautes ? »

Les vaisseaux lui manquaient, et il avait hâte de poursuivre Pompée. Avec sa cavalerie et une légion, il remonte par la Macédoine, passe le Bosphore seul dans une barque, rencontre une flotte pompéienne, lui ordonne de se rendre, et elle se rend. Il embarque quelques soldats sur ces vaisseaux, arrive, avec 3,000 hommes seulement, devant Alexandrie, qu'un fils de Pompée était venu soulever contre

---

1. Senec., *de Irâ*, II, 23. Sénèque ajoute ce joli mot : Gratissimum genus veniæ, nescire...

lui. Le bruit de sa victoire lui servait d'escorte, et il n'y avait pas de contrée où il ne se crût en sûreté [1].

Pompée était allé en vain demander secours à toutes les villes ; elles lui restaient fermées. Rois et peuples désespéraient de sa cause ; les cités grecques seules résistèrent un peu. Il espéra quelque sûreté en Égypte, il avait été le tuteur et le bienfaiteur du roi Ptolémée. Mais ce petit prince, tenant conseil entre un eunuque et un rhéteur grec, sur une belle amplification de celui-ci, terminée par ce proverbe sot et cruel, renouvelé de nos jours : « Les morts ne mordent pas, » avait décidé qu'un guet-apens serait dressé à Pompée. La fin de ce Romain le relève et l'ennoblit : c'est au milieu des corruptions du paganisme décrépit une touchante tragédie antique. Les dernières et tristes paroles de Pompée furent deux vers de Sophocle, et, comme César après lui, aux premiers coups, il se voila de sa toge et mourut sans un soupir. Lisez dans Plutarque cette triste scène dont Corneille lui-même n'a pas su garder toute la pureté.

César pleura quand on lui apporta la tête de son ennemi : bien des Romains souriaient à de tels cadeaux ; il s'indigna de cette mort, fit honorer les restes de Pompée. Je crois à la sincérité de ces larmes ; César n'était pas doué de haine, et Pompée vivant eût complété sa victoire.

César s'amusait avec le danger. Les vents étésiens qui le retinrent ; 40 millions de sest. qu'il demanda à l'Égypte ; le caprice de se faire, au milieu de tant de soucis, arbitre des querelles de palais d'Alexandrie ; l'adresse de Cléopâtre qui, maîtresse d'une armée, la congédie, vient seule à

---

[1]. Confisus famâ rerum gestarum, infirmis auxiliis proficisci non dubitaverat, atque omnem sibi locum tutum fore arbitrabatur. (Cæsar, *de Bello civ.*, III, 106.)

Alexandrie sur une barque, et sur les épaules d'un de ses amis se fait apporter au palais dans un paquet de hardes (tour de grisette qui enchanta César) : tout cela le jeta dans une des plus étranges crises de sa fortune. Pour les beaux yeux de Cléopâtre, avec 3,000 hommes et 500 chevaux, il soutint le siége dans le palais contre toute l'Égypte, entre Cléopâtre, peu sincère amie, naguère éprise de Sextus Pompée jusqu'à ce que Sextus Pompée la chassât du trône, et le roi Ptolémée, mari et frère de Cléopâtre, perfide enfant qui, en quittant César, lui jurait amitié et, encore baigné de larmes, allait animer son peuple contre César; tout cela au milieu d'embûches et de craintes d'assassinat que César n'évitait qu'en passant les nuits en festins; tout cela contre une armée de 20,000 hommes, presque tous réfugiés et vétérans romains ; contre la folle et perfide Alexandrie, pleine de la légèreté grecque et de la superstition égyptienne, qui assiége César, l'oblige à brûler ses vaisseaux, un jour même ne lui laisse de ressources que de faire deux cents pas à la nage, traînant aux dents son manteau consulaire, et de sa main gauche tenant ses papiers au-dessus des flots (707). Des secours enfin lui arrivèrent; il put combattre en rase campagne. Une bataille où des milliers d'Égyptiens périrent; le pardon pour Alexandrie; un voyage sur le Nil avec Cléopâtre, au milieu de 400 barques, dans les délices et les festins, aux applaudissements de l'Égypte et aux murmures de son armée, terminèrent cette campagne romanesque, où un palais lui servit de place d'armes et un théâtre [1] de citadelle; guerre entreprise à la façon des capitaines de la Fronde pour « plaire au cœur d'une belle et gagner ses beaux yeux. »

---

1. Cæsar, *de Bello civ.*, in fine.

Mais, pendant ces neuf mois passés en Égyte, Rome se remplissait de factions; un fils de Mithridate se remuait dans l'Asie Mineure; les Pompéiens se ralliaient en Afrique; l'avarice d'un lieutenant de César soulevait l'Espagne. César courut dans le Pont contre Pharnace, le fils parricide de Mithridate; il ne le laissa pas escarmoucher longtemps; une bataille mit Pharnace en déroute, ouvrit à César les trésors et les temples de l'Asie, lui valut des couronnes d'or de toutes les villes : « Heureux Pompée, dit-il en repartant, voilà les ennemis dont la défaite t'a valu le nom de Grand! » Aussitôt il retourne à Rome, y remet l'ordre en quelques mois et court en Afrique.

Cette province avait toujours tenu pour Pompée; le roi Juba y avait défait Curion; tous les chefs pompéiens, Métellus, Scipion, Afranius, Pétréius, Labiénus, étaient là; Caton avec son courage de fer y amenait une armée par des déserts effroyables. Ils y avaient rassemblé quatorze légions, une cavalerie nombreuse, une flotte, du blé en abondance; ils avaient détruit le reste des récoltes, enfermé les habitants dans quelques villes, brûlé les autres; il semble que César ne fût pas fâché de laisser à ses ennemis le temps de se rallier, afin de les écraser d'un seul coup.

Mais, une fois en chemin, ce qu'il lui faut, c'est arriver au plus tôt, dût-il arriver seul. En partant de Sicile, il ordonne à ses vaisseaux d'aborder, chacun où il pourra; il débarque avec 3,000 hommes et 150 chevaux, n'ayant pas de vivres, nourrissant ses chevaux d'algues marines; en attendant ses renforts, il enseigne à ses soldats la guerre africaine, montre à ses cavaliers à fuir et à se rallier comme les Numides, fait venir d'Italie les éléphants des jeux pour accoutumer ses hommes et ses chevaux à rencontrer en bataille de tels adversaires, et, pendant ce temps, se maintient dans un espace de six milles contre l'immense armée pompéienne (708).

Passons vite sur cette guerre qui fut atroce et sans honneur. Le parti pompéien n'espère que dans le roi barbare Juba ; Juba règne parmi ces Romains et fait quitter la pourpre à leur commandant Métellus : ce ne sont qu'intrigues, querelle pour le commandement, rêves de proscriptions, massacres de prisonniers. Ces légions de laboureurs africains, levées à la hâte et marchant à contre-cœur, se laissent vaincre avec une facilité incroyable ; 30 cavaliers gaulois mettent en fuite 2,000 Numides. A Thapse, au jour de la bataille décisive, César est attaqué d'épilepsie, donne pour mot d'ordre *félicité*, et se retire dans sa tente ; ses troupes se battent malgré lui, et sont victorieuses sans lui. Les vétérans de Pompée résistent seuls ; vaincus, ils se retranchent deux fois ; abandonnés de leurs chefs, ils demandent grâce et sont impitoyablement massacrés.

Cesar lui-même semble avoir oublié sa clémence ; il tue ou laisse tuer les chefs auxquels il a déjà pardonné ; il fait périr un L. César, son parent, coupable d'avoir maltraité ses esclaves et surtout d'avoir tué ses lions ; il en exile d'autres, mais en accordant à chacun de ses amis la grâce d'un exilé. Les Pompéiens qui n'ont pas su combattre savent se tuer : des Césariens abordent le vaisseau où fuyait Métellus : « Où est le général ? demandent-ils. — Le général est en sûreté, » répond Métellus, qui se perce de son épée. L'Africain Juba avait son bûcher tout prêt dans Zama sa capitale ; il devait égorger là tous les habitants, y jeter ses femmes, ses enfants et ses trésors, s'y brûler avec eux. Mais Zama lui ferma ses portes et le priva du suicide qu'il rêvait : lui et le Romain Pétréius se battirent pour recevoir la mort l'un de l'autre ; Juba tua Pétréius et se fit tuer par son esclave. Il y a dans ces morts quelque chose, et de la barbarie africaine, et de cette rage impie de suicide qui appartient à la corruption de l'empire.

Caton avait depuis longtemps la douleur d'être inutile ; sa vertu ne remédiait en rien à l'immoralité de son parti, ni la douceur de son âme à l'atrocité de la lutte. Dès le commencement de la guerre, il avait résolu de se tuer si César était vainqueur, de s'exiler si les Pompéiens triomphaient. On l'avait laissé à Utique ; ce héros de la république mourante ne faisait plus guère que garder les bagages. Dans cette ville, les indigènes étaient pour César ; les Romains, gens de finance, étaient bien pour la république, mais non jusqu'à affranchir et armer leurs esclaves, comme l'aurait voulu Caton. Alors, ne s'occupant plus que de ses amis, il procura des vaisseaux à ceux qui voulurent passer en Espagne ; pour ceux qui restaient, il composa un discours destiné à fléchir César ; puis soupa, lut le *Phédon,* et le lendemain matin, comme on peut le voir avec détail dans Plutarque, il se tua, tant il craignait le pardon de César ! Ce suicide, tant loué des anciens et qui a séduit quelque modernes, n'est pas même logique ; Caton ne pensait pas que, par ce dernier acte d'orgueil, il s'humiliait devant César, et confessait que celui qu'il n'avait pu vaincre par les armes pouvait l'écraser par son pardon. Caton se tuait par dépit ; car sa cause n'était pas vaincue : Sextus, fils du grand Pompée, la maintenait en Espagne et retarda de quinze ans l'entier établissement de la monarchie. Il y eut donc dégoût plutôt que désespoir de sa cause, et son suicide fut ce que le suicide est toujours, un moyen soi-disant honorable de se soustraire à un devoir. La foi chrétienne a rendu un grand service au genre humain en le dispensant d'admirer de telles actions.

Je viens de le dire, l'Espagne, cliente de Pompée, belliqueuse, peuplée de vétérans, accueillait les fils de Pompée comme autrefois elle avait accueilli le fugitif Sertorius et l'avait défendu contre Pompée lui-même. Les fuyards de Thapse eurent pour eux la Péninsule presque entière, et pendant que César menait à Rome un quadruple triomphe, treize légions gravaient sur leurs boucliers le nom de Pompée.

Terminons tout de suite ce long récit de guerres. César appelé à grands cris par ses lieutenants, vient par terre en 27 jours de Rome à Cordoue. Arriver à la hâte, laisser les trois quarts de ses forces derrière lui, avec une poignée d'hommes surprendre l'ennemi, livrer bataille, — sa tactique était toujours la même. Le jeune Pompée évita longtemps le combat ; César l'atteignit près de Munda (709).

César, attristé par une récente attaque de son mal, dégoûté d'une guerre atroce où l'on ne faisait plus de quartier, où l'ennemi assiégé égorgeait les bouches inutiles, prétendit en finir ce jour-là. Mais jamais sa fortune ne fut aussi chancelante que dans cette bataille, la dernière qu'il livra. L'ennemi, attaqué sur les hauteurs, avait treize légions contre huit. Les Césariens fléchirent. César, après avoir saisi un bouclier de fantassin, marcha seul presque à dix pas de l'ennemi ; il pensa même à se donner la mort. Les débris de sa dixième légion le sauvèrent, soldats disgraciés qui, depuis qu'ils s'étaient révoltés en Italie, le suivaient par grâce et sans ordre. Il convenait qu'ailleurs il avait combattu pour la victoire, à Munda pour sa vie.

3,000 chevaliers et 30,000 soldats furent tués : on fit autour de Munda assiégée une circonvallation de cadavres, les têtes tournées vers la ville, les corps liés ensemble par des javelots. Le siége dura encore un mois, presque tous les assiégés périrent ; Cnéius Pompée fut tué dans une caverne ; son frère Sextus s'échappa dans les montagnes des Celtibères, et reparut depuis, hardi corsaire, sur la Méditerranée.

Tout en soutenant cette guerre, César s'était amusé à une guerre de plume contre Cicéron, et avait répondu par une satire à son éloge de Caton, pamphlet républicain. Dans sa marche rapide de Rome à Cordoue, il avait aussi fait un poëme intitulé *le Voyage*. César était homme de goût, bel esprit, lecteur assidu des poëtes, recueillait les bons mots[1], en disait beaucoup. Je ne parle pas de ses mémoires, où il est soldat[2], ni de ses harangues qui appartiennent à sa vie sérieuse[3]. Mais César était puriste, et les grammairiens le citent comme autorité. Dans un de ses fréquents voyages à travers les Alpes, cet homme de plaisir et cet homme de guerre dédiait à Cicéron deux livres sur la grammaire et l'orthographe latines[4]. Vous figurez-vous Napoléon en chemin pour Austerlitz, et s'amusant à corriger Restaut ?

La bataille de Munda s'était donnée le troisième anniversaire du jour où Pompée avait quitté l'Italie. Pendant ces trois ans, la guerre civile avait voyagé d'Italie et d'Espagne en Grèce ; et de là, par l'Égypte, la Syrie, le Pont, l'Afrique et l'Espagne une seconde fois, elle avait achevé le tour de la Méditerranée et du monde romain : le monde était parcouru, la guerre civile finie.

1. Cic., *Fam.*, XVI, 9.
2. Sur les *Commentaires*, V. Suét., *in Cæs.*, 56, et Cic., *in Bruto*, 75. Sur l'*Anti-Caton*, *Attic.*, XII, 40, 45 ; Plut., *in Cæs.*
3. Sur les harangues de César, V. Suét., 55, 56 ; Cic., *Brut.*, 72, 75 ; *de Offic.*, 1, 37 ; Quintilien, X, 1, 2 ; XII, 10 ; Tacite, *de Oratoribus*, 21, 25, 34 ; Pline, *Epist.*, I, 20, v. 3 ; Tacite, *Ann.*, XIII, 3. Ses qualités étaient la force, la chaleur, la promptitude des reparties mordantes. Eodem animo dixit quo bellavit, dit Quintilien. Il nous est resté des vers de César.
4. Suet., *in Cæs.*, 56.

Et, pendant cette guerre, César en soutenait une autre moins brillante, aussi digne de remarque : il bataillait contre son propre parti. Il n'y a pas de pouvoir qui n'ait ses *ultràs*; Robespierre même eut les siens, qui le taxaient de contre-révolution et de modérantisme : à plus forte raison, César eut-il aussi ses *ultràs*. Croyez-vous que tous les roués de son camp adoptassent pieusement son système de modération et de clémence ? qu'ils ne réclamassent pas, ce qui était de droit après la guerre civile [1], les proscriptions, le pillage, les confiscations, les vengeances, la banqueroute ? Croyez-vous que cette armée, qui, sur un geste mal interprété de César, avait prétendu comprendre qu'il promettait à chaque soldat l'anneau et le cens de chevalier, se contentât de 2,000 sest. (388 fr.) par tête, le seul cadeau qu'elle eût encore reçu [2] ?

Salluste, qui lui-même n'avait pas été l'homme le plus honorable du parti césarien, dit sans façon à César : « Des hommes souillés de dissolutions et d'opprobres, qui te croyaient prêt à leur livrer la république, sont venus en foule dans ton camp, menaçant les citoyens paisibles de brigandage, de meurtre, de tout ce qu'on peut attendre d'une âme dépravée. Mais quand ils ont vu que tu ne les dispensais pas de payer leurs dettes, que tu ne leur livrais pas les citoyens comme des ennemis, ils t'ont quitté. Un petit nombre seulement se sont crus plus en sûreté dans ton camp que dans Rome, tant ils avaient peur de leurs créanciers ! Mais il est incroyable combien d'hommes et quelles gens ont déserté ta cause pour celle de Pompée, et choisi son camp comme un inviolable asile pour les débiteurs [3] ! »

---

1. Timor tabularum novarum... qui ferè bella et civiles dissensiones sequi consuevit. (Cæsar, *de Bello civ.*, III, 1.) — 2. Suet., *in Cæs.*, 33, 38.
3. *Lettre politique*, II.

C'est Célius surtout dont Salluste veut parler. — En passant à Rome, entre sa campagne d'Espagne et celle de Pharsale (705), César avait trouvé la cité reine se débattant contre tous ceux qui voulaient exploiter la chute de Pompée, contre les débiteurs surtout, qui demandaient les terribles *tabulæ novæ* (abolition des dettes) : aussi n'y avait-il ni argent ni crédit sur la place. César, en courant (il ne passa que onze jours à Rome), fit, comme nous le disons, une cote mal taillée, et crut sauver le principe du crédit en permettant une banqueroute de 25 pour 100[1].

Or, Célius, alors préteur, était personnellement très-intéressé dans la question des *tabulæ novæ*. C'était un Césarien déjà mécontent de la modération de César, et tout prêt à se faire Pompéien de colère de voir les Pompéiens trop bien traités ; homme d'esprit, du reste, mais disputeur acharné, qui, à souper avec un de ses clients obséquieux et toujours de son avis, lui disait en colère : « Au moins, dis une fois non, pour que nous soyons deux ! » César une fois embarqué pour la Grèce (706), Célius découvre que le parti de son chef n'est que le parti des usuriers[2], l'abandonne tout à fait, propose aux comices la dispense de payer les dettes ; — c'était trop peu — la dispense de payer les loyers : le crédit en était là ! Bataille là-dessus ; le consul brise la chaise curule de Célius ; Célius s'en fait une en lanières de cuir, pour rappeler au consul qu'il fut fouetté dans sa jeunesse. Chassé de Rome, il court l'Italie pour ameuter les débiteurs. Le vieil aristocrate Milon la courait aussi avec ses anciens amis les gladiateurs, délivrant les esclaves, soule-

---

1. En autorisant les débiteurs à céder leurs biens au prix qu'ils avaient avant la guerre civile, et à imputer sur le capital les intérêts payés. Cæsar, *de Bello civ.*, III, 1; Suet., 42; Cic., *de Offic.*, II, 24.
2. *V.* sa lettre à Cicéron, *Fam.*, VIII, 17.

vant les pâtres, ralliant tous les *marrons* de la civilisation romaine. Célius se joint à lui. La chose pouvait devenir grave ; mais Célius et Milon se firent bientôt tuer [1].

Après Célius, vint un autre ami de César. Pendant les guerres de Pharsale et d'Égypte (707), Antoine, maître de la cavalerie, fut seul magistrat romain en Italie. Antoine put faire pressentir ce que serait la folle tyrannie des Césars, une fois ce pouvoir monstrueux tombé en des mains vulgaires. Dans un char traîné par des lions ; suivi d'une litière qui porte sa femme, la veuve de Clodius, l'ardente et sanguinaire Fulvie ; d'une autre litière où la comédienne Cythéris, sous le nom patricien de Volumnia, reçoit les hommages des villes italiques ; puis, d'une voiture où il a placé avec sa mère les compagnons de ses débauches, Antoine, entouré de bateleurs, de comédiens, toujours l'épée au côté et escorté de soldats, parcourt l'Italie, fait faire antichambre aux sénateurs jusqu'à ce qu'il lui plaise de terminer ses interminables repas, et, après une nuit d'orgie, vomit en plein Forum [2]. C'est du reste, un des originaux les plus curieux de l'histoire ancienne : un soir, par exemple, il revient à la hâte de Narbonne, se cache dans un cabaret aux portes de Rome, y entre de nuit, seul, en guêtres et en casaque gauloise, dans une petite voiture, va chez lui : « Qui frappe ? — Courrier d'Antoine. » On le mène à Fulvie, toujours déguisé ; il lui remet une lettre, une lettre de lui-même, tout amoureuse, où il lui proteste qu'il a cessé d'aimer Cythéris. Fulvie pleure en la lisant ; le messager ému n'y tient pas, se jette au cou de Fulvie. Cela ne sent-il pas son xviie siècle, les rubans et les grands canons,

---

1. César, III, 20, 21 ; Dion.
2. *V.* sur Antoine : Cic., *ad Attic.*, VIII; Plut., *in Ant.*; Cic., *Phil.*, II.

« Brutus galant et Caton dameret ? » Seulement, comme c'était pendant la seconde guerre de César en Espagne, Rome, à l'annonce de cette arrivée subite, crut à quelque grand désastre. On appela Antoine à la tribune pour faire part au peuple des graves nouvelles qui avaient motivé son retour; il ne sut trop que dire, et l'Italie en demeura tout effrayée pendant huit jours.

Sous la vice-royauté d'Antoine, Dolabella était tribun. Antoine, ruiné par les dés, vendait la justice, mettait la main sur les successions, prenait et donnait les patrimoines. Dolabella, joyeux compagnon comme lui, patricien ruiné, devenu plébéien et démagogue, remettait en honneur l'abolition des dettes et des loyers. Ce projet devait être du goût d'Antoine; mais une intrigue de femme brouilla ces deux hommes si bien faits pour se comprendre.

Ce fut alors sous le tyran César comme aux beaux jours de la liberté. Il y eut deux camps, celui des créanciers et celui des débiteurs; batailles quotidiennes et meurtrières; tours de bois élevées sur le Forum par Dolabella, renversées par Antoine, comme on eût fait en rase campagne; épuisement du trésor, révolte des légions qui se trouvaient mal payées, anarchie effroyable, dégoût de César, retour vers le parti de Pompée[1]. C'était le moment où César était enfermé à Alexandrie, où les Pompéiens, maîtres de l'Afrique, menaçaient l'Italie[2].

César, délivré, vint mettre le holà; tout en pardonnant aux deux tapageurs, Antoine et Dolabella, en accordant quelques nouvelles concessions aux débiteurs; une remise

---

1. Legionum nec vis eadem, nec voluntas... Italia abalienata, urbanæ res perditæ. (Cic., ad Attic., XI, 10.) Versor in gemitu Italiæ, urbis miserrimis querelis. (Fam., XV, 15.)

2. Cic., ad Attic., XI, 10, 12, 15.

de terme aux locataires¹, il tint bon contre les *tabulæ novæ*, protesta qu'obéré lui-même, il ne se libérerait pas de cette façon. En effet, se libérer par des cadeaux et des prêts forcés, vendre les biens des Pompéiens morts, vendre même les biens d'Antoine qui, adjudicataire de ceux de Pompée, trouvait fort mauvais que César en exigeât le paiement²; et puis se mettre en route à la hâte, ce fut l'affaire de dix mois environ.

Mais au moment de partir, ses vétérans protestent qu'ils ne marcheront pas; une promesse de mille deniers (776 fr.) par tête leur semble misérable. Ils s'avancent vers Rome, pillant et tuant. César, malgré les prières de ses amis, vient les attendre à son tribunal en plein Champ de Mars : « Que voulez-vous? — Notre congé. — Vous l'avez; et quand j'aurai vaincu avec d'autres soldats, tout ce qui vous a été promis vous sera payé. » Et sans un mot de plus, il se retirait. On le supplie d'ajouter quelques paroles; il s'y prête à grand' peine et les apostrophe : « *Quirites* (citoyens)... Nous sommes soldats, lui répondent-ils, mène-nous en Afrique, nous vaincrons à nous seuls; décime-nous si tu le veux. » Il fallut le prier longtemps pour qu'il leur accordât la grâce de se faire tuer pour lui par les cavaliers numides et les éléphants de Juba.

Voilà quelle double lutte soutenait César : d'un côté contre l'esprit de la république mourante, de l'autre contre l'esprit de l'empire qui approchait. Ce double fait va nous

---

1. Une remise d'un an (*annuam habitationem remisit*) à tous les locataires au-dessous de 2,000 sesterces (388 fr.) à Rome, de 500 en Italie. Suet., *in Cæs.*, 28. Cette libéralité était-elle faite aux dépens des propriétaires ou aux dépens de César? Il est peu probable que César se fût chargé d'une aussi énorme dépense.

2. Cic., *Phil.*, II, 27.

apparaître encore dans le récit de son gouvernement après la victoire.

César est revenu d'Afrique vainqueur de Juba et de Caton (709). Il y a quarante jours de fête, quatre jours de triomphe ; César triomphe des Gaules, puis du Pont et de Pharnace, puis d'Alexandrie, puis de l'Afrique et de Juba (il ne veut pas qu'il soit question de Pompée ni des Romains). César acquitte en une fois toutes les fêtes qu'il devait au peuple : inauguration de son nouveau Forum ; obsèques de sa fille ; dédicace d'un temple à Vénus, mère des Césars. Le monde lui a fourni pour les payer 65,000 talents (293 millions environ [1]), plus 2,822 couronnes d'or, du poids de 2,414 livres romaines [2]. Rome est pleine d'étrangers qui passent les nuits sur les places dans l'attente d'une si belle fête, et plus d'un spectateur a été étouffé dans la foule.

César paraît, précédé par soixante-douze licteurs, porté sur le char par quatre chevaux blancs que le sénat lui a votés comme pour l'égaler à Jupiter. Le Forum tout entier, la Voie Sacrée, depuis sa maison jusqu'aux degrés du Capitole, sont recouverts d'un voile de soie [3]. Ses prisonniers le suivent : aujourd'hui le Gaulois Vercingétorix, gardé neuf ans pour ce triomphe et pour son supplice ; demain ce sera l'Égyptienne Arsinoé, sœur de Cléopâtre ; après-demain le jeune fils du roi Juba. Les villes qu'il a prises, cinquante batailles qu'il a gagnées sont représentées en bois précieux, en écaille, en ivoire. La défaite de Pharnace est rappelée par ce mot fameux : *Veni, vidi, vici.* Le Rhin,

1. Selon Velléius Paterc. (II, 56), 600 millions de sest. (116 millions de fr.) seulement.
2. Environ 805 kilogrammes, ou 2,703,000 fr. Appien, *de Bello civ.*, II.
3. Pline, *Hist. nat.*, XIX, 1 ; Dion. XLIII.

le Rhône, l'Océan captif, sont représentés par des statues d'or.

La révolution est donc accomplie. César a proclamé son souverain pouvoir; « mais il sera plus modéré d'autant qu'il est plus puissant. Dictateur et consul quand il s'agira de faire du bien; s'il s'agit de faire du mal, il ne sera rien[1]. » Le sénat lui a décrété la dictature pour dix ans, une statue sur un char en face de Jupiter *à César, demi-dieu*. C'est toute la majesté divine, toute l'autorité humaine de la république, qui sont réunies en sa personne.

Mais voyez-vous derrière son char les deux puissances qu'il est forcé de reconnaître? le peuple et l'armée... A chaque citoyen pauvre, César a donné dix boisseaux de blé, dix livres d'huile, 300 sesterces (68 fr.) promis autrefois, 100 sesterces d'intérêt pour le retard. A chaque légionnaire, des terres, une augmentation de solde[2] et 20,000 sesterces; à chaque centurion et à chaque cavalier, deux fois autant[3]. Comptez avec Suétone 320,000 citoyens pauvres, avec Juste-Lipse 30,000 soldats et 1,500 cavaliers, présents à Rome; et vous verrez que ce cadeau pouvait monter à 155 millions de francs.

Les soldats trouvent pourtant que c'est peu, et ce cadeau ne les empêche pas, comme d'ordinaire, de chansonner leur général. Ils vont chantant :

>Gens de la ville, gardez vos femmes; nous vous amenons
>le galant chauve;

ou bien ils raillent César sur l'infamie de ses mœurs et l'amitié suspecte de Nicomède (seule accusation qui fâchât

---

1. Dion, XLIII, p. 221.
2. *Mss. Vindobon.* Suet., *in Cæs.*, 38, avec la correction de Casaubon.
3. *V.* Suét., Pline, XIX, 8. Dion.

César, et dont il voulut se disculper par un serment); ou ils lui reprochent le pain d'herbe qu'il leur fit manger à Dyrrachium ; ou même ils prennent contre lui le parti de Pompée et de la république :

> Fais bien, tu seras battu ; fais mal, tu seras roi.

Puis, après le peuple et l'armée, vient toute une Rome nouvelle, étrangère ou proscrite, qui monte au Capitole derrière César; tous les disgraciés de l'ancienne république; condamnés qui reprennent leurs biens; fils de proscrits à qui les honneurs sont ouverts; gens déclarés infâmes qui relèvent la tête: sénateurs notés qui reprennent place au sénat. Viennent les provinces; la Gaule transpadane admise tout entière au droit de cité [1]; l'Espagnol Balbus devenu une sorte de premier ministre. Les Gaulois jadis vaincus par César, ces légers fantassins qui, sous le signe de l'alouette, ont suivi César à Lérida, à Alexandrie, à Pharsale, entourent les premiers son char de triomphe : cette légion a reçu en masse les droits de citoyen; ses centurions demi-barbares vont s'asseoir au sénat. Et, comme chante le peuple :

> César mène les Gaulois captifs derrière son triomphe; il mène
> à la curie les Gaulois sénateurs ;
> Ils ont quitté leurs brayes celtiques et endossé le laticlave.

La vieille Rome est livrée à ces profanes; la belle latinité se perd; le bon goût romain ne se trouve plus nulle part [2], — si ce n'est dans cet avis, inscrit aux pieds des Pasquin ou des Marforio de l'ancienne Rome : « Avis au public : On

---

1. Il l'avait porté de 1/3 de denier à 2/3 par jour (de 26 c. à 52 c.). V. Polyb., VI, 39; Suet., *in Cæs.*, 26.
2. Facetiæ oblitæ Latio... in urbem nostram infusa peregrinitas... braccatis transalpinisque nationibus... ut nullum vestigium priscæ urba-

est prié de ne pas dire aux nouveaux sénateurs le chemin du sénat [1]. »

O Romains! nous avons perdu la liberté!

Paroles que le peuple applaudit au théâtre, en tournant les yeux vers César, mais que le peuple sans trop de souci laisse se vérifier chaque jour! César est tout : dictateur, peuple et dieu. Tout se fait par lui, tout se demande à lui, si toutefois on est assez heureux pour l'approcher [2]. On publie encore des sénatus-consultes, mais ces décrets du sénat, nul sénateur ne les connaît; Cicéron apprend, par les actions de grâces qu'on lui rend, qu'il a fait décerner la royauté à un prince dont il ne savait pas même le nom [3]. Le peuple s'assemble encore aux comices; mais César lui écrit : « César, dictateur, à telle tribu : Je vous recommande un tel pour qu'il obtienne, par vos suffrages, la dignité qu'il sollicite. »

Il ne faut pas s'y tromper, ni appliquer mal à propos nos habitudes modernes. Le cosmopolitisme, et ce qu'on pourrait appeler l'*antiromanisme* de César, pas plus que sa philanthropie, n'est un système. César, le fils de Vénus, est aristocrate; César, le vainqueur des Gaules, est Romain autant que personne. César ne prostitue pas Rome sa mère. C'est bien plutôt Rome qui se prostitue. C'est un ancien sénateur qui descend dans l'arène, un autre qui veut y descendre, et à qui César l'interdit [4]. C'est Labérius, cheva-

nitatis appareat. (Cic., *Fam.*, XV, 9.) Exaruit vetus urbanitas. (*Id.*, VII, 30.)

1. B. F. (Bonum factum.) Ne quis senatori novo Curiam monstrare velit. (Suet., *in Cæs.*, 80.)

2. Omnia delata ad unum. (Cic., *Fam.*, IV, 9; VI, 14.)

3. *Fam.*, IX, 15. — 4. Dion, XLIII, 23; Macrob., II, 7; Suet., *in Cæs.*, 26, 39.

lier romain, que César appelle à jouer sur le théâtre, qui n'ose s'y refuser, joue en déplorant tout haut son abaissement, reçoit 500,000 sesterces pour sa peine, et, de la scène, regagne tout droit le banc honorifique où siégent les chevaliers. Et de plus César a eu le monde pour auxiliaire, il faut qu'il s'acquitte envers le monde ; qu'il lui fasse un sénat de 900 membres au lieu de 600, un sénat peuplé de soldats, de devins, de fils d'affranchis, de gens dégradés[1]. César a de nombreux amis à récompenser pour lesquels il multiplie les charges et les sacerdoces, double le nombre des préteurs et des édiles, fait des consuls pour quelques mois, quelques jours, quelques heures même ; donne les *ornements consulaires*, quand il ne donne pas le consulat ; prodigue tout, dégrade tout. César a sa victoire à payer, et cette dette est lourde, même pour lui[2].

Qu'importe! le jour de son triomphe est un grand jour! Pendant que César, à la lueur de quarante lustres portés par des éléphants, monte à genoux les degrés du Capitole, les jeux commencent par toute la ville. Dans tous les quartiers, des bouffons débitent leurs lazzis dans toutes les langues à cette multitude cosmopolite. Au Cirque, agrandi par César, la jeune noblesse conduit des chars et des chevaux ; au Champ de Mars, luttes d'athlètes pendant trois jours ; au delà du Tibre, dans un lac creusé de main d'homme, combat naval entre la flotte d'Égypte et celle de Tyr ; à l'amphi-

---

1. Un homme demande à Cicéron de l'aider à devenir sénateur dans sa petite ville : « A Rome ce serait aisé, répond-il ; à Pompéi, c'est plus difficile. »
2. « Il se passe bien des choses, dit Cicéron, qui ne plaisent pas même à César. C'est à cela qu'aboutissent les guerres civiles, que non-seulement il faut obéir au vainqueur, mais que le vainqueur obéit à son tour aux auxiliaires qui lui ont donné la victoire. » *Fam.*, XII, 18 ; Dion, XLIII, p. 237.

théâtre, combats de bêtes pendant cinq jours; et à la fin, pour mettre le comble à la joie du peuple, bataille sérieuse entre 1,000 fantassins, 500 cavaliers, 4 éléphants : le sang coule, les hommes périssent : César est un bon maître; il a voulu indemniser son peuple, qui n'a pas vu les massacres de Thapsus ni de Pharsale. — Et dans Rome tout entière, 22,000 tables se dressent, chacune de trois lits; le peuple et l'armée, 198,000 convives y prennent place; le falerne s'y distribue par amphores, le vin de Chio par tonneau [1]. César fête magnifiquement ces deux puissances, les seules debout avec la sienne, et qui seront les menaçants et infidèles soutiens de ses successeurs.

En effet, c'est bien l'empire qui commence. Ces magnificences, mêlées de sang, même sous le dominateur le plus doux; cet avilissement de la vieille Rome, cette prostitution de sa noblesse, cet abaissement de ses dignités; ces caresses, déjà un peu craintives, pour le peuple et pour l'armée ; cette accumulation de flatteries sur un seul homme, cette déification du souverain; cette importance des familiers du palais, même sous un maître comme César : voilà bien tous les symptômes de l'époque impériale. Il en manque un seul, les proscriptions politiques : exception glorieuse, mais qui ne pourra pas être éternelle.

Il faut ici caractériser cette révolution. Le monde romain avait besoin, cela était clair, sinon de la royauté, au moins du pouvoir d'un seul, de la monarchie. Mais quelle pouvait être la loi, la condition, la force morale de cette monarchie? Elle ne pouvait rien emprunter aux royautés de l'Orient, tyranniques, barbares, dégradantes et dégradées, méprisées de tout ce qui était

---

1. Dion, p. 223 et suiv.; Suét., 37-39; Plut., *in Cæs.*, 71; Pline, *Hist. nat.*, XIV, 15. Je compte, selon l'usage le plus ordinaire, trois convives par lit.

Grec, odieuses à tout ce qui était Romain. Encore moins eût-elle emprunté quelque chose aux monarchies récemment détruites des successeurs d'Alexandre ; copies bâtardes, mauvaises contrefaçons grecques des royautés de l'Orient, et qui n'avaient pu vivre trois siècles. Mais, d'un autre côté, pouvait-elle demander à la république son principe de moralité et de vie? Était-il donné à personne de convertir subitement la religion du patriotisme (si toutefois elle était debout) en celle de la royauté, l'adoration de la chose publique en celle du prince? Ce changement put se faire, mais pour la forme, sans sérieux et sans foi. Le pouvoir se trouvait donc être la force et rien de plus, inévitable conséquence, surtout dans une monarchie universelle, où toute nationalité était brisée, tout patriotisme détruit, les dieux confondus, les religions mêlées, les croyances et les vertus dépouillées de ce caractère national qui faisait dans l'antiquité toute leur force.

La question était tout autre qu'elle ne serait chez les peuples modernes. Ni une certaine morale publique, qui s'impose même au pouvoir; ni la puissance du privilége, qui le force à des ménagements envers les grands; ni certains pouvoirs héréditaires égaux d'origine au pouvoir royal; ni des assemblées régulières qui parfois l'appuient tout en le contenant : rien de tout cela n'était connu, ni possible, dans l'antiquité. Tout ce qui chez nous honore le service, et met entre l'obéissance et l'esclavage une distance presque égale à celle qui sépare l'esclavage de la liberté : honneur chevaleresque, indépendance féodale, liberté bourgeoise, franchise militaire, dévouement monarchique, vertu chrétienne, rien de tout cela n'avait d'analogue dans le monde païen. La valeur de l'homme, même le plus élevé, était bien inférieure à ce que le christianisme est venu la faire.

Le chrétien est chrétien avant tout. Le titre de citoyen, si honorable qu'il soit, n'est pour lui que secondaire; la politique n'est qu'un accessoire de sa vie; la vie intérieure, la vie domestique elle-même, tient chez lui bien plus de place que la vie publique : et par suite, quelque humble condition que la politique lui fasse, la dignité de son être, la liberté de sa conscience, l'intégrité de sa foi lui demeure et le console. Le païen, au contraire, pour qui la vie intérieure était nulle, la vie domestique peu attachante, vivait surtout par la vie publique; sa grande valeur était comme citoyen : s'il venait à être abaissé comme citoyen, si la vie publique lui faisait défaut, son abaissement lui semblait sans limite, sans remède, sans consolation.

Or c'était un tel abaissement que la monarchie venait lui infliger; elle n'apportait à l'antiquité décrépite aucune loi morale, aucune grandeur, aucune sainteté, aucune vertu, aucune gloire. Ce n'était point de la religion : c'était de la force, de la force toute nue, donnée par un hasard et retirée par un autre. De droit électif ou héréditaire, il ne pouvait en exister : on ne crée pas les lois, on les trouve; Rome, dépouillée de sa loi antique, n'était pas maîtresse de s'en faire une autre. Derrière le souverain, triste divinité qu'on adorait humblement, sans pouvoir l'aimer ni la respecter au fond du cœur, allait venir son cortége de bas courtisans; non gentilshommes, mais valets; non les *pairs* du roi, mais ses esclaves; pas même favoris, mais mignons. Le temps allait venir, non plus de l'autorité (*dignitas*), mais de la faveur (*gratia*); le temps où il faudrait faire son chemin, être bien en cour (*gratiosus esse*), au lieu de s'élever hautement et franchement dans la voie des honneurs (*dignitatem augere*, etc...; la langue même de l'empire n'est plus celle de la république). Une époque allait venir, d'écrasement pour toute valeur personnelle, d'humiliation pour toute intelligence, toute conscience, toute foi, aussi bien que pour toute gloire, toute ambition, toute noblesse.

Voilà ce qu'envisageaient ceux qui résistaient en désespoir de cause à une nécessité qu'il leur était impossible de ne pas voir, et que la génération précédente avait entendu prédire par l'orateur Antonius. On peut pardonner à ces hommes qui n'avaient d'autres espérances que celles de ce monde, et qui ne vivaient que de leur vie de citoyen, de n'avoir pas su se résigner à une dégradation si complète de leur dignité de citoyen. On peut pardonner à ces nobles Romains de n'avoir pas su comprendre ni accepter l'anéantissement de cette liberté trois fois séculaire qui avait fait la grandeur de Rome et de leurs familles. Parmi ces hommes étaient presque tous ceux qui gardaient quelque valeur morale ; parmi eux, quelques hommes désintéressés, soutenus par le stoïcisme, et qui, en combattant pour leur dignité propre, combattaient aussi pour celle de l'homme. Ceux-là se faisaient peu d'illusion ; les dernières paroles de Brutus en sont la preuve ; et Caton, qui, tout en poursuivant la liberté, l'appelle « une vaine ombre [1], » finit par se donner la mort avant même que sa cause ne soit vaincue, et ne suit pas sa ligne droite jusqu'à la fin.

Cicéron surtout mérite d'être bien compris. C'est probablement l'intelligence la plus lucide de son temps, et c'est un des hommes les plus honnêtes et une des âmes les plus religieuses de l'antiquité. Cicéron, sauf son ambition de gloire personnelle, mais de gloire honorable, est un des politiques les plus désintéressés de son siècle et de bien d'autres ; dégagé, je ne dis pas des amitiés dont les hommes d'État se

---

1. Et inanem prosequar umbram. (Lucain.)

défont assez facilement, mais des antipathies et des rancunes, souvent si dominantes chez eux. C'est un Romain, et son patriotisme est aussi vrai que celui de Caton. C'est un Italien, compatriote de Marius, et qui lui-même a plaidé la cause de l'Italie. Et de plus, c'est un *humain*, une âme qui a, comme bien peu dans les siècles antiques, le sens de l'humanité et le respect de son semblable; le cosmopolitisme philosophique de Cicéron est autrement désintéressé que le cosmopolitisme politique de César. Il se trouve ainsi placé entre Rome, qu'il ne se consolera pas de voir dégradée, l'Italie dont l'abaissement serait pour lui une humiliation, le monde qu'il ne voudrait pas condamner à une éternelle servitude. Il est entre la république qu'il ne se résigne pas à voir mourir, et la monarchie qu'il voit inévitable. Il a tout prévu depuis quatorze ans; il se vante, et il en a le droit, de cette divination qui l'a toujours éclairé sur les maux à venir, et lui a inspiré des avertissements rarement écoutés. C'est un malheur en certains temps qu'un sens trop droit : Caton ferme les yeux, suit sa route jusqu'à l'écueil où il se brise lui et son vaisseau; Cicéron aperçoit l'écueil et louvoie pour l'éviter. Son hésitation n'a pas d'autre cause; il est, comme le dit très-bien Crevier, irrésolu par trop de lumière. Son âme ne manqua de force ni en face de Catilina ni en face d'Antoine. Mais cette seconde vue, qui lui révèle des maux contre lesquels tous ses avertissements ne prémuniront personne, lui ôte à la fois l'illusion, la décision et l'espérance.

Se soumettra-t-il donc au mal qu'il prévoit? Marcus Tullius courra-t-il au camp de César? baisera-t-il la main d'Antoine? sous un Tibère (et remarquez que ce qu'on devait prévoir c'était une domination comme celle de Tibère), deviendra-t-il un affidé de la cour, un panégyriste à gages, un prêtre du dieu régnant? Ne sera-t-il qu'un éloquent délateur, à qui le stylet de Lépidus marquera ses victimes, comme sous les Césars un Hatérius ou un Domitius Afer, ou tout au plus, comme Sénèque, un rhéteur et un philosophe du palais? Pardonnons à l'orgueil païen, si c'est là de l'orgueil, de se révolter contre une telle nécessité, et de croire, malgré tout, à la possibilité d'un meilleur avenir.

Ce n'est pourtant pas que César ne traite Cicéron en ami, qu'il ne s'indigne quand il voit Cicéron faire antichambre à sa porte. Ce n'est pas en général César qui abaisse ou dégrade personne; c'est une cause plus durable que lui, c'est son pouvoir et la révolution qui l'a fait. Aussi, quoique Cicéron cherche parfois à égayer sa servitude[1], qu'il donne des leçons de rhétorique à ses amis de cour Hirtius et Dolabella et reçoive d'eux des leçons de gastronomie, quoiqu'il soupe chez eux avec Cythéris, la tristesse demeure au fond. Il ne sait se résigner ni au silence du Forum ni à la nullité du sénat; il ne s'habitue pas à n'être le défenseur, le conseiller, le patron de personne. A la douleur que lui cause la mort de sa fille, il mêle le deuil de la république : quand il revenait triste de ce Forum vide et de ce sénat muet, Tullie était sa consolation; et, si la république eût duré, la république et ses devoirs l'eussent distrait et soulagé après la mort de Tullie[2]; maintenant que tous deux lui manquent, il pleure à la fois ces deux morts; il élève un temple à Tullie, et il fait, dans le pané-

---

1. Miraris tàm exhilaratam servitutem. (*Fam.*, IX, 26; V, IV, 14; IX, 16, 19, 20.) Toutes les lettres à Pætus.

2. Me republicâ mœstum domus accipiebat. Nunc in domo dolentem, resp. non recipit. (*Fam.*, IV, 6.) *V.* encore IV, 3, 4, 9, 13; VI, 1, 6; VII, 3, 28; XV, 18, et même devant César il dit : « Je regrette que la république, qui devrait être immortelle, soit maintenant renfermée dans un homme mortel. » *Pro Marcello.*

gyrique de Caton, l'oraison funèbre de la république.

Je m'arrête peut-être trop sur un seul homme ; mais Cicéron nous fait comprendre les sentiments de tous les hommes supérieurs de cette époque, qui voyaient leur échapper tout ce qu'ils avaient appelé honneur, dignité personnelle (*honestas*), élévation politique (*dignitas*) ; tout ce qui soutenait et embellissait leur vie (*ornamenta et solatia*)[1]. Chose remarquable ! Pompée, homme médiocre, irrésolu, ami infidèle, a des amis dans sa ruine ; tout ce qui s'élève un peu, les Caton, les Brutus, sont avec lui ; Cicéron a pour lui une passion aveugle, persistante comme de l'amour, passion malheureuse, il en convient[2] : tandis que César, tout grand et tout aimable qu'il est, n'est entouré que de créatures ; il a des âmes damnées, non de dévoués amis ; c'est le banqueroutier Curion, l'étourdi Célius qui va se révolter contre lui, le fou Antoine qui complota sa mort[3], l'aventurier Dolabella, devant la villa duquel il ne passe plus sans escorte[4]. Et Cicéron lui-même, qui aima César et que César traite si honorablement, ne peut s'empêcher de souhaiter sa mort : « J'aime mieux, dit-il à l'occasion d'une de ses statues, j'aime mieux César auprès de Romulus qu'auprès de la déesse du Salut[5]. »

Et cependant la domination de César est plus douce, plus noble, plus conservatrice que personne ne pouvait s'y

---

1. Ea nobis erepta quæ hominibus non minùs quàm liberi cara sunt, patria, honestas, dignitas, écrit Servius. *Fam.*, IV, 5. Quod perfugium spoliato et domesticis et forensibus ornamentis et solatiis. (Cic., *Ibid.*, V, 15.) Remarquez ces mots bien propres à l'honneur romain. Et Cicéron dit ailleurs plus énergiquement : Sedebamus in puppi, nunc vix est in sentinâ locus. J'étais au gouvernail, je suis à peine à fond de cale. *Fam.*, IX, 15.

2. Ut in τοῖς ἐρωτικοῖς... Cic., *ad Attic.*, IX, 10. — 3. Id., *Philipp.*, II.

4. Cic., *ad Att.*, XIII, 52.

5. Cæsarem σύνναον Quirino malo quàm Saluti. (Id., *ibid.*, XII, 45). Il faut se souvenir que Romulus périt assassiné.

attendre. Certes, ni Pompée, ni surtout le parti de Pompée n'auraient eu cette clémence¹. Lisez les lettres de Cicéron au commencement de la guerre civile, et voyez de quels maux il croyait la patrie menacée, parce qu'en effet il ne lui était pas donné de deviner une façon de vaincre aussi inusitée que celle de César. Le temps de César est une époque de suspension ; le tyran tempère la tyrannie. Pour le bien comprendre, attendez seulement l'heure du triomphe de son serviteur Antoine.

César sait que « dans son parti il n'y a de bon que lui-même². » Il est loin d'avoir persuadé à tous les siens que la guerre civile ne devait aboutir qu'à un état régulier, à un gouvernement honorable : les dénonciateurs affluent autour de lui³ ; il ne manque pas dans son conseil de profonds politiques qui désapprouvent la clémence, et trouvent qu'un peu de sang versé ne ferait pas de mal. Malgré César, ils parlent d'envahir les biens⁴ ; ils menacent et inquiètent⁵ ; dans les provinces éloignées, ils tuent⁶. Ajoutez à cela les anciennes plaies que la guerre civile n'a certes pas guéries ; l'abandon des campagnes, le brigandage en Italie⁷ ; l'accroissement de la *plebs urbana,* toujours accoutumée à vivre de largesses ; la diminution de la population labo-

---

1. Cic., *Fam.*, IV, 9.
2. Nil meliùs ipso. Cæteri et cætera ejusmodi, ut audire malis quàm videre. (Id., *Fam.*, IV, 4.)
3. V. Salluste, *Lettre politique*, II ; Cic., *pro Ligario*, 15. Multi ad Cæsarem detulerunt, plures delaturi sunt. (Cic., *ad Attic.*, XI, 27.)
4. « Je crains le brigandage pour ta fortune, écrit Cicéron à Marcellus exilé ; qui sont ces brigands, je te le dirais, si tu ne devais pas le deviner. » (Probablement Antoine.) Cic., *Fam.*, IV, 7.
5. « Notre correspondance n'est pas sûre ; ce n'est pas la faute du vainqueur, le plus modéré des hommes ; c'est celle de la victoire, toujours insolente dans les guerres civiles. » Id. *ibid.*, IV, 4.
6. Magna gladiorum licentia præsertim in externis. (Cic.)
7. Salluste, loc. cit.

rieuse et de la population romaine en général[1] ; le discrédit du mariage : la dissipation des patrimoines ; l'audace et le nombre des débiteurs ; l'absence du crédit, et, pour cause dernière de tous les maux, le luxe, le désordre et l'immoralité de la jeunesse[2].

César eut à peine quelques mois pour porter remède à toutes ces plaies, et cependant César se faisant homme de bien pour sauver son siècle de l'effroyable abîme vers lequel il le voit marcher ; César se faisant censeur, moraliste, sage et sévère administrateur, après avoir été tribun, révolutionnaire, chef de parti, me semble un des faits les plus singuliers de cette vie extraordinaire. C'est le second côté de la médaille : la politique conservatrice de César.

Il existe à cet égard un document précieux. Deux lettres nous sont restées, sous le nom de Salluste, adressées à César et probablement inspirées par lui, véritables pamphlets dans lesquels il faisait plaider d'avance en faveur de la politique qu'il allait suivre. La première est antérieure à la guerre civile ; elle est écrite dans le premier feu du novateur politique. César va être consul, réformer l'État, renverser l'oligarchie des nobles, étendre le droit de cité, augmenter le sénat, changer la loi d'élection et celle des jugements : il n'y a que cela à faire, et la république est sauvée. Quand Salluste écrit la seconde lettre, César a fait tout cela ou à peu près, et la république n'est pas encore sauvée. L'historien de Catilina, un peu revenu de sa foi aux panacées politiques, de publiciste se fait moraliste. Il

---

1. De moitié (ce qui supposerait 225,000 citoyens), selon Appien, *de Bello civ.*, II, 102. — A 150,000 selon Plutarque, *in Cæs.*, 45, et Tite-Live, *Ep.* CXV, d'après le recensement de l'année 708.
2. *V.* Salluste, et Cicéron, *pro Marcello*. Revocanda fides... propaganda soboles, reprimendæ libidines, vulnera belli curanda.

ne cache point à César que son parti n'est pas composé des plus honnêtes gens du monde, qu'autour de lui on pousse à la confiscation et à la tyrannie, qu'on blâme sa clémence, « que les vainqueurs réclament leur butin, et que pourtant les vaincus sont des citoyens [1]. Mais, dit-il, tu es le maître; fais en sorte que le peuple qui t'obéit soit le meilleur possible; le malhonnête homme n'est pas un sujet docile [2]. Ne rends pas, comme les barbares, meurtre pour meurtre, sang pour sang [3]; continue à être clément, quoi qu'on en dise; ôte la liberté du brigandage; ôte, pour y parvenir, la liberté des profusions et du luxe; sans reprendre toutes les lois anciennes, règle les dépenses privées [4]; assure à chacun son patrimoine, en le défendant et contre les rapines d'autrui et contre sa propre folie. Pour sauver la jeunesse de sa ruine pécuniaire et par suite de toutes les voies de désordre où elle s'engage *(pravæ artes),* supprime l'usure; pour sauver le peuple et le soldat de la pauvreté et de la sédition, supprime les distributions qui le corrompent; que chacun » (chose remarquablement hardie dans l'antiquité, et surtout à Rome) « ait son occupation, ses moyens de vivre, son travail [5]. » Salluste, l'homme de désordre dans sa vie privée et dans sa vie publique, après avoir expérimenté les phases et les mouvements divers de la politique, tout bien considéré, finit par un sermon.

1. Victores prædam petunt, victi cives sunt. (Sallust., *Ibid.*)
2. Fac uti quàm optumis imperites. Nam pessumus quisque asperrimè rectorem patitur. (*Ibid.*)
3. Neque barbaro ritu, cæde cædem, sanguine sanguinem expiandum. (*Ibid.*)
4. Non ad vetera instituta revocamus quæ jam corruptis moribus ludibrio sunt, sed si suam cuique rem familiarem finem sumptuum statueris... (*Ibid.*)
5. Provideas uti plebes, largitionibus et frumento publico corrupta habeat negotia sua, quibus à malo publico distineatur, etc... (*Ibid.*)

Telle était bien aussi la pensée de César; Cicéron nous l'apprend, César ne demandait pas mieux que de ramener les habitudes d'occupation et de travail. Il est curieux de voir ce débauché, devenu préfet des mœurs, renouveler les anciennes lois somptuaires, faire visiter les marchés, poursuivre les mets défendus jusqu'aux pieds des Lares domestiques, envoyer ses licteurs dépouiller la table des riches gourmands ses amis; défendre les perles, lui qui donna à Servilie une perle de six millions de sest. (1,064,400 fr.); borner à cent as la dépense des repas, lui qui le premier servit au même repas quatre vins différents[1] (cette question des lois somptuaires devait être plus sérieuse que nous ne pensons, puisqu'elle occupait ainsi César). César, qui hébergea, auprès de Calpurnie sa femme, Cléopâtre et ce fils qu'elle avait appelé Césarion, César casse un mariage contracté deux jours seulement après le divorce; César veut encourager le mariage, et ne permet ni la pourpre ni les litières aux femmes qui n'ont pas d'enfants[2]. L'homme qui a si peu ménagé les deniers publics destitue les sénateurs coupables de concussion. L'homme qui accueillait tous les condamnés aggrave toutes les peines[3]. L'homme populaire par excellence supprime ces corporations popu-

---

1. Lex Julia sumptuaria. Suet., *in Cæs.*, 2. Cic., *ad Attic.*, XIII, 7; *Fam.*, VII, 26; IX, 15, 26. Dion, XLIII, 25. Pline, *Hist. nat.*, XIV, 15.
2. Suet., *in Cæs.*, 43. Eusèbe, *ad Olymp.* 183.
3. Leges Juliæ : — majestatis (contre les crimes de haute trahison, Cic., *Phil.*, I, 9); — de repetundis (contre les exactions des proconsuls); très-rigoureuse. Cic., *Fam.*, VIII, 7, 8 et ailleurs; Suet., *in Cæs.*); — de residuis (contre les comptables inexacts); — de peculatu (comprenant aussi des peines contre le sacrilége); — de vi publicâ et privatâ (contre toute espèce de violence. Cic., *ibid.*) César aggrava aussi la peine du parricide (Suet., 43). *V.* sur ces lois, qui furent les fondements du droit pénal de l'empire, les titres du Digeste, des deux codes, et des sentences de Paul (V, 27-29), qui portent la rubrique de ces lois.

laires dont Clodius et lui avaient fait si grand usage; il exclut du droit de juger à côté des chevaliers et des sénateurs, les représentants de la *plebs,* les tribuns du trésor[1].

César va plus loin ; il attaque cette maladie radicale que nous avons dès l'abord signalée, l'appauvrissement et la dépopulation de l'Italie. Il est vrai que lui-même y a contribué et que 80,000 citoyens ont été envoyés au delà des mers pour relever entre autres Carthage et Corinthe, comme autrefois il avait relevé Capoue. César récompensait ainsi des services, il aimait à relever ces grands noms qu'une politique rancuneuse tenait abaissés[2]. Mais en même temps pour maintenir la population de l'Italie, il interdit à tout citoyen en âge de porter les armes (de 20 à 40 ans) de quitter l'Italie plus de trois ans de suite ; à tout fils de sénateur de la quitter, si ce n'est pour le service de la république. Pour arrêter l'extinction de la race libre, il défend à ceux qui possèdent des troupeaux d'avoir plus des deux tiers d'esclaves ou d'affranchis parmi leurs bergers. Pour augmenter à Rome la population utile, il attache le droit de cité à la médecine et aux professions libérales; pour diminuer la population fainéante, il fait, de rue en rue et de maison en maison, un sévère recensement du peuple, et réduit de plus de moitié le nombre de ceux à qui la république donne du blé. Pour donner du prix aux terres italiques, il limite sinon pour tout citoyen romain, du moins pour tout sénateur, le chiffre du capital mobilier ou extra-italique qu'il lui permet de posséder, et lui ordonne d'avoir en bienssitués dans la Péninsule au moins le tiers de sa fortune[3]. Pour

---

1. *V.* sur tout ceci, Suet., *in Cæs.*, 41, 42-43.
2. Suet., *in Cæs.*, 42. Plut., *in Cæs.*, 15. Dion, XLIII, p. 239.
3. Lex Julia de modo credendi possidendique extrà Italiam. (Tacit., *Ann.*, VI, 14.) Cette loi est différente de celle qui date du consulat de

relever les classes aristocratiques, il fait de nouveaux patriciens, entre autres Cicéron, et son petit-neveu, qui fut depuis Auguste[1]. Enfin, il distribue des terres à ses vétérans ; mais il ne veut pas, comme Sylla, les faire camper dans une même province, légion agricole prête à se lever au premier signal. Il aime mieux ne dépouiller personne, pas même les colons de Sylla[2] ; il ne prend que les terres abandonnées (il y en avait tant dans l'Italie !). Il mêle ainsi cette population nouvelle à l'ancienne population, aimant mieux fortifier la race des laboureurs que perpétuer celle des soldats[3].

Chaque jour revient un exilé, chaque jour Cicéron est dans le vestibule de César, obtenant quelque grâce nouvelle ; Cicéron dit aux exilés de prendre courage : « César s'adoucit tous les jours, revient à l'équité et à sa propre nature[4]. » Tous les exilés finissent par revenir, libres, rétablis dans leurs droits. On conspire contre lui, il se contente de faire connaître qu'il a découvert le complot. On l'attaque et on l'injurie, il se contente d'avertir publiquement les

César (695), et par laquelle il défendait d'avoir en numéraire plus de 70,000 sest. (Dion, XLI, p. 171.)

1. Loi Cassia. Tacit., *Ann.*, XI, 25 ; Suet., 41.
2. *V.* Cic., *ad Attic.*, II, 94, 119 et suiv. ; *Fam.*, IX, 17 ; XIII, 4, 5, 7, 8. D'après ces lettres, il semble que les propriétaires aient eu des craintes. Mais il faut penser combien les titres de propriété étaient incertains, et combien de possesseurs pouvaient être légitimement évincés. On voit par ces lettres que les distributions se faisaient entre autres dans les territoires de Veies, de Capène et de Volterra ; d'après Frontin (*de Coloniis*), dans ceux de Lavinium, Minturnes, Vulturne, Veies, Cures, Lanuvium, etc... — 3. *V.* Suet., *in Cæs.*, 42, 38. *V.* aussi Cic., *ad Attic.*, XIII, 7.
4. « Il y a dans César une douce et clémente nature... » Cic., *Fam.*, VI, 6... « Celui qui peut tout revient chaque jour à l'équité et à l'ordre naturel des choses. La république ne peut être toujours dans le deuil ; elle finira par se relever... Il montre chaque jour plus de clémence et de douceur que nous n'en pouvions attendre, » *Ibid.*, 10. *V.* les lettres de Cicéron à Marcellus, IV, 4, 7, 8, 9, 11 ; à Ligarius, VI, 13, 14... ; à Cécina, VI, 4, 7, 8... ; à Torquatus, VI, 12, 4 ; à Tredatius, VI, 10, 11.

coupables qu'il les engage à ne pas continuer[1]. Et le sénat élève un temple à la Clémence, dans lequel se donnent la main la statue de César et celle de la déesse[2].

César est entouré de Pompéiens : après les avoir absous, il les honore ; Cassius est un de ses lieutenants, Sulpicius gouverne l'Achaïe, Brutus, qui tuera César, fait aimer dans la Cisalpine le nom de César. Le dictateur comprend qu'il a besoin d'honnêtes gens ; il recueille ces débris de l'ancienne vertu qui combattit à Pharsale contre lui. Ce n'est pas tout : il loue Pompée, il relève ses statues, et par là, Cicéron le dit très-bien, il affermit les siennes.

Croyez-vous, en effet, que cette modération fût une faute? Nous allons raconter le meurtre de César, et nous verrons si, comme on l'a dit trop souvent, il fut victime de sa clémence. Qui, du reste, tyran ou homme de bien, fut jamais à l'abri d'un coup de poignard? Il y a encore des hommes qui croient à la puissance du meurtre ; il y a encore des phrases toutes faites à ce sujet : « Le salut du peuple est la loi suprême ; — il n'y a que les morts qui ne reviennent pas : » ou plus nettement comme Caïphe : « Il est utile qu'un homme meure pour tout le peuple. » Il semble encore que la politique soit un arcane, comme on voulait la faire il y a deux cents ans[3] ; mais un sanglant arcane, une religion comme celle des druides, homicide et mystérieuse, à laquelle il faut au moins quelque gouttes de sang habilement ménagé. On ne dit plus : la raison d'État ; mais on dit, ce qui a le même sens, ou plutôt n'en a pas

1. Suet., *in Cæs.*, 75.
2. Dion, XLIV. Rappel de Marcellus. Cic., *Fam.*, VI, 6, et le fameux *pro Marcello*.
3. Et même alors on disait : « Il n'y a ni art ni science à exercer la tyrannie, et la politique qui ne consiste qu'à répandre le sang est fort bornée et de nul raffinement. » (La Bruyère, ch. X.)

davantage : la force des choses, la nécessité, ἀνάγκη ! Le progrès social, la perfectibilité humaine ? On veut être humanitaire plutôt qu'humain. Tout le reste s'appelle politique de sentiment, et n'a, par conséquent, aucune valeur.

Par amour des contrastes, notre siècle, tolérant et doux, s'éprend volontiers des natures sauvages et sanguinaires ; il les grandit et les divinise. Louis XI et Richelieu marchaient à un grand but social ! Danton fut un génie ! Tibère et Néron même ne sont pas méprisables, ils servirent l'humanité à leur façon ! — De l'œuvre des génies sanguinaires, pourtant, qu'est-il resté ? Après Sylla, j'ai dit comment son œuvre disparut vite. Après Cromwell, vous savez le pauvre règne de son fils et la fin ignominieuse de sa république. Louis XI lui-même ne laissa pas la monarchie bien puissante sous Charles VIII ; le patient Louis XII et le bon homme Henri IV firent bien plus pour elle. Richelieu, après tant de sang versé, laissa l'aristocratie toujours vivante, les querelles de la Fronde, l'extrême danger et l'extrême faiblesse de la royauté : et qui prépara la grandeur de Louis XIV, sinon Mazarin, cet Italien doux et sournois, cet homme si attaquable d'ailleurs, mais qui ne fut ni vindicatif ni sanguinaire ? Reste la Convention, ou plutôt le Comité de salut public qui fut le despote de la Convention comme de la France : le Comité de salut public n'a pas sauvé la France, la France s'est sauvée elle-même, par son armée, sans lui et malgré lui ; le Comité de salut public n'a accompli aucune de ses vues, n'a terminé aucune des luttes qu'il soutenait, n'a rendu impossibles, grâce à Dieu, ni la royauté, ni le pouvoir absolu, ni le gouvernement d'aucun des partis qu'il combattait ; s'il a rendu quelque chose impossible, c'est la république.

César fut un homme supérieur, parce qu'il suivit une

marche toute contraire, parce qu'il sut que rien ne se termine dans le sang, et qu'on ne tue pas les partis. En laissant vivre les républicains, il tuait la république; et en effet, elle n'eut pas après lui un instant d'existence sérieuse. Cette noble pensée fut son escorte dans la guerre, son élément de force dans la cité; elle devait être sa gloire dans l'avenir : exemple rare même chez les modernes, et qui, je crois, n'a pas eu son pareil dans l'antiquité!

Du reste, rien de grand ni d'utile n'échappait à la pensée de César. Le calcul des jours se faisait si mal, que ni les solstices et les équinoxes, ni les temps des récoltes et des vendanges, ne s'accordaient plus avec la numération des pontifes; pour se trouver d'accord avec le soleil, il fallut faire une année de 445 jours : César, qui avait étudié l'astronomie en Égypte et composé un poëme sur cette science, fit réformer le calendrier [1]. Rome allait s'agrandir et s'embellir : un nouveau théâtre s'élevait au pied du Capitole; un temple de Mars, plus grand que ne fut aucun temple, allait être construit sur la rive droite du Tibre; le Champ de Mars transporté de l'autre côté du fleuve au pied du Vatican; le Tibre lui-même reculé; l'ancien Champ de Mars devait être bâti, et le Pomœrium agrandi devait suivre les bords du fleuve jusqu'au pont Milvius (*ponte Molle* [2]). Le desséchement des marais Pontins, l'écoulement donné au lac Fucin, la coupure de l'isthme de Corinthe, ces projets tant de fois médités étaient repris. Une carte de tout l'empire, travail immense pour l'antiquité, devait indiquer toutes les routes et les distances. César n'oubliait pas les droits de

---

1. Suet., *in Cæs.*, 40. Dion, XLIII, p. 226. Macrob., *Saturn.*, I, 13, 14. Solinus, 3. Censorinus, etc. La première année (bissextile) du calendrier réformé commença le 1ᵉʳ janvier de l'an 45 av. J. C. (708 de Rome).
2. Cic., *ad Attic.*, XIII, 20, 33, 35.

l'intelligence; Varron préparait, pour les ouvrir au peuple, des bibliothèques grecques et latines. Un travail d'un autre genre devait réunir et classer les lois civiles, dont la multitude amenait la confusion. César, fidèle à sa mission de rallier les peuples à l'unité, voulait que Rome touchât les deux bouts de son empire; un lit nouveau donné au Tibre, un port nouveau à Ostie, devaient la rapprocher de la mer de Toscane et de l'Occident; des routes directes par-dessus les chaînes de l'Apennin la rapprocher de l'Adriatique et de l'Orient [1].

Mais le temps devait lui manquer. Depuis son retour d'Espagne (709), il y avait dans ses allures quelque chose de sinistre. Ces dernières et atroces convulsions de la liberté avaient flétri son âme. Le triomphe dédaigneusement abandonné par lui à ses lieutenants avaient déplu au peuple; on avait trouvé le triomphe cruel après une victoire sur des Romains, et de plus on l'avait trouvé mesquin : on n'avait pas applaudi [2]. César prenait une escorte de 2,000 hommes pour aller souper dans la villa de Cicéron; il se réconciliait avec Antoine, son mauvais génie; et Cicéron n'espérait plus qu'une demi-liberté en récompense de son obscurité et de son silence [3].

Le sénat cependant accable César d'honneurs inouïs, le nomme père de la patrie, consul pour dix ans, dictateur perpétuel, lui confère (bien en vain!) l'inviolabilité religieuse qui entoure la personne des tribuns. L'hérédité des honneurs, chose inconnue à Rome, est imaginée pour une race qui ne naîtra pas : César est déclaré grand pontife héréditaire; ses fils (il n'en a pas et n'en doit pas laisser

---

1. Sur tout ceci, Suet., *in Cæs.*, 44. — 2. Cic., *ad Attic.*, XIII, 43.
3. Semiliberi saltem simus quod assequemur latendo et tacendo. Id., *ibid.*, XIII, 31.

d'autre que le bâtard Césarion) porteront le titre d'*imperator*. César reçoit tout cela avec facilité, avec indifférence, sans penser qu'il peut y avoir un piége sous ces flatteries. Le droit de cacher sous une couronne de lauriers la chauveté de sa tête est le seul qui flatte la coquetterie de César.

Le sénat asservi l'a proclamé libérateur, le sénat corrompu préfet des mœurs, le sénat sans foi l'a fait dieu. César vivant, César flétri avant l'âge, a des autels, des temples, des sacrifices; le coussin sacré, le char sacré pour son image, tous les priviléges de Jupiter. César s'appelle Jupiter-Julius; sa statue est au temple avec celle des dieux : il y a plus, elle est au Capitole avec celle des rois; flatterie homicide !

Un moderne a dit : « Quand on veut changer dans une république, c'est moins les choses que le temps que l'on considère... Vous pouvez aujourd'hui ôter à cette ville ses franchises, ses lois, ses priviléges, demain ne songez pas même à réformer ses enseignes [1]. » Cette vérité, qui est l'histoire de l'esprit constitutionnel chez tous les peuples, cette vérité si vulgaire échappe à César. Il se laisse aller à jouer le dieu. Il oublie de laisser au peuple ces dehors de liberté auxquels le peuple tient souvent plus qu'à la liberté même. Il se joue avec les consulats et les prétures, laisse pendant toute la guerre d'Espagne Rome sans magistrats, créé des consuls pour plusieurs années d'avance, quitte le consulat et met à sa place qui il veut, nomme un consul pour dix-sept heures, donne des charges à ses esclaves, se rit des auspices [2], ne garde même pas la lettre de la loi, si facile et si accommodante : il oublie qu'il faut à la révolte bien plutôt des prétextes que des raisons.

1. La Bruyère, X.
2. Cic., *Fam.*, VII, 30, 31, et *Philipp.*, II. Suet., *in Cæs.*, 76 et suiv.

Un tribun refuse de se lever sur son passage : « Tribun, lui dit-il, viens-tu me redemander la république ? » et il ne donne plus un ordre sans ajouter ironiquement : « Si Pontius Aquila le permet. » Le sénat vient à lui, chargé de décrets honorifiques : César ne se lève même pas devant le sénat. Il dit tout haut : « La république n'est rien ; c'est un nom, une ombre sans corps ; Sylla n'a été qu'un sot quand il a abdiqué : je veux qu'on me parle désormais avec plus de réserve et que mes paroles soient des lois. » Le peuple dit que César ira plus loin encore, que Rome cessera d'être la capitale du monde, que l'empire sera transféré à Ilion, à Alexandrie ; que l'Italie, épuisée par des levées d'hommes, sera abandonnée à la dangereuse tutelle des amis de César. Une loi est prête, on l'a lue, Helvius Cinna l'a dans sa poche : elle autorisera César à épouser telles et autant de femmes qu'il voudra pour donner des rejetons à sa dynastie [1].

Tant de fatigues souffertes, tant de périls bravés, tant d'efforts, de volonté et d'intelligence ont-ils épuisé César ? Les débauches de sa jeunesse, l'épilepsie dont il craint sans cesse le retour, et qui fut aussi la maladie de son successeur Caligula, lui ont-elles préparé une précoce décadence ? Le vertige de l'empire, qui eut une prise si facile sur les faibles cerveaux des Caligula et des Néron, l'étourdissement d'un tel pouvoir joint à un tel danger, a-t-il pu obscurcir la vue de César et jeter un nuage sur sa pensée ? César sent-il l'affaiblissement de son génie ? — Une tristesse mélancolique, signe de la décadence de son âme comme de l'affaissement de son corps, le rend indifférent à la vie : « Sa mort, dit-il, après tout, est à redouter non pour lui,

---

1. *V.* Suétone et Plutarque, confirmés par le césarien Nicolas de Damas. César, dit-il, s'estimait déjà plus qu'un simple mortel. *In Cæs.*, 19, 20.

mais pour la république; en fait de gloire et de puissance ses désirs ont été comblés; mais la république, après lui, ne doit attendre que des calamités sans fin et une guerre civile pire que la première[1]. » Malgré les prières de ses amis, il a renvoyé sa garde espagnole : « il aime mieux succomber une fois que craindre toujours. » On le prémunit contre Antoine et Dolabella : « Je ne redoute pas ces faces réjouies; ce sont les visages pâles qu'il faut craindre. » Mais lui parle-t-on du pâle Brutus : « Croyez-vous, dit-il en regardant son corps affaibli, que Brutus n'ait pas la patience d'attendre que ces pauvres restes aient fait leur temps ? »

La seule pensée de la guerre pourrait l'aider à vivre; dans les camps sa santé a toujours été plus forte. Il sait d'ailleurs quelles espérances tiennent le monde en suspens; il sait que l'Orient est dans l'attente d'un conquérant et d'un maître; les traditions de tout l'univers, les oracles de la sibylle, les prophéties du judaïsme s'unissent pour annoncer aux hommes que l'heure est venue. Le monde ne demande pas mieux que d'appliquer au dieu César ces prophéties qu'il appliquera plus tard à Auguste, à Néron, à Vespasien, à tous les tyrans plutôt qu'au Fils de l'homme qui, « doux et humble de cœur, ne brisa pas le roseau cassé et n'éteignit pas la mèche encore fumante. » Porter la guerre en Asie, soumettre en passant les Daces qui infestent la Thrace et le Pont, dominer le Pont-Euxin et le Bosphore cimmérien (mer Noire et mer d'Azof), venger sur les Parthes la défaite de Crassus, conquérir l'Inde, revenir par le Caucase et la Scythie jusque dans la Germanie et la Gaule, toucher par tous les points cette mystérieuse limite

---

[1]. Suet., *in Cæs.*, 86.

du monde, ce fleuve Océan chanté par Homère; être le héros que le monde attend, ouvrir « cette grande année à l'approche de laquelle, comme dira le poëte, se réjouissent et le ciel et la terre, et l'Océan et l'univers entier ébranlé sur son axe éternel : » — telle est la pensée de César.

Mais c'est un roi que l'Orient appelle! L'oracle universel demande un roi[1], et cet oracle n'est pas un caprice de la pythie, ni une facile interpolation de quelque pontife romain. César eut-il cette pensée? voulut-il satisfaire la croyance des peuples? ou bien trouva-t-il que c'était quelque chose de désirable par soi-même que ce titre de roi; titre vulgaire prodigué par les clients à leur patron; réservé dans Rome à un obscur personnage, le roi des sacrifices, que, sa besogne faite, on chassait immédiatement du Forum; titre odieux et plein de dangers, si bien que Caligula lui-même, au milieu d'une orgie, eut le bon sens de n'en pas vouloir?

Quoi qu'il en soit, César a cette faiblesse; il veut être roi (710); et il a de funestes amis pour le seconder. Tout prend déjà les formes des royautés de l'Orient. Voyez Antoine, consul et prêtre de César, marcher à côté de la litière impériale, la tête humblement avancée dans la portière et sollicitant les ordres du maître! Antoine fait crier sur le passage de César : *Vive le roi!* Le peuple se tait; César est obligé de répondre « qu'il est César et non pas roi. » Aux Lupercales, folle fête où les jeunes gens courent nus par la ville, Antoine, nu comme eux, se fait soulever par leurs mains jusqu'à la hauteur des rostres, où César est assis, lui offre la bandelette royale; un gémissement de la foule avertit César de refuser : Antoine recommence, Antoine se

---

1. Suet., *in Cæs.*, 79.

prosterne, le peuple murmure encore; César n'ose accepter le diadème, le renvoie à Jupiter, et néanmoins fait exiler deux tribuns qui ont arraché les bandelettes mises à sa statue [1].

Le peuple romain, qui prenait son parti de tout le reste, ne se résignera pas à l'idée de voir cette demi-aune de ruban autour du front de César. Les deux tribuns exilés ont un grand nombre de voix pour le consulat qu'ils ne demandent même pas. Un consul, que César a nommé contre les règles du droit, veut au théâtre se faire faire place par son licteur; on lui crie : « Tu n'es pas consul ! » Et, sous la statue de l'ancien Brutus, on trouve écrit ces mots : « Si tu vivais aujourd'hui ! »

Ce ne fut donc pas le caprice d'un fou ni la monomanie d'un scélérat qui tua César. Ceux qui lui donnèrent la mort s'étaient résignés à sa dictature; mais ils se révoltèrent à la pensée de sa royauté, et d'une royauté insolente comme celles de l'Orient. Marcus Brutus, ami personnel de César comme il avait été l'ennemi personnel de Pompée, mais qui par devoir avait combattu César et soutenu Pompée, Brutus devait juger la république impossible; mais Brutus le stoïcien, le gendre et le neveu de Caton, pouvait bien n'accorder à César qu'une certaine limite de tyrannie. Des compagnons d'armes de César, D. Brutus, Trébonius, Casca, plus de soixante sénateurs ou chevaliers, en tout « plus de quatre-vingts conjurés, grands ou petits, bourgeois ou soldats, amis ou ennemis » [2], ne se réunirent point pour aller renverser en étourdis le même pouvoir de qui ils avaient obtenu grâce ou récompense. Cette entreprise, louable

---

1. Cic., *Philipp.*, II, 34. Suet., *in Cæs.*, 79. Plutarque, Nicolas de Damas, 20, 21. Le récit de cet écrivain n'infirme pas la pensée qu'Antoine agissait de complicité avec César. — 2. Nicolas de Damas, 19.

selon la morale antique, fut conduite avec gravité : ce fut comme un jugement de l'ancienne république rendu contre César. Brutus fit décider qu'on ne toucherait à personne autre que le dictateur : et, quoique le secret ne fût pas juré, nul ne le trahit, pas même l'ivrogne Cimber ; la seule Porcia, fille de Caton, le pénétra au prix de son sang.

Mais, comme s'il y avait toujours dans l'air quelques pressentiments d'une grande catastrophe, les avertissements arrivèrent en foule à César, comme à Henri IV. Le devin Spurinna le suppliait de prendre garde aux ides de mars (15 mars). Des chevaux, qu'après son passage du Rubicon, il avait consacrés aux dieux et abandonnés dans les pâturages, refusaient, disait-on, la nourriture et pleuraient en abondance. La nuit qui précéda les ides, Calpurnie rêva que le toit de sa maison s'écroulait, qu'elle tenait entre ses bras son mari sanglant ; et aussitôt toutes les portes de la chambre s'ouvrirent d'elles-mêmes. Le matin de ce jour, les entrailles de la victime étaient défavorables et annonçaient un vengeur (τινὰ ἀλάστορα) ; aussi l'on sollicitait César de céder à la voix des dieux et de ne pas venir au sénat. Déjà malade, il hésita longtemps, ne se laissa décider que par D. Brutus, et se mit en chemin vers la cinquième heure seulement (onze heures du matin), pendant qu'un esclave, après avoir inutilement tâché de l'aborder, venait se remettre entre les mains de Calpurnie, pour révéler, disait-il, des secrets importants à César. Il y a plus, et le dictateur entra au sénat, tenant avec d'autres papiers le billet encore cacheté où le rhéteur Artémidore lui donnait le détail de la conjuration [1].

---

1. Suet., 81. *in Cæs.*, Nicolas de Damas, 24.

Or il était temps pour les conjurés d'agir; car le sénat était assemblé ce jour-là même pour autoriser César à porter le titre de roi, hors de l'Italie. Ils tuèrent César, dit Suétone, pour ne pas être obligés de voter ce décret. Tout fut grave et calme dans leur action. Cassius, avec un grand nombre d'entre eux, était au Capitole, faisant prendre la toge virile à son fils. D'autres tenaient leur audience comme magistrats; à un plaideur qui en appelait à César, Brutus répondait : « César ne m'empêchera pas de faire observer les lois. » On lui annonça que Porcia, dévorée d'inquiétudes, était évanouie et comme mourante; il fut troublé, mais ne se retira pas. A l'heure du sénat, les conjurés y vinrent, le poignard sous la toge, en silence, s'interrogeant du regard; il y eut parmi eux un mouvement de terreur muette quand un sénateur, qui paraissait avoir deviné le complot, s'approcha de César, lui parla bas et longtemps; Cassius cherchait son poignard pour se tuer : Brutus examina la physionomie des deux interlocuteurs, et, sans mot dire, promena sur ses complices un regard tranquille qui les rassura. Le sang-froid de ces meurtriers ressemblerait à la paix d'une bonne conscience, s'il n'y avait pas toujours en l'homme une voix intérieure pour condamner le meurtre, même quand les lois et l'opinion le permettent.

On sait assez comment fut porté le coup. Les conjurés environnèrent César, le pressant et lui baisant les mains, sous prétexte de lui demander une grâce. Comme il la refusait, Cimber lui releva sa toge pour lui prendre les mains et la tête, et, à ce signal, comme César s'écriait : « Mais c'est une violence ! » Casca frappa le premier, mais en tremblant. César, malgré une blessure dans la poitrine, se débattait comme un lion parmi les épieux des chasseurs, et porta un coup de stylet à Cassius; dans leur acharnement, les conjurés se blessèrent les uns les autres. Mais quand César vit Brutus : « Et tu es aussi du nombre! toi, mon fils! » (Καὶ σύ εἶ ἐκείνων, καὶ σύ τέκνον!) lui dit-il en grec; puis il s'enveloppa la tête, ramena sa toge sur ses jambes pour tomber avec décence, et demeura percé de vingt-trois coups au pied de la statue de Pompée [1].

Mais il est dit que les crimes seront toujours inutiles, et cette entreprise, si sérieusement conduite, ne pouvait avoir pour la liberté de résultat sérieux. Ce n'était pas César qu'il eût fallu tuer, c'était la république et l'esprit de la république qu'il eût fallu faire revivre. César n'avait fait que prendre la dictature des mains d'un autre et l'exercer plus franchement. La république ne pouvait plus être qu'une perpétuelle et changeante dictature, pire que la monarchie [2].

Aussi le premier sentiment fut-il celui d'un grand vide et d'une consternation générale. Quand le coup fut fait, Brutus voulut haranguer ce sénat qu'il venait de rétablir dans ses droits; le sénat s'était enfui avec des cris de ter-

1. *V.* Suet., *in Cœs.* 82; Plutarque, Appien, Dion. Nicolas de Damas (24) dit 35 blessures. César fut tué dans la curie, et près du théâtre de Pompée, vers l'emplacement du palais actuel de la chancellerie, où le comte Rossi périt, en 1848, assassiné pour une plus glorieuse cause. La statue de Pompée, qui est au palais Spada et qui paraît être celle au pied de laquelle César tomba, a été trouvée en 1553 près du palais de la chancellerie. *V.* aussi Cic., *Philipp.*, II, 35.

2. Sénèque le dit très-bien : « Brutus se trompa quand il crut la liberté possible là où la servitude, comme le despotisme, avait de si grandes récompenses à attendre; quand il crut possible la restauration de l'ancienne Rome, là où les anciennes mœurs étaient perdues; quand il crut possible l'égalité des droits et le respect pour l'ordre légal, après avoir vu tant de milliers d'hommes combattre pour savoir, non s'ils auraient un maître, mais qui serait le maître. Combien méconnaissait-il et son pays et la nature humaine, s'il pensait qu'après la mort d'un tyran il ne s'en trouverait pas un autre prêt à lui succéder! » (*De beneficiis*, II, 20.)

reur. Il voulut parler au peuple; le peuple, qu'il avait rendu libre, s'éloignait sur son passage. Chacun ne pensait qu'à sa sûreté; Lépidus, maître de la cavalerie, se cachait; Antoine allait prendre une légion de César et la conduisait au Champ de Mars. Chacun fortifiait sa maison, se fournissait d'armes; des gladiateurs sortaient armés du théâtre, pillaient le marché, tuaient dans les rues. Les conjurés, effrayés de la liberté dont ils étaient les auteurs, traversaient Rome deux à deux, tenant leurs poignards à la main, portant devant eux le bonnet de l'affranchissement, tâchant de calmer le peuple qu'ils venaient de faire souverain, et, sous une escorte de gladiateurs préparée à l'avance, ils allaient se mettre au Capitole en défense contre ce souverain. Le pouvoir manquait sans que la liberté fût revenue; et si quelqu'un avait puissance dans Rome, c'était ce pauvre corps sanglant et criblé de coups, qu'au premier moment de terreur, sénateurs et conjurés avaient laissé seul dans la curie, et que maintenant trois esclaves emportaient, les bras pendants hors de la litière.

Le peuple était douteux, les chances d'un combat incertaines pour tous. Les amis de César négociaient avec ses meurtriers; Antoine soupait chez Cassius. Mais restait une grande difficulté, le corps de César: allait-on l'ensevelir avec honneur? allait-on le jeter dans le Tibre?

Brutus se montra généreux, permit les funérailles. César fut donc porté à la tribune, exposé sur un lit d'ivoire et d'or, avec un trophée que surmontait la toge sanglante. La foule allait au Champ de Mars porter des offrandes à son bûcher, si nombreuse qu'on la dispensa d'y aller en ordre, selon l'usage; le jour n'y eût pas suffi.

Les funérailles une fois permises, l'éloge du mort était de droit. Antoine se contenta de lire les décrets du sénat si adulateurs pour César, le serment prêté par tous les sénateurs et entre autres par les conjurés de défendre la personne de César; puis, les esprits s'animant peu à peu, il déploya la toge sanglante, fit apporter une représentation en cire du cadavre, compta au doigt toutes les plaies, parla peu, mais des paroles touchantes, et pleura beaucoup.

Le peuple éclata. Ce peuple, en partie romain par la grâce de César, venait d'applaudir au théâtre les allusions contre les conjurés :

Les ai-je donc sauvés pour qu'ils fussent mes meurtriers[1] ? "

ce peuple avait lu le testament de César, sur lequel étaient portés plusieurs des meurtriers; ce peuple savait le legs que lui faisait César de ses jardins et de 300 sest. par tête. Il eût avec plaisir embrasé Rome pour en faire un bûcher à César. Il parlait de brûler le corps dans le temple de Jupiter au Capitole, ou dans la curie même, théâtre du meurtre; quand deux hommes, la javeline en main, s'approchèrent du lit funèbre et y mirent le feu. Bancs des sénateurs, comptoirs des marchands, armes et bracelets d'honneur des vétérans, habits de fête des musiciens, parures des matrones, bulles d'or des enfants, tout fut jeté dans les flammes; les maisons voisines coururent grand risque; et quand le peuple armé de tisons vint attaquer celles des conjurés, ils ne se défendirent qu'avec peine.

C'en était fait de leur cause : César mort les avait vaincus. L'univers pleurait César; les étrangers de toute nation venaient tour à tour faire entendre auprès de ses cendres

---

1.   Men' men' servâsse ut essent qui me perderent !
(Paucuvius, dans le *Jugement des armes.* Suét., *in Cœs.*, 84. V. aussi Cic., *Philipp*, II, 36.)

leurs lamentations sur le mort; les Juifs, qui cherchaient déjà le Messie et avaient peut-être cru le trouver en César, passaient les nuits près de son bûcher. César fut dieu : autour d'une colonne élevée *Au père de la patrie*, s'offrirent des sacrifices, se firent les serments; ses dévots qui y venaient formèrent presque un parti, et un imposteur, qui se donnait pour petit-fils de Marius et cousin de César, en fut le chef. Une comète que l'on vit au ciel fut l'âme de César reçue dans l'Olympe.

Que laissait donc César après lui pour être si grand ? Avait-il guéri quelqu'une des plaies du monde ? avait-il seulement pensé à guérir la plaie capitale, l'esclavage ? Non, sans doute, et le monde ne pleurait en lui qu'une espérance, et une espérance qui ne se fût pas accomplie. Chose étrange, le pâle Octave fit plus que le brillant César n'avait su faire : Octave, ce terne et cauteleux personnage, tout souillé du sang des proscrits, dompta pour jamais l'esprit républicain, fonda l'empire sur les institutions qui le firent vivre trois siècles, concilia, pour un temps du moins, les intérêts en lutte dans l'État, maintint l'équilibre du monde, lui rendit une certaine force morale, sut, avec une puissance au moins égale à celle de César, résister mieux au vertige du pouvoir, et suspendit pendant un demi-siècle le fatal entraînement des choses vers la domination inhumaine des empereurs.

Mais César était grand comme instrument de la Providence à une époque où la Providence allait se rendre visible au monde. César, qui ne se posait pas en sauveur, fut salué comme tel, parce que les peuples attendaient un sauveur[1]. César eut la mission de préparer matériellement

---

1. Une inscription, gravée au nom des villes de l'Asie, appelle César

les voies au christianisme (car l'histoire chrétienne et l'histoire profane de ce siècle, qui semblent s'ignorer l'une l'autre, se touchent cependant par tous les points). Non-seulement l'élargissement de la cité romaine, le droit de citoyen donné à des villes, à des peuples entiers ; mais surtout ces vastes guerres qu'il mena sur tous les points du monde civilisé, ces populations armées qu'il fit voyager de la Germanie en Afrique et des Gaules en Syrie, avec une célérité jusque-là sans exemple ; tout cela aida les rivalités à s'effacer, les peuples à se connaître, le monde à s'unir. La guerre, ce grand moyen de rapprochement entre les hommes, se fit rarement sur un plus vaste théâtre : dans ses dix ans de guerre au delà des Alpes, César avait rapproché de Rome la Gaule, la Germanie, la Bretagne, des peuples et des contrées dont Rome ignorait même l'existence : dans ses cinq ans de guerre civile, il mena avec lui la Germanie et la Gaule en Italie, en Égypte, en Espagne, au pied du Caucase, dans Athènes, Alexandrie, Carthage et Jérusalem. Peu d'hommes ont plus cheminé les armes à la main.

Ainsi, pour parler avec Bossuet, « le commerce de tant de peuples divers, autrefois étrangers les uns aux autres et réunis sous la domination romaine, a été un des grands moyens dont la Providence se soit servie pour donner cours à l'Évangile [1]. » Mais il faut comprendre que cette unité du monde romain n'était pas l'union des intelligences : les croyances se mêlaient, mais ne s'unissaient pas ; dans l'ordre moral, au lieu de l'unité, c'était le chaos. La

---

Dieu manifesté et commun sauveur du genre humain. ΘΕΟΝ ΕΠΙΦΑΝΗ ΚΑΙ ΚΟΙΝΟΝ ΤΟΥ ΑΝΘΡΩΠΙΝΟΥ ΒΙΟΥ ΣΩΤΗΡΑ. (Inscription d'Éphèse, Pococke. *Inscript. ant.*, 8.)

1. *Disc. sur l'hist. univ.*, III, 1.

tâche morale et intellectuelle du christianisme restait donc tout entière; le chemin lui était plus ouvert, non la victoire plus facile; l'unité romaine était pour lui un moyen de publicité, non de persuasion et de triomphe, il ne triompha que par un miracle. Et quand il eut triomphé; à l'encontre de cette unité romaine tout extérieure et toute matérielle qui n'excluait, disait-on, que les esclaves et les barbares [1], mais enfin les excluait, s'éleva l'unité chrétienne, cette unité des cœurs et des intelligences, dans laquelle il n'y a ni esclave, ni homme libre, ni Grec, ni barbare, mais tous et le Christ en tous [2].

1. Urbs... in quâ soli barbari et servi peregrinantur. (Sidonius Apollinaris.)
2. Novum hominem... ubi non est gentilis et Judæus, circumcisio et præputium, barbarus et Scytha, servus et liber, sed omnia et in omnibus Christus. (*Coloss.*, III, 11.)

AUGUSTE

§ Ier. — *Cæsar Octavianus.* — ÉTABLISSEMENT DE LA MONARCHIE.

Ce que nous allons faire maintenant, c'est moins de l'histoire que de la miniature historique, de la physiologie humaine. Nous voudrions savoir quelle sorte d'homme c'était qu'un Tibère, un Domitien, noms répétés tant de fois, et qui apportent à nos esprits des idées si complexes, si peu lucides. Nous voudrions faire comme le philosophe Apollonius qui vint d'Asie pour voir Néron et pour apprendre « quelle sorte de bête c'était qu'un tyran. »

Un homme, quelquefois un enfant, doué tout uniment du pouvoir de vie et de mort sur cent ou cent vingt millions d'âmes intelligentes, sur toutes les rives du bassin de la Méditerranée (cet admirable et éternel théâtre de la civilisation et de l'histoire), sur l'univers policé, en un mot ; cet homme, fou furieux et sanguinaire, faisant tomber les têtes au hasard, massacrant par partie de plaisir ; — et cet homme supporté, honoré, adoré par tout ce qu'il y avait au monde d'orgueil, d'intelligence, d'énergie ; — et cet homme, quand au bout de quinze ans un proscrit plus heureux avait frappé au lieu de mourir et prévenu le message du licteur par un coup de poignard, remplacé à sa mort par un homme tout pareil ; — et l'ordre social de cette époque fondé sur l'inexplicable délire du souverain et l'inexplicable patience de ses cent vingt millions de sujets : voilà le problème qu'on nous propose, sans y songer beaucoup, quand on nous raconte cette histoire au collége.

Il y a une raison à tout cela : chercher cette raison pourrait être un des objets de notre travail ; poser le problème est déjà quelque chose d'assez curieux ; descendre dans le cœur de ces hommes si puissants par les circonstances, si faibles par la pensée, si démesurés par le crime ; examiner ce qui se passait là ; faire la phrénologie de ces têtes historiques ; déterminer quel était le mobile, la passion, la constitution d'un Caligula ; faire enfin une place dans la nature humaine à ces idiosyncrasies si étranges : c'est pour la science, ce nous semble, un assez curieux travail. Nous ne voulons pas faire autre chose.

César est si grand, son époque si importante dans l'histoire du monde, que prononcer seulement son nom, c'était faire de l'histoire. Nos études biographiques commenceront à Auguste.

Celui-là ne semblait pas né pour être un grand personnage. Quand on vint lui dire, à Apollonie en Épire, où il faisait sa rhétorique, que César, son grand oncle et son père adoptif venait de mourir et l'avait fait son héritier, il dut avoir un peu peur. Il faut dire de quoi se composait la succession de César : c'était d'abord une vengeance à poursuivre ; si elle ne s'accomplissait pas, la proscription ; si elle réussissait, le pouvoir ; de toute manière, une guerre à soutenir, des légions à payer, des amis onéreux de tout genre à garder à son service ; mille priviléges de toute espèce à conserver en dépit du sénat au profit de ceux qui les tenaient ou du testament de César, ou des testaments supposés par Antoine; des legs immenses à solder au peuple romain. Telle était cette succession qu'il fallait accepter ou refuser; les guerres civiles ne souffraient pas de bénéfice d'inventaire, et les premiers agents que le jeune Octave devait se procurer pour réclamer ses droits d'héritier, c'étaient des soldats.

Les légions, les vieux soldats de César virent donc venir à leur front de bataille un pauvre jeune homme blême, boiteux, tout tremblant. Il avait peur du tonnerre, croyait aux songes et aux présages; il ne parlait en public qu'après avoir appris son discours par cœur; il craignait le froid et le chaud, ne sortait que la tête couverte, ne voyageait qu'en litière. Faute de santé, il n'avait fait aucune des campagnes de César. L'aristocratie se moquait de sa roture. Il était cependant d'une grande famille du bourg de Velletri, et son père, le premier de sa race, était venu s'établir à Rome. Mais son grand-père, disait-on, avait été banquier (lisez usurier). « Ta mère t'a couvert de farine[1], » lui disait cette gentilhommerie romaine qui le prétendait petit-fils d'un meunier. Ce n'était donc ni la naissance, ni le courage, ni l'activité, ni le génie, ni l'humanité de César (Octave, en un jour, fit périr trois cents chevaliers ou sénateurs) : c'était tout autre chose, et il fallait autre chose.

Les grands hommes commencent une guerre civile, un habile homme la finit. Il n'est guère donné de l'achever à celui qui y a pris une part trop active. Henri IV, s'il eût été zélé protestant, n'eût pu en finir avec la Ligue, avec laquelle il ne fit que transiger. Bien prit à Bonaparte de

---

1. Materna tibi farina. (Suet., *in Augusto*, 4.)

n'avoir été en 92 qu'un petit lieutenant d'artillerie ; autrement, qu'aurait pu être, au 18 brumaire, le royaliste ou le patriote de 92, homme déjà classé, déjà usé, jeté au rebut avec tout son parti? Entre la position de tous ces hommes, Octave, Henri IV, Napoléon, il y a une analogie qui me frappe : c'est qu'aucun d'eux n'avait pris parti irrévocablement pour personne. Celui-là, chef des protestants, était allé à la messe après la Saint-Barthélemy; celui-ci n'avait pas traité Antoine, l'ami de César, mieux que Brutus, meurtrier de César; cet autre avait fusillé des royalistes dans la rue Saint-Honoré, et sauvé des émigrés en Italie, comme Henri IV, assiégeant Paris, faisait, dans son humanité et dans sa politique, passer des vivres aux Parisiens; un autre, soldat républicain de 92, venait de conquérir un titre de cour sous les Bourbons. C'est à ces hommes-là, hommes de politique ambiguë, mais habile, hommes sans parti et qui se trouvent être du parti de tout le monde, qu'il appartient de venir, quand on est las, quand on est dégoûté, quand les partis sont tombés en discrédit auprès des masses, apporter ce grand bien, alors apprécié, la paix. Quand la Ligue toucha à sa fin, il s'établit entre les protestants et les catholiques, ou pour mieux dire, entre les royalistes et les ligueurs, un tiers parti, celui des politiques, c'est-à-dire des gens qui mettaient de côté la grande question de la guerre civile, la question religieuse. Ainsi se résolvent les grandes questions politiques, on les met de côté. Ce parti-là, qui fit à Paris la *Satire Ménippée*, fit à Rome les Géorgiques de Virgile et les Satires d'Horace.

Je ne serai pas long dans le récit de ces dernières guerres civiles. Il n'y avait plus que des querelles d'homme à homme : mais à l'intérêt de l'histoire succède l'intérêt du drame ; l'histoire romaine n'est nulle part aussi romanesque. Un des grands historiens de cette époque est Shakspeare ; Horace et Virgile peuvent servir à le compléter.

Antoine régnait à Rome. Chose étrange! c'était l'Afrique, la Syrie et la Macédoine qui soutenaient le parti romain; en Italie, il n'était représenté que par Cicéron et quelques vieux sénateurs. Antoine régnait, non comme consul ni comme chef de parti, mais comme exécuteur testamentaire de César. Il donnait des charges, nommait des sénateurs, faisait des rois (on acheta de lui une royauté pour une lettre de change de 100,000 sest.), il dominait comme une bacchante tout ce peuple qui voulait être dominé : tout cela en vertu du testament de César; toute puissance au monde devait désormais porter le nom de César. Le testament de César était infini, on découvrait de nouveaux codiciles chaque jour; on affichait chaque jour de nouveaux décrets au Capitole; les diplômes posthumes du grand homme se vendaient à beaux deniers comptants dans le gynécée de Fulvie, et passaient de là dans le commerce [1].

Le courage d'Octave était cette résolution froide, qui ne se jette pas dans le danger sans en calculer toutes les chances. L'enfant de vingt ans, qui, malgré les larmes de sa mère, prenait le redoutable nom de César, vendait tous ses biens, et jetait dès l'abord son va-tout dans cette périlleuse entreprise, n'eut qu'à réfléchir un moment et prit bien vite parti contre Antoine qu'il faillit même faire assassiner. Il avait acheté une armée en allant de ville en ville, l'argent à la main et la harangue à la bouche, recruter à 500 deniers (558 fr.) par tête les colons, vieux soldats de

---

1. Cic., *Philipp.*, 11, 14, 16, 17, 36, 39, 40, 42.

César[1] (711); cette armée il la mit au service du sénat, humble citoyen, patriote dévoué, refusant les faisceaux, appelant Cicéron son père, prêt à pardonner, semblait-il, aux meurtriers de César. Le sénat l'applaudit, le fêta, le chargea de fleurs de rhétorique, mais compta bien le jouer. Cicéron, en l'embrassant et en se donnant l'air de le protéger, disait : C'est un enfant qu'il faut élever pour s'en défaire : *ornandum puerum, tollendum*. Je ne puis bien rendre le calembour du grand orateur.

Mais ce fut cet enfant qui joua les vieilles têtes du sénat. A la première bataille, Antoine est vaincu ; mais les deux consuls tués, si heureusement pour Octave, qu'on le soupçonna d'avoir dirigé le fer ennemi. Le sénat, débarrassé d'Antoine, croit n'avoir plus besoin d'Octave, ne tient compte ni de lui ni des promesses qui lui ont été faites. Octave alors se réconcilie avec Antoine qui fuyait à travers les Alpes, appelle Lépidus qui tenait la Gaule, rallie tout le parti césarien et militaire, passe le Rubicon, et vient sur Rome. Le sénat effrayé demande pardon, accorde ce qu'il refusait. — Mais deux légions lui arrivent ; il se ravise, reprend ses concessions, fait fortifier Rome. — Octave serre Rome de plus près ; terreur nouvelle ! Le sénat tremble et court au-devant de lui. — Cependant le bruit court que deux légions désertent Octave ; sur la foi de ce commérage, le sénat se rassemble encore, s'enthousiasme, parle république et liberté, Ciceron harangue. — Mais la nuit vient, on réfléchit ; le bruit est douteux ; le sénat se disperse, honteux de son courage, et Cicéron se fait vite emporter dans sa litière.

---

1. *V.* Nicolas de Damas, 30; Dion Cassius, XLV; Cic., *ad Attic.*, XVI; Suet., *in Aug.*, 10. Sur la tentative d'assassinat contre Antoine, *V.* de plus Cic., *Fam.*, XII, 23; Senec., *de Clem.*, I, 9; Vell. Paterc., II, 60.

L'alliance fut alors scellée entre Octave, Antoine et Lépidus ; leurs soldats mêmes y aidèrent, et ordonnèrent un mariage entre Octave et une belle-fille d'Antoine, fiancée à un autre. Ainsi les soldats disposaient des familles ; c'était bien peu de chose, il est vrai, qu'une jeune fille et un mariage : on se débarrassait si vite de l'un et de l'autre !

La première conférence des triumvirs eut lieu dans une île du Réno près de Bologne. Deux ponts furent construits pour y arriver. Antoine par la rive gauche, Octave par la rive droite, s'y rendirent, chacun avec cinq légions qu'il laissa à quelque distance ; trois cents hommes gardèrent de part et d'autre la tête du pont. Lépidus visita l'île avant de leur donner le signal d'entrer. Antoine et Octave se fouillèrent réciproquement. Jugez des agréables rapports qui existaient entre ces honorables amis.

Trois jours se passèrent à dresser une liste de proscrits. Chacun fournissait à cette liste un de ses amis et recevait un de ses ennemis en échange ; Antoine céda la tête de son neveu, Lépidus celle de son frère. Octave, après avoir résisté trois jours, consentit à la mort de Cicéron. Voyez cette scène, admirable dans Shakspeare.

En entrant à Rome, ils proclamèrent qu'ils n'imiteraient ni la cruauté de Sylla, ni l'imprudente clémence de César ; que la richesse ne serait pas un crime, qu'ils ne tueraient même pas tous leurs ennemis, qu'ils proscriraient un petit nombre seulement des plus méchants ; mais qu'enfin il fallait un peu de sang pour satisfaire le soldat. Suivait la défense ordinaire de sauver les proscrits, la récompense aux meurtriers, et la promesse qu'on n'inscrirait pas leurs noms, précaution contre les révolutions futures.

Cette proscription fut de toutes la plus abominable. Comme cela s'est toujours fait depuis le galant Sylla jusqu'à l'incorruptible Robespierre, toutes les haines, toutes les vengeances privées, vinrent à la curée. Mais ce que cette proscription eut de pire, c'est que les passions politiques qui lui servaient de prétexte étaient à leur période de refroidissement.

Quoi qu'en eussent dit les triumvirs, il s'agissait d'argent par-dessus tout : un homme fut tué pour une opale, Verrès pour des vases de bronze, reste de son butin en Sicile. Il fallait de l'argent aux triumvirs, de l'argent aux soldats : Antoine qui, aux ides de Mars, s'était fait livrer par la veuve de César 4,000 talents (26 à 27 millions de fr.) laissés par le dictateur; Antoine, qui, selon Cicéron, avait payé, des ides de mars au mois d'avril, 40 millions de sest. de dettes; qui, au jugement du sénat, avait gaspillé du trésor public 700 millions de sest. (195,620,000 fr.)[1], Antoine avait toujours besoin d'argent. Les proscriptions finies, les triumvirs déclarèrent qu'il leur fallait encore 800 millions. On peut le comprendre quand on voit un soldat demander sans façon qu'Octave lui abandonne la succession de sa propre mère.

On compte[2] que trois cents sénateurs, deux mille chevaliers périrent. Les détails de la mort de Cicéron sont partout; elle fut noble, touchante et relève sa vie : il défendit à ses esclaves de s'armer pour lui, tendit la tête hors de sa litière et mourut sans phrase[3]. Fulvie fit exposer cette tête sur les rostres et perça la langue d'une aiguille. Fulvie avait ses proscrits à elle; on apporta un jour une tête à Antoine : « Je ne connais pas cela, dit-il, portez à ma femme » : c'était

1. *V. Cic., Philipp.*, II, 14, 37; V, 4; XII, 5. Plut., *in Anton.* De 707 à 725, j'évalue le sesterce à 28 c. (*V.* M. de La Malle, t. I, p. 450.)
2. Plut., *in Anton.* Appien, Livii *Epitom.*, CXX.
3. Plut., *in Cicer.* Appien, Dion, Velleius, II, 66. Divers fragments et surtout le beau morceau de Tite-Live, cités par Sénèque le père. (*Suasoria*, 6.)

la tête d'un homme qui avait refusé de vendre sa maison à Fulvie. Du reste, Antoine et Lépidus se laissèrent quelquefois fléchir; Octave, qui avait consenti avec plus de regret aux proscriptions, une fois les proscriptions ordonnées, ne fléchit jamais.

Quittons ces horreurs. Un grand nombre de proscrits se sauvèrent : le monde n'était pas encore fermé tout entier à un proscrit. Il y eut chez les femmes, chez les esclaves, de nobles dévouements qui ne se retrouvent plus au temps des empereurs : un fils prit son père proscrit sur ses épaules, l'emporta à travers tout Rome, et le conduisit jusqu'à la mer, à la face des triumvirs, aux applaudissements du peuple. Julie, mère d'Antoine, fut obligée de cacher son frère dans sa maison, se mit en travers de la porte, en disant aux soldats « : Vous commencerez par tuer la mère de votre général; » puis vint, comme coupable du recel d'un proscrit, se dénoncer à son propre fils, qui s'irrita, mais fut obligé de faire grâce.

Brutus et Cassius avaient fait la faute énorme de quitter l'Italie, ignorant qu'une guerre civile s'achève là où elle a commencé. Octave et Antoine, rassasiés de proscriptions, menèrent enfin contre les meurtriers de César leurs légions qui ne trouvaient plus à piller en Italie (712). La question était avant tout : nourrir les soldats.

Plutarque a écrit avec un reste d'enthousiasme républicain la dernière campagne de ces derniers Romains, Brutus et Cassius. Ces élèves des philosophes sous les pas desquels se réveillait un souffle de l'ancienne liberté grecque, à qui Athènes dressait des statues à côté de celles des tyrannicides Harmodius et Aristogiton, étaient autre chose que des niais ou d'obscurs fanatiques. Notre siècle est trop porté à prendre parti contre les vaincus : la vieille Rome devait tomber, mais ne tomba pas sans quelque dignité. Voyez, dans Plutarque, ces derniers entretiens de Brutus et de Cassius, admirablement traduits par Shakspeare, et pleins d'une certaine beauté grave et philosophique. Brutus dans sa défaite put se glorifier de n'avoir été trahi par personne. On vit même un Lucilius, afin de sauver son général, se laisser prendre, se faire passer pour Brutus, demander la mort comme une grâce ; quant il eut été reconnu, Antoine, touché de ce dévouement, embrassa Lucilius, et lui demanda la faveur d'être désormais son ami.

Mais la fatale doctrine du suicide devait hâter leur perte. Brutus, qui avait eu le courage de blâmer la mort de Caton, la veille du combat changea de pensée. Quand lui et Cassius se séparèrent en se disant avec un sourire grave, qu'ils étaient sûrs, sinon de vaincre, au moins de ne pas avoir à redouter le vainqueur, ils ne comprenaient pas combien ils affaiblissaient leur cause : dix ans de combats les avaient lassés, et le suicide était un facile expédient pour se dispenser de lutter jusqu'au bout. Il y eut chez eux, comme chez Caton, une singulière précipitation de mourir : Brutus, pour en finir plus tôt, hâte un combat inégal contre un ennemi qu'il pourrait affamer : Cassius, sur un malentendu commis par un esclave, croit sa cause perdue et se donne la mort. Brutus, une fois vaincu, désespère tout de suite, et se jette sur l'épée de son affranchi, en s'écriant : « Folle vertu ! vaine parole ! je t'ai crue une réalité, tu n'es que l'esclave de la fortune[1] ! » Il semble que l'ombre de César, qui tourmentait les nuits de Brutus, « soit toujours errante autour d'eux, et tourne leurs épées contre leurs propres cœurs[2] ! »

1. Ω τλῆμον ἀρετὴ, λόγος ἄρ'ἦσθ, ἐγὼ δέ σε
Ὡς ἔργον ἤσκουν, σὺ δ'ἄρ ἐδούλευες τύχῃ.
2. O Julius Cæsar ! Thou art mighty yet !

Le monde restait donc à partager entre Antoine et Octave; Lépidus était déjà mis de côté. Il sembla que tout honneur et tout profit dussent être pour Antoine, qui avait déjà toute la gloire du combat de Philippes. La Grèce et l'Orient lui étaient échus, c'est à dire des richesses immenses, une royauté facile, un avenir de conquêtes, une guerre populaire et désirée contre les Parthes. A Octave, au contraire, à ce pâle triomphateur, qui, malade le jour du combat, s'était tenu caché dans sa litière; à cet ennemi froidement cruel, insulté par les prisonniers républicains qui saluaient Antoine avec respect; à Octave, l'Occident pauvre et demi-barbare, l'Italie épuisée, 170,000 vétérans à payer, qui chacun avaient la promesse d'un lot de terre et de 20,000 sest.[1].

Les difficultés le pressaient de toutes parts. L'Italie était inculte, déserte, couverte de tous les *routiers* que lui avaient légués dix ans de guerre civile. Les vétérans, plus nombreux et plus insatiables que jamais, se faisaient à eux-mêmes leur part. Capoue, Bénévent, Crémone, dix-huit des plus belles cités furent traitées en pays conquis. Octave lui-même le déclarait : il n'y avait plus de titre de propriété que celui des vétérans; il fallait que tout patrimoine passât de la toge à l'épée[2]. Octave ne les maîtrisait plus; ils envahissaient de leur chef; si on leur donnait Crémone, ils y ajoutaient Mantoue à cause du voisinage :

> Thy spirit walks abroad and turns our swords
> Into our own proper entrails.
>
> (Shakspeare, *Julius Cæsar*.)

1. Dion. Plut., *in Anton*. Lettre d'Antoine aux peuples d'Asie dans Appien, V.
2. Appien, *Bell. civ.*, IV et V, 13. Dion Cass., XLVII, XLVIII. Suet., *in Aug.*, 13. Velléius, II, 74. Virgile, *Eclog.* I, IX.

Mantua væ, miseræ nimiùm vicina Cremonæ!

L'Italie, si abattue qu'elle fût, se révolta contre cette oppression; des bandes de colons dépouillés affluèrent à Rome; le peuple de Rome s'irrita.

Mais les vétérans de leur côté, au seul bruit d'un adoucissement accordé à l'Italie, se soulèvent, tuent un de leurs centurions et jettent son cadavre sur le chemin d'Octave (713). Dans ce désordre, se révoltent à la fois, sous la conduite de Fulvie, femme d'Antoine, et de L. Antonius son frère, spoliateurs et spoliés, soldats et paysans. Fulvie, l'épée au côté, passe des revues, harangue les troupes, a une cour de sénateurs et de chevaliers, parle de rétablir la république. Une réunion de soldats députés par toutes les légions, s'assemble au Capitole, somme les chefs rivaux de comparaître devant elle; Octave obéit docilement; mais Fulvie refuse et se moque de ce *sénat botté*.

D'un autre côté, Sextus Pompée, échappé aux armes de César, tient la mer. Pirates, proscrits, esclaves fugitifs, tout vient à lui. Il occupe la Sicile et la Sardaigne; il intercepte les convois d'Afrique. J'aime ce hardi flibustier, ce *fils de Neptune*, qui change la pourpre romaine contre les vertes couleurs de l'Océan; homme grossier, au langage barbare, Africain ou Espagnol autant que Romain, ou plutôt citoyen et roi de cette nation de forbans que son père avait cru détruire, et qui, n'ayant plus de patrie, avait pris ses galères pour patrie; au demeurant un des plus honnêtes gens de cette époque, qui, au moment où les triumvirs promettaient 100,000 sesterces par chaque tête de proscrit, affichait dans Rome qu'il en donnait 200,000 pour chaque proscrit sauvé; qui ne concluait pas un traité sans stipuler liberté pour les esclaves et retour pour les proscrits; qui par une trahison aurait pu se rendre maître du monde et ne voulut pas trahir.

Il y eut cependant un moment de paix. La guerre de Pérouse, cette guerre de paysans révoltés, s'était terminée par un flot de sang et par un holocauste de trois cents chevaliers ou sénateurs, immolés aux mânes de César le jour anniversaire des ides de Mars. Fulvie, vaincue, était morte de colère, laissant une lettre à Antoine à moitié effacée par ses larmes. Antoine arrivait en Italie (714) demander avec quelques centaines de vaisseaux des explications à Octave. Mais les soldats, à qui la paix était profitable, ordonnèrent la paix. D'un autre côté, le peuple de Rome, affamé par les flottes de Sextus, se révoltait, se battait trois jours contre les troupes d'Octave, et lui aussi ordonnait la paix entre les triumvirs et Sextus; le peuple avait un faible pour cet aventurier. Bon gré, mal gré, on fut amis : Octave avait déjà épousé une belle-sœur de Sextus; Antoine, sur l'ordre des soldats, dut épouser Octavie, la sœur d'Octave, déjà mariée et que le sénat dispensa de son année de veuvage. Soldats et peuple étaient las de ces interminables guerres. On partagea le monde encore une fois; Antoine garda l'Orient, Octave l'Occident, Sextus eut les îles, l'Achaïe et la mer (715).

L'Orient et son maître devaient s'entendre à merveille. Ce n'est pas qu'Antoine ne fût un rude déprédateur, et que l'Asie ne lui eût payé jusqu'à 200,000 tal. (1,341,000,000 fr.); mais Antoine était si fou, si somptueux, si oriental! Ce nouveau Bacchus, qui avait été reçu aux portes d'Éphèse par toute la population déguisée en bacchantes et en faunes, jouait de si bon cœur son rôle de satrape et de dieu! D'ailleurs, il avait vu Cléopâtre. Cléopâtre était belle, mais non d'une beauté extraordinaire; l'amante de Sextus Pompée et de Jules César n'était plus dans le premier éclat de sa jeunesse. Mais son esprit merveilleux, ses railleries impertinentes, son insolence de courtisane, enchantèrent Antoine ; elle le séduisit en l'humiliant, en se montrant plus prodigue, plus inventive, plus extravagante que lui. On sait son arrivée à Tarse, où Antoine l'avait sommée de venir rendre compte de sa conduite dans la guerre de Philippes ; comment elle apparut sur un vaisseau tout doré aux voiles de pourpre, sous un pavillon en forme de ciel étoilé, au milieu d'Amours et de Néréides, avec un appareil tout à fait digne de Thétis ou de madame de Pompadour ; comment le peuple, à son approche, courut en foule sur le rivage, et laissa Antoine seul sur son tribunal. Antoine fut charmé de cet affront, charmé d'être battu dans sa lutte quotidienne de fêtes et de banquets, charmé de ces festins où Cléopâtre distribuait aux convives les lits de pourpre, la vaisselle, les litières même et les esclaves qui les avaient apportées. Ce fut un bonheur pour lui que d'apprendre le savoir-vivre à l'école de cette Égyptienne, de faire initier sa simplicité italienne aux mystères de *la vie inimitable,* de se laisser envelopper, lui vieux soldat marse, dans les fascinations de ce *serpent du Nil* ; enfin de la suivre à Alexandrie, d'y courir les rues avec elle la nuit en habit d'esclave, cassant les vitres et insultant les passants, souvent injurié, parfois battu ; de mettre de tiers dans la fête les Alexandrins, courtisans spirituels qui faisaient leur cour en jouant des tours d'écolier à leur prince et lui faisaient pêcher dans le Nil un poisson salé.

Pendant ce temps, Octave travaillait patiemment, laborieusement et habilement à pacifier, à soulager, à fortifier l'Occident. Il venait à bout de Sextus Pompée, et savait même se faire aider par Antoine à vaincre ce rival qui, plus tard, aurait été pour Antoine un utile auxiliaire. Il rendait la Sicile à l'empire, il purgeait l'Italie des brigands, rétablissait un peu d'ordre dans la confusion des guerres civiles. Il entrait enfin dans les voies d'une politique nouvelle, douce, tempérante et modérée; ne voulait pas de triomphes; laissait seulement écrire au bas de sa statue, *pour avoir rétabli la paix longtemps troublée:* ni conquérant, ni grand pontife, ni même tribun; simple préfet de police, n'usurpant les attributions de personne, parlant toujours du rétablissement prochain de la république; laissant s'accumuler les torts d'Antoine; et, maître du monde à vingt-huit ans, il avait la patience d'attendre (715-721).

Mais enfin (721) la mesure est comblée. Antoine, quoique toujours marié à Octavie, et bien que, dernièrement encore, il ait épousé Minerve et se soit fait payer par les Athéniens mille talents comme dot de leur déesse, Antoine épouse solennellement Cléopâtre. En plein gymnase, à Alexandrie, sur une estrade d'argent, Cléopâtre et lui s'asseyent ensemble sur deux trônes d'or. Cléopâtre, sous le costume d'Isis, est proclamée reine d'Égypte et de Libye, avec son fils Césarion qu'Antoine reconnaît pour fils de César. Les fils d'Antoine et de Cléopâtre sont déclarés *rois des rois*, monarques l'un de la Syrie, l'autre de l'Arménie et du Pont; ils apparaissent, chacun avec le costume de son royaume, entourés d'une garde étrangère. Et Antoine envoie aux consuls à Rome le récit officiel de cette cérémonie, en même temps que la pauvre Octavie, répudiée, reçoit l'ordre de quitter sa maison de Rome, et en sort baignée de pleurs, aux yeux du peuple indigné (722).

Octave avait beau jeu. Il est vrai que, de son côté, il avait épousé et répudié qui il avait voulu. Il avait renvoyé

Scribonia le jour même de ses couches, pour épouser, avec la permission des pontifes, Livie enceinte de six mois : le mari de Livie joua le rôle de père dans ce mariage. Mais en tout cela la dignité romaine n'était pas blessée : Octave n'avait pas épousé une reine; il restait, selon la morale de son temps, digne Romain et même époux fidèle. Antoine, au contraire, ce galant adorateur qui suivait à pied la litière de Cléopâtre, qui échangeait la chaire curule contre le trône et le prétoire contre la tente royale, qui gravait le nom de Cléopâtre sur les boucliers des soldats romains, qui lui promettait l'empire dont il devait transporter le siége à Alexandrie; Antoine, qui prenait le nom d'Osiris comme elle s'était faite Isis, oubliait la majesté romaine autant que la fidélité conjugale [1]. C'était l'Orient avec sa barbarie, disait-on, qui se soulevait contre Rome la victorieuse; c'était le chien Anubis et les dieux monstres de l'Égypte, qui déclaraient la guerre aux dieux romains [2]; c'était Cléopâtre avec le sistre égyptien; c'était l'eunuque Mardion et les coiffeuses de Cléopâtre [3]; traînant après eux

---

1. *V.* les discours d'Octave, selon Dion et Plutarque; et Horace, fidèle écho d'Octave :

> Romanus eheu! (posteri negabitis!)
>   Emancipatus feminæ,
> Fert vallum et arma miles, et spadonibus
>   Servire rugosis potest ;
> Interque signa (turpe !) militaria
>   Sol aspicit conopeum.
> Ad hoc frementes verterunt bis mille equos
>   Galli, canentes Cæsarem. . . .   (*Epod.*, 9.)

2. Omnigenûmque Deûm monstra, et latrator Anubis
    Contrà Neptunum et Venerem, contràque Minervam.
                        (Virgile, *Énéide*, VIII, 698.)

3. C'est ce que disait Auguste. *V.* Plutarque. *V.* aussi l'ode allégorique d'Horace, I, 15.

les peuples de l'Aurore et les armes bigarrées de l'Orient[1], contre lesquels Octave menait l'Italie, le sénat, le peuple, les pénates et les grands dieux [2].

L'Orient et l'Occident se rencontrèrent donc à Actium (2 septembre 723), comme ils s'étaient déjà rencontrés deux fois à Pharsale et à Philippes. Cette dernière journée des guerres civiles fut celle où le plus grand nombre d'hommes combattirent. Octave amenait en Grèce 80,000 fantassins et 12,000 chevaux, il avait 260 vaisseaux dans la mer Ionienne : Antoine, 100,000 fantassins, 12,000 chevaux, 500 vaisseaux, plusieurs rois : le tout sans compter les auxiliaires, c'est-à-dire les soldats non romains.

Mais il restait peu des vieilles troupes de César. A mesure qu'il y avait plus d'hommes dans la guerre civile, il y avait moins de soldats. Le combat ne fut pas long. Cléopâtre était toute prête pour la fuite, et lorsque Antoine la vit, avec les trente vaisseaux chargés de ses trésors, traverser toute la flotte les voiles hautes et gagner le large, il ne songea plus à combattre, passa dans une galère avec deux amis, aborda le vaisseau de Cléopâtre, s'assit à la poupe, tandis qu'elle était à la proue, et demeura, la tête cachée entre ses mains, sur ce navire qui emmenait sa fortune.

1. Hinc ope barbaricâ variisque Antonius armis,
Victor, ab Auroræ populis et littore rubro
Ægyptum, viresque Orientis et ultima secum
Bactra vehit, sequiturque (nefas!) Ægyptia conjux.
. . . .
Regina in mediis patrio vocat agmina sistro.
(Virgile, *Énéide*, VIII, 685 et seq.)

Et toute l'admirable fin de ce morceau.

2. Hinc Augustus agens Italos in prælia Cæsar,
Cum Patribus, populoque, Penatibus, et magnis Dis. (*Ib.*, 678.

Achevons ce roman de la guerre d'Actium, inspiré par Cléopâtre à l'amour d'Antoine, comme déjà César avait eu pour elle son roman de la guerre d'Alexandrie. Antoine arrivait en Égypte triste, silencieux, pensant au suicide; Cléopâtre, au contraire, rentrait à Alexandrie comme en triomphe, avec des guirlandes à ses vaisseaux. Cléopâtre veut le rejeter dans les plaisirs; mais ce ne sera plus *la vie inimitable*, ce sera la société *des inséparables dans la mort;* Cléopâtre essaie des poisons sur des criminels. Mais en même temps, elle députe auprès d'Octave; Antoine offre de se tuer pour sauver la reine; la reine pour se sauver est prête à livrer la vie d'Antoine.

Octave cependant à qui elle a livré Péluse, la clef de l'Égypte, est devant Alexandrie. Antoine, désespéré, donne un dernier repas à ses amis, les dispense de combattre une fois encore avec lui, ne veut plus que ses soldats et ses gladiateurs. Mais au milieu du silence de la nuit, un bruit tumultueux, des chants, des voix de bacchantes se font ouïr; Bacchus, son dieu, Bacchus l'abandonne; ses soldats passent à Octave, et il rentre en criant qu'il est trahi par Cléopâtre.

Cléopâtre, qui le trahissait, n'en demeurait pas moins maîtresse de son âme. Elle se cache, et fait croire qu'elle s'est tuée. Antoine rougit d'être moins courageux qu'elle, et se frappe de son épée. Mais blessé et presque mourant, il apprend qu'elle est vivante, qu'elle est cachée dans un tombeau; l'amour le ressaisit, il se fait porter vers elle. La reine, fermée par des herses et des verrous, n'ose lui ouvrir. Alors, à la vue d'une foule de spectateurs, elle et ses femmes hissent sur des cordes jusqu'auprès d'elle Antoine expirant qui lui tend les bras. Cléopâtre baise sa blessure, lui demande de vivre, l'appelle son maître et son empereur. Antoine meurt, se félicitant encore de n'avoir été vaincu que par un Romain (août 724).

Octave pourtant négociait avec Cléopâtre. Il lui avait même envoyé un de ses affranchis lui persuader qu'il était amoureux d'elle : le prudent Octave calculait que Cléopâtre était riche, et que cette reine de l'Orient ferait un bel effet à son triomphe. Il la savait enfermée dans le tombeau avec tous ses trésors, sur un bûcher d'étoupes et de cinnamome, prête à se donner la mort et à détruire ses richesses. La négociation était délicate. Octave tantôt lui faisait espérer de garder sa couronne, tantôt la faisait craindre pour la vie de ses enfants. Quand il vint la voir, Cléopâtre, pleurant à ses pieds, essaya sur lui ces enchantements qui avaient séduit César; mais le froid Octave ne fut jamais amoureux qu'autant que sa politique en eut besoin[1]. Octave ne voulait que l'amuser jusqu'au moment du départ pour Rome, afin d'assurer aux regards des badauds romains cette magnifique portion de son butin triomphal.

Mais un soldat d'Octave, Dolabella, a vu la reine, s'est épris d'elle, et parvient à lui faire savoir que dans trois jours on l'emmène à Rome. Alors Cléopâtre obtient du vainqueur la permission d'offrir une dernière libation sur le tombeau d'Antoine. Ce devoir accompli, elle écrit à Octave une lettre où elle lui demande d'être ensevelie auprès de son époux; et les envoyés d'Octave, venus trop tard, la trouvent morte, ses deux femmes mourantes auprès d'elle; l'une d'elles arrangeait encore le diadème sur sa tête[2].

---

1. Il s'attachait aux femmes, dit Suétone (*in* Aug., 69), pour avoir les secrets politiques de leurs maris.

2. Pour compléter l'histoire poétique de cette époque, *V.* sur la mort de Cléopâtre l'ode d'Horace :

Nunc est bibendum, etc... (I, 37.)

Octave revint à Rome; trois triomphes l'y attendaient (725). Le sénat, qui vint en corps au-devant de lui, lui apportait avec son serment de fidélité la puissance tribunitienne et même la divinité pour toute sa vie. Octave n'accepta qu'une partie de ces honneurs, demanda à être délivré du fardeau du gouvernement, et tout ce que le sénat put obtenir, c'est qu'il resterait dix ans encore « chargé de mettre en ordre la république ». La révolution, néanmoins, si atténuée qu'il pouvait la faire, était complète, la guerre civile était finie, le temple de Janus venait d'être fermé pour la première fois depuis deux cent six ans[1].

Telle est l'histoire de l'élévation d'Auguste (je lui donne désormais ce surnom de courtoisie que le sénat venait de lui décréter). Mais que trouvait-il dans Rome, devenue son bien par droit de succession et par droit de guerre? Beaucoup de lassitude, beaucoup d'épuisement, aucun principe. César avait succombé en voulant établir quelque chose sur les ruines de l'aristocratie romaine; il avait détruit et n'avait rien fondé. Le peuple adorait son nom, mais ne s'était pas soucié de prendre les armes pour Antoine, le chef du parti extrême chez les Césariens. Le parti contraire, républicain et aristocratique, s'était jeté à la hâte sur son propre glaive, comme Brutus dans les plaines de Philippes. Mais ce qui était effrayant, c'était le désordre de la société : il faut se figurer vingt ans de guerre civile, quinze ans d'une atroce anarchie; il faut songer que, pendant une période de cinquante ans peut-être, rarement un personnage un peu notable mourut dans son lit; il faut se souvenir que chaque homme un peu important remet-

---

1. Suet., *in Aug.*, 32. Dion, 52.

tait à son affranchi de confiance deux meubles nécessaires : un stylet pour écrire ses lettres et un poignard pour lui donner la mort quand l'heure viendrait; il faut se demander ce qui pouvait rester debout après de telles commotions. Le sénat, que César avait mêlé de tous les barbares par lui vaincus, qu'Antoine après César avait flétri à son gré de tous les sénateurs *posthumes* (*orcini* comme on les appelait) dont il lui avait plu de lire les noms dans le testament de César, le sénat était une cohue de plus d'un millier d'hommes, sans dignité et sans loi[1]; Octave n'osait y venir qu'avec une cuirasse sous sa toge, dix sénateurs armés pour sa garde, et faisait fouiller tous ceux qui arrivaient. Les chevaliers, c'est-à-dire ceux qui avaient été jadis l'aristocratie d'argent, avaient au théâtre des places d'honneur qu'ils n'osaient aller prendre, de peur que leurs créanciers ne vinssent les y saisir; leurs quatorze bancs étaient presque déserts. Tout l'ordre des magistratures était confondu; il y eut en un an soixante-sept préteurs, et la questure fut donnée un jour à un enfant encore revêtu de la robe prétexte. Rome était pleine de *bravi;* sur les routes, on arrêtait les voyageurs pour les faire esclaves. Les peuplades indépendantes des Alpes descendaient de leurs montagnes et infestaient le nord de l'Italie. Enfin tout cet empire, pillé, dévasté, mis à sec par tous les partis, demandait de quoi vivre, et tendait à Auguste, non pas des mains suppliantes, comme disent les poëtes, mais bien plutôt des mains mendiantes; les patriciens et les grandes familles lui demandaient de quoi payer leurs robes de pourpre et leur cens de sénateur ou de chevalier; la population oisive et croissante de Rome, du blé pour vivre;

. Deformi et inconditâ turbâ. (Suet., *in Aug.*, 40,

l'Italie dépeuplée, des laboureurs; les provinces, une diminution d'impôt; le monde tout entier était comme un mendiant aux pieds d'un seul homme.

Le fils du banquier de Vellétri était bien mieux placé là que le brillant César. Ces caractères pâles, incertains, équivoques, mais habiles, sont admirables en pareil cas. Octave ne s'appuya ni sur un principe ni sur un parti; il chercha à secourir chacun, sans fâcher personne. Il avait été cruel quand il avait eu à soutenir une lutte violente; la lutte finie, il fut clément; il savait qu'en politique, quoi qu'en aient dit des niais sanguinaires, *ce sont les morts qui reviennent.*

Il était riche, presque seul riche en ce temps; riche du patrimoine de César et du trésor d'Alexandrie, riche de la sagesse avec laquelle il avait su faire économiquement la guerre civile, riche des legs de ses amis, qui, selon la coutume romaine, ne mouraient pas sans lui laisser quelque chose de leur bien[1]. Avec cette fortune bien ménagée, il soulagea tout le monde, paya les legs énormes de César, donna des secours aux grandes familles (faisant ainsi sa pensionnaire de l'aristocratie son ennemie), fit même et par quatre fois différentes l'aumône au trésor public plus pauvre que lui[2], policia et tranquillisa l'Italie, amena du blé d'Égypte, et maître du trésor immense des Ptolémées, au lieu de le garder pour lui, comme eût fait tout autre et même César, il mit dans la circulation cette masse énorme d'or et d'argent; l'intérêt de l'argent diminua des deux

---

1. Dans les vingt dernières années de sa vie, il reçut ainsi, selon Suétone, 4 milliards de sesterces (1,075,000,000 de fr.). Suet., *in Aug.*, cap. ult. Le sesterce, sous Auguste, est évalué à 27 c.

2. Pour la fondation du trésor militaire (Suet., *in Aug.*, 49; Dion Lapis Ancyr, III), il y fit porter 170,000,000 de sest. (45,177,000 fr.)

tiers, et les terres d'Italie doublèrent de valeur[1]. Les dieux eurent aussi une large part à sa libéralité : il donna à Jupiter Capitolin 16,000 livres d'or, 50 millions de sest. de perles et de pierreries; il fit de ses statues d'argent des trépieds pour Apollon; les autres dieux eurent, des couronnes d'or que lui offraient les villes, 3,500,000 sest.[2]

Mais ce n'était là que le premier appareil mis sur la plaie. La guérison du mal devait exiger bien d'autres soins. Il fallait donner une forme durable à cette situation provisoire de l'empire; et c'est à cette époque (725) que Dion Cassius nous peint Octave entre Agrippa et Mécène, comme Corneille nous le peint entre Cinna et Maxime, délibérant sur la monarchie et la république.

Je me permets de croire cependant que cette délibération ne fut pas bien sérieuse. La question était tranchée depuis longtemps. J'ai dit comment la loi Julia, en appelant au droit de cité une partie de l'Italie, devait rendre, dès qu'elle serait prise au sérieux, le gouvernement républicain impossible. Et depuis, César avait encore étendu le droit de cité à la Cisalpine; Antoine l'avait vendu à la Sicile et à bien d'autres[3]. Ce qu'on appelait le peuple romain était un monde et ne pouvait être gouverné comme une ville. Qui eût imaginé de convoquer sur les sept *jugères* (1 h. 75) du Forum de Romulus[4] cette assemblée de plus d'un million d'hommes, habitant tous les points de l'empire[5] ?

Et de plus, l'âme manquait aux institutions républicaines; elles étaient impuissantes et faussées. La république était moralement déchue, comme elle était matériel-

---

1. Suét., *in Aug.*, 41. Dion, LI. Orose, VI, 19.
2. Suét., *in Aug.*, 30, 52. *Lapis Ancyr*, I, *ad lœvam*.
3. Cic., *ad Attic.*, XIV, 12; *Phil.*, II, 36. — 4. Varron, *de Re rust.*, II, 9.
5. *V.* le discours de Mécène dans Dion, LII, p. 474.

lement impossible. Auguste le savait trop bien : eût-il déposé l'empire, l'empire fût tombé aux mains d'un autre.

Tout cela est vrai, et cependant la république romaine était un grand nom. Malheur à qui eût voulu l'effacer! Malheur à qui eût parlé de royauté et fait voir le bout d'un diadème! Une velléité de couronne avait coûté à César sa popularité et sa vie. La liberté romaine avait trop de racines dans le passé pour pouvoir être arrachée et jetée brutalement au feu comme un tronc inutile. La liberté romaine, à l'encontre de bien des libertés modernes, avait du moins cela pour elle, qu'elle avait été, non le patrimoine d'un petit nombre, mais le droit de tous; que tous ses priviléges, ses lois Porcia et Sempronia, la publicité de son Forum, le vote au Champ de Mars, l'assistance, sinon la participation, aux grandes affaires de la république, tout cela était le bien incontesté de quiconque avait l'honneur de s'appeler citoyen romain. Il ne fallait pas dépouiller ce titre de la gloire qui lui appartenait : il fallait laisser à cette Rome un sénat, des consuls, les faisceaux, le nom de république ; elle pouvait sacrifier la chose; elle eût combattu pour le nom.

Aussi Auguste tourna-t-il la question ; et tout en s'attribuant la puissance de la royauté, il en rejeta le nom, les insignes, la pompe, éclat inutile là où la royauté n'a pas de fondement dans l'histoire, dangereux là où les souvenirs de l'histoire lui sont hostiles. Octave n'est point roi, Dieu l'en garde! il sait ce que peut coûter la fantaisie de ce vain titre. Il n'est ni autocrate, ni tyran, ni même dictateur, comme a eu la folie de l'être son oncle César, qui ne savait pas si bien la valeur des mots; au contraire, quand on a voulu le nommer à cette dignité, il a supplié à genoux, la toge entr'ouverte, qu'on la lui épargnât. Il refuse les temples et les autels. Il s'irrite si on l'appelle seigneur. Il n'a point de palais, mais une maison; point de courtisans, mais des amis; point de chambellans autour de lui, mais, comme tout le monde, ses affranchis et ses esclaves. Il s'appelle de son nom, Caïus Julius Cæsar Octavianus, simple citoyen de Rome, chargé de « mettre en ordre la république », suppliant de dix en dix ans qu'on le soulage de ce fardeau, et ne souhaitant rien plus que de rétablir le gouvernement républicain [1]. Le sénat l'a déclaré grand pontife, dignité républicaine; le sénat l'a déclaré *imperator*, ce qui est encore un titre de la république; le peuple l'a fait plusieurs fois consul, autre dignité de la république; censeur, il n'a pas voulu accepter à perpétuité ce titre purement temporaire sous la république, il a seulement accepté le titre de Régulateur des mœurs et des lois [2]; tribun, il n'a pu l'être, en sa qualité de patricien (tant il est vétilleux en fait de légalité), et le sénat lui a donné non le tribunat, mais seulement la *puissance tribunitienne*. Ainsi, sans rien changer aux titres, sous le seul nom de *prince* qui n'était ni défini ni officiel [3], avec un scrupule de légalité digne de Caton, Octave réunissait toute la puissance religieuse, domestique et militaire : la république n'était pas détruite, au contraire elle vivait incarnée en lui. Rappelez-vous nos monnaies, sur lesquelles on lit : *République française, Napoléon empereur.*

Eh quoi! le peuple n'avait-il pas repris son droit de

---

1. Suet., *in Aug.*, 28.
2. Ἐπιμελητὴς τῶν τρόπων (magister morum). Dion. Recepit legum morumque regimen perpetuum. (Suet., *in Aug.*, 27. *Fasti Consulares ad annum*, 725, 734.)
3. Non regno neque dictaturâ, sed principis nomine constitutam rempublicam. (Tacit., *Annal.*, I, 9.)

suffrage[1]? Le peuple ne faisait-il pas les lois? Le vote de l'Italie n'était-il pas au contraire plus sérieux depuis qu'il était permis à chaque cité de voter dans ses propres murs, et d'envoyer à Rome son suffrage cacheté[2]? Auguste, il est vrai, tenait la haute main sur les comices, empêchait le peuple de prendre trop au sérieux son rôle d'électeur, et de retomber dans les désordres de la liberté républicaine[3]; mais aussi la liberté républicaine avait eu de tels orages!

La république demeurait donc partout en titre officiel: elle avait ses consuls, ses préteurs, ses questeurs, ses tribuns. Mais à travers ce magnifique et creux étalage, la monarchie se glissait humblement; elle dressait peu à peu son administration extra-officielle, machine plus simple, instrument plus maniable, système moins rigoureusement et moins pompeusement régulier. Auprès des magistrats, fonctionnaires élus, gratuits, temporaires, fonctionnaires de la loi et non du prince, elle mettait les préfets, fonctionnaires choisis, payés, dépendants, révocables et conservables à souhait. Les consuls pouvaient se pavaner sous leurs robes de pourpre, et faire de beaux sacrifices aux féries latines; mais le consulat était peu de chose, titre sans pouvoir, honneur partagé qu'on ne laissait pas longtemps dans les mêmes mains, royauté dangereuse si elle eût duré toute l'année, et que par des substitutions on réduisait d'ordinaire à un seul trimestre. C'était le préfet de la ville qui avait toute l'administration dans Rome, et jusqu'à cent milles au delà; — le préfet du prétoire qui commandait la

---

1. Suet., *in Aug.*, 40. Tacit., *Annal.*, I, 15. — 2. Suet., *in Aug.*, 46.
3. *V.* le dernier effort pour la liberté des comices et la conspiration légale d'Égnatius Rufus. Dion, LIII, 20, 21, 32; LIV, 10; Tacit., *Annal.*, I, 10; Appien, IV, très-bien expliqués par M. Walckenaër. (*Vie d'Horace*, XI, 13.)

force militaire de l'Italie ; — le préfet de la flotte, la force navale ; — le préfet de l'annone avait la charge des approvisionnements ; — le préfet des vigiles réprimait le vol, l'incendie et toutes les violences ; d'autres préfets avaient la garde du trésor, mal gouverné par les questeurs : les travaux publics, les routes, les eaux du Tibre, la distribution des blés, avaient leurs *curateurs* spéciaux. Il devait rester peu de chose à faire aux magistrats républicains, et ils subsistaient, comme la république elle-même, non pour l'usage, mais pour la gloire.

Quant aux provinces et aux armées qui occupaient les provinces (question importante, car c'était là que la guerre civile avait trouvé son aliment), — Auguste supplia (727), puisqu'on s'obstinait à lui imposer le fardeau de l'empire, qu'au moins ce fardeau fût allégé. Il y eut donc un partage : le sénat et le peuple (le peuple ne figurait là que pour la forme) eurent leurs provinces qu'ils administrèrent à l'antique ; César eut les siennes qu'il administra à sa guise, les plus difficiles, les plus importantes, par conséquent les plus garnies des troupes et les plus menacées. Dans les provinces du peuple trônaient des proconsuls ornés du laticlave, entourés de licteurs, mais sans l'habit de guerre et sans l'épée, signes de la puissance militaire (*imperium*), sans droit pour percevoir les impôts, sans pouvoir de vie et de mort ; des lieutenants de César (*legati*) les déchargeaient de ces soins. Au contraire de simples chevaliers, des préfets, hommes d'épée, avec plus d'autorité et moins d'appareil, gouvernaient les provinces de César. Ainsi la république avait les titres, la monarchie les pouvoirs ; il y avait double organisation, l'une antique, solennelle, sénatoriale ; l'autre nouvelle, tout obscure et dissimulée dans le droit, toute-puissante dans le fait. La monarchie était anonyme comme le monarque; le *principat* était modeste comme le prince. En nom, il n'était rien ; en fait il était tout.

Cet établissement monarchique fut accepté. Bientôt, les vieilles têtes de la république, les patriotes austères commencèrent à s'adoucir. Tout finit, même les guerres civiles. Après soixante-dix ans d'anarchie, vingt ans de guerre, il était permis de souhaiter un peu de repos, même sous un tyran. Les Messala et les Pollion, républicains plus sérieux que nos républicains de l'an VIII, se laissaient comme eux enchaîner au char du maître[1]. Au moins n'était-ce pas la brutale tyrannie d'un Antoine; au moins y avait-il quelque dignité dans cette servitude, quelque satisfaction pour les nobles besoins de l'intelligence. César, tyran de bon goût, fondait des bibliothèques magnifiques, avait autour de lui une cour de poëtes, remplissait Rome des belles statues de la Grèce. Agrippa, ce vieux capitaine, proscrivant l'égoïsme artistique, allait jusqu'à demander qu'il fût défendu de posséder des chefs-d'œuvre pour soi seul et de fermer sa galerie au public[2]. Rome se faisait artiste, elle avait la prétention de peindre et de chanter mieux que la Grèce[3].

D'un autre côté, la rage de versifier prenait à toute la noblesse. Jeunes et vieux, doctes et ignorants se couronnaient de lierre, et dictaient des vers à leur souper; on lisait des vers aux repas, aux bains, sur le Forum. Il y avait des bureaux d'esprit, des commérages littéraires, des grammairiens faiseurs de feuilletons qui critiquaient pour gagner

---

1. Cuncta discordiis civilibus fessa sub principis nomine recepit... cunctos otii dulcedine pellexit. (Tacit., *Annal.*, I, 1.)

2. Exstat ejus oratio de omnibus tabulis signisque publicandis quod certe satiùs esset quàm in villarum exsilia pelli. (Pline, *Hist. nat.*, XXXV, 4.)

3.   Venimus ad summum fortunæ, pingimus atque
       Psallimus et luctamur Achivis doctiùs unctis. (Horace.)

une vieille toge ou un repas. Asinius Pollion le premier loua une salle et des banquettes pour y étaler sa gloriole littéraire : la mode en devint universelle, la *récitation* tint lieu des comices, la chaire du lecteur remplaça les rostres ; on joua au bel esprit, au lieu de jouer, comme au temps de la république, au patron, à l'homme d'État, au légiste[1]. La vieille servitude des Grecs était un excellent précepteur pour la servitude naissante des Romains. Toute une population de savants et d'artistes, Grecs pour la plupart, souvent affranchis ou fils d'affranchis, très-indifférents aux regrets de la Rome aristocratique, se mettait à décrier de son mieux le mauvais ton des guerres civiles et la grossièreté du goût républicain. Rien ne manquait à ce triomphe de la vie littéraire, ni les poëtes inspirés et mélancoliques, dont le génie consistait dans la longueur de leurs cheveux, l'épaisseur de leur barbe, leurs mines sombres, leurs airs retirés[2] ; ni les classiques, pontifes et vieux sénateurs, qui tenaient bon pour leurs admirations séculaires, s'ébahissaient encore d'aise aux vers boiteux de Nævius, et trouvaient de la poésie jusque dans les chants des frères Ambarvales ; ni, pour se railler d'eux, la coterie romantique de Varius et d'Horace, coterie en faveur, qui écrivait des madrigaux sur les portes du palais et venait lire ses vers au

---

1.   Romæ dulce diù fuit et solemne reclusâ
    Manè domo vigilare, clienti promere jura,
    Cautos nominibus rectis expendere nummos,
    Majores audire, minori dicere per quæ
    Crescere res posset, minui damnosa libido.
    Mutavit mentem populus levis, et calet uno
    Scribendi studio : pueri patresque severi
    Fronde comas vincti cœnant, et carmina dictant...
    Scribimus indocti doctique poemata passim.
                        (Horace, II, *Ep.* I, 103.)

2. Horace, *de Arte poeticâ*, 297 et suiv.

lever d'Auguste, gens du progrès qui se moquaient de ces vieux Romains, honteux de désapprendre à soixante ans ce que dans leur enfance le rude Orbilius leur avait appris à coups de férule[1].

Ce que nous prenons dans les poëtes de ce temps pour des lieux communs littéraires, a souvent une intention et une portée à laquelle nous ne pensons pas ; les images de paix, de joies rustiques, de bonheur paisible, ne sont pas jetées sans dessein à un siècle tout épuisé par les horreurs des guerres civiles. Quand Horace rêve les îles Fortunées pour y conduire tout ce qui reste d'honnêtes gens à Rome : quand Virgile plaide pour le bonheur des champs, quand il maudit l'ambition républicaine et l'impiété des guerres civiles, Rome qui a tant souffert, prend ces poëtes au sérieux, et le vieux lion républicain se laisse endormir par la douceur de leurs chants[2].

1. Clament periisse pudorem
    Cuncti penè patres. . . .
    Vel quia turpe putant. . . . quæ
    Imberbes didicêre, senes perdenda fateri.
    . . . . . . Memini plagosum quæ mihi parvo
    Orbilium dictare.   (Horace, II, *Ep.* I.)

2. *V.*, entre autres, les odes où Horace déplore les guerres civiles, I, 2 ; III, 6 ; *Épode*, 7, 16, et le morceau classique de Virgile sur le bonheur de la vie agricole, où il sait si bien jeter le blâme sur tout ce qui contrarie la politique d'Auguste : ainsi, par exemple, les habitudes du patronage aristocratique :

   Si non ingentem foribus domus alta superbis
   Manè salutantûm totis vomit ædibus undam.

Le luxe qu'Auguste cherche à réprimer :

   Nec varios inhiant pulchrà testudine postes
   Illitasque auro vest . . . . .

L'ambition républicaine :

   Illum non populi fasces. . . . . . .
   . . . . nec ferrea jura

Voilà pour ce qui restait de républicains et de république. A plus forte raison, les deux grandes puissances de l'époque, le peuple et les vétérans, devaient-ils accepter les institutions nouvelles. Les vétérans, c'était l'armée de César, l'armée d'Antoine, l'armée d'Octave, toute une nation de soldats qui vivait des guerres civiles et les entreprenait à prix fait, comme les condottieri italiens ; c'étaient 170,000 hommes après la bataille de Philippes, quelques milliers de plus après celle d'Actium. Redoutables amis ! Il leur fallait de l'argent : à la mort de César, Octave leur avait donné 500 deniers (558 fr.) par tête, promis 5,000 ; plus tard, il leur distribuait encore 2,500 deniers ; après la défaite de Sextus, 500 encore, et il imposait pour cela un tribut de 1,600 talents (10,326,000 fr.) à la Sicile ; Brutus et Cassius de leur côté donnaient 1,500 deniers, en promettaient 2,000 ; Antoine, qui avait l'impertinence de n'en donner que 100, était quitté par les siens : c'étaient de véritables enchères. L'argent ne suffisait pas ; il leur fallait des terres : le lendemain de la bataille de Philippes, il sembla que toute l'Italie dût y passer.

Mais quand Auguste fut un peu le maître, il commença à donner des lois à ceux qui avaient été ses maîtres ; il ne les appela plus *mes camarades* comme avait fait César ; il se permit de casser toute une légion qui se révoltait, de nourrir de pain d'orge les soldats indisciplinés, de leur

Insanumque Forum et populi tabularia vidit.
Hic stupet attonitus rostris ; hunc plausus hiantem
Per cuneos (geminatur enim) plebisque patrumque
Corripuit. . . .

Les crimes et les malheurs des guerres civiles :

. . . . . Gaudent perfusi sanguine fratrûm
Exsilioque domos et dulcia limina mutant. (*Georg.*, in fine.)

faire monter la garde sans armes, en tunique, les fers aux pieds ; il rétablit la vieille discipline que les guerres civiles avaient étrangement affaiblie[1]. Il leur donna des terres ; mais au lieu de les camper dans une même province, se tenant les uns aux autres et prêts à marcher au premier signal, il les dissémina. Ceux qui restèrent sous les armes, il les envoya combattre dans les Alpes, sur le Danube ou sur le Rhin, guerres lointaines et pauvres, où il n'y avait rien à piller : il les mit loin de Rome, loin de l'Italie autant qu'il put.

Venait le peuple. J'ai dit quel était ce mélange d'affranchis et d'hommes libres, de vieux Romains et d'étrangers, de Grecs et de barbares, de citadins et de provinciaux ; cette merveilleuse cohue qui s'appelait le peuple romain et savait parfois soutenir la dignité de ce titre ; enfant gâté de toutes les puissances, que l'aristocratie s'était ruinée à divertir, pour lequel on faisait venir les gladiateurs de la Germanie, les rétiaires de la Gaule, les lions de l'Atlas, les danseuses de Cadix, les girafes du Zahara, à qui on donnait de magnifiques spectacles, et en même temps du blé pour qu'il ne fût pas obligé d'aller travailler en sortant de là. Et à quoi eût-il travaillé, ce peuple gentilhomme ? Tous les métiers étaient faits par des esclaves. Il lui fallait en outre (car les Grecs lui avaient donné des prétentions d'artiste) que sa ville fût belle ; et s'il logeait dans un taudis au septième étage, dans quelques-unes de ces maisons énormes où s'installait toute une tribu, comme nos maisons de location du faubourg Saint-Marceau, il fallait qu'il se promenât les jours de pluie sous des portiques corinthiens, qu'il fît ses affaires et qu'il entendit hurler ses avocats dans des basi-

---

1. Suet., *in Aug.*, 24, 25.

liques opulentes; que ses bains fussent de marbre, ses statues de marbre, ses théâtres de marbre et de porphyre : tel était le goût de cette redoutable majesté.

Auguste, successeur de l'aristocratie, dut, comme elle, nourrir le peuple, l'amuser, lui embellir sa belle Rome. Il fallut qu'à ses frais et par ses soins les blés d'Égypte et d'Afrique vinssent nourrir le prolétaire romain, trop accoutumé à recevoir le pain de la main de ses maîtres pour qu'on pût songer à le faire vivre autrement. Il lui fallut jeter l'argent sur le Forum aux hommes, aux femmes, aux enfants, à tout ce que la dignité de citoyen romain appelait à prendre part à cette aumône solennelle. Aussi ces libéralités furent-elles ordinairement de 30, 40, 250 sesterces par tête; après la mort de César, doublant le legs paternel, il en donna 600; après Actium, 400; plus tard, jusqu'à 800 (215 fr.). Le blé, il le donna presque pour rien, quelquefois gratuitement; il nourrit ainsi 200, 250, 320 mille hommes[1]. Du reste, il s'en fallait si bien que l'aumône fût quelque chose d'humiliant, qu'il y avait dans l'année un jour où, par suite d'un vœu, Auguste lui-même, assis à la porte du palais, tendait la main aux passants.

Le peuple a-t-il faim? il demande du pain à son maître. A-t-il soif? il lui demande des aqueducs, il lui demande le vin à bon marché; quelquefois l'huile, quelquefois le sel.

---

[1]. Suet., *in Aug.*, 41, 101; *in Tib.*, 20. Tacit., *Annal.*, I, 8. *Lapis Ancyr.*, III. Dion, LV, 15. Ces textes énumèrent plus de douze distributions d'argent (*congiaria*), y compris les legs de César et d'Auguste, montant en somme, pour chaque citoyen pauvre, à 3,600 sest. Ajoutez 10,000 sest. pour les distributions mensuelles de blé, gratuites ou à prix réduit (5 *modii* par mois et par tête). Le *modius* (8 litres 67) valait 4 sesterces. A supposer seulement 200,000 parties prenantes, c'est une dépense de 2,720,000,000 de sest. (732,000,000 de fr.) pendant les cinquante-cinq ans du gouvernement d'Auguste.

Auguste ainsi supplié refuse quelquefois ; mais, après tout, c'est chose commode qu'un pareil tyran. Le peuple s'ennuie-t-il ? il demande des jeux. Et alors l'Afrique, l'Asie, l'Occident, tout s'émeut pour lui envoyer des acteurs, des bouffons, des bêtes féroces, des combattants, des monstres, des saltimbanques ; on lui montre un jour un rhinocéros, un autre jour un boa de cinquante pieds : au cirque, il y a des courses de chevaux et des luttes à la grecque ; à l'amphithéâtre, des gladiateurs ; au théâtre, des histrions, des pantomimes, nouveau genre de divertissement, que les siècles suivants aimèrent jusqu'à la fureur ; à tous les coins de rues, des bouffons parlant toutes les langues, car cette Rome aux cent têtes les parlait toutes ; les jeunes gens des grandes familles viennent jouter devant le peuple, des chevaliers viennent devant le peuple faire les gladiateurs dans l'arène ; un sénateur voulut y descendre.

Avec le cocher des courses (*agitator*) et le pantomime, le gladiateur était le favori le plus intime du grand seigneur romain, l'idole la plus chère du peuple. C'étaient là comme les coureurs de New-Market ou les boxeurs en Angleterre, les protégés, que dis-je, les amis, les commensaux du *sportsman* romain ; on vivait avec eux sur le pied de l'estime comme un *turf-gentleman* avec un jockey. Sous la république, le gladiateur avait rempli un autre rôle, il avait eu voix dans les affaires de l'État ; mais s'il perdait sa fonction politique, il gardait sa position sociale, sur le même pied que l'*agitator,* le sculpteur, et un peu au-dessus du philosophe. Aussi, ces gens-là sentaient-ils leur importance ; les pantomimes recevaient chez eux les sénateurs, sortaient avec un cortége de chevaliers [1] : « César », disait le pan-

---

1. Tacit., *Annal.*, I, 77.

tomime Pylade à Auguste, « sais-tu qu'il t'importe que le peuple s'occupe de Bathylle et de moi? »

Rome ne pouvait avoir trop de fêtes, ni trop de monuments. Les obélisques de l'Égypte s'élevaient sur ses places, de nouveaux temples étaient consacrés à tous ses dieux, un Forum nouveau s'ouvrait à sa population toujours croissante à laquelle ne suffisaient plus l'ancien Forum, ni celui de César ; des portiques, des théâtres, des basiliques étaient bâtis ou restaurés par Auguste qui avait même la modestie de ne pas leur donner son nom ; modestie dont il ne manque pas de se vanter. Soixante-sept lieues environ d'aqueducs et de canaux lui amenaient une masse d'eau que l'on estime à 2,319,000 mètres cubes par jour ; Agrippa distribuait ces eaux en une multitude d'abreuvoirs, de piscines, de fontaines et de bains (cent cinq fontaines, cent trente châteaux d'eau, cent soixante-dix bains gratuits, trois cents statues de bronze, quatre cents colonnes de marbre, cinquante-neuf jours de fêtes)[1]. Des routes magnifiques menaient à ses portes ; Auguste se chargeait pour sa part de refaire la voie Flaminia jusqu'à Rimini ; il distribuait les autres aux généraux vainqueurs pour les rétablir avec le butin de leurs triomphes[2]. Tous les hommes qui étaient restés riches recevaient de César l'ordre de travailler à

---

1. *V.* Frontin, *de Aquæduct.; Lapis Ancyr.*, I (*ad lævam*); Pline, *Hist. nat.*, XXXI, 5 ; XXXVI, 6, 15 ; Rondelet, sur Frontin.

2. Sur les monuments d'Auguste, la basilique Julia et le Forum de César, qu'il fit achever, — ses aqueducs, — son Forum et le temple de Mars Vengeur, — le temple d'Apollon sur le mont Palatin, — le temple de Jupiter tonnant au Capitole, — la basilique de Lucius et de Caius, — les portiques de Livie et d'Octavie (Pline, *Hist. nat.*, XXXV, 37 ; Senec., *Epist.*, 86 ; Ovide, *Fast.*, VI, 639), — le théâtre de Marcellus (Plut., *in Marc.*), etc. *V.* Suet., *in Aug.*, 29, 30 ; *Lapis Ancyr.*, I (*ad lævam*) ; Tacit., *Annal.*, II, 49 ; Dion, XLIX, 43 ; LIV, 23 et *alibi passim*; Strabon, V, 7 ; diverses inscriptions.

l'embellissement de la cité-reine. Balbus lui faisait un théâtre; Philippe, des musées; Agrippa, son Panthéon et une foule d'autres monuments; Asinius Pollion, un sanctuaire à la liberté, car on ne craignait pas le nom de la liberté [1]. « Voyez cette ville, disait Auguste; je l'ai reçue de brique, je la laisserai de marbre. »

Les prolétaires de Rome devaient être de riches seigneurs. Agrippa leur jetait des billets de loterie qui gagnaient de l'argent, des étoffes, des meubles précieux; Agrippa, tout le temps de ses jeux, leur faisait faire la barbe pour rien; il leur livrait à piller des boutiques pleines de riches marchandises. Ce n'était pas assez d'enrichir le peuple durant sa vie : en mourant, il fallait lui léguer quelque chose. Balbus lui laissait vingt-cinq deniers par tête; Agrippa, ce donateur inépuisable, lui léguait, outre une somme d'argent, ses jardins et ses bains; il faut dire que l'usage de ces magnificences privées se perdit bientôt sous les empereurs). Auguste déclarait dans son testament que l'héritage de son père Octavius et de César son père adoptif, d'autres successions, toute sa fortune en un mot, avait été consacrée aux besoins de la république, et qu'il ne laissait à ses propres héritiers que 150,000,000 de sest. (40,330,000 fr.). Et pourtant encore il léguait au peuple 43,500,000 sest. [2] : c'était plus que n'avait fait le testament si populaire de César. Il est vrai qu'Auguste, héritier de César, avait doublé les legs de son oncle, et que

---

1 Tacit., *Annal.*, III, 72. Pline, *Hist. nat.*, VII, 30; XXXV, 2. Suet., *in Aug.*, 29. Dion, 41.

2. (11,600,000 fr.) Suet., *in Aug.*, 102. Tacit., *Annal.*, I, 8. Il léguait aussi à chaque prétorien 1,000 sesterces; à chaque soldat de la garde de Rome, 500; à chaque soldat des légions, 300; ce qui devait bien faire une somme de 60 à 70,000,000 de sesterces (16 à 19,000,000 de fr.).

Tibère, héritier d'Auguste, ne paya pas, sans se faire beaucoup prier, les legs de son prédécesseur.

Maintenant, au milieu de cette Rome devenue si belle, si voluptueuse, si pleine de sécurité, on voyait passer un homme simplement vêtu, marchant à pied, coudoyé par chacun, habillé comme Fabius d'un manteau de laine filée par ses propres filles. Cet homme allait aux comices voter avec le dernier prolétaire ; il allait aux tribunaux cautionner un ami, rendre témoignage pour un accusé ; il allait chez un sénateur célébrer le jour de naissance du maître de la maison, ou les fiançailles de sa fille. Il rentrait chez lui : c'était une petite maison sur le mont Palatin, avec un humble portique en pierre d'Albe ; point de marbre, point de pavé somptueux, peu de tableaux ou de statues ; de vieilles armes, des os de géant, un mobilier qui était à peine celui d'un particulier élégant[1]. Ce qu'il avait eu de vaisselle d'or du trésor d'Alexandrie, il l'avait fait fondre ; de la dépouille des Ptolémées, il n'avait gardé qu'un vase précieux (*vas murrhinum*) : il se mettait tard à table, y restait peu, ne connaissait point le luxe des repas, si extravagant alors ; avec du pain de ménage, des figues et de petits poissons, le maître du monde était content. A le voir si simple, qui aurait osé dire que c'était un roi ? Un soldat l'appelait en témoignage : « Je n'ai pas le temps, disait-il ; j'enverrai un autre à ma place. — César, quand tu as eu besoin de moi, je n'ai pas envoyé un autre à ma place, j'ai combattu moi-même », et César y allait. Il fallut que, déjà vieux, à la célébration d'un mariage, il fût poussé et presque maltraité par la foule des conviés, pour qu'il cessât d'aller aux fêtes où on l'invitait.

---

1. Vix privatæ elegantiæ. (Suet., *in Aug.*, 73.)

Et puis, cet homme pacifiait l'Italie et le monde; c'était le conciliateur universel, l'homme des ménagements et de la paix. Il remettait les vieilles dettes, déchirait les vieilles enquêtes, fermait les yeux sur les usurpations consacrées par le temps, sur tous ces droits à demi légitimes qui restent des révolutions, et auxquels il est si dangereux de toucher. Il passait le jour et la nuit à rendre la justice; malade, il écoutait chez lui les plaideurs. Il ne prenait pas fait et cause pour lui-même; il condamnait à une simple amende l'homme qui avait dit : « Ni le courage, ni le désir ne me manqueront pour tuer César; » enfin il écrivait à Tibère : « Ne te laisse pas aller à la vivacité de ton âge, et ne t'irrite pas trop si on dit du mal de nous; c'est bien assez si on ne nous en fait pas. »

Le pouvoir d'Auguste fut certainement le plus doux que Rome eût encore subi; parmi tant d'hommages que la flatterie lui adressa, il en est un, rare dans l'antiquité, et qui donne une noble idée de sa politique : le jour où Auguste rentrait dans Rome, on ne faisait périr aucun criminel.

Nulle popularité ne fut plus glorieuse et plus manifeste. Quand sa maison fut détruite par l'incendie, les vétérans, les décuries, les tribus, tout le peuple contribua volontairement pour la relever. Après sa maladie, le peuple éleva une statue au médecin qui lui avait rendu la santé; des mourants ordonnaient qu'on remerciât les dieux en leur nom, de ce qu'Auguste leur survivait[1]. Enfin le peuple entier l'appela *père de la patrie*. Un emphatique louangeur de l'ancienne Rome cherche à rabaisser cet hommage; il fut cependant assez beau : lorsqu'une députation

---

1. Suet., *in Aug.*, 57, 59.

du peuple était venue lui offrir ce titre à Antium, lorsqu'au théâtre toute la multitude ornée de lauriers l'avait salué de ce nom, Auguste l'avait refusé. Mais quand au sénat, sans décret, sans acclamation, Valérius Messala lui dit au nom de tous : « Que le présage soit heureux, César-Auguste, et pour ta maison et pour toi ! (car ces vœux se confondent avec ceux que nous faisons pour l'éternelle félicité de la république) le sénat et le peuple te saluent unanimement père de la patrie », Auguste versa des larmes, et répondit cette fois : « Tous mes vœux sont accomplis, Pères conscrits, et qu'ai-je autre chose à demander aux dieux, si ce n'est de garder jusqu'à mes derniers jours cet accord de vos sentiments envers moi [1] (An 725) ? »

Il y a loin de ce simple titre noblement offert et noblement accepté, aux adulations emphatiques et monstrueuses que la bassesse et la peur imaginèrent pour les successeurs d'Auguste.

§ II. — *Augustus Cæsar* — RESTAURATION DE L'ANCIENNE ROME.

Telle était la gloire du présent ; mais quelle serait la garantie de l'avenir ? qui guérirait ces plaies radicales et permanentes que j'ai déjà montrées mortelles à la république, et qu'à nulle révolution politique il n'était donné de fermer ? Disons en quelques mots comment ces grandes questions se posaient.

D'abord l'empire était-il suffisamment gardé ? La milice était un privilége du citoyen; les sujets de Rome, exclus

---

1. *V.* Suet., *in Aug.*, 58; Ovide, *Fastes*, II, 121 et suiv.; *Calendrier* cité par Gruter; Juvénal, etc.

des légions, ne servaient qu'en seconde ligne et à titre d'auxiliaires. Or, la population romaine qui était de 450,000 citoyens avant César, qui après lui était d'un million peut-être, mais que quinze ans de guerres civiles avaient atrocement décimée, était-elle suffisante pour garder un empire que Pompée avait porté jusqu'au Jourdain, César jusqu'à l'Escaut, Auguste jusqu'au Nil? Et cette population, eût-elle été suffisante par le nombre, était insuffisante faute de patriotisme et d'unité. César l'avait recrutée de Gallo-Italiens, Antoine d'étrangers de toute sorte; le mouvement journalier des affranchissements la recrutait d'esclaves. La porte de la cité s'ouvrait à l'esclave, même quand elle était fermée au sujet de Rome; et les affranchissements chargeaient Rome de citoyens étrangers à elle par l'esprit, par l'origine, par les mœurs.

Grâce à cet appauvrissement et à cette altération de la race romaine, vers la fin des guerres civiles, la population servile, au moins aussi nombreuse que la population libre[1], la débordait de toutes parts. Sextus Pompée se fait le patron des esclaves fugitifs, les arme, les émancipe; traitant avec Octave, stipule leur liberté, et verse ces nouveaux libres comme un déluge sur l'Italie : les vestales effrayées ajoutent une prière pour demander aux dieux la délivrance de ce fléau; et Auguste, se croyant autorisé par

1. Je ne crois pas me mettre en contradiction avec les ingénieux calculs par lesquels M. Delamalle détruit les exagérations de quelques savants sur la population et surtout la population servile de l'Italie. Ces calculs portent sur l'an de Rome 529. Or, depuis cette époque, la conquête du monde, les progrès du luxe, la concentration des biens, l'usage de la culture servile, avaient dû étrangement multiplier le nombre des esclaves. D'un autre côté, tous les citoyens romains (il s'en fallait de beaucoup) n'habitaient pas l'Italie, et l'Italie se nourrissait en bonne partie de blé étranger : deux faits qui changent complétement les bases du calcul.

le danger public à manquer de parole, fait d'un seul coup arrêter tous ces affranchis, renvoyer les uns à leurs maîtres, tuer ceux dont les maîtres ne se retrouvent pas. Néanmoins les esclaves remplissent les légions, ils se glissent jusque dans le sénat, et un maître qui cherche le sien le retrouve dans un élu des comices prêt à exercer la questure [1].

De plus le sol italique manquait sous les pieds de cette population diminuée et altérée. La propriété était incertaine. Dans l'antiquité, le sentiment de la justice était insuffisant pour défendre la propriété ; ce sentiment, écrit dans le cœur de l'homme, est devenu par le christianisme seul une puissance et une loi. Il fallait, pour que la propriété fût défendue, que la religion la consacrât arpent par arpent, que chaque borne fût un autel arrosé du vin des sacrifices, que chaque patrimoine fût délimité par l'augure d'après les régions du ciel, que chaque propriété sur la terre répondît à une propriété dans le ciel. Et la foi s'affaiblissant aux autels, aux augures, aux symboles, la propriété demeurait sans protection. Ajoutez à cela ces remaniements contraints et violents de la propriété italique pendant la guerre civile,

---

[1]. On connaît l'énergique invective d'Horace contre Ménas, affranchi et amiral de Sextus Pompée, qui avait trahi trois ou quatre fois son patron pour Octave ou Octave pour son patron.... « Toi qui portes sur tes flancs la trace du fouet d'Ibérie, à tes pieds la marque des entraves,... vois-tu, quand avec six aunes de toge tu balaies la voie Sacrée, les regards d'indignation qui viennent hardiment se fixer sur toi ? Quoi donc ! ce misérable, déchiré par le fouet des triumvirs jusqu'au point de lasser le crieur public, a maintenant mille *jugères* du territoire de Falerne, et ses coursiers piétinent la voie Appia ! Insolent chevalier, au mépris de la loi d'Othon, il s'assied au premier rang du théâtre. A quoi bon mener nos vaisseaux contre les brigands et les esclaves en révolte, quand cet homme-là, cet homme est notre tribun des soldats ? » (*Épode* 4.) Ailleurs, parlant de Sextus lui-même :

    Minatus urbi vincla quæ detraxerat
    Servis amicus perfidis.

et vous pourrez comprendre ce que devenait le droit de propriété. César, par sa loi agraire, avait doté 20,000 familles; mais pour combien de temps! La Campanie, ôtée par César aux fermiers du sénat, passa bientôt des colons de César aux colons d'Antoine, puis aux soldats d'Octave. — Les mesures de César dictateur, si admirablement calculées, restent également sans effet, ou par la force des choses, ou par le trouble des guerres civiles; il n'en demeure autre chose que 120,000 soldats installés propriétaires en Italie. — Antoine, pendant ses quelques mois de consulat, taille et coupe à son gré, partage aux parasites de sa table et aux comédiens de sa maison les meilleures terres d'Italie et de Sicile, accorde trois mille *jugères* à son médecin, deux mille à son faiseur de discours; quant au peuple romain, Antoine lui donne à cultiver... les marais Pontins[1].
— Sous le triumvirat, révolution nouvelle; à force de proscriptions, d'exactions, de chicanes, il n'est pas de fortune qui ne change de main. — Après la victoire de Philippes, c'est mieux encore, c'est l'épée, je l'ai dit, qui se porte seule propriétaire légitime : c'est une population coupable d'avoir élevé un tombeau aux soldats de la république, condamnée par Octave à une amende qu'elle ne peut payer, et faute de paiement, chassée de ses murs[2]; ce sont des bandes de cultivateurs dépouillés qui passent les Alpes, passent la mer[3]; c'est enfin, au milieu du bruit des armes, la voix

---

1. *Philipp.*, II, 17, 39, 40; V, 2; VI, 12, 13.
2. Suet., *in Aug.*, 12.
3. . . . . . Et dulcia linquimus arva;
 Nos patriam fugimus. . . . .
 At nos hinc alii sitientes ibimus Afros,
 Pars Scythiam. . . . .
 Impius hæc tam culta novalia miles habebit!
 Barbarus has segetes! . . . . (*Eclog.*, I.)

plaintive du cygne de Mantoue : Virgile arrive à grand'peine aux pieds d'Octave, dont la protection même est quelquefois impuissante.

Au milieu de ce déchirement de la propriété, vous comprenez que la culture est abandonnée[1]. Même dans la fertile Campanie, les nouveaux maîtres sont de trop nobles hommes pour manier la charrue; ils affluent dans les villes, passent leur vie au théâtre, jouent aux dés le bien mal acquis[2]; et toutes ces révolutions de la propriété aboutissent, en ligne de compte, à l'enrichissement définitif de quelques aventuriers de toge ou d'épée.

Octave était donc en face de ces maux alors que Dion nous le montre délibérant entre Agrippa et Mécène (725).

Or, à côté d'Agrippa, le rude homme de guerre, toujours vêtu de la saie guerrière, et qui, lui, opinait franchement pour le rétablissement de l'ancienne république; Mécène était, comme nous disons, l'homme des idées nouvelles, le représentant du progrès, tout à fait un *galant homme* (pour parler comme La Fontaine) digne de la petite cour de madame la duchesse de Mazarin. Mécène, l'auteur de cette boutade épicurienne que vous savez[3], boutade

---

1. Tàm multæ scelerum facies ; non ullus aratro
    Dignus honos; squalent abductis arva colonis. (*Georg.*, I, 506.)
    . . . . Quamvis lapis omnia nudus
    Limosoque palus obducat pascua junco.   (*Eclog.*, I.)

2. Sur cette vie des vétérans aux différentes époques, *V.* Sallust., *Cat.*, 16, 18; Cic., *in Catil.*, II, 9; *Phil.*, XI, 9. Ils ont mieux aimé, dit Varron, fatiguer leurs mains au théâtre qu'à la charrue. (*De Re rust.*, I, II, 9.)

3.   Debilem facito manu
        Debilem pede coxâ, etc.   (Dans Sénèque, *Ep.*, 101.)
    Et la traduction de La Fontaine,
        Mécénas fut un galant homme,
        Il a dit quelque part, etc.

fort peu romaine en effet; Mécène, qui ne voulut jamais être sénateur; Mécène, qui portait le pallium, se couvrait la tête, siégeait sur son tribunal en tunique flottante, marchait au Forum entre deux eunuques; qui, épris d'une femme capricieuse et coquette, la répudiait, la reprenait sans cesse, et se maria cent fois sans avoir jamais eu qu'une seule femme; Mécène, qui, dans ses chagrins amoureux, se faisait endormir par le son lointain des symphonies [1]; Mécène, le protecteur de la littérature nouvelle, le patron du style enjolivé dans les arts, le modèle de l'éloquence traînante et dissolue [2] : Mécène était aussi l'homme de l'humanité; et lorsqu'au début de son règne, Auguste, assis à son tribunal et emporté par la passion, commençait à prononcer des sentences de mort, Mécène courait à lui, et, arrêté par la foule, lui jetait ses tablettes avec ces mots écrits : « Lève-toi donc enfin, bourreau [3] ! »

Mécène disait à Auguste (ou au moins Dion lui fait dire) : « Proclame l'unité du monde ! Appelle tous les hommes libres au droit de cité, les notables de toutes les provinces à l'ordre équestre et au sénat. A Rome, point de vote, point de comices; dans tout l'empire, pas un Forum libre, pas une assemblée populaire. Efface sous ce grand niveau ces différences infinies de lois, d'usages, de gouvernement local; de cette agrégation de petites républiques, fais une monarchie une et puissante : établis l'unité des poids, des monnaies, des mesures; un seul impôt égal pour tous, applicable à tous; une armée perma-

---

1. Senec., *de Providentiâ*, I, 3, 9, 10; *Ep.*, 19, 101, 114.
2. *V.* quelques phrases de lui à peu près incompréhensibles à force d'afféterie. (Senec., *Ep.* 114.) « Cette éloquence d'un homme ivre, dit Sénèque, embarrassée, vagabonde, pleine de licence. »
3. Surge tandem, carnifex !

nente, également recrutée dans toutes les populations de l'empire. Vends ces vastes et peu productifs domaines que l'État possède dans les provinces; constitue une banque qui soutiendra par ses prêts l'industrie et l'agriculture. Honore beaucoup les sénateurs et les consuls, mais gouverne sans eux. Tiens-les éloignés des provinces et de l'armée. Gouverne avec des salariés, avec tes affranchis et avec des espions. Gouverne avec les dieux et les prêtres; maintiens le culte officiel et ne souffre pas une religion nouvelle : on n'attaque pas les dieux sans conspirer contre le prince. Gouverne (qui pis est!) avec des maîtres d'école et des rhéteurs; donne à la noblesse et à la bourgeoisie une éducation commune et forcée, payée par l'État [1]. »

En vérité, ceci n'a rien d'antique. Et je dois convenir, que même chez Dion, postérieur à Mécène de deux siècles, cette dose d'esprit moderne me confond. Même en notre siècle, les chefs de bureau et les philosophes panégyristes du progrès n'ont encore rien su inventer de mieux en fait de monarchie absolue, démocratique et administrative.

Par malheur, Auguste n'était pas un esprit aussi avancé que son ministre ou son historien. Auguste était surtout l'homme du sensé et du possible. Il acceptait bien le pouvoir unique tel que le lui proposait Mécène, ou plutôt tel que le monde le lui proposait. Mais il savait que dans tout régime qui veut durer, il y a une part à faire à la liberté. Il savait qu'un État s'énerve et qu'un pouvoir court à sa ruine lorsqu'il éteint toute spontanéité dans les esprits et toute initiative dans le cœur de l'homme. Il laissa donc aux villes soumises à Rome leur liberté, leur sénat, leur agora, plus respectés même qu'ils ne l'avaient été aupara-

---

1. Dion, LII, 14-40.

vant. Il laissa, à plus forte raison, à l'éducation sa liberté, à laquelle, sauf deux ou trois chétifs exemples, l'antiquité n'avait jamais touché. Il ne fut point d'avis d'extraire tout le sang des veines de l'empire, afin de le recomposer d'une manière plus méthodique et plus une.

Auguste savait aussi que l'on ne fait pas du nouveau sans garder quelque chose de l'ancien; qu'à toute agrégation d'hommes il faut un drapeau; à tant de peuples, un symbole sous lequel ils se réunissent; à cette vaste unité matérielle, un lien moral. Et quel lien? Le christianisme sans doute, que Mécène, soufflé par Dion, rejette par avance, si le christianisme eût pu être deviné avant sa naissance et entrer dans les combinaisons du pouvoir; si Dieu eût voulu laisser à la force temporelle le soin de préparer les voies à sa vérité, si quatre siècles de lutte n'eussent pas été nécessaires pour justifier la divinité du christianisme. Même au bout de deux cents ans, Tertullien ne comprenait pas que jamais les Césars pussent être chrétiens. Au temps d'Auguste, le drapeau de la vieille Rome était le seul qui n'eût pas été déchiré, et ce fut sous ce drapeau qu'il résolut de marcher.

D'ailleurs il est un phénomène à observer chez tous ceux qui arrivent comme Auguste pour terminer les guerres civiles: s'ils sortent un peu, dans l'usage de leur souveraineté, de la ligne de juste milieu et de politique équivoque qu'ils adoptent d'ordinaire, c'est presque toujours pour réagir contre le parti qu'ils ont soutenu dans leur principe et qui les a portés au pouvoir. Les partis crient à l'ingratitude comme si on leur devait de la reconnaissance et non aux hommes: cette ingratitude n'est qu'une réaction nécessaire. Henri IV, devenu roi, sentit très-bien qu'il devait être roi de tout le monde et non des protestants, et que, s'il se devait à quelqu'un, c'était plus encore à la Ligue avec qui il avait transigé, qu'aux royalistes qui avaient combattu pour lui. Bonaparte, avant même d'être empereur, Bonaparte qui avait été révolutionnaire, relevait le culte et la noblesse, et pour premiers ennemis il avait les compagnons de ses victoires, Pichegru, Moreau, Bernadotte, comme Henri IV le maréchal de Biron.

Cela doit être : un parti vainqueur, ou qui se croit tel, ne comprend pas cette transaction tacite ou formelle sans laquelle ne se terminent pas les guerres civiles; il se croit, comme les émigrés de 1814 ou les patriotes de 1830, des droits exclusifs et sans bornes; il ne reconnaît de droit à personne autre; il ne s'imagine pas de réfléchir, lui protestant, que son chef, pliant le genou devant la Ligue, s'est fait catholique à Saint-Denis, et que si Henri IV est entré dans Paris, c'est avec le consentement et en assurant le principe de la Ligue. Il ne comprend pas, lui émigré, la charte de Saint-Ouen, ni lui patriote, les coups de fusil dans les rues de Paris contre les continuateurs arriérés de 1830; voilà pourquoi si son chef est habile, il se trouve bientôt en dissentiment avec son chef.

De plus, c'est aux vaincus que l'on doit assistance; dans toute société, il faut un peu de chaque chose, et c'est le côté qui a souffert qu'il faut relever. La vieille Rome, la Rome aristocratique était vaincue; battue à Pharsale et à Philippes, où son parti était mort les armes à la main; battue dans la cité où ses mœurs, sa foi, ses lois étaient mises en oubli; battue dans les temples qu'envahissaient les dieux étrangers; battue dans le sénat qui était avili et mêlé de Barbares. Et par cette raison, ce fut la vieille Rome, la Rome aristocratique qu'Auguste chercha à relever. Cette réaction, cette restauration, ressemblent à ce que tentait Napoléon, en relevant le culte, rétablissant une noblesse, ramenant une cour, refaisant de la morale, de la bienséance, de l'honneur à la façon du siècle passé. Ces deux situations sont admirablement analogues; chacun des deux princes, frappé de ce qui manquait au régime nouveau, cherchait à le retrouver dans l'ancien régime; l'un refaisait la vieille Rome, l'autre la vieille France, laissant de côté dans l'une et dans l'autre ce qui l'incommodait : ici l'aristocratie républicaine, là les priviléges qui entouraient et gênaient la royauté.

La vieille Rome, du reste, n'avait pas été une cité improgressive et éternellement stationnaire. Le sénat avait compris de bonne heure que nulle aristocratie ne subsiste si elle ne se renouvelle; que nulle nation ne grandit si elle ne se recrute. Nulle barrière n'avait donc été posée comme infranchissable. Les vaincus pouvaient entrer dans la cité; et la cité à son tour, leur renvoyant ses colonies, rendait à l'étranger ce qu'elle avait reçu de lui. Dans Rome même, l'ordre supérieur attirait à lui l'élite des ordres inférieurs, et se rajeunissait par ce mélange. L'esclave pouvait devenir libre; l'étranger pouvait devenir Latin, c'est-à-dire demi-citoyen, quand il n'arrivait pas de plein saut à la plénitude du droit de cité; le Latin, à plus forte raison, pouvait devenir citoyen romain; le petit-fils de l'affranchi pouvait être chevalier; son arrière-petit-fils monter au sénat [1]; chaque citoyen enfin, par une épreuve annuelle du jugement public, était appelé à suivre la route des magistratures, par la questure à se placer au sénat, par la préture à devenir consul. Chacun, dans cette Rome aristocratique, prenait rang par son talent et son labeur (*solertiâ, industriâ*) : cheva-

---

1. *V.* Suet., *in Claud.*, 24.

lier, s'il n'avait que de la fortune ; patricien, s'il n'avait que de la naissance ; sénateur, s'il avait rempli une charge curule ; *ædilitius, prætorius, consularis, censorius, triumphalis,* selon les honneurs qu'il avait obtenus : c'est ce que la langue parlementaire des Romains nommait la *dignité* d'un homme. Chacun fixait son rang et fixait aussi le rang de sa famille : il y avait des familles sénatoriales, *prétoriennes,* consulaires, triomphales, etc.; et la place que le sénateur ou le consulaire s'était faite dans la république était, avec sa glorieuse image, un héritage qu'il léguait à ses descendants. Monter, marcher en avant, élever sa famille d'un degré, apporter à l'ordre supérieur sa force et sa valeur personnelle, tels étaient le but, l'ambition, la pensée, le mouvement de toute cette république.

A ce progrès se rattachait une magistrature qui forme un des côtés les plus originaux des institutions romaines. La censure était la grande surveillante de la cité. C'était elle qui maintenait cet ordre en le renouvelant, dirigeait ce mouvement sans l'arrêter. Sans pouvoir direct, sans volonté impérative, n'ayant que ses tablettes de cire où elle inscrivait les noms avec honneur ou ignominie, la censure était toute-puissante sur le progrès de la vie publique : juge redoutable qui, tous les cinq ans, faisait paraître devant lui Rome tout entière, épurait le sénat, passait en revue les chevaliers, demandait compte au peuple de sa fortune et de ses mœurs, remaniait ses tribus et ses centuries, faisait monter ou descendre d'une classe dans un autre ; au besoin rejetait dans celle des prolétaires (*ærarii, capite censi*) ; dressait enfin de la nation romaine une statistique bien plus détaillée que ne sont les statistiques modernes ; en un mot, refaisait et revisait la Rome officielle, la passait au crible, sanctionnait et rectifiait son progrès.

Mais, vers la fin de la république, l'équilibre avait été troublé; l'invasion hâtive et désordonnée d'un côté, la résistance obstinée de l'autre, tout avait concouru à troubler cet équilibre. La censure avait été mise en oubli. Par compensation dès qu'on avait voulu rétablir l'ordre de la cité, toucher à ces questions fondamentales du sol, de la population et des droits civiques, on en était revenu à la censure ou à quelque chose d'analogue. César s'était fait préfet des mœurs; et après Auguste, les princes qui voulurent porter un remède à ces plaies, Claude et Vespasien, ne crurent pouvoir le faire qu'avec le titre et les pouvoirs de censeur.

Auguste ne pouvait donc manquer de relever cette antique magistrature. Sans compter son titre permanent de préfet ou de régulateur des mœurs, par ses propres mains ou par celles d'autrui, il exerça deux fois la censure[1]. Il ouvrit après la bataille d'Actium le premier lustre qui se fût fait depuis quarante et un ans. Il entreprit en un mot, sous ce titre de censeur, la réforme du peuple romain; or, le peuple romain avait besoin et d'être recruté quant au nombre, et d'être purifié quant à ses éléments, et d'être raffermi sur le sol ébranlé de l'Italie.

Quant au nombre, — Octave songea tout d'abord à donner à l'empire une population civique suffisante pour le défendre. Il y arriva, peut-être en confirmant les nombreuses et illégales concessions qu'Antoine avait faites du droit de cité, mais surtout par des concessions nouvelles. Il donna le droit de cité, non comme César et Antoine l'avaient fait, à des provinces et à des villes entières, mais à l'élite de toutes les provinces et de toutes les villes. Les principaux orateurs des cités grecques, les chefs féodaux des

---

1. En 725, censure d'Auguste et d'Agrippa; en 732, de Lépidus et de Munatius Plancus. (Dion, LII, in fine; LIII, in princ.; LIV, in princ.)

peuples gaulois, les magistrats des villes latines eurent l'honneur de devenir citoyens romains, et ainsi, au lieu d'être les chefs de leur nation dans ses révoltes contre Rome, ils furent un lien entre Rome et leur nation. Rome eut dans tous les coins de son empire une population romaine, digne de recruter son armée et même son sénat, et cette population tint partout la première place. Le recensement des citoyens romains dans toutes les provinces donna, en 726, 4,063,000 citoyens au-dessus de 17 ans; en 746, 4,233,000; en 767, 4,037,000. C'étaient quatre millions de familles, environ vingt millions d'âmes [1].

Mais cette extension du droit de cité avait bien son danger : d'abord, elle appauvrissait le trésor. Le citoyen romain était exempt d'impôts; les vaincus lui payaient le tribut, il ne le payait à personne. Or, quatre millions de familles, et des plus riches, exemptes de l'impôt direct, que devenait le trésor de l'état, qu'Agrippa, le lendemain d'Actium, déclarait déjà en déficit? Il fallut essayer de demander quelque chose au citoyen romain. Si absolu que fût Auguste, c'était difficile, et il y mit bien des détours. Il prétexta d'abord un but spécial et respectable, la fondation d'une caisse de l'armée pour rémunérer le soldat sans dépouiller le propriétaire; il prétendit même établir cette caisse avec des souscriptions volontaires; il souscrivit, fit souscrire Tibère, quelques rois, quelques sénateurs. Puis la souscription, comme il s'y attendait bien, se trouvant insuffisante, il consulta le sénat, d'abord officiellement et en corps, et le sénat ne dit rien; puis, chacun à part, sur un billet cacheté, et les sénateurs, pas plus que le sénat, ne surent rien trouver. Il consulta alors les papiers de César, et il y trouva (que n'y

---

1. *Lapis Ancyr.*, II. Et Tacite : Additis provinciarum validissimis, fesso imperio subventum. (*Annal.*, XI, 23.)

trouvait-on pas?) un projet d'impôt sur les legs et les successions. Il l'adoucit de son mieux, exempta les pauvres, exempta les successions directes, ne prit au plus que 5 pour 100, et fit si bien, que le citoyen romain paya de mauvaise grâce et en murmurant, mais enfin paya [1]

Mais cette difficulté fiscale n'était pas encore la plus grande. Ce qui était le plus difficile, c'est que ces quatre millions de familles, si diverses de mœurs, d'esprit, d'origine, de demeure, formassent véritablement une nation : c'est qu'au centre de cet empire si vaste et de cette nation romaine si dispersée, il y eût (chose nécessaire à la vie de l'empire) une Italie, forte, puissante, agricole, militaire, vraiment romaine, et à la tête de cette Italie une Rome vraiment digne de ce nom.

Le premier obstacle était le sol même, appauvri, vieilli, déserté; c'était la propriété incertaine et ébranlée. Aussi une fois Auguste affermi, les spoliations en faveur des gens de guerre disparaissent. A partir de la défaite de Sextus (719), les biens vacants seuls leur sont distribués. Si Auguste dépouille quelques colons, il les indemnise, soit en argent, soit en terres hors d'Italie : admirable munificence, dit-il, « que seul de son temps il pratiqua parmi tous ceux qui donnèrent des terres à leurs soldats [2]. » Et c'est pour garantir la propriété contre le retour de ces terribles exécutions militaires,

---

1. En 59. Dion, LV, 25; LVI, 28.
2. Agros quos in consulatu meo quarto et postea consulibus M. et Cn. Lentulo augure (726, 736) adsignavi militibus solvi municipiis.. sestertium circiter sexgensim (*sexagies*?)... quod pro agris provincialibus solvi unus et solus omnium qui deduxerunt colonias militum in provincias ad memoriam ætatis meæ. (*Lapis Ancyr.*, III.)

Pour quelques terres incultes, la colonie de Capoue reçoit en échange un aqueduc et un revenu en Crète de 1,200,000 sesterces. (Velléius, II, 81, Dion.)

qu'Auguste fonde ce *trésor de l'armée* destiné à acquitter la dette de la république envers les vétérans.

La propriété raffermie, la culture va reprendre courage. Vingt-huit colonies, cent vingt mille nouveaux citoyens vont repeupler l'Italie[1] ; le luxe est combattu ; les poëtes chantent de leur mieux les douceurs de l'agriculture[2] : les *Géorgiques* de Virgile sont un délicieux pamphlet contre les domaines de luxe et les grandes propriétés :

> . . . . Laudato ingentia rura
> Exiguum colito. . . . .
> « Admirez les grands domaines, n'en cultivez qu'un petit. »

Octave, quand son trésor est abondant, prête sans intérêt au propriétaire qui peut lui garantir le double de son prêt. Octave voudrait abolir ces funestes distributions de blé, perpétuel encouragement à la paresse ; mais il comprend quel moyen de popularité il abdiquerait au profit du premier agitateur qui voudrait s'en emparer. Il tâche seulement de ne pas faire de ces fatales aumônes un monopole pour la fainéantise, et d'y admettre le marchand et le laboureur sur le même pied que le mendiant de Rome[3].

Le second obstacle, c'était la race romaine énervée, appauvrie, dégradée à tous ses degrés depuis le premier des consulaires jusqu'au dernier des parasites qui une fois par an s'habillaient de la toge. Cette tâche-là est la grande œuvre du censeur Auguste. Pour commencer par les plus

---

1. *Lapis Ancyr.* (*Ibid.*) Suet., *in Aug.*, 46. Frontin, *de Colonia*, nomme 30 colonies d'Auguste et 4 de Drusus, son fils adoptif.

2.   Tutus bos etenim rura perambulat,
        Nutrit rura Ceres almaque Faustitas. (Horace, *Od.* IV, 5.)
      . . . . Tua, Cæsar, ætas
        Fruges et agris rettulit uberes.   (*Ibid.*)

3. Suet., *in Aug.*, 40-42.

hauts rangs, Auguste relève le patriciat en le recrutant. Inutile à la vie politique de Rome, le patriciat n'est inutile ni à sa religion, ni à sa gloire. De nouveaux patriciens s'ajoutent à ceux qu'avait faits César, décimés par quinze ans de guerre civile [1].

Le sénat vient à son tour. Le sénat trop nombreux est réduit; trop mêlé, il est purifié. Auguste exclut les moins dignes en les faisant consentir doucement à prendre leur retraite et les consolant par quelques honneurs, les plus pauvres en portant le cens sénatorial de 800,000 à 1,200,000 sesterces (de 215,000 à 322,500 fr.); il garde les gens de mérite en complétant leur cens sur sa propre fortune. Il ferme l'arène aux sénateurs, à leurs fils, à leurs petits-fils, toujours tourmentés de la rage d'y descendre. Aux fils des sénateurs, Auguste accorde le droit d'assistance au sénat, voilà pour leur avenir parlementaire; un tour de faveur pour les grades, voilà pour leur avenir dans l'armée [2].

Viennent les chevaliers. L'usage de la revue quinquennale est repris; ils défilent devant le prince, tenant la bride de leurs chevaux, et lui rendent compte de leurs vie et mœurs. Toujours prudent et modeste, Auguste les avertit doucement, les punit parfois, leur recommande de ne pas trop faire l'usure, quelquefois écrit un reproche sur ses tablettes et le leur donne à lire tout bas [3].

Mais la grande réforme à faire est celle du peuple. Il faut que le sang romain garde son altière prééminence, que trop de sang étranger ou servile ne coule pas dans les veines des maîtres du monde [4]. Auguste a donné le droit

1. Loi Sénia (725). Dion, LII, in fine. Tacit., XI, 25.
2. Suet., *in Aug.*, 35, 38, 41. Dion, LII, in fine.
3. Suet., *in Aug.*, 38, 39.
4. Magni existimans sincerum atque ab omni colluvie peregrini ac servilis sanguinis incorruptum servare populum... (Suet., *in Aug.*, 40.)

de cité avec abondance, mais non pas au hasard ; au besoin, il sait en être avare, autant que les autres Césars en seront prodigues. Il l'ôte à des villes, à des nations coupables ; quand Livie le lui demande pour un Gaulois : « Je l'exempte d'impôts, répond-il, j'aime mieux appauvrir le fisc qu'avilir le titre de citoyen. »

Le pouvoir d'affranchir, de faire d'un esclave un Romain, ce pouvoir grâce auquel la cité se recrute d'esclaves, est soumis à des restrictions. Nul ne peut mettre en liberté plus de cent esclaves à la fois. L'affranchi qui n'a pas reçu la liberté selon les formes solennelles de l'ancien droit public, n'est pas citoyen ; il est assimilé aux Latins, les premiers sujets, mais enfin les sujets de Rome. L'affranchi qui, étant esclave, a subi une condamnation criminelle, est assimilé aux derniers d'entre les peuples vaincus, à ceux que Rome a reçus à discrétion (*dedititii*) ; il est exclu pour jamais du droit de cité, privé de tout héritage, relégué à cent milles de Rome [1].

Les anciennes lois contre les mésalliances sont renouvelées : nul sénateur, ou fils de sénateur, n'épousera la fille d'un affranchi ou d'un comédien ; nul citoyen libre de naissance (*ingenuus*) n'épousera soit une femme de mauvaise vie, soit une femme condamnée pour adultère, soit une comédienne [2]. Ainsi Auguste veille à la pureté du sang romain.

Rome va donc renaître épurée du chaos des guerres civiles. Voyez au théâtre revivre les distinctions antiques ;

---

1. Loi Furia Caninia, 751. Loi Ælia Sentia, 756. Loi Julia Norbana, 771 (sous Tibère). *V.* Suet., *in Aug.*, 40 ; Dion, LV et les jurisconsultes. *V.* un curieux passage où Denys d'Halicarnasse (IV, 3) rappelle et justifie cette loi.

2. Loi Julia : de maritandis ordinibus, 734. Ulp., *Regul.*, 13, etc.

les sénateurs assis au premier banc, les quatorze suivants réservés aux chevaliers; les hommes mariés séparés des célibataires, les adultes des enfants, les *ingenui* des affranchis, les Romains des étrangers, les soldats du peuple, les hommes en toge de ceux qui portent le manteau. N'est-ce pas là toute une résurrection de l'antique cité? Auguste, qui veut réhabiliter jusqu'au costume romain, voit un jour une assemblée entière vêtue de cette ignoble *pænula* qui dissimule la toge ou dispense de la porter. « Voilà donc, s'écrie-t-il, en rappelant ironiquement une parole du poëte :

Romanos rerum dominos gentemque togatam
« Les Romains et la toge au monde redoutée! »

Et à quiconque s'arrête sur le Forum, il fait, sans façon, ôter le manteau de dessus ses épaules romaines. Ainsi à la fois, il épure, il reconstitue, il ennoblit le peuple-roi [1].

Seulement, au fond de cette société, Auguste savait une plaie autrement inguérissable que toutes les autres. Si les familles se renouvelaient aussi vite, si les races anciennes périssaient, si Rome menaçait de n'être bientôt plus peuplée que de fils d'esclaves, la cause en était surtout au désordre des mœurs et à la fréquence du célibat. Le goût de la liberté domestique était trop grand; le métier de coureur d'héritage trop répandu; la position de l'homme sans enfants trop choyée, trop courtisée, trop enviée : on ne se mariait plus. Le mal était ancien; les lois, depuis longtemps, cherchaient le remède [2]; nous avons vu César occupé à le trouver. Le joug du mariage n'était pourtant pas bien

1. *V.* Suet., *in Aug.*, 40, 44.
2. Dès l'an 350, amende contre les célibataires (*œs uxorium*). Val. Maxim., II, 9. Plut., *in Camillo*. — Au VI⁰ siècle, les fils d'affranchis

lourd; on quittait, on reprenait à son gré sa femme ou son mari; César et Auguste furent mariés ainsi chacun trois fois; Pompée eut cinq femmes. Mais le divorce a toujours été le plus grand ennemi du mariage; la nature humaine se résigne mieux à une loi plus sévère, quand cette loi est immuable. Le joug conjugal était devenu plus commode; mais on trouvait plus commode encore de s'en affranchir tout à fait, d'avoir, au lieu d'héritiers nécessaires, comme dit la loi, de commensaux inévitables, des héritiers éventuels, des parasites, des courtisans. Et vers la fin de son règne (762), quand Auguste rassembla les chevaliers romains et sépara les célibataires des gens mariés, il resta épouvanté du petit nombre de ceux-ci [1].

Il n'avait pourtant rien oublié pour réhabiliter le mariage : don de 1,000 sesterces par enfant à des citoyens pères d'une nombreuse famille; aggravation de l'amende imposée aux célibataires; obstacles aux divorces; interdiction des fiançailles prématurées (avant cette loi, Agrippine avait été fiancée dès l'âge d'un an); garantie donnée aux femmes par l'inaliénabilité de la dot [2]; peines contre la séduction; peine d'exil et de confiscation contre l'adultère; devoir imposé au mari, sous peine d'être jugé comme entremetteur de corruption (*lenocinii*) de répudier, de dénoncer, de poursuivre sa femme coupable, qui, du reste,

---

qui avaient un enfant mâle de cinq ans passent dans les tribus rustiques, l. XLV, 25. — En 650, primes en faveur du mariage; la cité romaine accordée au Latin qui laissait un fils dans sa ville natale.— En 651, harangue de Métellus *de Prole augendâ*, loi qui oblige au mariage *liberorum creandorum causâ*. (Suet. *in Aug. Liv. Epit.*, 59; Aulu-Gelle, I, 6.)—En 695, la loi agraire de César n'accorde des terres qu'aux citoyens qui ont trois enfants. — 707-710, diverses mesures de César que j'ai indiquées plus haut. — 1. Dion, LVI.

2. Lex Julia *de Dotibus*. (Gaius, *Instit.*, II, 62, 63. Paul, *Sent.*, II, 21; B. § 2, pr. 4, 16.) *D. de Fundo dotali*.

pouvait être accusée et par son père et par d'autres; droit de mort sur le séducteur, donné au mari, donné au père, pourvu que le père en même temps n'épargnât pas sa propre fille [1].

Auguste alors, dans sa colère, proclame la loi depuis longtemps méditée, mais pour laquelle il avait attendu le plein affermissement de sa puissance, sa loi Papia Poppæa. D'après cette loi, le mariage est une charge publique, un impôt qu'on doit à l'État; le veuvage même ne doit pas être trop long, en dépit de l'ancienne morale qui n'aimait pas les secondes noces et honorait la femme d'un seul époux (*univira*). — Quiconque à vingt-cinq ans ne sera pas marié encore; quiconque veuf ou divorcé ne sera pas remarié au bout de la courte vacance que la loi lui donne (c'était pour les femmes deux ans après la mort, dix-huit mois après le divorce [2]); quiconque enfin se sera marié seulement à l'âge auquel la loi ne tient plus le mariage pour suffisant (soixante ans pour les hommes, cinquante pour les femmes), est réputé célibataire et puni comme tel. Il ne peut recueillir ni hérédité testamentaire, ni legs, ni succession, si ce n'est de ses parents les plus proches. S'il veut hériter, il n'a qu'à se marier bien vite; on lui donne, pour prendre son parti, cent jours à compter de l'ouverture de la succession. — Mais croyez-vous l'homme marié à l'abri des rigueurs de la loi? Non, à vingt-cinq ans pour les hommes, à vingt ans pour les femmes, la loi exige des enfants; sinon, mari et femme ne peuvent se donner l'un à l'autre que le dixième de leurs biens, et ne

1. Lex Julia *de Adulteriis et de Pudicitiâ*. V. Paul, *Sent.*, II, 26; *D. ad L. Jul. de Adulteriis*; Suet., *in Aug.*, 34; Pline, *Ep.*, VI, 31; Horace *Ode*, II, 5; Justinien, *Instiut.*, *tit.* XVIII, 4.

2. D'après la loi Julia antérieure, un an après la mort et six mois après le divorce.

touchent que la moitié des legs qu'un étranger leur laisse.
— Au contraire, le père de famille est l'heureux du siècle :
legs, successions, hérédités, lui appartiennent; il recueille
la part de ses cohéritiers célibataires; sa femme et lui
peuvent disposer l'un pour l'autre de toute leur fortune;
il a le pas dans les cérémonies, la meilleure loge au théâtre;
chaque enfant le dispense d'une année d'âge pour les magistratures. — Et s'il a trois enfants (trois à Rome, quatre
en Italie, cinq dans les provinces), c'est alors qu'il devient
le favori de la loi, le monarque de la civilisation; la république l'accable de ses priviléges, l'affranchit des charges
publiques, le dispense des tutelles, lui donne une double
part dans les *frumentations*, le préfère dans la nomination
aux emplois. — Quatre enfants font échapper la femme
affranchie à la tutelle de son patron; trois enfants donnent
à la patronne l'héritage de son affranchi; le Latin qui
présente au magistrat un fils âgé d'un an, et déclare
« s'être marié pour avoir des enfants, » devient citoyen
romain [1]; le sénateur qui a la plus nombreuse famille
opine le premier au sénat. — Auguse déclare enfin aux
célibataires obstinés que sa patience est épuisée : il a
tout fait pour leur faciliter le mariage, leur a permis
d'épouser même des affranchies, a autorisé ce mariage de
la main gauche (*concubinatus*), par lequel on échappe à
certaines prohibitions légales [2]; il leur a déjà donné trois
ans, puis deux ans de délai pour chercher femme; il leur
accorde un an encore : mais au bout de ce terme, il sera
sans pitié. D'ailleurs le fisc, et ses émissaires les délateurs,
auxquels la loi promet une forte part des sommes qu'ils
rapporteront au trésor, gardes vigilants, épieront leur

---

1. D'après la loi Junia Norbana. Ulpien, *Regul.*, III, 3. Gaius, *Instit.*, 1, 29. — 2. Digeste, 3, *de Concubinis*.

proie ; la délation et la fiscalité viennent au bout de toutes les institutions impériales. — Quelle devait donc être la haine de ce siècle pour le mariage, quand le législateur en arrivait à de telles promesses et à de telles menaces [1] !

Ainsi Auguste voulait-il sérieusement se faire Romain. Les temples se relevaient, les colléges de prêtres étaient enrichis ; les fêtes oubliées remises en honneur. Le tyran Auguste était antiquaire et amateur de vieux bouquins, cherchant partout, dans les poudreuses annales de la république, quelque chose d'édifiant pour ses Romains dégénérés ; tantôt lisant au sénat le discours de Métellus *de Prole augendâ*, preuve, hélas ! que les anciennes mœurs étaient bien anciennes et que depuis longtemps on se lamentait sur leur décadence ; tantôt retrouvant de vieux préceptes et de sages maximes, qu'il adressait à ses généraux, à ses magistrats, à ses préfets : et il écrivait sur la table d'airain où il rendait compte de sa vie publique : « J'ai proposé à la république les exemples oubliés de nos aïeux »[2]. Si quelqu'un dans Rome était Romain, c'était lui.

Vous étonnerez-vous donc qu'il évoquât sans inquiétude les souvenirs de la liberté? qu'il laissât Horace chanter « le noble trépas et l'atroce courage de Caton », que Virgile mît

---

1. En 736, loi Julia *de Maritandis ordinibus*. Tacit., *Annal.*, III, 28. Dion, LIV, 16. Suet., *in Aug.*, 34. Horace, *Od.*, IV, 15; *Ep.*, 18. *Carmen sœculare*. — En 762. Loi Poppæa. Dion, LVI, 1-10. Suet., 34, 89. Tacit., *Annal.*, III, 25.

V. sur ces lois en général : parmi les précieux monuments du droit anté-justinien : Ulpien. *Regul.*, 14, 16, 18, 22 (§ 19), 24 (§ 31), 29 (§ 3 et suiv.); Gaius, *Instit.*, II, 111, 206 et suiv. — Dans le droit Justinien : *Digeste*, XXXVIII, 2, § I. *Instit.*, *de Successionibus libertorum*, § 1. — Parmi les classiques : Gellius, I, 6; V, 19; Suet., *in Claudio*, 19, 23; Pline, *Épit.*, VIII, 16; Juvénal, IX, 88 et suiv.; Pline, *Panégyr.*, XXVI, 5; Tacit., *Annal.*, XV, 19. — Parmi les modernes, Montesquieu, etc.

2. Exempla majorum exolescentia jam ex *nostrâ republicâ* multarum rerum exempla imitanda *proposui.* (*Lapis Ancyranus.*)

Caton aux Champs Élysées, à la tête des justes[1], et qu'auprès de l'apothéose de ce républicain il y eût un reproche pour César[2]; que Tite-Live ne dissimulât par ses sympathies pour la liberté aristocratique de l'ancienne Rome, et que le tyran son maître se contentât en riant de l'appeler Pompéien[3]? Était-ce donc Auguste qui avait abattu la vieille Rome? Auguste, à vrai dire, avait-il à défendre le parti de César?

Aussi voyez comme sa littérature officielle est bien romaine! Quel élan religieux et national! Quel concert de louanges, d'espérance, de morale et de sentimentalité romaine, enfanté par tous les lauréats du mont Palatin, par toute la cour poétique de César! L'un de ses poëtes chante l'agriculture des vieux Sabins, l'autre les fastes de la Rome quirinale, celui-ci tout le fatras mythologique des origines romaines; leur poésie obéit à sa politique. Pas une loi en faveur du mariage et des bonnes mœurs qui ne soit inaugurée par un chant du libertin Ovide, ou du célibataire Horace : tous sont de pieux Romains à genoux devant les dieux, pour leur demander le retour aux anciennes mœurs;

---

1. . . . . Et Catonis
    Nobile lethum. . . .
    Et cuncta terrarum subacta
    Præter atrocem animum Catonis. . . .   (Horace.)

    Secretosque pios, his dantem jura Catonem.   (*Énéid.*, VI.)

Catilina, l'ennemi de la république, est maudit par Virgile :

    . . . .   Et te, Catilina, minaci
    Pendentem scopulo furiarumque ora trementem.

2. O pueri, ne tanta animis adsuescite bella. . . .
    Tuque prior, tu parce, genus qui ducis Olympo,
    Projice tela manu, sanguis meus.   (*Énéid.*, VI.)

3. *V.* Tacit., *Annal.*, IV, 34.

ous des agriculteurs passionnés, prêts à ressusciter, s'ils le pouvaient faire, cette vieille race de paysans et de soldats qui remuait avec la charrue la lourde terre des Sabins[1].
« Rétablis donc, chantent ces poëtes, ô fils de Romulus, si tu ne veux expier innocent les crimes de tes ancêtres, rétablis les temples écroulés de tes dieux, et leurs statues noircies de fumée! Soumis aux dieux, tu règnes sur le monde; oubliant les dieux, tu as appelé des maux affreux sur la malheureuse Italie..... Erycine, riante Vénus, mère de notre César; chaste Diane, toi qui donnes de glorieux enfants aux épouses fidèles; Apollon, dieu du soleil, puisses-tu dans ta course ne voir rien de plus beau que notre Rome! Dieux puissants, si Rome est votre ouvrage, donnez des mœurs pures à la docile jeunesse; à la vieillesse, donnez un paisible repos; aux fils de Romulus, donnez la puissance, la fécondité et la gloire... Déjà la foi, déjà la paix, déjà la bienséance et l'antique pudeur reviennent parmi nous avec la vertu si longtemps négligée; les maisons sont devenues chastes, il n'y a plus d'adultère; les lois et les mœurs ont détruit l'infâme débauche; la peine s'attache à la faute, et marche sur ses pas; les mères se glorifient d'enfants semblables à leurs époux[2]. »

Ces phrases de poëtes avaient leur côté sérieux; un homme sérieux les inspirait. Ne médisons pas de la politique

---

1. Non his juventus orta parentibus
    Infecit æquor sanguine Punico;
    Sed rusticorum mascula militum
    Proles, Sabellis docta ligonibus
    Versare glebas. . . . (Horace.)

    Hanc olim veteres vitam coluere Sabini
    Hanc Remus et frater. Sic fortis Etruria crevit. . . .
    (Virgile.)

2. *V.* Horace, *Od.*, III, 6, 24; IV, 4, 15. *Carmen sæculare.*

d'Auguste; elle donna au monde quarante-cinq ans de paix et d'équilibre : elle ne fut donc ni si mal entendue, ni si malheureuse : quelle politique humaine a le bras assez long pour qu'un demi-siècle ne soit pas pour elle une éternité

Et cependant elle sentait déjà ses résultats lui échapper. On nous peint toujours l'Italie, à côté des magnificences de Rome, appauvrie par le stérile agrandissement de quelques fortunes ; le palais et le parc du riche, ses champs de violettes, ses jardins de myrtes et de platanes, envahissant la terre du pauvre ; l'humble vassal[1] fuyant, ses pauvres pénates entre ses bras, avec sa femme et ses enfants en haillons ; une foule de villes jadis florissantes, détruites et inhabitées; nulle trace ni de la langue, ni du costume, ni des mœurs des anciens peuples.

De là, — comme auparavant, les importations inévitables de blé étranger : elles montèrent, sous Auguste, 60 millions de boisseaux (900,000 hectol. environ) ; c'était à peu près la consommation de Rome[2] : — comme auparavant, Rome encombrée d'habitants, parce que là seulement on trouvait à vivre ; Auguste ouvrit un troisième forum à cette population toujours croissante ; César avait réduit le nombre des *frumentaires* à 150,000; sous Auguste il remonte à 200 ou 350,000[3] : — comme auparavant, des craintes perpétuelles, des disettes fréquentes, des séditions

1.   Quid, quod usque proximos
   Revellis agri terminos, et ultrà
       Limites clientium
   Salis avarus? Pellitur paternos
       In sinu ferens Deos,
   Et uxor et vir, sordidosque natos.
               (Horace, *Od.*, II, 18. *V.* aussi II, 15.)
2. Josèphe, *de Bello*, II, 18. Aurélius Victor, *Épit.*, I.
3. *Lapis Ancyr.*

à Rome, l'expulsion des étrangers ; dans une grande famine où le *modius* (8 1/2 litres environ) de blé se vendit 27 deniers et demi (22 fr.), Auguste chasse de Rome tous les gladiateurs, tous les esclaves à vendre, tous les étrangers à l'exception des professeurs et des artistes, un grand nombre d'esclaves et même de ses propres esclaves [1] : — comme auparavant enfin, la population servile ne cesse de s'accroître, épouvante et menace la population libre, instrument maniable à toutes les factions, dangereux auxiliaire de tous ceux qui veulent conspirer [2].

Malgré l'augmentation du nombre des citoyens, l'Italie demeure privée de défenseurs. A la nouvelle d'un soulèvement des Dalmates, Auguste, forcé d'armer les affranchis, déclare que, s'il n'y est pourvu par de promptes mesures, l'ennemi sera dans dix jours aux portes de Rome. A la défaite de Varus, Auguste pleure et s'arrache les cheveux, parce qu'il voit déjà les Germains sur les Alpes, prêts à descendre sur l'Italie sans défense [3]. Trois fois il est obligé d'armer les esclaves [4] ; une garde municipale, composée d'affranchis, veille pour la sûreté de Rome. Qui pourrait aujourd'hui, s'écrie Tite-Live, comme dans les anciens temps de la république, lever dans Rome seule une armée

---

1. En 759, Suet., *in Aug.*, 42 ; Eusèb., *Chronic.*, 2022.
2. Sous Tibère, soulèvement parmi les esclaves, les pâtres surtout. « Rome trembla en pensant à la multitude toujours croissante des esclaves et à la diminution journalière de la population libre. » Tacit., *Annal.*, IV, 27. « Tous les ennemis du prince soupçonnés de vouloir soulever les esclaves. » *Id.*, VI, 11 ; XII, 65 ; XV, 46 et ailleurs.
3. Dion LVI, Suet., *in Aug.*, 24, an 762.
4. En 716, il affranchit 20,000 esclaves pour en faire des rameurs contre Sextus Pompée. En 759 et 765, armement des esclaves et des affranchis contre les Dalmates. Dion, LV, 31 ; LVI, 23 ; Suet., 25. Pline (VII, 46) compte parmi les malheurs d'Auguste, *servitiorum delectus, inopia juventutis*.

de 45,000 citoyens¹? Dans une lettre remarquable au sénat, Tibère résume très-bien les trois grandes plaies de l'empire : l'étendue des propriétés inutiles (*villarum infinita spatia*), le nombre immense des esclaves (*servorum nationes*), l'insuffisance de l'Italie à sa propre nourriture².

Voilà pour l'état matériel. — Dans l'ordre politique, il semble que rien de romain ne se trouve plus dans Rome, et comme un signe que l'ancienne discipline s'écroule, les deux derniers censeurs ont vu leurs siéges se briser sous eux. Faut-il des tribuns, des questeurs? personne ne se soucie de le devenir; l'édilité est un honneur trop coûteux, il n'y a plus de candidat. Faut-il devenir sénateur? nul ne s'en soucie ; on quitte même le sénat après y avoir siégé; on se dit infirme, on se dit pauvre. Auguste en est réduit à juger lui-même les infirmités, à examiner lui-même les fortunes, à envoyer d'autorité au sénat tout homme de moins de trente-cinq ans, valide et remplissant les conditions requises, comme on déclare un conscrit bon pour le service. Auguste est essentiellement le républicain de son empire, et soutient seul les magistratures gratuites de la république³. S'agit-il de nommer une vestale? personne ne présente sa fille ; Auguste, obligé de descendre jusqu'aux filles d'affranchis, jure que si ses petites-filles n'eussent point passé l'âge, il les offrirait : Julie, observe Crevier, eût fait une étrange vestale. Auguste cherche-t-il un *flamen* pour son cousin Jupiter (sorte de sacerdoce qu'environnait un caractère remarquable de pureté religieuse et de symbolisme pythagorique)? les Romains savent prévoir de loin tous les dangers : comme le fils *flamen* ou la fille vestale sort de la *main* paternelle, c'est-à-dire peut tester, succé-

---

1. VII, 25. — 2. Tacit., *Annal.*, III, 53, 54.
3. Dion, LIV, p. 540, ed. Leunclav. 1606 (sur l'année 741).

der, recueillir des legs pour son propre compte et non au profit paternel, nul ne se soucie de ces hautes dignités pour ses enfants (voyez dans chaque coin des mœurs romaines cette arrière-pensée de testament et de legs). Or, comme d'un autre côté nul ne devient *flamen* ou vestale s'il n'est issu d'un mariage contracté avec toutes les formes religieuses (*confarreatio*), le mariage religieux tombe en désuétude, et on ne s'expose pas à mettre au monde des enfants dignes de ces honneurs sacerdotaux [1]. En un mot, toutes les lois sont si impuissantes qu'on a vu un jour Auguste s'éloigner de Rome, parce qu'il avait, disait-il, ou comme prince ou comme censeur, trop à châtier [2].

En même temps encore, bien que César fasse tout au monde pour honorer ses confrères, les dieux de l'Olympe, son siècle persiste malgré César à ne vouloir adorer d'autre divinité que la sienne. César défend qu'on lui élève des temples à Rome : au moins s'en élèvera-t-il de toutes parts dans les provinces. César ne veut être adoré que de concert avec la déesse Rome ; *Romæ et Cæsari* est la seule formule qu'il permette : mais sa divinité dont il cherche à modérer l'excès, l'empire ne demande qu'à l'agrandir. Naples, Pergame, Nicomédie, lui consacrent des temples, des pontifes, des jeux ; Alexandrie, non un temple, mais une ville entière, portiques, bois sacrés, bibliothèques, vestibules, promenades. Le demi-païen Hérode lui élève des statues et des autels, lui donne des jeux dans Jérusalem [3]. Il se fait entre les rois ses sujets une souscription pour achever en l'honneur du génie d'Auguste le temple commencé à Athènes en l'honneur de Jupiter Olympien [4]. Enfin Auguste n'a plus qu'un moyen de faire adorer les

---

1. Tacit., *Annal.*, IV, 16. — 2. Dion, LIV, p. 533 (an 738).
3. Josèphe, *Antiq. Jud.*, XV, 11 ; XVI, 9. — 4. Suet., *in Aug.*, 60.

autres dieux, c'est de les associer à sa grandeur; il loge chez lui sa cousine Vesta, et Apollon garde son antichambre [1].

Mais quant à la fameuse loi des mariages, — Rome, qui se passe fort bien des libertés républicaines, est prête à faire une révolution pour la liberté du célibat. En plein théâtre, les chevaliers interpellent Auguste d'abroger sa loi; ils lui citent fièrement l'exemple des vestales : « Si vous vous autorisez de leur exemple, vivez comme elles », leur dit-il; puis il leur montre les fils de Germanicus, l'orgueil de sa famille et l'espoir de l'empire. Il fallut cependant concéder quelque chose aux plaintes du sénat, qui n'acceptait ni la pureté des vestales, ni la chaste paternité de Germanicus.

Cette loi contre le célibat, fortifiée par de telles peines, sanctionnée par de telles récompenses, que jamais plus belles, disait Auguste, n'avaient été proposées à la vertu, fut une preuve (parmi tant d'autres), de l'impuissance des pouvoirs publics contre les mœurs. Un peu plus tard, et quand nous aurons parcouru la vie d'une génération, nous reviendrons sur cette œuvre de la législation augustale, et nous examinerons ce qu'elle avait produit ou laissé naître. Mais voyez déjà combien le pouvoir est peu de chose ! combien il est vrai qu'il n'y a ni un temps ni un pays qui ne

---

1.   Et cum Cæsareâ, tu Phœbe domestice, Vestâ.
                                        (Ovide, *Métamorph.*)

   . . . . Cognati Vesta recepta est
     Limine. . . . .
   Phœbus habet partem, Vestæ pars altera cessit.
     Quod superest illis, tertius ille tulit.   (Id., *Fasti*, IV.)

     State, Palatinæ laurus, prætextaque quercu
      Stet domus, æternos tres habet illa Deos,   (Id.)

sache, quand il le faut, s'insurger s'il est attaqué dans ses goûts ou dans ses vices! Cette loi d'Auguste contre le célibat portait le nom de deux consuls célibataires. Son admirable parasite, son poëte Horace, avait bien pu chanter « la loi maritale », déplorer « ce siècle fécond en crimes, qui avait souillé les mariages, les familles, le vieux sang romain. » Il avait bien pu chanter Rome, ramenée tout à coup à l'âge d'or par la loi Papia Poppæa; mais sa complaisance pour Auguste n'était pas allée au delà des paroles, et tout en louant l'austère vertu des femmes germaines, « qui ne se fient pas à un brillant séducteur », il n'en chante pas moins ces belles filles de l'Asie, dont Rome était pleine, et « pour qui l'épouse à peine mariée était abandonnée par son époux ».

Et Auguste lui-même, ce réformateur de la vie publique, ce préfet des mœurs (*magister morum*), comme il s'était fait appeler solennellement, ne savait-on pas ses mariages et ses divorces? Claudia, cette enfant qu'il avait épousée par politique, renvoyée presque le jour même, parce qu'il avait rompu avec sa belle-mère? et son union précipitée avec Livie, qu'il avait enlevée enceinte à son mari? et l'épouse de Tibère qu'il l'avait forcé de répudier, enceinte également, pour mettre au lieu d'elle Julie sa petite-fille? et tous les mariages qu'il avait noués ou brisés à son gré dans son impudique famille? N'applaudissait-on pas au théâtre à des allusions contre ses mœurs? Ne savait-on pas les infamies de sa jeunesse? Ne lisait-on pas les illisibles reproches qu'Antoine lui adresse dans une lettre presque amicale? Dans le sénat même, à son tribunal, les plaintes qu'on lui portait contre le désordre des mœurs, les questions qu'on lui faisait, ne prenaient-elles pas souvent une forme embarrassante pour ses souvenirs? Ne se rappelait-on pas que ce pieux restaurateur de la religion avait figuré Apollon dans une farce où ses amis et ses courtisans avaient représenté tout l'Olympe ?

Et même, tandis qu'Auguste, vieux et achevant un règne d'une prospérité inouïe, travaillait ainsi à la réforme des mœurs, quels noms répétait la foule au théâtre, quels noms lisait-elle affichés au Forum ? Ceux des amants des deux Julies, sa petite-fille et sa fille ; leurs désordres étaient publics, qu'Auguste les ignorait encore. C'étaient elles pourtant qu'il avait élevées, comme d'antiques Romaines, à filer la laine et à rester à la maison (*domi mansit, lanam fecit*) ; c'étaient elles dont il avait fait consigner dans un journal toutes les actions et toutes les paroles, afin qu'elles apprissent à les régler, éloignant tellement les étrangers, qu'il écrivait à un jeune noble : « Tu as commis une indiscrétion en allant visiter ma fille à Baïa. » Ses petits-fils avaient reçu de lui-même leur première instruction, y compris la natation et l'alphabet ; il s'était même attaché (chose bizarre !) à ce qu'ils sussent contrefaire son écriture. Il ne soupait jamais sans les avoir assis à ses pieds ; en route ils marchaient devant lui, ou se tenaient à cheval auprès de sa litière. Par des adoptions, par des divorces, par des mariages, tout-puissant dans sa famille comme dans la république, il avait arrangé à loisir et en toute satisfaction les combinaisons de sa dynastie.

Mais il y a une fatalité contre les combinaisons de ce genre : ce sont comme les pactes de famille dans les États modernes. La mort et l'infamie se mirent dans la dynastie des Césars. Pendant que ses deux petits-fils lui étaient enlevés en 18 mois (755 et 757), Auguste était obligé de punir de mort leur propre confident, de renfermer son dernier petit-fils Agrippa Posthume, âme vile et insolente, de mettre à mort un de ses plus chers affranchis qui avait séduit des femmes romaines. Mais rien ne l'accabla comme les désordres des deux Julies ; il s'en plaignit au sénat, non par lui-même, mais par une lettre dont il chargea un questeur (an 752) ; il n'osa se montrer au dehors, il pensa faire mourir sa fille ; elle avait une affranchie qui, compromise dans les désordres de sa maîtresse, se pendit de désespoir. « Que n'étais-je plutôt, » disait Auguste, « le père de cette Phébé ! » Sa fille, reléguée dans une île, fut privée, par ses ordres, de tout bien-être dans sa vie, de toute communication avec le dehors ; il fallut, avant qu'il l'autorisât à voir personne, qu'on lui donnât le signalement du visiteur, tant il craignait qu'un de ses amants n'arrivât jusqu'à elle. Sa petite-fille, après sa condamnation, eut un enfant, il défendit qu'on l'élevât. Ces deux femmes et Agrippa étaient l'objet de sa perpétuelle douleur ; il n'y pensait pas sans s'écrier avec le poëte :

Mieux vaut vivre sans épouse et mourir sans enfants [1].

Il eut soin, par son testament, de les exclure d'avance de son tombeau ; et quand le peuple, moins sévère et moins romain que lui, osa, après cinq ans, demander leur rappel, il lui répondit par cette imprécation : « Je vous souhaite de pareilles femmes et de pareilles filles. »

Ainsi s'achevait, entre les intrigues de la vieille Livie et la sombre ambition de son fils Tibère, cette triste fin d'un beau règne, cette douloureuse vieillesse engagée dans une lutte inégale et cependant nécessaire contre la corruption de son époque. César et Auguste avaient poussé tour à tour

---

1. Αἴθ' ὄφελον ἄγαμός τ' ἔμεναι, ἄγονός τ' ἀπολέσθαι.
(Hom., *Iliad.*, III; *apud* Suet., *in Aug.*, 65.)

trop loin deux principes contraires. César, dans l'ardeur de la lutte avait trop oublié ce que la vieille Rome avait encore de force et de puissance; vainqueur, il s'en souvint. Auguste s'en souvint bien mieux encore, peut-être trop; et ses derniers conseils à son successeur furent — de ne pas prodiguer le droit de cité,—de ne pas laisser les affranchissements se multiplier, — d'appeler autant d'hommes que possible à prendre part à l'administration; en un mot, de demeurer autant que possible Romain et républicain [1].

Et en effet, que pouvait-il faire et quelle force pouvait-il trouver hors de ce nom et de ce génie romain, la seule grande chose qui fût alors au monde? Les combinaisons d'origine et de position qui avaient donné son originalité essentielle à une petite peuplade italienne campée dans les marais du Tibre, avaient certainement produit un des plus merveilleux phénomènes de la nature humaine. La forme gouvernementale la plus puissante pour imprimer aux choses un caractère de grandeur, d'accroissement et de durée, l'aristocratie une, forte, héréditaire, mais en même temps sans cesse rafraîchie et renouvelée dans les rangs du peuple, était née de ce caractère si un et si homogène à lui-même, mais doué aussi d'une telle force d'expansion et d'absorption. Il y a eu quelque chose de cela dans l'aristocratie d'Angleterre, dans la noblesse de Venise, dans le sénat de Berne, institutions qui ont été d'une longue vie et d'une grande puissance, parce qu'elles ont eu l'unité de l'homme sans avoir sa courte durée.

Dans ce sénat, en effet, si abaissé au temps même d'Auguste, on se sentait toujours les héritiers de l'aristocratie ancienne, et on savait encore se faire révérer par les sou-

1. Dion, LVI, p. 591.

venirs. Ce peuple si vil, si frivole, si dégénéré, ce peuple du cirque et du théâtre, voulait être encore le peuple-roi, se révoltait parfois, commandait aux Césars, les sifflait ou les applaudissait comme des acteurs, leur proclamait ses volontés entre les facéties d'un bouffon et les combats des gladiateurs, et, chassé du Forum, régnait au théâtre. Ces légions (objet digne d'une étude toute particulière) formaient dans le peuple un peuple à part, bien autrement romain, qui avait une foi et un culte, le culte de ses aigles, auxquelles on offrait des sacrifices; cette armée, où l'on servait souvent toute la vie, formait une véritable nation militaire d'où sortirent jusqu'aux derniers jours de l'empire des hommes de trempe romaine, des Probus, des Stilicon, hommes rudes, sévères, antiques, souvent d'origine barbare, mais Romains de cœur. Enfin les provinces elles-mêmes, frappées de tant de grandeur et de souvenirs, voyaient moins avec haine qu'avec envie, crainte et admiration, l'édifice de la nationalité romaine, et songeaient, non à le détruire, mais à y pénétrer. Cette puissance des souvenirs, ravivée par les institutions d'Auguste, appuyée par la forte constitution administrative qu'il sut donner à son empire, le fit vivre pendant quatre siècles. Il eut la gloire, bien rare dans les annales humaines, de prolonger pendant quatre cents ans une décrépitude qui, de son temps, semblait désespérée, et de faire durer au delà de toutes les limites qu'on lui eût raisonnablement assignées, cet arbre sans racine qui ne semblait se soutenir que par son propre poids. Il y avait eu en Rome une telle force de durée et de vie, et elle se trouva aidée par une main si intelligente, que, malgré tant d'ennemis, malgré les Barbares, malgré les peuples de l'empire, malgré des luttes intestines qui semblaient faites pour tout détruire, sans l'aristocratie qui avait été sa base, sans le patriotisme qui avait été son mobile, sans le souffle qui l'avait animée à ses anciens jours, la vieille Rome subsista, et, après une vie historique plus longue que celle d'aucun peuple païen, légua au moyen âge ses monuments, sa langue, son droit, et Rome une seconde fois maîtresse du monde.

La destinée d'Auguste est une des plus complètes que le monde ait vues ; souverain libre et paisible de l'univers civilisé, il vécut ce qu'il fallait de temps pour voir une génération nouvelle, ignorante des souvenirs anciens, succéder à la génération que Pharsale et Actium avaient décimée. Son règne fut un temps de repos entre la guerre civile et les tyrans, un moment où les anciens partis disparurent sans qu'il s'en formât un nouveau, où tous les peuples conquis acceptèrent la conquête, où tous les peuples barbares du dehors furent repoussés ; et, comme si le monde eût eu besoin de repos pour se préparer à un nouvel ordre de destins, comme s'il avait voulu saluer avec Virgile le nouvel âge sibyllin et les mois de la grande année qui allait naître, Auguste ferma pour la seconde fois le temple de Janus (an 746), et Dieu, au moment de donner au monde celui que les prophètes ont appelé le Prince de la paix, étendit sur tout l'Occident civilisé une paix que les siècles n'avaient point connue.

Au milieu de cette gloire, Auguste naviguait doucement entre les îles du golfe de Naples (bien plus beau, alors que le Vésuve ne jetait pas de lave sur ses rivages), se reposait dans ses belles cités, écoutait des flatteries et des poëmes, voyait avec une douce joie de vieillard folâtrer la jeunesse grecque dans ses gymnases, causant, riant, plein de gaieté; lorsque la douleur l'avertit que sa mort était prochaine. Il prit alors un miroir, s'arrangea les cheveux, et, tourné vers ses amis, leur dit comme les acteurs à la fin du spectacle : « N'ai-je pas bien joué le mime de la vie ? Montrez-vous contents et applaudissez. » On trouva pour un million de sesterces un sénateur qui jura avoir vu son âme monter au ciel (19 août 767, an de J.-C. 14).

Pour comprendre les empereurs romains, il faut avoir bien étudié Auguste et Tibère : le premier donna à l'empire sa forme politique et légale ; il en fit, pour ainsi dire, le droit public : le second lui donna sa puissance réelle, parce qu'abandonnant les traditions romaines et les tentatives de restauration auxquelles Auguste s'était attaché, il chercha ailleurs le fondement du pouvoir d'un seul. Tibère seul et sa politique rendent explicables l'incroyable puissance et l'incroyable folie de ses successeurs.

TIBÈRE

§ I. — LA FAMILLE IMPÉRIALE.

Chaque époque a son secret. Ses passions, ses crises, ses contradictions se résument en un mot qu'il faut chercher comme un mot d'énigme. Mais il ne faut pas constamment le chercher bien haut ; le secret d'une époque n'est pas toujours un symbole mystagogique ou une philosophique abstraction ; souvent, en le cherchant au ciel, vous marchez dessus.

La clef de cette époque, je crois l'avoir trouvée sur les bancs d'une école. Et pourquoi pas ? Où se font les hommes ? c'est à l'école. D'où datent nos convictions les plus fermes, nos pentes les plus entraînantes, nos préjugés les plus indéracinables ? n'est-ce pas de l'école ?

Disons ce qu'était l'éducation romaine. La morale publique à Rome était toute dans le patriotisme ; il est vrai que ce patriotisme n'était pas, comme chez nous, une sentimentalité plus ou moins vague, un amour de quelque chose que l'on définit assez mal, fécond en phrases, pauvre en action. Le patriotisme romain était ceci : la chose publique est dieu ; et un dieu ne vous doit rien ; et vous lui devez tout, corps et âme, vie et biens, vous-même et autrui. Cela était grand, bien que fort absurde.

Voilà pour la morale. Voici maintenant pour l'intelligence (nous parlons du bon temps de l'éducation romaine, et non pas de la Rome grécisée qui commence avec les Scipions). Alors chaque homme était appelé à tout. Les fonctions publiques ne se divisaient que par degrés, et non pas comme chez nous par attributions ; le préteur rendait la justice à Rome, et hors de Rome commandait l'armée ; le questeur était dans l'ordre civil un intendant de province, à l'armée un trésorier militaire. Le consul faisait la guerre, délibérait au sénat, offrait des sacrifices et des prières, général, orateur, pontife, homme politique tout à la fois.

De là les quatre grandes études qui composaient toute éducation : la guerre, le culte, le droit, l'éloquence ; c'étaient là les vraies sciences romaines. Il n'était personne qui ne commençât par être soldat, personne qui ne fût en sa vie accusé ou accusateur, personne qui n'eût quelque charge pontificale à remplir, ou quelque avis à donner sur le droit. Cicéron, qui pourtant vint assez tard et nous semble un homme tout pacifique, fut général, avocat, financier, jurisconsulte, orateur, poëte, philosophe, homme d'État. César fut tout cela et bien plus que tout cela.

Et déjà, pourtant, les anciennes mœurs étaient en décadence. Ces quatre sciences, ou plutôt ces quatre fonctions publiques (car les Romains ne les envisageaient que sous ce point de vue), autrefois la propriété exclusive du patriciat, étaient tombées avec le reste de son héritage aux mains de la *nobilitas*. Peu à peu elles s'étaient séparées. L'un avait eu plus de cœur, et, sa première cause plaidée, s'était voué à la guerre ; l'autre plus de poumons, et après sa première campagne s'était mis à plaider ; celui qui ne se sentit de force ni pour la vie des camps, ni pour les clameurs du Forum, mit une branche de laurier sur sa porte, s'assit dans un grand fauteuil, et attendit les consultations. Il y eut alors, avec la même universalité d'éducation, trois carrières distinctes pour la jeunesse : l'armée, l'éloquence et le droit [1].

Mais, comme d'un côté la gloire militaire menait aux premières fonctions politiques, positions parlantes, délibérantes, accusantes et accusées ; comme de l'autre le droit n'était guère qu'un pis aller pour les mémoires courtes ou les poitrines faibles, tout le monde s'exerçait au parlage en public [2]. Voyez l'Angleterre, cette vie de clubs, de *hustings*, de parlements, où il n'est pas d'homme, si petit qu'il soit, qui n'ait un jour en sa vie à jouer l'orateur devant son village ; où tout se fait à coups de harangues, où des *meetings* et des comités le *speech* a passé dans la conversation. Il en était de même chez les Romains, et bien mieux encore, parce qu'au lieu de l'air détrempé de l'Angleterre, ils avaient l'air pur et le doux climat de l'Italie ;

---

[1]. Tacit., *de Orator.*, 28. « Les uns sont arrivés aux honneurs par la science du droit, d'autres par l'éloquence, d'autres par la gloire militaire. Nul de ces succès ne manqua à M. Porcius Caton. Plein de courage et de génie militaire, il se retrouvait au besoin, dans la vie pacifique, jurisconsulte habile, éloquent orateur. » Tit.-Liv., XXXIX, 40, et Cic., *de Orat.*, III, 33.

[2]. « Ils s'étaient persuadé que sans l'éloquence on ne pouvait acquérir ni garder une position élevée dans l'État. A cette époque où souvent, malgré soi, on était produit à la tribune ; où dans le sénat il ne suffisait pas d'opiner brièvement, mais où le vote devait être soutenu par une éloquente parole ; où, calomnié par des ennemis, dénoncé par des accusateurs, il fallait se défendre par sa propre bouche ; où devant les juges, il fallait déposer, non de loin et par écrit, mais présent et de vive voix, l'éloquence n'était pas seulement honorable et récompensée, mais nécessaire ; il y avait et gloire à bien parler, et honte à rester muet.... On eût rougi d'être compté comme client, non comme patron, de laisser passer à d'autres les liens de patronage qu'avaient formés vos ancêtres, de passer pour un homme sans moyens, insuffisant aux charges, inhabile à les acquérir comme à les exercer. » Tacite, *de Orator.*, 36, 37.

parce que tout se passait en face du ciel, affaires publiques, affaires privées, justice, commerce, société; parce qu'on communiquait par la parole au lieu de communiquer par la presse; parce qu'en un mot on vivait à l'air. La pluie, il est vrai, faisait cesser les affaires, et au premier bruit de tonnerre, on ajournait la question jusqu'au prochain jour de beau temps. Mais, du reste, ces assemblées du peuple en Grèce et à Rome, que nous appelons des délibérations, ces assemblées de 3 ou 4,000 hommes et davantage, si tumultueuses, si désordonnées, qui discutaient si peu et votaient si mal, étaient surtout des moyens de publicité. La place publique était à la fois le parlement, la bourse, le salon, le palais de justice, le marché. C'était le Pnyx à Athènes, lorsque 5,000 hommes se réunissaient pour écouter avec enthousiasme et voter avec fureur; c'était l'agora, la promenade des flâneurs et des causeurs de l'Attique, la manufacture des nouvelles, le centre du commérage, la tribune des philosophes, le *meeting* permanent, où chacun pouvait parler au peuple des affaires du peuple et de ses propres affaires, de sa maison, de son industrie, de son commerce, où le socle de Démosthène servait de petites affiches; le lieu où aboyait Diogène, et où Timon le misanthrope venait dire : « Hommes athéniens, j'ai chez moi un figuier où se sont pendus quatre ou cinq citoyens; si quelqu'un veut l'employer au même service, je l'engage à se hâter, car je vais couper l'arbre. » Tous ces noms de Lycée, de Portique, d'Académie, nous rappellent que la philosophie, comme tout le reste, se tenait en plein air; en un mot, on vivait à la tribune.

A Rome, il en était de même. Sous les empereurs, les bains et les basiliques vinrent bien disputer au Forum le monopole de la publicité; mais sous la république, le

Forum était un rendez-vous à peu près universel. Les jours ordinaires on y causait; les jours de marché, où la nécessité y appelait tout le peuple, on y faisait devant le peuple les affaires sérieuses, les affaires des citoyens comme celles de l'État; on y adoptait un fils, on y faisait son testament; enfin le Forum tenait lieu et des salons, ce grand élément de la vie du dernier siècle, et des journaux, ce grand élément de notre vie [1].

Cette accoutumance de la vie publique, jointe à la gravité romaine, produisait une certaine solennité dans les mœurs, quelque chose d'officiel, d'apprêté, d'oratoire dans toutes les habitudes. La harangue était de tous les moments, de toutes les affaires : *concio* est le *speech* des Anglais. Dans la vie de famille, on se haranguait comme dans la vie politique. Germanicus mourant harangue ses amis; un rhéteur fatigué de vivre, vient au Forum, monte à la tribune, expose en trois points les raisons qu'il a de mourir, puis retourne chez lui, cesse de manger et meurt [2]. Antoine, violemment attaqué dans le sénat par Cicéron, ne se croit pas en état de lui répondre sur l'heure; il va à la campagne, s'y enferme avec un maître de rhétorique, y étudie, déclame, improvise pendant quinze jours, puis revient au sénat et fulmine son écrasante improvisation.

Dans les *Annales* de Tacite, cet écrivain qui raconte son propre temps et le raconte avec une si profonde intelligence, Sénèque, que commencent à inquiéter les dispositions peu aimables de son impérial élève Néron, l'aborde et lui fait un *speech* dans toutes les formes pour lui de-

---

1. A Rome, où tout le monde se voit au Forum, on n'a pas besoin d'être voisins. Romæ, cùm Forum commune sit, vicinitas non requiritur. (Cic., *Fam.*, V, 15.)

2. Suet., *de claris rhetoribus*, 6.

mander sa retraite. Néron lui répond comme on ferait à la Chambre : « Si je ne crains pas de répondre sans préparation à un discours longuement médité, c'est à toi que je le dois, etc. »

Un avocat chez nous, c'est un homme souvent assez vulgaire, qui, secouant les plis d'une vieille robe noire, criant d'une voix enrouée des phrases mal faites et malsonnantes, frappant sur le bureau, n'a certes rien de pompeux ni de théâtral. Mais un avocat chez les Romains, c'était un magique artiste en paroles, monté sur une large tribune, s'y promenant à droite et à gauche, se drapant habilement dans les plis de sa toge blanche (Tacite se plaint des petits manteaux de son temps, dans lesquels, dit-il, l'éloquence est étriquée [1]; prenant le *la* d'un joueur de flûte, afin de ne pas commencer sur un ton trop haut ni trop bas; donnant à sa voix toutes les inflexions étudiées d'une déclamation d'acteur, modulant son geste, se complaisant dans ses cadences, charmant au moins les oreilles quand il ne parlait ni à l'esprit ni au cœur[2]; s'armant de prudence et de modestie dans son exorde, entamant avec une douceur insinuante les préventions de son auditoire; exposant avec clarté, racontant avec esprit, argumentant sans pédantisme, sophistiquant avec élégance, injuriant en phrases poétiques, vouant avec grâce son adversaire aux dieux infernaux, ayant des malédictions, des colères, des violences harmonieuses; pleurant à la péroraison, pleurant de rhétorique, de fatigue, d'émotion même; car il ne faut pas

1. Tacit., *de Orator.*, 39.
2. Cicéron revient plusieurs fois sur les applaudissements qui suivirent cette phrase d'un orateur : *Patris dictum sapiens temeritas filii comprobavit*, non à cause du sens de la phrase, mais à cause de son euphonie. Et Tacite parle des orateurs qui se glorifient *de ce qu'on chante et de ce qu'on danse leurs discours. Ibid.*, 26.

oublier ce qu'il y avait d'émotion facile et de sensibilité passagère dans ces âmes méridionales.

Il est bon de voir comme on entendait minutieusement ces dehors de l'éloquence, et comment la dignité de l'orateur était comprise. L'orateur ne devait ni se moucher, ni cracher, ni tousser trop souvent ; le verre d'eau sucrée est condamné par Quintilien. L'orateur ne devait ni trop se remuer ni se remuer trop peu, ni gonfler ses narines, ni lever ses épaules, ni mordre ses lèvres, ni sortir de son banc, ni trop s'y promener (on demandait à un certain avocat combien de milles il avait fait en plaidant), ni se balancer sur le pied gauche, ni avancer le pied droit en même temps que la main droite, ni écarter les jambes, ni lever le bras gauche plus haut qu'il ne faut pour former avec le corps un angle droit. L'école réglait jusqu'à sa toilette : les dernières franges de sa toge devaient lui descendre à mi-jambe, les premières un peu au-dessous du genou ; sa toge devait être arrondie et d'une coupe élégante ; une grosse cravate qui enveloppe le cou et charge les épaules, ôte, disait-on, à la poitrine sa dignité ; il ne faut ni trop de bagues à ses doigts, ni dans sa main, s'il se peut, un cahier incommode. Mais à mesure qu'il parle et s'échauffe, il peut se mettre plus à l'aise, après l'exorde laisser tomber un pli de la toge, à l'argumentation la rejeter tout à fait ; « le costume lui-même doit prendre une air de combat. » A la péroraison, quand on pleure, quand on l'applaudit, quand on l'embrasse, que sa toge tombe ! que toutes les grâces de son costume soient troublées ! qu'il soit haletant, en sueur ! Pline cependant lui recommande le mouchoir pour essuyer son front sans déranger sa coiffure. Tout cela est un peu théâtral sans doute ; mais ne souhaiteriez-vous pas que quelques-unes de ces délicatesses de parole, de pose et de toilette eussent passé du Forum au Palais de Justice et même au Palais-Bourbon [1]?

Telle était donc cette vie d'apparat et de dignité officielle, cette vie oratoire qui faisait que dès l'enfance on s'exerçait à la période cicéronienne. Plébéiens et patriciens, futurs soldats et futurs jurisconsultes, tous ceux qui recevaient une éducation recevaient celle-là. M. Pitt, à dix ans, montait sur la table, et de là improvisait devant son père de petits discours parlementaires. Auguste, à douze ans, prononçait l'éloge de son aïeule [2].

Tout cela était bien sous la république : la vie parlementaire était un but et un aliment pour toutes ces éloquences naissantes. Sous l'empire, le but n'exista plus, mais les écoles subsistèrent. On continua de fabriquer des orateurs sans savoir pour quelle tribune. Et que vouliez-vous que fît la jeunesse? L'art militaire et le droit n'étaient guère des sciences d'école. D'ailleurs la jurisprudence était suspecte de républicanisme; la vie militaire très-entachée de danger et de fatigue, choses qu'on n'aimait plus. Il n'y avait plus de Forum, mais il y avait encore ce sentiment artiste qui fait aimer les belles paroles, et que les Grecs avaient inspiré aux Romains. On ne délibérait plus, on discourait encore; on avait renvoyé les orateurs, on gardait les maîtres de rhétorique.

L'enseignement n'avait donc plus rien de sérieux; il tombait dans les sophismes, les subtilités, les frivolités de la Grèce. Il y avait dans les anciens un fonds de dignité puérile qui se laisse partout apercevoir. La base de l'instruction première, c'était la mythologie des Grecs, à laquelle on ne croyait plus, mais que l'on apprenait tou-

---

1. *V.* Quintil., XI, 3. — 2. *Id.*, XII, 6.

jours. Ces poétiques niaiseries étaient la première chose dont se remplissaient tous les cerveaux, le premier caractère dont l'imagination naissante, cette cire molle, restait timbrée. Ajoutez que l'érudition s'y était mise, et que, sans croire à Vénus ni à Hercule, on discutait avec conscience sur la couleur des cheveux de Vénus, sur le jour de la naissance d'Hercule. Il y avait des gens appelés grammairiens dont la suprême science était celle-là, et c'était à ces gens que l'on confiait l'intelligence naissante des enfants. On demandait à un précepteur que l'on voulait prendre le nombre des chevaux d'Achille, le nom de la mère d'Hécube. Tibère, ce vieux et farouche tyran, adorait les grammairiens, et passait ses moments de répit à leur poser des questions pareilles [1].

De chez le grammairien, le jeune homme passait chez le rhéteur, des puérilités de la religion aux puérilités de l'éloquence. Les Grecs, peuple bavard, avaient une foule de beaux diseurs depuis qu'ils n'avaient plus de Démosthène. Quand Rome leur fut ouverte, tout cela vint professer à Rome, et y établir, comme les appelaient les vieux pères conscrits, leurs *écoles d'impertinence* [2]. Ce qui caractérisa ces écoles, ce fut une combinaison de l'esprit alambiqué, puéril et disputeur des Grecs, avec l'esprit tendu, lourd et emphatique des Romains, l'union du sophisme et de la déclamation. Comme on n'avait rien autre à faire, ce fut une rage de déclamer, de disputer, de controverser, de plaider, de répliquer, d'improviser, de répondre. Vinrent à leur tour les nouveaux sujets de Rome, les Barbares que l'on civilisait, criant, sophistiquant, avocassant à l'envi; Gaulois, Africains, Espagnols surtout, aux larges poumons,

---

1. Suet., *in Tiberio*, 70.
2. Ludum impudentiæ. Cic., *de Orat.*, III, 24. Tacit., *de Orator.*, 35.

à la puissante poitrine, à l'imagination désordonnée, parlant des jours, des nuits entières, déclamant à table, déclamant en voyage, déclamant sous la tente [1] : la vie de ces gens-là était un perpétuel monologue. Maintenant, dire quelle misérable chose était leur faconde, ce serait difficile. L'un pour augmenter la difficulté, demandait qu'on lui donnât le premier mot de son discours ; on lui donnait *verubus*, et il commençait par *verubus*. L'autre se proposait pour sujet d'*éloquence* cette question : « Pourquoi, si on laisse tomber un verre, se casse-t-il ? Pourquoi, si on laisse tomber une éponge, ne se casse-t-elle pas ? » Voici en peu de mots comment on procédait. Les commençants étaient bornés à des discussions moins incisives (*suasoriæ*) : ils engageaient Alexandre à se contenter d'avoir conquis la terre, à ne pas conquérir l'Océan ; ils conseillaient à Caton de ne pas se tuer, ou bien à Agamemnon de ne pas faire périr Iphigénie. Mais ces querelles avec les morts n'étaient que des jeux d'enfants ; il fallait en venir à la plaidoirie (*controversia*), soutenir la lutte contre un adversaire, livrer bataille sur la grande scène de l'école. Les sujets de ces controverses sont incroyables. Voici quelques-unes de ces plaidoiries fictives sur lesquelles vous me pardonnerez d'insister, puisqu'elles étaient le dernier perfectionnement de l'éducation, l'exercice le plus intellectuel de la jeunesse et même de l'âge mûr.

Un homme et sa femme se jurent de ne pas se survivre l'un à l'autre. Le mari, un peu las de sa moitié, part pour un voyage et lui fait annoncer sa mort. Elle, trop confiante, tient parole et se jette par la fenêtre ; elle ne meurt pas cependant, elle guérit, et apprend que son mari l'a jouée :

---

1. Quintil., X, 7. *V.* surtout Sénèque le père dans ses curieuses préfaces, entre autres, *Controv.*, lib. I.

arrive son père qui veut le divorce ; elle, sans rancune, n'en veut pas. Plaidez pour le père, plaidez pour la fille. — Autre exemple : un homme recueille des enfants exposés, leur coupe un bras ou une jambe, les fait mendier en cet état, et s'enrichit de ce qu'on leur donne. Accusez cet homme, défendez cet homme.—La loi (laquelle loi du reste n'est ni du droit romain, ni du droit grec, ni d'aucun autre ; c'est une législation fabriquée par les rhéteurs, aussi fabuleuse que les événements), la loi veut que si une jeune fille a été enlevée, elle ait le choix ou de faire mourir son ravisseur, ou de l'épouser sans dot. Un même homme a enlevé deux femmes ; l'une veut qu'il meure, l'autre veut l'épouser. Plaidez là-dessus.

Maintenant figurez-vous l'éloquence s'exerçant sur de pareils sujets ; les disciples venant les uns après les autres saupoudrer de nouvelles phrases l'absurdité d'une telle donnée, chacun à son tour plaidant le pour et le contre, entassant les antithèses, nageant en plein Océan dans les tropes et les figures, appelant à son secours l'ithos et le pathos, toutes les niaiseries sonores, toutes les absurdités sentencieuses, pour dire bon gré, mal gré, quelque chose sur un sujet où il n'y avait qu'à se taire ; et cela au milieu des hourras, des sifflets, des applaudissements, des clameurs ; le tumulte du Forum remplacé par un tapage d'écoliers. Il y eut un de ces rhéteurs qui, à force de se battre les flancs et de se monter la tête, en devint fou. Nous avons tout un livre composé d'échantillons de ces merveilleuses harangues, de ces beaux traits qui donnaient le signal des bravos. C'est le répertoire le plus vaste de paroles vides, d'éloquence à froid, d'antithèses creuses ; livre curieux à force de manquer de sens.

Voilà ce qu'étudiait toute la jeunesse avant de s'élancer

dans la vie. Nous venons de dire comment les carrières anciennes étaient tombées en discrédit. Avec cette éducation d'ailleurs, il semblait qu'il ne dût y en avoir qu'une, et que le monde dût être composé d'avocats; et en effet, dans l'ancienne Rome, il n'y avait personne qui n'eût commencé par l'être un peu plus ou un peu moins. Mais encore, après avoir vécu dans ce monde romanesque de sortiléges, d'empoisonnements, d'incestes, parmi ces lois imaginaires, ces catastrophes miraculeuses, ces procès impossibles, la tête pleine de toutes ces belles choses, comme on devait se trouver dérouté au tribunal du préteur, en face des hypothèques, des cours d'eau ou de la quarte falcidie[1] !

Aussi les maîtres de l'art étaient-ils souvent malheureux au barreau, et parfois, comme dit Quintilien, se jugeaient trop éloquents pour jamais plaider[2]. Il s'agissait un jour d'un homme qui demandait que le serment lui fût déféré. L'avocat adverse, rhéteur illustre, trouva un admirable mouvement pour lui répondre : « Tu demandes le serment, dit-il; eh bien! jure, mais écoute la formule que je te prescris : jure par les cendres de ton père que tu as laissé sans sépulture, jure par la mémoire de ton père que tu as outragée..... » Et le reste. L'adversaire, effronté coquin, prenant au bond la figure de rhétorique, se hâta de

---

1. Tacit., *de Orat.*, 35. Quintil., II, 11. *V.* ailleurs encore ses plaintes sur l'amollissement de l'éloquence, devenue tout à fait impropre à la vie réelle et aux combats du barreau : « Cette éloquence voluptueuse, qu'applaudissent des auditeurs paresseusement couchés, sans rien de mâle ni de sérieux. » V, 12. Dans Sénèque, « un rhéteur plaidant pour la première fois au Forum, est tout étonné de parler en plein air, se déconcerte, commence par un solécisme et supplie les juges de se transporter dans une basilique; tant il est vrai que, dans les écoles, les esprits sont élevés comme en serre chaude et ne savent supporter ni les clameurs, ni le silence, ni les rires, ni même l'aspect du ciel! » *Controv.*, IV, præfatio.

2. Quintil., XII.

dire : « J'y consens. » Le préteur déférait le serment. « Mais, juge, dit l'avocat tout troublé d'être pris au sérieux, ce n'était pas un consentement, c'était une figure. — Tu as dit : Jure ; il jurera. — Mais, juge, il n'y aura donc plus de figures au monde ? — On s'en passera, on peut vivre sans elles. » Le pauvre avocat perdit son procès, et de colère confina son éloquence dans l'enceinte de l'école, où tout le jour, au milieu des curieux, loin de la perfide réalité du barreau, il pouvait faire des figures de rhétorique sans danger pour ses clients ni pour lui [1].

L'étude la plus commune non-seulement de l'enfance, mais de toute la vie, était donc une étude inapplicable aux besoins de la vie ; et Rome était inondée de jeunes gens qui s'élançaient dans le monde, la tête pleine de cette science menteuse, la mémoire farcie de sentences, de prosopopées, d'antithèses, avec un suprême dédain pour les réalités fatigantes de la vie, le travail, l'industrie, la guerre ; avec un suprême amour pour ses réalités agréables, la fortune, la réputation, le plaisir. Toute cette jeunesse avait l'ambition au cœur ; elle était romaine, c'est-à-dire âpre dans ses sentiments, emphatique dans ses idées, s'acharnant à devenir quelque chose de grand en bien ou en mal. Elle n'avait qu'un instrument, c'était sa rhétorique et ses phrases ; il fallait que ses phrases la poussassent bon gré, mal gré ! Alors on ne se contentait pas si facilement d'un succès d'argent sans gloriole et d'une fortune qui ne faisait pas de bruit ; il fallait un nom, un nom qui fît peur, un nom qu'on maudît, mais un nom. Il fallait des applaudissements, des titres, des statues, tout un peuple tourné vers vous, des amis qui espèrent en vous, des ennemis qui vous

---

1. Suet., *de Claris rhetoribus*, 6. Seneca pater, *Controv.*, III, præfatio.

redoutent, une arme toujours prête et toujours puissante pour défendre les uns, menacer les autres[1]. Et puis, n'eût-ce été que pour la richesse, il fallait faire son chemin : j'ai dit combien ce siècle était besoigneux ; comment, avec des patrimoines fortement entamés, il s'était fait de ce qui serait pour nous les folies, les impossibilités du luxe, de véritables nécessités; comment, sans des centaines d'esclaves, sept ou huit villas et le reste à l'avenant, on ne pouvait pas vivre; comment, dans les familles nobles surtout, il y avait une ruine plus avancée, avec une plus forte passion de luxe et de grandeur. Ces nobles, qui avaient été sous la vieille Rome les rois du monde, ne renonçaient pas facilement à toute puissance et à toute royauté. Déjà, sous la république, Catilina, dévoré de dettes, avait voulu brûler Rome pour rétablir le rang de sa famille; et, sous Tibère, un héritier de Pompée, Libon, également ruiné, consultait des devins, se faisait expliquer des songes dans l'espérance de devenir empereur[2].

Avec de tels éléments, la fausseté de l'esprit, l'absence de tout frein moral, le besoin, l'ambition, vous saurez comprendre quelle était cette jeunesse à qui Tibère sut donner de l'emploi selon son cœur.

Le caractère de cet homme n'est pas facile à comprendre. Il me semble que Tacite le fait trop habile. Le secret de sa vie, comme de celle de tous les tyrans, c'est, je crois, la peur. Malgré la profonde habileté qu'on lui suppose, nous le voyons toujours hésitant, craintif, se méfiant de tout et de tout le monde ; ne se décidant à rien, ni à interroger un prisonnier, ni à donner audience à un ambassa-

1. *V.* tout le morceau de Tacite, *de Orat.*, 5, 6.
2. Sur le jugement et la mort de Libon (an 16), etc., *V.* Tacite, *Annal.*, II, 27-32; Dion, LVII, p. 612; Senec., *Ep.* 70; Vell., II, 130.

deur ; revenant sur ce qu'il a fait, défendant de sortir de Rome à l'homme auquel il vient de donner une charge dans les provinces.

Le temps de sa jeunesse, Tibère le passe à se faire petit pour ne pas inspirer de crainte ; il répudie une femme qu'il aime pour épouser une fille d'Auguste, la fameuse Julie. Il s'imagine offusquer les petits-fils d'Auguste, il se décide à quitter Rome. On s'oppose à son départ, il reste quatre jours sans manger. De pitié on le laisse partir ; il n'embrasse ni femme, ni enfants, ne dit point adieu à ses amis. Mais en route (voyez ce mélange d'ambition et de peur !) il apprend qu'Auguste est malade, et il s'arrête ; Auguste rétabli, il continue sa route. Il va à Rhodes, s'y fait tellement méprisable, qu'après avoir voulu l'empêcher de partir, l'empereur finit par le condamner à y rester ; il y vit avec les Grecs, ne porte plus la toge, ne monte plus à cheval, abandonne l'exercice des armes, ne voit aucun des voyageurs qui demandent à le visiter, se tient au centre de l'île pour les éviter plus sûrement, supplie enfin Auguste de mettre un gardien auprès de lui pour surveiller ses actions et s'assurer qu'il ne conspire pas.

Mais, avec cette humilité, il y avait en lui une dureté de mœurs qui ne se dissimulait pas. Il était de la famille Claudia, race sévère, en qui la roideur aristocratique était héréditaire[1]. S'il n'avait pas l'orgueil de ses aïeux, il avait au moins leurs manières sombres et renfrognées ; il savait tout feindre, excepté l'affabilité et la grâce. Quelque besoin qu'il eût du peuple et des soldats, il ne sut jamais donner des jeux au peuple, ni faire des largesses aux soldats ; plaire et sourire, cela passait sa nature. Pendant ses vingt

---

1. Suet., *in Tiber.*, 2.

ans de règne, il ne fit que deux fois largesse aux prétoriens ; et le peuple, sous lui, jeûna tellement de gladiateurs et de spectacles, qu'à une fête donnée par des entrepreneurs, il y eut une foule effroyable ; le théâtre croula, et 50,000 hommes furent tués ou blessés[1]. Tibère ne bâtissait pas ; il refit à peine un ou deux monuments qui tombaient en ruine ; encore n'eut-il pas ou la patience de les achever, ou la gloriole de les dédier solennellement[2]. Pliant à l'excès quand il n'était pas le maître, il avait, quand il l'osait, une humeur que rien ne pouvait contenter, ni franchise, ni flatterie, ni liberté, ni servitude. Il envoyait mourir ses ennemis, il exilait ses adulateurs. « Oh ! les misérables nés pour l'esclavage ! » disait, en sortant du sénat, ce maître difficile à vivre, gardant, sous une attitude plate et rampante, des rancunes qui ne perdaient rien pour attendre. « Je plains le peuple romain, disait Auguste en mourant ; il va être broyé sous de bien lentes mâchoires. »

Auguste, lui, en effet, avait gouverné tout autrement. C'était à force de grâce, d'affabilité, de secours aux grandes familles, de largesses au peuple, de jeux, de fêtes, de monuments, qu'il avait concilié tant d'intérêts et ménagé une douce quiétude au monde lassé des guerres civiles. Auguste, en mourant, continuait encore ce système ; il faisait au peuple romain des legs énormes que Tibère paya le moins qu'il put.

Ces souvenirs étaient embarrassants pour Tibère ; il ne lui allait pas de se faire gracieux ni libéral. Rien, cependant, ne lui paraissait très-rassurant (an de J.-C., 14). Les légions, sévèrement traitées par Auguste, se révol-

1. Tacite, Annal., VI, 62 et suiv.
2. Ibid., II, 41, 49 ; VI, 45. Suet., 47. Vell., II, 130.

taient, demandaient de l'argent et des priviléges, prétendaient faire un empereur, et faillirent tuer Germanicus qui ne voulait pas l'être. Le sénat était plein d'ambitions aristocratiques profondes et concentrées; le monde enfin s'était si longtemps et si bien reposé des guerres civiles, qu'il pouvait commencer à être las du repos. Tibère avait peur, et exprimait sa crainte par une métaphore moins noble que pittoresque : « Je tiens, disait-il, le loup par les oreilles. »

Sa grande ressource fut, comme auparavant, de s'effacer. Après avoir bien prié pour qu'on ne le forçât pas à devenir César, il sembla prendre à tâche d'être aussi peu César que possible. Le sénat surtout, qui lui faisait le plus de peur, fut le souverain auquel il parut soumettre toutes ses actions, lui renvoyant tout, le consultant sur tout, l'encourageant à la liberté ; parlant (sans que personne y crût, il est vrai) de rétablir l'ancienne république ; appelant les sénateurs ses maîtres, cédant le pas aux consuls, se levant devant eux, et chez lui les reconduisant jusqu'à la porte ; ne voulant, pas plus qu'Auguste, être appelé seigneur ; refusant avec obstination le culte divin ; faisant tout humblement de l'ordre, de la justice, de la paix publique ; préfet de police sous la royauté du sénat ; ne ménageant pas, dans les calamités publiques, l'argent qu'il retranchait sur d'inutiles magnificences; presque charitable, mais non généreux, ce qu'aurait bien mieux aimé la *plebs* de Rome[1];

---

1. Sur l'annone et les subsistances, *V.* Tacite, *Annal.*, II, 87; III, 52; IV, 6, 7; VI, 15.—Secours aux villes d'Asie, après un tremblement de terre (an 17). *Id.*, II, 47; Suet., *in Tiber.*, 48. — Aux incendiés du Célius (an 37). Paterc., II, 130; Tacite. *Annal.*, IV, 64; Suet., *in Tiber.*, 48. — Secours de 108,000,000 de sest. (28,490,000 fr.) aux incendiés de l'Aventin (an 36). Tacite, *Annal.*, VI, 45. — Prêt gratuit de 100,000,000 de sest. (26,560,000 fr.) aux particuliers (an 33). Suet., *Ibid.*; Tacite, *An-*

désintéressé, n'acceptant de legs et de successions que de ses amis (grande vertu chez un Romain et chez un empereur)[1] : — quant au peuple, lui jetant, pour se populariser, le nom d'Auguste à la tête; citant les paroles, adorant les traces d'Auguste; ne prétendant pas cependant, comme lui, refaire les vieilles mœurs romaines; et si quelque sénateur hardi, vieux ou pauvre, proposait des lois contre le luxe, l'approuvant en théorie avec des restrictions dans la pratique : — quant aux provinces, les soulageant, diminuant les impôts, surveillant les préfets ; — ne faisant rien pour la seule armée dont les légions éloignées, dispersées au nord et à l'est, séparées les unes des autres par des déserts, ne lui inspiraient pas les mêmes craintes.

Tacite rend justice à cette administration : jusqu'à l'époque de la mort de Drusus, c'est-à-dire jusqu'à la neuvième année de Tibère, « les affaires publiques, les plus graves d'entre les contestations privées étaient discutées au sénat; les principaux sénateurs pouvaient parler librement, et Tibère réprimait lui-même les excès de la flatterie : dans la distribution des honneurs, la gloire des aïeux, l'illustration militaire, les services civils étaient les motifs de ses choix, et il était assez reconnu qu'on ne pouvait en faire de meilleurs; les consuls, les préteurs avaient le libre exercice de leur pouvoir ; les magistrats inférieurs remplis-

---

nal., VI,17; Dion, LVII. — Secours de 100,000,000 de sest. après une inondation (an 35). Dion, LVIII.— Distribution d'argent au peuple (ans 17 et 23). (Suet., *in Tiber.*, 54; Tacite, *Annal.*, II, 42), montant en tout à 147 deniers (156 fr.) par tête. (*Cod. Vindobon.*) En mourant, il légua au peuple 45,000,000 de sest. (près de 12,000,000 de fr.) Dion, LIX, in princ. Le denier vaut, sous Tibère, 1 fr. 06; le sesterce 26 centimes 1/2.

1. Neque hæreditatem cujusquam adiit, nisi cùm amicitiâ meruisset. (Tacite, *Annal.*, II, 48.) Il refusa même les héritages laissés par ses proches. Dion, LVII, p. 614. Sur son administration, *V.* encore Suet., *in Tiber.*, 26-32. Vell., II, 130; Dion, LVI.

saient dignement leur office ; et, sauf les accusations de lèse-majesté, on n'abusait point des lois. La perception du blé, des impôts, des revenus publics, était confiée à des compagnies de chevaliers romains. Dans ses propres affaires, César avait pour délégués des hommes de mérite, que souvent il n'avait connus que par leur réputation ; ceux qu'il avait une fois nommés demeuraient en place, et finissaient par vieillir dans leur charge. Le peuple souffrait de la disette ; mais, loin d'en être coupable, le prince remédiait par ses soins et ses dépenses à la stérilité du sol comme aux difficultés de la mer. Il empêchait que de nouveaux impôts ne chargeassent les provinces, que les anciens ne fussent aggravés par l'avidité et la cruauté des magistrats ; il interdisait la confiscation et les tortures. César avait peu de domaines en Italie : ses esclaves n'étaient point arrogants ; un petit nombre d'affranchis composait sa maison, et, quand il avait contre un particulier des intérêts à débattre, la cause se jugeait au Forum et selon le droit [1]. »

1. Tacite, *Annal.*, IV, 6, 7. Voici cependant ce qui va donner la mesure de la modération de César et de l'influence que prenaient déjà les affidés du palais. « Pison donna une preuve de sa hardiesse (an 16) en appelant devant les juges Urgulania que l'amitié de Livie avait élevée au-dessus des lois ; Urgulania, au lieu d'obéir, se fit porter dans la maison de César ; mais Pison n'en persista pas moins, quoique Livie se plaignît de cette atteinte portée à sa dignité. Tibère crut alors qu'il était d'une juste condescendance envers sa mère d'aller devant le préteur y représenter Urgulania ; il sortit du palais, suivi de loin par des soldats, au milieu d'un concours de peuple, le visage serein et causant de temps à autre dans la route. Pison, que ses parents voulaient en vain retenir, continua à réclamer la somme qui lui était due, et Livie enfin la fit apporter. Mais, malgré cette affaire, honorable pour Pison et qui accrut la bonne réputation de César, Urgulania demeura si puissante, qu'appelée comme témoin par le sénat, elle ne daigna pas y venir, et qu'on envoya un préteur pour l'interroger chez elle, tandis que les Vestales elles-mêmes, lorsque leur témoignage est réclamé, viennent le donner en plein Forum. » Tacite, II, 34.

Si tout cela ne dura point, c'est que Tibère n'était pas seulement effrayé du sénat, du peuple, des provinces, de l'armée ; mais il y eut toujours un homme que ce grand trembleur craignit par-dessus tout : je veux dire son successeur. Le successeur de Tibère fut toujours son ennemi, et, par compensation, l'ami et l'idole du peuple. Auguste était à peine mort, que son petit-fils Agrippa fut tué en prison ; le nouvel empereur protesta qu'il n'était pour rien dans ce meurtre, et l'on n'en parla plus. Mais après Agrippa vint un autre rival, Germanicus, le neveu de Tibère, qui, un peu malgré lui, en avait fait son fils adoptif ; nous venons de dire comment les soldats avaient voulu le créer César ; Tibère en eut tellement peur, qu'au commencement de son règne il se fit malade pour que Germanicus prît patience.

Je ne veux pas suivre cette histoire dans tous ses détails ; vous savez, par les admirables mémoires de Tacite, quel fut le sort de Germanicus. La bonne fortune de Tibère l'en délivra (an 19) au moment où il devenait effrayant de popularité, où, bienvenu des soldats et du peuple, il faisait un voyage triomphal dans les provinces et avait conquis la faveur de l'Orient. Le pauvre peuple qui, comme tout le monde alors, avait l'intime sentiment de sa faiblesse, tomba en consternation à la perte de cet homme : c'était un ami de la liberté ! c'était, comme Marcellus, comme le premier Drusus, frère de Tibère, un martyr du noble et impossible projet de rétablir la république ! Le peuple, fou de douleur, qui comprenait Tibère à travers sa dissimulation et sentait ce qu'il allait être, une fois délivré de la crainte respectueuse que lui inspirait son neveu, lui criait pendant la nuit : « Rends-nous Germanicus ! »

Germanicus mort, Rome ne demandait pas mieux que

d'avoir une autre idole, Tibère était tout prêt à se faire un autre épouvantail. Cette fois, le présomptif successeur était Drusus, le fils même de Tibère, à qui le peuple eût volontiers pardonné, pour les beaux spectacles qu'il lui donnait, les goûts un peu sanguinaires qu'il commençait à manifester ; mais Drusus ne se souciait pas du rôle de Germanicus, et vivait dans l'ivrognerie et les plaisirs.

Il ne s'en trouva pas mieux. Un homme de médiocre naissance, de mœurs infâmes, mais hardi, vigoureux d'esprit et de corps, prêt à tout, était devenu le favori de Tibère, non pas en lui plaisant,—Tibère n'était pas homme à se laisser séduire,—mais en lui rendant de bons, d'utiles, quoique peu loyaux services. Élius Sejanus songeait peut-être dès lors à devenir César; et, comme Tibère était arrivé au trône grâce à la mort qui avait supprimé, pour lui faire place, trois ou quatre héritiers d'Auguste, Séjan eut aussi recours à la mort pour supprimer Drusus, le premier obstacle entre le trône et lui. Drusus, d'ailleurs, lui avait donné un soufflet.

Il ne faut pas de longs détails pour vous faire comprendre cette effroyable famille impériale. Séjan n'eut besoin (ce qui n'était pas difficile sans doute) que de séduire Livie, femme de Drusus, et Drusus fut empoisonné (an 23). Tibère supporta cette mort en stoïcien ; le premier il consola le sénat, rappela chacun à ses devoirs, préféra le soin de la chose publique à sa douleur : il reparla encore (était-ce besoin de popularité ou simplement habitude?) de rétablir la république, de relever les lois, de laisser le gouvernement aux consuls.

Puis il introduisit au sénat, comme futurs héritiers du trône, les fils de Germanicus. Ces enfants, présentés aux pères conscrits au milieu des larmes de tous et de souhaits répétés pour leur bonheur, se trouvèrent désignés au même moment à la faveur du peuple qui était plus que consolé de la mort de Drusus, aux craintes de Tibère, et à la haine de Séjan. A cette époque où il y avait si peu de puissances, c'était une puissance que la maison de Germanicus. La mère de ces enfants, Agrippine, véritable matrone romaine, chaste, sévère, orgueilleuse et féconde; s'imposant à l'admiration et à l'amour du peuple par des vertus qui n'étaient plus de son temps, mais que la fierté romaine aimait à retrouver comme des types de sa grandeur ancienne; se séparant, par la fidélité de son veuvage, par la pureté orgueilleuse de sa conduite, par le nombre de ses enfants, des autres femmes de la famille des Césars; cultivant avec un soin antique les souvenirs que le peuple avait gardés de son mari; Agrippine était la véritable protectrice et la force politique des six enfants que Germanicus avait laissés, de ses deux fils aînés surtout, Drusus et Néron. — Le peuple regardait avec espérance cette maison où l'empire allait passer après la mort d'un prince qui commençait à vieillir. L'armée, que tenait en disgrâce le génie peu belliqueux de Tibère, n'eût pas demandé mieux que de proclamer empereur le fils de son général. Tout ce qu'il y avait à Rome de vieille noblesse, d'hommes illustres (déjà mal notés sous Tibère), de généraux écartés des armées de compagnons d'armes de Germanicus maintenus dans la suspicion par la méfiance du prince, se ralliait à Agrippine et à ses enfants.

Séjan lança ses ruses et ses intrigues à travers cette puissance trop fière d'elle-même. Agrippine, avec sa hauteur et sa liberté de parole, se perdit en laissant paraître les soupçons qu'on lui avait fait concevoir contre Tibère. Le jeune Néron, le favori du peuple et de sa mère, inconséquent et léger, se livra à des amis qui n'étaient que des espions, tandis que d'autres amis du même genre excitaient contre lui la jalousie de son frère ; Néron se laissa entraîner, par leurs provocations, à d'imprudentes invectives, dont chaque parole était recueillie et dénoncée. L'espionnage alors était partout, et plus qu'ailleurs, dans l'aimable famille de Tibère : par la femme de Néron, la fille de sa maîtresse Livie (voyez comme chez ces femmes la vertu était héréditaire !), Séjan n'ignorait pas un mot, pas une plainte, pas un soupir, pas un rêve de ce jeune homme. Peu à peu il sapait les étais de cette noble maison ; les uns après les autres, les anciens amis de Germanicus, espionnés, accusés, dénoncés, mis à mort, laissaient sans rempart et sans défense l'imprudente famille de leur patron.

L'alarme s'y mit bientôt, et le vertige qui vient avec elle. Néron ne rencontrait plus personne qui lui parlât ; on se détournait en le voyant ; les amis de Séjan se raillaient de lui. Agrippine, par une erreur étrange, vint un jour se jeter en pleurs aux genoux de Tibère, et lui demander, elle dont toute la gloire était d'avoir été, comme les anciennes Romaines, *univira,* la permission de se remarier. On lui conseillait, à elle et à ses enfants, de s'en aller sur le Forum, d'embrasser la statue d'Auguste, d'appeler le peuple à leur secours contre cette guerre sourde et irrésistible que leur faisait la délation, ou bien encore de fuir en Germanie, d'aller trouver les légions, de se mettre sous la protection des aigles du prétoire : ils firent la double faute d'écouter ces conseils et de ne pas les suivre.

Tibère méditait un grand coup ; mais il avait peur. Il eut recours à sa ruse ordinaire, il fit le mort ; il partit de Rome (an 26), presque sans cortége, avec ses amis les grammairiens, ne voulant entendre parler ni de harangues, ni de félicitations sur son passage, défendant par ordonnance qu'on troublât son repos. Les astrologues, cette puissance du siècle, prédisaient qu'il ne reviendrait pas à Rome[1].

Alors, en bon homme, en amateur des beautés de la nature, il voyagea longtemps autour du golfe de Naples, vit Nole, Sorrente, toute la promenade du touriste anglais; il ne fut content que lorsqu'il se fut enfermé dans l'île de Caprée. Là, il ne se laissa plus aborder par personne; ses lettres lui arrivaient par les mains de Séjan, tout-puissant par son absence. Le sénat lui demandait en vain le bonheur de le voir. Une seule fois Tibère daigna passer quelques jours sur la côte de Campanie: et le rivage fut couvert de sénateurs, de chevaliers, qui, tremblant devant Séjan, et espérant mieux du maître que du serviteur, restaient la nuit sur le rivage pour attendre le moment de parler au prince, faisant la cour aux portiers de Tibère, jusqu'à ce que, sans les avoir vus, César les renvoyât à Rome. Il aimait à être loin les jours qui devaient décider de ses projets.

Ce fut de Caprée, où il semblait comme le prisonnier de Séjan, qu'arriva (29) une lettre vague, obscure, perfidement équivoque comme les siennes, dans laquelle il accusait Agrippine d'orgueil, Néron d'impudicité. On avait alors, et nous tâcherons d'expliquer pourquoi, tellement peur les uns des autres, que le sénat trembla que la lettre ne fût un piége tendu contre lui-même plutôt que contre la famille de Germanicus. Dans l'avis d'un homme qui passait pour avoir part à la confiance de Tibère, il crut entrevoir la volonté du prince, et décida qu'il attendrait. Cependant le peuple entourait le sénat, portait en triomphe les images de Néron et d'Agrippine, soutenait que la lettre

---

1. Tacite, *Annal.*, IV, 58, 67.

était fausse ; car le peuple, lui aussi, avait peur de Tibère, et, loin de vouloir l'attaquer en face, criait : *Vive César!* La cour de Caprée répondit par des reproches menaçants : « Le sénat dédaignait donc les plaintes de l'empereur, le peuple était en révolte, les lois violées! » Le sénat trembla de sa faute, et se tint prêt à obéir. Néron fut exilé dans une île presque déserte, Drusus enfermé dans les souterrains du palais. Avant peu d'années, Néron était mort dans l'île Pontia (31), et Tibère faisait raconter devant le sénat comment Drusus, privé d'aliments dans sa prison, avait vécu neuf jours de la bourre de son matelas, et était mort en vouant à l'exécration la mémoire de son bourreau[1]; comment enfin Agrippine, également reléguée dans une île, avait fini par s'y donner la mort (33).

Mais c'est ici qu'il faut voir à l'œuvre l'exilé de Caprée. Il n'avait, pour ainsi dire, plus de successeur à craindre, tant était grand le vide qu'il avait fait dans sa propre famille; ou plutôt le successeur qu'il devait craindre, ce n'était plus un César, c'était l'homme sous lequel il avait pris plaisir à disparaître; c'était l'instrument qui lui avait servi jusque-là à écraser tout ce qui lui faisait ombrage. Cet instrument, dès qu'il devenait inutile, devenait dangereux. Il l'avait élevé à un comble de gloire après lequel il fallait nécessairement le briser. Il l'avait presque officiellement associé à l'empire; il l'appelait dans ses édits *son Séjan;* Séjan allait être nommé consul pour cinq ans avec Tibère; son nom était inscrit partout à côté du nom de Tibère; il avait un siége d'or au théâtre comme Tibère; sa statue était sur toutes les places, honorée par des sacri-

---

1. Tacite, *Annal.*, VI, 24. *V.* aussi, sur la fin de Néron et d'Agrippine, Tacite, *ibid*, 20, 23, 25; Suet., *in Tiber.*, 53, 54, 61, 64; *in Caio*, 10; Dion, LVIII.

fices comme celle de Tibère. N'avait-il pas osé demander au prince la main d'une femme du sang impérial, Livie, qui était déjà sa maîtresse? Cet homme ne pouvait-il pas prétendre à succéder à Tibère? et, aux yeux de Tibère, un héritier ressemblait fort à un assassin. Cependant tout était habitué à obéir à Séjan, la force de l'empire était dans ses mains, la lutte pouvait être dangereuse.

Tibère n'attaquait jamais de front. Il chercha d'abord à Séjan un rival: — ce fut le dernier fils de Germanicus, Caïus, aimé, à cause de son père, par le peuple et les soldats, et que le prince commença à montrer comme son successeur. Il lui chercha aussi un remplaçant, destiné à être après Séjan préfet du prétoire, c'est-à-dire chef de la seule force militaire qui fût en Italie, et gouverneur de l'empire sous Tibère : — Nævius Sertorius Macro fut celui qu'il choisit (an 31).

Écoutez maintenant cette scène de la vie romaine, et voyez comment il s'y prit pour briser son Séjan. Il commença par bien s'assurer sur son rocher de Caprée; il tint des vaisseaux prêts pour sa fuite, établit des signaux pour connaître plus tôt l'issue de l'événement. Macron alors (17 octobre), au milieu de la nuit, arrive à Rome, rencontre Séjan : « J'ai une lettre de César pour le sénat, dit-il. César te donne la puissance tribunitienne. » (C'était l'associer à l'empire.) Séjan, plein de joie, arrive au sénat; on le félicite de toutes parts. Il ne se doutait pas qu'au moment même, ses prétoriens étaient doucement éloignés de la garde du sénat, et remplacés par des *vigiles* dont le chef était du complot. Cependant on lit la lettre; elle était longue, soumise, obséquieuse, parlant un peu de Séjan, puis revenant à des choses indifférentes, puis à Séjan encore, et se plaignant de lui. Cela étonnait; les amis de

Séjan étaient graves, silencieux; ceux qui étaient moins directement liés à sa fortune faisaient quelques pas pour s'écarter de lui. Mais vient la fin de la lettre, où le vieux César, d'un ton piteux, bas, plaintif, demandait, à titre de précaution, l'arrestation de Séjan, et priait qu'un des consuls et une garde de soldats vinssent le prendre à Caprée pour le conduire à Rome en sûreté s'expliquer devant le sénat (terrible menace que cette poltronnerie!). Alors tout change de face; le sénat, qui, un moment auparavant, complimentait Séjan, se mord les lèvres; les préteurs entourent Séjan; le consul l'interpelle; lui-même, étonné de cet accent impérieux et inaccoutumé, se fait répéter trois fois la question sans y répondre. Et lorsqu'enfin cette interminable lettre est terminée, une clameur universelle s'élève, les malédictions pleuvent sur lui; le chef des vigiles le prend sous sa garde : c'est comme l'orage du 9 thermidor.

Et pour que la ressemblance fût plus parfaite, les prétoriens, les soldats de Séjan, lui manquaient de parole. Macron, qui les avait ramenés dans leur camp, était au milieu d'eux, jetant de l'or, montrant des ordres de César. Incertains, n'osant attaquer, n'osant défendre, ils prirent un terme moyen et plus sûr, ils se mirent à piller. Mais le peuple de Rome, lui, avait bien autre chose à penser : il avait Séjan à traîner dans les rues, cette idole déchue à blasphémer, ses statues et ses trophées à briser sous ses yeux, son corps à jeter d'un coup de croc aux gémonies. Et ce corps y pourrissait depuis neuf mois, quand Tibère, se croyant enfin sûr de son fait, osa faire un pas hors de la maison qu'il habitait[1].

1. *V.* Dion, LVIII, p. 626-628; Tacite, *Annal.*, VI, 25; Juvénal, X v. 66 et suiv.; Senec., *de Tranquillitate animi*, 11; Suet., *in Tiber.*, 65; Joseph., *Antiq. Jud.*, XVIII, 8.

Après la chute de Séjan, quelques naïfs espéraient un gouvernement plus doux. Il devait en être tout autrement : les amis de Séjan, c'est-à-dire tout ce qui lui avait fait la cour, tout ce qui avait flatté ses premiers esclaves, étaient une belle matière à proscription. Il se mêlait à cette poursuite, vaste et indéterminée, quelques ressentiments d'honnêtes gens. Le sénat osa deux ou trois fois profiter de l'occasion pour frapper, parmi la foule des proscrits, quelques bien infâmes délateurs. Le moment était chanceux pour ceux-ci ; ils avaient beaucoup à gagner, beaucoup à perdre.

On connaît l'horrible supplice des enfants de Séjan[1]. Les prisons étaient remplies de ses amis ou de ceux qui passaient pour tels. Tibère, fatigué, les fit massacrer tous à la fois (33). Ce fut un affreux carnage. Il y en avait de tout sexe et de tout âge, d'illustres et d'inconnus ; il y avait des cadavres entassés, d'autres épars çà et là : on les jetait dans le Tibre sans que leurs parents pussent seulement en approcher. Des gardes étaient là épiant chaque douleur, et tous ces corps flottèrent à l'aventure, sans que personne osât (tant les liens de la vie humaine étaient brisés !), en ramener un seul sur le rivage, ou rendre le moindre honneur à ceux que le flot y portait.

---

1. « Il fut arrêté que l'on sévirait sur ce qui restait des enfants de Séjan ; la colère du peuple s'adoucissait pourtant, il avait vu assez de supplices ! On porte donc les deux enfants en prison, le fils qui comprenait son sort, la jeune fille qui s'en doutait si peu, qu'elle demandait : « Quelle était sa faute ? où la menait-on ? Elle ne le ferait plus, ajoutait-elle, et les châtiments de son âge pouvaient bien suffire. » Selon les auteurs contemporains, comme il était inouï qu'une vierge eût été mise à mort par les triumvirs, la fille de Séjan fut violée par le bourreau, puis aussitôt étranglée, et ces deux cadavres d'enfants furent jetés aux gémonies. » Tacite, *Annal.*, V, 9. — V. aussi Dion, LVIII, et Suet., *in Tiber.*, 61, d'après lequel il semble que cet acte de cruauté monstrueuse se soit renouvelé plus d'une fois.

Ce fut alors le plus haut période des cruelles passions de Tibère. Accoutumé à la terreur universelle, bien enfermé dans sa retraite, alléché par le sang qu'il avait goûté, il n'eut plus de frein ni de mesure. Des enfants de neuf ans, selon Suétone, furent punis du dernier supplice. Le deuil devint matière à accusation ; les femmes, qu'il était plus difficile de condamner sous d'autres prétextes, furent poursuivies pour cause de douleur (*ob lacrymas*)[1]. Tout pliait devant Tibère ; le sénat était d'une servilité fatigante pour lui-même. Dion rapporte que les deux consuls qui venaient de célébrer le vingtième anniversaire de son règne avec tout le luxe ordinaire d'encens et de flatterie, furent aussitôt accusés, et reçurent leur sentence de mort. Asinius Gallus, condamné par le sénat au moment où il était à la table du prince, attendit pendant trois ans l'exécution de son jugement. C'était, en effet, un jeu de Tibère de faire languir les proscrits en face du supplice ; à l'un d'eux qui lui demandait la mort, il répondit : « Je ne suis pas encore réconcilié avec toi. » Enfin, trois ans après la chute de Séjan, on poursuivait encore ses amis ; et Tibère, impatient d'être au courant des supplices, était venu, non pas dans Rome, où la peur lui défendit à jamais de rentrer, mais aux portes de cette ville, recevant les nouvelles d'un jour à l'autre, assistant ainsi au cours de sa justice et correspondant sans retard avec ses bourreaux (35).

J'ai poussé tout de suite les événements jusque-là. L'histoire de Séjan complète celle de la famille impériale, qui forme la partie extérieure, la partie dramatique de l'histoire de Tibère ; j'ai réduit tout cela en aussi peu de pages que j'ai pu : en voilà bien trop sur ces hideuses passions. Ce

---

[1]. Tacite, *Annal.*, VI, 10.

palais des Césars fut un vrai coupe-gorge domestique. Il n'y eut guère d'esprit de famille chez les rois avant le christianisme.

§ II. — LA POLITIQUE DE TIBÈRE.

{ Mais ce sont là les faits et non pas les choses, les événements sans leur principe, l'énigme sans le mot. Voyons quelle était la vie, l'économie sociale de l'empire. J'ai dit comment Tibère s'était fait d'abord humblement et obscurément administrateur; mais peu à peu, tout en rappelant sans cesse les exemples d'Auguste, il renonçait à sa politique, et, se retirant doucement de cette lutte qu'Auguste avait entreprise contre la Rome nouvelle, laissait tomber une à une des traditions un moment relevées.

Entre la vieille Rome et la Rome cosmopolite, de quoi s'agissait-il? D'une vaisselle d'étain ou d'une vaisselle d'or, d'une robe de laine ou d'une robe de soie (habit commun aux hommes et aux femmes, déshonneur du sexe viril)[1], d'un faisan ou d'un *attagen* de moins sur la table, d'un souper de 200 sesterces (53 francs) comme le prescrivait Auguste, ou d'un souper de 10 millions de sesterces comme le fit Caligula. La question du luxe dominait tout. Il aurait fallu pour faire vivre l'État et faire vivre les pauvres que les riches se résignassent à vivre comme eux.

La puissance de l'esprit officiel chez les Romains pouvait seule soutenir un peu la vieille morale des lois somptuaires. Il y avait encore de scrupuleux édiles qui criaient au scandale quand ils voyaient sur le marché trois beaux

---

[1]. Ne vestis serica viros fœdaret. (Tacite, *Annal.*, II, 33.)

poissons se vendre 30,000 sesterces (7,970 francs)[1], qui passaient en grondant devant les maisons de jeu, qui soupçonnaient finement qu'on ne leur disait pas le véritable prix auquel on avait acheté ces beaux vases de Corinthe. Il y avait des sénateurs qui, sans pitié pour l'embarras de leurs collègues, se plaignaient de la familiarité de ceux-ci avec des histrions et des pantomimes. Il y avait, en un mot, quantité de vieilles lois que le sénat n'osait guère attaquer et se souciait moins encore de remettre en honneur; quantité de vieilles questions que Tibère aimait mieux, disait-il, traiter par lettres que de vive voix, pour ne pas avoir trop de figures embarrassées autour de lui[2]. L'esprit du siècle était bien fort : Auguste lui-même, malgré les rigoristes du sénat, n'avait osé toucher à la parure des femmes[3]. Mais, singulier contraste! Auguste, avec son esprit de grâce et de tempérament, n'en avait pas moins gêné, autant qu'il était en lui, la pente de son siècle : Tibère, en lui laissant peu à peu reprendre son cours, ne lui en faisait pas moins une mine triste et grondeuse. Quand il s'agissait de quelqu'une des questions vitales de cette époque, des lois somptuaires, des lois sur le mariage, de toutes les bornes qu'Auguste avait voulu poser contre la décadence des mœurs romaines

---

1. Suet., *in Tiber.*, 34. C'étaient des surmulets, poissons très-recherchés. On envoya à Tibère un surmulet de quatre livres et demie, qu'il fit porter au marché et mettre en vente. « Mes amis, dit-il, je me trompe bien, si ce n'est Octavius ou Apicius qui l'achète. » Il fit plus que gagner son pari; il y eut enchère entre eux deux : Octavius l'emporta, et ses amis l'honorèrent beaucoup d'avoir payé 5,000 sest. un poisson que César vendait et qu'Apicius n'avait osé acheter. Sénéq., *Ep.* 95. Un de ces poissons fut payé sous Caligula 8,000 sest. Pline, IX, *Hist. nat.*, 17. D'autres, 6 à 7,000 sest. Juvénal, IV, 15. Macrobe, II, 12.

2. Tot a majoribus repertæ leges, tot quas divus Augustus tulit, illæ oblivione, hæ... contemptu abolitæ. (Tacite, *Annal.*, III, 54.)

3. Dion, LIV, 16.

et que chaque jour le reflux du siècle travaillait à renverser, Tibère prenait son front ridé, sa voix d'amertume et de reproche ; il parlait comme les vieux Appius ses ancêtres, et concluait cependant en faveur du siècle. Il lui ouvrait quelque porte pour échapper à la prison dans laquelle Auguste avait voulu le renfermer, ou du moins il tenait entr'ouvertes celles que de vieux grondeurs auraient voulu voir closes à toujours[1]. Tibère cependant, en ce qui le touchait, donnait le bon exemple : très-parcimonieux pour son propre compte, il faisait servir à des repas solennels une moitié de sanglier ; et depuis que les acclamations du peuple lui avaient arraché la liberté d'un comédien, son esclave, il avait juré qu'on ne l'y reprendrait pas et ne donnait plus de spectacle au peuple. Mais c'était affaire d'économie personnelle et, comme prince, il ne voyait pas trop de mal à ce que les grandes fortunes et les grandes familles, dont il avait toujours peur, se ruinassent en vases d'or, en habits de soie, en châteaux immenses, en multitudes d'esclaves ; à ce que les âpres et insatiables passions qui dévoraient la jeunesse, devinssent plus ardentes et plus amères ; à ce que les haines de famille s'aigrissent ; à ce que les grands noms vinssent se déshonorer et périr dans les dissensions domestiques, les empoisonnements et les adultères. Tout cela ne gâtait rien à sa politique.

Car, en s'éloignant ainsi de la politique romaine d'Auguste, il commençait à entrevoir une politique nouvelle et

---

1. Actes législatifs à ce sujet : an 15, S. C. contre la licence des pantomimes ; an 16, contre les habits de soie et la vaisselle d'or massif ; an 20, adoucissements aux lois sur le mariage ; an 21, expulsion des histrions ; an 22, délibération au sénat sur le luxe. V. Tacite, *Annal.*, I, 77 ; II, 33 ; III, 28, 52 et suiv. ; Suet., *in Tiber.*, 34, 37 ; Dion, LVII, p. 617.

d'autres appuis. Il y avait, sous la république, une loi Julia contre ceux *qui auraient diminué la majesté du peuple*. Qu'était-ce que *diminuer la majesté du peuple?* Ce n'était rien, c'était tout. C'était ce que nous appelons *lèse-majesté*, haute et petite trahison, crime politique, complots, mots vagues et indéfinis dont l'arbitraire généralité est nécessaire sans doute, puisque partout il y a dans les lois quelque chose de pareil.

Mais n'oublions pas que la patrie, que le peuple était dieu, divinité plus sévère que les bénins dieux de l'Olympe qui, eux, savaient entendre la plaisanterie. La sédition ou le complot était donc en même temps une impiété, et les lois de majesté (ce mot-là même n'appartient qu'aux dieux) joignaient au vague des lois politiques la rigueur des lois de sacrilége. Un mot, un sourire pouvait être un blasphème envers le dieu, aussi bien qu'une attaque à main armée était un attentat envers le souverain.

Quand finit la république, la divinité du peuple passait naturellement à l'empereur. Le César était la patrie incarnée; la patrie était dieu, César devait être dieu. Si cela souffrit difficulté, ce fut de la part des empereurs eux-mêmes : Auguste et Tibère eurent peine à obtenir de n'être dieux qu'après leur mort. Depuis Hercule et Jupiter, ou au moins depuis Alexandre, rien n'était à si bon marché que d'être immortel.

L'empereur commençait donc à être investi de toute la sainteté du peuple; l'empereur vivant était un souverain à défendre contre la trahison; l'empereur mort, et bientôt même l'empereur vivant fut un dieu à venger du sacrilége[1].

---

1. « Déjà les offenses envers l'empereur étaient qualifiées d'impiété, » dit Dion, LVII, p. 607. Cette expression devint classique sous les règnes suivants.

La loi Julia vint donc tout d'abord s'appliquer à la *majesté* des empereurs, et Tibère, consulté sur la question, n'eut qu'à répondre : « Observez les lois. »

D'ailleurs, comme cette loi frappait tout, elle pouvait servir aussi la justice; elle pouvait tout faire, même un peu de bien. Des chevaliers obscurs et coupables, de riches publicains qui s'étaient engraissés dans les provinces, des gouverneurs qui avaient pillé, des femmes de grande maison dont Tibère aimait à publier les désordres (utilisant ainsi la vieille morale romaine qui faisait de l'adultère un crime capital), telles furent les premières victimes [1]. C'était un merveilleux légiste que Tibère, habile à trouver des ressources pour toutes ses passions dans l'arsenal des lois anciennes, à « cacher sous de vieux noms des scélératesses toutes nouvelles [2], » homme d'une religieuse légalité, parce qu'il savait que la légalité souffre tout; déjà cependant âpre justicier, se cachant dans un coin du tribunal pour voir si son préteur châtiait bien [3].

Ainsi marcha-t-il humble et timide, tant que vécut Germanicus; ainsi laissa-t-il doucement « grandir sa loi de majesté [4] »; mais peu à peu il se sentit fortifié, et c'est ici qu'il sut se servir de cette jeunesse des écoles dont nous parlions.

Chez les anciens, le droit d'accuser, comme chacun sait, appartenait à tous; l'accusation était populaire. Un jeune homme, tout frais émoulu des combats de l'école, lancé dans la lice bien des fois sanglante des partis, ne con-

---

1. *V.* Tacite, *Annal.*, II, 50; III, 22 et suiv.; IV, 42, 52; VI, 29, 40, 47. Accusations d'inceste, VI, 19 et ailleurs.
2. Proprium id Tiberio scelera nuper reperta priscis verbis obtegere. (Tacite, *Annal.*, IV, 9.) — 3. *Id.*, I, 75. Dion, LVII.
4. Adolescebat intereà lex majestatis. (Tacite, *Annal.*, II, 50.)

naissait rien de mieux que de jeter dès l'abord son gant au parti contraire, de prendre un homme corps à corps et de l'accuser. La vérité de l'accusation importait peu. Il s'agissait d'obtenir une victoire pour son parti, de faire exiler un adversaire. L'accusation était le début [1], elle était plus hardie, plus brillante, plus honorée que la défense : l'humanité n'était pas une vertu chez les anciens ; Sénèque la défend au stoïcien, et Virgile dit du sage : « Il n'a ni pitié pour le pauvre, ni envie pour le riche [2]. » Crassus fut accusateur à dix-neuf ans, César à vingt et un, Pollion à vingt-deux [3].

Avec cela se combine un trait remarquable des mœurs anciennes. L'inimitié n'était pas, comme chez nous, quelque chose d'équivoque, qu'on avoue à peine, qui se cache sous des formes polies ou sous l'affectation de l'indifférence ; c'était quelque chose de patent, d'authentique, de formel, de déclaré. On entamait une inimitié, pour ainsi dire, comme on entame un procès ; c'était une affaire, que l'on commençait en faisant dire solennellement à un homme qu'on n'était plus son ami [4], qui se terminait en plein Forum

---

1. « Cælius a voulu, selon la tradition de nos aïeux, et à l'exemple de ceux qui sont ensuite devenus les plus illustres de nos concitoyens, chercher dans quelque illustre accusation l'occasion de faire apprécier son mérite au peuple romain... » Et plus bas : « Je ne loue pas ici sa modération, ce n'est pas la vertu de cet âge. Je loue cette impétuosité de son âme, ce désir d'avancer, cette ardeur pour la gloire... » Cic., pro Cælio, 31.

2. . . . . Nec ille
Indoluit miserans inopem aut invidit habenti. (*Georg.*)

Bossuet se souvient de cette pensée, mais en la corrigeant admirablement : « Puisses-tu, mon frère, ne jamais sentir ni dureté pour le pauvre, ni envie pour le riche. » *Sermons.*

3. Tacite, *de Orat.*, 34 ; Quintil., XII, 6.

4. C'est ce que fit, « selon la coutume des ancêtres, » Germanicus à

devant des juges, en lui faisant, par sentence politique, interdire le feu et l'eau. Souvent un homme se jetait dans un parti pour être à même d'y défier son ennemi; c'était le duel de ce temps-là. Il s'y mêlait du point d'honneur : Cicéron a besoin de se justifier par l'intérêt public d'avoir fait cause commune avec ceux qui avaient été ses ennemis [1]. On se glorifiait d'avoir des inimitiés, de les entreprendre, de les soutenir, de les mettre à fin [2]; il y en avait d'héréditaires dans les familles [3]; en un mot, dans l'âpreté de cette vie parlementaire, elles étaient à la fois un devoir, une gloire, un objet d'ambition : et pour les soutenir, la grande arme était l'éloquence.

Sous l'empire, tout cela subsista, mais sans cette union avec la vie publique qui donnait à ces passions un but, une utilité, une grandeur. Il y eut, comme par le passé, des haines personnelles et des haines de familles : le désordre, le luxe, l'habitude de l'empoisonnement, l'amoindrissement des fortunes, ne faisaient que les rendre plus

---

l'égard de Pison. Suet., *in Calig.*, 3. Tacite, *Annal.*, II, 70. « La coutume de nos aïeux, dit Tibère dans Tacite, lorsqu'ils rompaient une amitié, était d'interdire leur maison à celui avec qui ils voulaient que leurs relations cessassent : c'est ce que j'ai fait à l'égard de Labéon. » Tacite, *Annal.*, VI, 29. — A ceci se rapportent ces expressions romaines : Inimicitias suscipere, exercere, deponere (Cic., *passim*); amicitiam renuntiare (Tacit. et Suet., *loc. cit.*); hospitium renuntiare (Cic., *in Verrem*, II, 36; Tit.-Liv., XXV, 18); domo interdicere (Suet., *in Aug.*, 66; Tacite, *Annal.*, VI, 29).

1. *De provinciis consul.*, 8. Et plus bas : « J'ai reçu une injure, j'ai dû être ennemi, je ne le nie pas, » 18. Et ailleurs encore.

2. Jus potentissimum quemque vexandi et inimicitiarum gloria. (Tacite, *Ibid.*) Et ailleurs : « Cecina, homme nouveau, récemment rentré au sénat, voulait se rendre célèbre par *d'illustres inimitiés*. » Id., *Hist.*, II, 53.

3. Assignatæ domibus inimicitiæ. (Tacite, *de Orat.*) « Varron accuse Sabinus, cachant sous le voile des inimitiés paternelles sa honteuse complaisance pour Séjan. » Id., *Annal.*, IV, 19.

violentes. De ces familles dissolues et ruinées, sortait cette jeunesse que nous avons décrite, hardie, sans moralité, presque toujours sans argent, âme damnée de qui lui ferait une fortune et un nom, bourrée de rhétorique, sentant bouillonner en elle son ambition sans but et son inutile faconde.

Pour ces jeunes gens, comme pour leurs ancêtres, la porte de l'accusation était la première ouverte; mais dépouillée de la grandeur de la vie politique, cette carrière devenait tout à fait infernale; il n'y avait plus, même en apparence, de but désintéressé, il n'y avait que la vengeance et plus souvent le métier. Ce métier était celui de délateur (célèbre dans la Rome impériale): métier profitable; car il avait bien fallu intéresser ce droit d'accusation ouvert à tous, sans être imposé à personne, et l'accusateur recevait de la loi une part dans les confiscations [1]. Ainsi portaient leur fruit de despotisme toutes les institutions républicaines. La délation menait plus loin encore: à faire parler de soi, à se faire redouter, admirer même, à recevoir des saluts dans le Forum, à avoir le matin des clients dans son antichambre, à se faire suivre au Champ de Mars par une foule d'empressés; on faisait trembler les familles, on inclinait sous soi l'orgueil des grandes maisons, on avait sous sa protection des villes et des provinces; un roi était trop heureux de l'amitié d'un délateur [2].

Ceux qui commencèrent ce métier furent d'abord des hommes vulgaires, ignobles, méprisés; mais bientôt les ambitions, les grands talents y vinrent. Les mêmes noms

---

[1]. Le quart dans les poursuites de lèse-majesté. Tacite, *Annal.*, IV, 20. Sur les récompenses des délateurs et des témoins, *V.* Suet., *in Tib.*, 61; Dion, LVIII; Tacite, *Annal.*, II, 32; IV, 30; VI, 47.

[2]. Tacite, *de Orat.*, 5, 6.

qui figurent dans les thèmes du professeur Sénèque, comme ceux d'illustres rhéteurs ou d'écoliers de grande espérance, les noms d'Haterius, de Romanus Hispo, se retrouvent dans Tacite comme ceux de délateurs illustres; nous les avons laissés à l'école, nous les revoyons au sénat en face d'accusés [1].

Et pendant que ces hommes, usant de leur liberté dans les limites légales, évoquaient, *more majorum*, dans le champ clos de l'accusation, toute gloire, toute supériorité, toute richesse; traduisaient devant les juges et devant le monde les désastres et les dissensions des familles, en y ajoutant le crime de lèse-majesté, « complément obligé de toute accusation [2] » : Tibère pouvait se tenir tranquille, il n'était pour rien là-dedans; chacun était dans son droit. Bien plus, au-dessous des délateurs, ceux qui ne pouvaient aspirer à ce noble métier formaient une armée de témoins et d'espions; armée payée comme ses chefs, car la loi leur donnait des récompenses; armée active, partout répandue, surveillant les pas, les paroles, entrant dans toutes les confidences, provoquant toutes les indiscrétions, les dénonçant toutes; sans cesse en correspondance avec César, qu'elle

---

1. Voici ce que dit Tacite de l'espèce d'hommes qui faisaient le métier d'accusateurs :

« Le premier métier de Junius Othon avait été celui de maître de rhétorique : le crédit de Séjan le fit sénateur. A force d'effronterie, il cherchait à sortir de son obscurité première... Brutidius avait de hautes facultés; s'il eût suivi la voie droite, il pouvait arriver au premier rang. Mais l'impatience le dévorait; il fallut d'abord qu'il dépassât ses égaux, puis ceux qui marchaient devant lui, puis enfin sa propre ambition et son propre espoir... » *Annal.*, III, 66. — « Haterius, plus haï que tous les autres, tout affaibli par de longs sommeils et par des veilles licencieuses, assez oisif et assez lâche pour n'avoir point à craindre la cruauté même de Tibère, méditait entre le jeu et la débauche la perte des plus nobles citoyens. » *Ibid.*, VI, 4.

2. *Ibid.*, III, 38.

informait secrètement et qu'elle dispensait de monter une police.

Ce système d'accusation, au reste, commença doucement et modestement, comme tout se faisait sous Tibère. Longtemps il se refusa à laisser punir ceux qui l'injuriaient. Mais pouvait-il laisser impunis ceux qui outrageaient la mémoire du dieu Auguste? S'il n'y avait que trahison à outrager Tibère, il y avait sacrilége à offenser Auguste [1]. Briser sa statue, s'habiller, se déshabiller, fouetter un esclave devant son image, la porter sur une bague ou même sur une pièce de monnaie lorsqu'on entrait dans un lieu déshonnête [2], étaient des crimes capitaux. Bientôt le portrait de Tibère devint aussi respectable que celui de son prédécesseur. Une image de César à la main, l'esclave menaçait son maître; sur le seuil même du sénat, une femme poursuivait de ses injures le juge qui l'avait condamnée, et si on voulait l'arrêter, mettait devant elle le portrait de l'empereur [3]. Un poëte qui, dans une tragédie, avait fait adresser des injures à Agamemnon, passait pour avoir manqué de respect au pouvoir [4]. Un autre, par excès de hâte, avait composé l'éloge funèbre de Drusus, lorsque Drusus vivait encore; c'était lui porter malheur: il fut con-

---

1. « Tibère, dit Pline, n'a placé Auguste parmi les dieux que pour inaugurer les accusations de lèse-majesté. » *Panég.*, 11. V. aussi Dion, LVII, p. 615.

2. V. Tacite, *Annal.*, I, 73, 74; II, 50; III, 38, 67; VI, 18; XIV, 48; Senec., *de Benef.*, III, 26; Suet., 58. « Paulus soupait avec plusieurs convives, ayant au doigt le portrait de Tibère sur une pierre précieuse. Je serais un sot, dit Sénèque, si je cherchais un détour pour dire qu'il prit un pot de chambre. Maro, un des plus actifs délateurs de ce temps, s'en aperçut, prit les convives à témoin que l'image de l'empereur avait été profanée; il dressait déjà une dénonciation, quand un esclave, qui avait tout suivi et avait dérobé à temps l'anneau de Paulus, le montra à son propre doigt. » Senec., *Ibid.*

3. Tacite, *Annal.*, III, 36. — 4. Suet., *in Tiber.*, 61.

damné à mort. Les superstitions de l'antiquité étaient appelées au secours de la tyrannie.

Quant aux vrais motifs de l'accusation, un peu de fortune, un peu de naissance, un peu de gloire, la haine d'un délateur suffisait. L'amour de l'argent, passion longtemps inconnue à Tibère, commençait à se développer en lui. Il doublait les impôts, il ne refusait plus les héritages. En vertu d'une loi oubliée, qui ne s'appliquait d'ailleurs qu'à l'Italie, les premiers citoyens de la Gaule, de l'Espagne, de la Syrie, de la Grèce, furent condamnés pour ce seul fait, d'avoir eu en portefeuille plus du tiers de leur fortune [1].

Voilà ce qu'était une accusation. L'homme à qui elle tombait sur la tête était marqué du doigt comme un pestiféré; on l'abandonnait de toutes parts; s'il passait dans les rues, on se mettait à fuir, et puis ensuite on revenait sur ses pas, et on se faisait voir de peur d'avoir montré sa peur; amis et parents laissaient un grand vide entre eux et lui. Il y avait une raison à cela : c'est que l'accusation gagnant de proche en proche comme la peste, d'un homme passait à sa famille, à ses amis, à ceux qui l'avaient salué, à ceux qui l'avaient vu. Pour ne pas être accusés, amis et parents se faisaient quelquefois accusateurs. La première pierre une fois jetée au proscrit, chacun se hâtait de décharger la sienne; le moyen de se sauver était de le perdre; le fils dénonça son père, le frère sa sœur [2]. Ici se retrouvaient les traditions du patriotisme romain exploitées par le despotisme impérial; les délateurs immolaient leurs pa-

---

1. Sur cette passion de l'argent « Ea prima Tiberio erga pecuniam alienam diligentia fuit. » (Tacite, *Annal.*, IV, 20, sur l'an 24.) *V. Id.*, I, 75; III, 18; VI, 2, 19; Suet., *in. Tiber.*, 46, 49.

2. Tacite, *Annal.*, IV, 28.

rents à Tibère, comme Brutus avait fait mourir ses fils, ou Horace sa sœur.

L'accusé presque toujours restait libre, et cependant ne songeait pas à fuir; pourquoi? Nous le savons peu; c'est un fait qui révèle dans la société antique mille circonstances étrangères à la nôtre. L'empire était si vaste, que la fuite semblait impossible. « En quelque lieu que tu sois, écrit Cicéron à Marcellus, songe que le bras du vainqueur peut t'y atteindre. » Nous avons l'exemple d'un seul homme qui tâcha d'échapper à la puissance de l'empereur; c'était un chevalier romain qui s'enfuyait chez les Parthes. On trouva cela étrange; on l'arrêta et on le ramena à Rome. Tibère s'en soucia si peu, qu'il le laissa vivre.

Où fuir d'ailleurs? au delà des bornes de l'empire on ne connaissait rien. L'empire romain n'était pas, comme nos monarchies, terminé par des limites certaines; à ses extrémités, des royaumes tributaires, des peuples barbares à demi soumis, faisaient suite aux provinces gouvernées par les préteurs et prolongeaient la puissance de l'empire[1]. Où était la borne? On le savait à peine; elle était là où l'on ne connaissait plus rien, là où vivaient des peuples sauvages, où la géographie devenait fabuleuse. Il fallait vivre à Rome ou y mourir, vivre dans cette lumière, comme dit Cicéron, vivre de la pleine vie du Champ de Mars et du Capitole, comme ce Vénitien exilé qui revint à Venise sûr d'y trouver son supplice, mais aimant mieux mourir à Venise que vivre ailleurs.

Ni fuir, ni se cacher! Ces deux espérances du proscrit, qu'à toutes les autres époques le dévouement a si puis-

---

1. Regiones ultrà fines imperii, dubiæ libertatis. (Senec.)

samment aidées, étaient perdues pour le proscrit de Tibère. Personne n'avait foi en personne. Rome était pleine d'esclaves ; des esclaves cultivaient la campagne : entre l'esclave et l'homme libre il n'y avait guère de liens d'humanité ; c'était comme une autre nature. Au temps de Sylla, il y eut encore de nobles dévouements d'esclaves pour leurs maîtres. Sous Tibère, nous n'en trouvons plus ; la peur et la trahison, l'espionnage volontaire, étaient partout, et la police, faite par la trahison et la peur, était bien autrement inévitable que ne l'est la police faite par le pouvoir[1].

L'accusé paraissait donc devant le sénat, juge suprême des accusations de lèse-majesté[2]. Il se présentait seul devant tous ces hommes, courtisans, intimes complices ou tremblants ennemis du prince ; devant ces vieilles toges qui avaient, les unes à se défendre de leur illustration, les autres à garder sauve leur obscurité ; devant ces restes mutilés de l'aristocratie, ennemis les uns des autres, honteux de leur nom, tremblants de leur gloire. En face de lui, trois, quatre, cinq accusateurs se réunissaient pour l'écraser ; s'il avait gouverné une province, elle ne manquait pas d'envoyer contre lui quelque parleur disert, tout fier de se montrer sur le grand théâtre de Rome[3]. Et ce n'étaient pas les accusateurs seulement : les témoins

---

1. « C'était là le plus affreux malheur de ce temps. Il n'était pas délation si infâme que dédaignassent d'exercer même les premiers du sé[n]at, ouvertement quelquefois, souvent dans l'ombre. Toute différence [a]vait cessé d'étranger ou de parent, d'ami ou d'inconnu, d'un fait nou[v]eau ou d'un souvenir obscurci par le temps. Chacun, en hâte d'atteindre [s]on proscrit pour se sauver lui-même, saisissait la première parole tom[b]ée dans un repas, dans une réunion au Forum, sur le sujet le plus [f]rivole. La plupart ne voulaient que leur propre sûreté ; mais il en était [q]ue le mal de la délation avait gagnés comme une peste. » Tacite, *Annal.*, I, 17.

2. *Id.*, III, 49, 50, 61 ; VI, 9, 11. — 3. *Id.*, III, 66-70 ; IV, 15.

n'étaient point comme chez nous de simples narrateurs ; ils discouraient, invectivaient, se fâchaient aussi librement, aussi oratoirement que personne ; tous avaient été trop longtemps à l'école pour perdre les belles choses qu'ils y avaient apprises. De défenseur, il n'en est pas question ; non que la défense fût interdite, mais nul n'osait s'y risquer[1]. Alors pleuvaient, comme la grêle, les injures oratoires, l'imprécation, l'évocation, l'apostrophe, toutes les colères de la controverse, tous les souvenirs du rhéteur ; on nageait en pleine déclamation. L'accusé, renversé par l'invective, se relevait à peine, que l'hypotypose ou la prosopopée venait l'écraser ; il rendait le dernier soupir sous les foudres de l'apostrophe.

Ceci peut paraître puéril, mais rappelons-nous combien les anciens étaient puérils eux-mêmes ; la puissance des phrases était immense. Quand Manlius fut accusé devant le peuple, on crut faire beaucoup contre lui, parce qu'on lui ôta un mouvement oratoire en lui ôtant la vue du Capitole qu'il avait défendu. On écoutait, on admirait, on se laissait persuader en artiste ; l'immoralité du but inquiétait peu. L'habitude était vieille de séparer le talent de la conscience, d'applaudir à l'emphase des mots sans songer à la vérité des choses ; cet homme avait bien parlé, que pouvait-on lui refuser ?

A ces accusateurs, à ces témoins, s'ajoutait le grand moyen de la procédure romaine, la torture des esclaves. Seulement la loi défendait de mettre à la torture les esclaves

---

1. « Silanus fut accusé,... et de peur qu'un de ses parents ne vînt à son secours, on ne manqua pas d'ajouter l'accusation de lèse-majesté qui faisait du silence une nécessité et un devoir. » Tacite, *Annal.*, III, 6. Quelques exemples de dévouement : *Ibid.*, V, 8.

qui appartenaient à l'accusé : en habile procureur[1], Tibère sut éluder cette loi ; il fit vendre aux agents du fisc les esclaves de l'accusé, et dès lors ils purent être mis à la question sans le moindre scrupule légal.

Contre tout cela, contre ces témoignages, contre ces interrogatoires par la main du bourreau, contre ces ennemis hardis, effrontés, soutenus par César, habitués à la parole, l'accusé était seul, atterré, sans faconde : il perdait la force de nier les imputations les plus menteuses. Pourtant, s'il avait du cœur, il n'en était pas toujours de même. En ce temps où chacun tremblait pour soi, lorsqu'on s'était mis au-dessus de la crainte commune, il n'était pas difficile de dominer les autres en la leur rappelant. L'accusé pouvait se grandir au rôle d'accusateur, nommer de prétendus complices, ou même, sans se reconnaître coupable, dénoncer son ennemi. Alors, pour peu qu'il y eût quelque éloquence, c'était une lutte épouvantable ; ces deux hommes, l'un s'érigeant en délateur, l'autre descendu au rôle d'accusé, parlaient à outrance pour leur vie ou leur mort : vrai combat de gladiateurs, duel à mort dont Tibère était l'impassible et l'heureux spectateur, car il aimait toujours à voir aux prises l'un avec l'autre ceux qui avaient quelque puissance. Un accusateur ainsi accusé perdit la tête et s'enfuit ; Tibère le fit ramener de force pour soutenir sa dénonciation jusqu'au bout[2].

Il y a plus : après la chute de Séjan, lorsque l'on poursuivait ses amis, un des accusés osa avouer qu'il avait été de ce nombre ; mais en même temps il rappela au sénat, que le sénat tout entier en avait fait autant que lui :

---

1. « Callidus et novi juris repertor. » Tacite, *Annal.*, II, 30. Auguste, selon Dion, LV, serait le premier auteur de ce précédent.
2. V. Tacite, *Annal.*, IV, 28, 29.

« *Nous* avons flatté tout ce qui l'entourait, *nous* avons fait la cour à ses affranchis, *nous* avons été heureux de *nous* faire reconnaître de son portier. » Ce *nous* le sauva. Un autre, à qui l'on demandait le nom de ses complices, commençait à les désigner parmi ses juges ; les pères conscrits tremblèrent sur leurs siéges, le désespoir de cet homme les menaçait tous : ils se hâtèrent d'étouffer sa voix par des murmures et de le condamner.

Il y avait une autre raison pour se hâter. La condamnation était presque toujours si certaine, que l'accusé, dès le premier moment, cherchait à y échapper par le suicide. Allait-il attendre dans sa maison que les pas des soldats vinssent l'avertir qu'il était temps de mourir ; que deux valets du bourreau lui passassent le lacet au cou dans un cul de basse-fosse? souffrirait-il que son corps fût traîné aux crocs, jeté aux gémonies ; qu'on vendît ses biens sous la pique du préteur au profit du fisc ; que ses accusateurs s'engraissassent de son patrimoine ; que son testament, l'acte le plus solennel et celui qui tenait le plus au cœur du citoyen romain, fût déchiré? En se donnant la mort, il dérobait ses restes à l'infamie, son testament à une honteuse radiation, aux mains des délateurs l'héritage de sa famille[1]. Mais si l'accusé était pressé de mourir, Tibère et le fisc tenaient à le faire vivre jusqu'à sa sentence ; il y avait donc une effroyable émulation à qui irait le plus vite de l'accusé ou des juges, l'un pour sauver ses biens et sa mémoire, l'autre pour sauver les droits du trésor. — « Carnutius m'a échappé, » disait Tibère d'un proscrit qui s'était tué[2]. D'autres fois il fit le bon prince, et se plaignit que les accusés, en se donnant la mort, se dérobassent à sa clé-

---

1. Dion, LVIII, p. 631. Tacite *Annal.*, VI, 29, 30.
2. Suet., *in Tiber.*, 51.

mence; il ne fut jamais si miséricordieux qu'envers les morts. Des accusés dont le procès dura plusieurs jours, prirent leur temps et se laissèrent mourir de faim; un autre qui s'était frappé d'une épée, fut amené au sénat tout sanglant, tout bandé, pansé pour le bourreau; un autre s'empoisonna devant ses juges: on ne prit pas le temps de le condamner; qu'importait, en une telle hâte, la formalité de la sentence? On l'emporta mourant, et on lui mit le lacet au cou comme déjà il ne respirait plus [1].

Dans une telle voie, on devait marcher vite. Ce n'était pas un tyran opprimant le peuple, c'était le peuple se déchirant lui-même au profit de son tyran. Bientôt l'accusation frappa au hasard, sur les pauvres, sur les obscurs, sur ceux que rien, si ce n'est les haines personnelles, ne lui recommandait; des exilés, des fils d'exilés furent ramenés de quelque lointaine province ou d'une île à moitié déserte, comme des gens qui eussent fait peur. On en vit venir de tout déshonorés par la misère, hideux, en haillons, sans que l'on sût qui se vengeait ainsi [2]. Ce n'était plus vengeance, ce n'était plus soupçon, on n'en voulait plus à tels ou tels, on en voulait au premier venu pour faire peur à tous. A la fin de sa vie, il ne s'agissait plus pour Tibère de tuer ses ennemis, mais de tuer beaucoup: c'était Marat avec ses deux cent mille têtes.

En présence de tels faits, la vie privée de cette époque nous semble marquée d'une tristesse profonde. A travers une passion de luxe qui tenait du délire, des débauches gigantesques, des plaisirs frénétiques, on savait qu'avant le lendemain matin, un petit billet d'un accusateur à Tibère ou de Tibère au sénat pouvait vous conduire à une mort

---

1. Suet., *in Tiber.*, 61; Tacite, *Annal.*, VI, 40; Dion, LVIII.
2. Tacite, *Annal.*, IV, 13.

ignoble dans le cachot infect de Jugurtha. Cette société sans moralité et sans croyance, ne trouvant rien en elle-même qui l'aidât à envisager avec la dignité du vrai courage ce perpétuel danger suspendu sur sa tête, s'enivrait pour l'oublier; mais au milieu des orgies, un amer ennui la prenait au cœur. N'espérant en rien, vouée à des superstitions sinistres envers un destin qu'elle croyait aveugle, demandant à l'astrologie et aux présages la connaissance d'un inévitable avenir, fataliste et superstitieuse, sans vertu, sans philosophie, sans foi, elle croyait faire un acte de grandeur et échapper à l'inévitable loi du destin par le suicide. Le suicide, qui était la grande ressource contre Tibère, lui paraissait aussi la grande ressource contre elle-même. Tant de morts volontaires appelées et savourées avec bonheur par des proscrits dans le Forum, dans le sénat, dans la prison, partout où ils le pouvaient, accoutumèrent aisément Rome à ce genre de courage qui se fait si facilement imiter. On se tua par obéissance et par précaution, et sur un indice de la disgrâce de l'empereur, on se donna la mort afin de n'avoir rien à faire avec le bourreau. On se tua simplement par ennui de la vie (*tædium vitæ*); c'était le mot consacré. On s'enfermait dans sa chambre, on refusait les aliments, et l'on attendait sa fin. Ainsi, Lentulus, maître d'une grande fortune, ayant eu le malheur de faire Tibère son héritier, se laissa pousser par celui-ci, à force de chagrins et de craintes sourdes, à se donner la mort. Ainsi, Coccéius Nerva, ami et commensal du prince, illustre dans la jurisprudence, inattaqué par les délateurs, se laissa mourir, Tacite le dit, de la profonde tristesse que lui inspirait son époque [1].

---

1. Sur les suicides ordonnés par le prince, Tacite, *Annal.*, VI, 10. Sur

D'où venait tout cela?

La peur était le dieu de ce siècle. Et quelle était la raison de la peur? Pourquoi cet abandon, cet isolement du proscrit, cette trahison universelle, ce manque de foi réciproque entre gens qui avaient le même intérêt et couraient le même danger? ce peuple tremblant dans les rues, fuyant au passage d'un proscrit; détestant Séjan et n'ayant de courage contre lui qu'après sa chute; adorant la mémoire de Germanicus, et lorsque sa famille est proscrite, osant à peine s'émouvoir un peu dans les rues, tout en protestant de son respect pour Tibère? ce sénat, le représentant de l'ancienne aristocratie, servant contre elle et contre lui-même les desseins du prince? et Tibère même, le grand ressort de l'universel effroi, vieillissant dans la peur, blotti dans son nid de Caprée, consultant les astrologues sur la durée de sa vie, tremblant comme ceux qu'il faisait trembler? Quelle était donc la cause première de cette terreur sans exception et sans borne?

Ce n'était pas chez le peuple la crainte d'une puissante force matérielle; 9 ou 10,000 prétoriens réunis sous les murs de Rome, gens qui vivaient de plaisir, faciles à acheter, faciles à vaincre, n'eussent pas été contre une révolte de cette vaste cité une suffisante barrière. Les légions étaient disséminées sur les frontières, et disséminées par une politique qui les craignait bien plus qu'elle ne comptait sur elles : c'était auprès d'elles que les enfants de Germanicus avaient espéré trouver un refuge.

Mais il faut le dire d'abord : les masses sont bien plus inertes, leur action sur la vie sociale bien plus rare qu'on n'est tenté de le croire. En tout lieu et en tout temps, les

---

Lentulus, dit l'augure, Suet., *in Tiber.*, 49; Senec., *de Benef.*, II, 27. Il avait 400 millions de sest. (106,000,000 de fr.) Sur Nerva, Tacite, *ibid.*, VI, 26.

minorités gouvernent. Dans quelques pays du Nord, des moyens toujours un peu artificiels ont appelé une minorité plus forte, mais encore une minorité, à la fiction plutôt qu'à la réalité du gouvernement. Mais déjà si vous descendez en France, vous trouverez la loi plus empressée à donner que les masses à recevoir; les magnifiques droits qu'elle offre, insoucieusement négligés pour un marché à faire ou pour une journée de moisson; les salles d'élection laissées à quelques meneurs et à leurs dupes. C'est bien mieux encore dans le Midi, où la double facilité d'oublier et de vivre, les jouissances de l'oisiveté, l'heureux débarras de toute prévoyance, la vie jour à jour, heure à heure, rendent le peuple plus antipathique et plus étranger à ces vides et sérieuses simagrées de la vie politique; pays ingouvernables par de tels moyens, si je m'en crois. Voyez les invalides révolutions d'Espagne et d'Italie, révolutions prétoriennes que fait un régiment, qu'un bataillon défait : et la nation que fait-elle? La nation est ici, au coin de la rue, assise à terre quand elle ne peut avoir de meilleur siége, mangeant son macaroni, buvant son chocolat, fumant son cigare (si la révolution lui en a laissé un), savourant au moins, ce qu'on ne peut lui ôter, son beau soleil; regardant la révolution passer, bien des fois ne laissant pas que d'en souffrir, mais ne songeant pas à s'en mêler; faisant bien ou mal, mais faisant ainsi.

Ce n'est pourtant pas assez, chez des Romains surtout, pour expliquer cette patience de vingt ans, cette terreur si lâche de tout un peuple devant un vieillard sale et décrépit que le peuple à son tour faisait trembler. L'Italie, Rome elle seule, une légion, quelques grandes familles avec leurs esclaves et leurs clients, eussent pu faire une révolution. Et cependant Tibère, au milieu de toutes ses craintes, ne paraît redouter qu'un assassinat et non une émeute. Pourquoi donc?

Voici, je crois, la cause fondamentale. La plupart des sociétés antiques reposaient sur l'égoïsme national ; patriotisme dans les républiques, despotisme dans les monarchies, le principe était le même. Et croyez que le despotisme avait aussi ses héros et ses religieux dévouements. Hérodote raconte que, lorsque Xercès, vaincu en Grèce, s'enfuit dans son royaume, une tempête s'éleva pendant qu'il traversait la mer ; le pilote déclara que le navire était trop chargé et que la vie du roi était en péril. Le pont du navire était couvert des grands de la Perse, qui avaient suivi le roi. A cette déclaration, ils vinrent tous, les uns après les autres, mettre le front à terre aux pieds de Xercès, et se précipitèrent dans les flots. Il y a dans la simplicité de ce dévouement, quelque absurde qu'il soit, un certain grandiose qui étonne et qui vaut bien (en supposant la vérité des deux histoires) Curtius et son fameux cheval se précipitant dans l'abîme.

Dans le sein et comme à l'ombre de cet égoïsme national, croissaient, si je puis ainsi dire, une foule d'égoïsmes partiels de tribu, de caste, de corporation. Sur cet ensemble vivait le monde. L'égoïsme national, quoique fondé sur un esprit d'hostilité et de guerre, sur la haine de l'étranger (*hostis* veut dire à la fois étranger et ennemi), resserrait les liens de chaque société, la faisait une, la concentrait par l'exclusion de ce qui était au dehors ; et, par les idées superstitieuses qui en étaient le principe, la ralliait plus complétement dans les républiques à l'aristocratie, dans les monarchies au souverain, qui était le nœud, et souvent même la divinité de ce système. A son tour, l'égoïsme d'association, de tribu, de famille surtout, formait entre les diverses portions de la société des liens durs, sanguinaires, mais puissants, et se rattachant tous à l'unité politique. Ce n'est pas ici le lieu de dire combien était imparfait cet ordre social, fondé en dernier résultat sur la division et la haine de peuple à peuple, par conséquent sur la guerre, l'extermination et le sang ; combien funeste à l'intérieur même des sociétés était ce système, qui ne reconnaissant rien de sacré dans la personne de l'homme, n'admettait point de droit ni de raison que le sujet pût faire valoir contre la république, et immolait, sans égard pour la justice, l'homme à la nation, à la tribu, à la famille : tout ce que je veux dire, c'est que telle était la base de tout ordre social avant le christianisme, et qu'il ne pouvait guère y en avoir d'autre.

La conquête romaine renversa cette base ; les égoïsmes nationaux, si je puis ainsi dire, furent tous fondus dans le grand égoïsme romain ; ils se réduisirent à la proportion de quelque gloriole de petite ville. En même temps, Rome, lui, plus que toute autre cité avait exalté en elle cet égoïsme national, Rome, chez qui les égoïsmes partiels et surtout celui de la famille étaient aussi plus puissants ; Rome, en s'étendant à l'excès, laissa échapper la maille première de ce réseau si serré, et relâcha en elle-même tous les liens de l'égoïsme national, comme elle les brisait chez les autres peuples. Ainsi la vieille base de la société païenne fut rompue ; le monde antique n'eut plus l'appui vicieux, mais l'appui sur lequel il reposait.

Mais en même temps tout cet égoïsme de société se brisait en égoïsme individuel. Ce que la philosophie enseignait était trop vague, trop dépourvu de base ; ce que la religion contait, trop mélangé et trop puéril pour qu'il en pût naître quelque lien puissant entre les hommes. La famille elle-même qui était, pour les anciens, plutôt une rigoureuse et politique unité, qu'une sainte, naturelle et affectueuse association, la famille n'avait plus assez de puissance pour maintenir ses droits. Personne ne tenait plus à personne. Cette complète *dissociation*, cet anéantissement de tout lien, même de famille, est horriblement prouvé dans Tacite; il est prouvé par l'unité même et l'unité excessive du pouvoir.

Ainsi tout le monde étant divisé, tout le monde était faible, tout le monde avait peur. Voilà le secret de cette époque. Chacun se sentait sans appui. Dans une telle situation, celui qui attaque le premier a un ascendant terrible; il fait acte de force, tandis que les autres sentent leur faiblesse. Chacun alors ne songe qu'à soi, se voit d'avance seul à seul contre cet ennemi; lui timide contre cet audacieux, lui faible contre ce fort, il ne pense qu'à rester coi, à faire sa paix, à se sauver aujourd'hui; viendra demain ce qui pourra. Ainsi, le premier attaqué reste isolé, tout l'abandonne. Tacite nous le dit : « La terreur avait brisé de force toutes les relations humaines »[1]. Nul ne songeait que son tour allait venir; on ne défendait pas autrui, on n'était pas défendu. Ce sentiment vulgaire qui nous porte à éteindre le feu pour qu'il ne gagne pas jusqu'à nous, cédait à la peur du moment présent. Je ne dirai pas la charité désintéressée, la charité chrétienne, mais l'égoïsme solidaire, l'égoïsme garde-national, celui qui secourt les autres pour en être secouru à son tour, eût été alors une vertu sublime.

Il ne faut pas s'étonner de la puissance et de l'universalité de cette terreur. La terreur croît par cela seul qu'elle existe; on a peur de la peur qu'on a eue, on tremble parce qu'on a tremblé, on trahit parce qu'on a trahi; le simple

---

1. Interciderat sortis humanæ commercium vi metûs. (*Annal.*, VI, 19.)

citoyen dénonce parce qu'il a dénoncé hier; le sénat condamne parce qu'il a condamné. Une fois le parti de la peur préféré à celui de la résistance, il n'y a plus qu'à avancer dans la même route, et, de cette façon, quelques délateurs arrivent à faire trembler tout un peuple.

Et remarquez une chose : c'est que le premier instrument de Tibère était le sénat, le corps qu'il menaçait par-dessus tout, celui dont il était le plus détesté, dont il affectait de redouter les poignards, l'ennemi presque officiel de sa puissance. Le sénat était le centre de cette vieille *nobilitas* qui avait été vaincue à Pharsale, de ces hommes qui gardaient à leur foyer les images de leurs aïeux consulaires, qui avaient encore une clientèle, donnaient parfois encore des jeux au peuple, lui bâtissaient encore quelques monuments, entretenaient ceux dont leurs ancêtres leur avaient légué la conservation : « magnificence héréditaire, dit Tacite, qui n'était pas encore passée de mode »[1]. Le sénat était le centre de ce gouvernement républicain que nous avons montré existant de droit, pendant que le gouvernement de César existait de fait. Le sénat, depuis que Tibère avait supprimé les comices, nommait les préteurs et les édiles (César seul nommait les consuls); et, bien que ces choix se fissent sous l'influence et sur la proposition de César[2], le sénat gardait assez de puissance pour maintenir dans ces charges les anciennes familles, pendant que les familles nouvelles, les familles des affranchis et des parvenus du palais grandissaient dans les magistratures bourgeoises créées par Auguste. Ce fut même un moment sérieux pour Tibère, un moment où « il sembla qu'on allait

---

1. Tacit., *Annal.*, III, 72.
2. *Id.*, I, 15, 81; Dion, LVIII. Juvénal, X, 77; Ovide, *Pontic.*, VI, 9, 67; Suet., *in Calig.*, 16.

pénétrer les secrets de la puissance impériale », lorsqu'on proposa dans le sénat de nommer les magistrats cinq ans d'avance; c'était leur garantir par la certitude du pouvoir une sorte d'indépendance, donner à la *nobilitas* un moyen de faire corps et de s'entendre, au gouvernement républicain un moyen de devenir sérieux [1].

Voilà pourquoi le sénat était encore une puissance; pourquoi, dans les commencements de Tibère, il s'y gardait une sorte de liberté, et le droit ancien de dire, à propos de tout, ce qu'on pensait des affaires publiques [2]. Voilà pourquoi Tibère, au temps de ses timides débuts, se levait devant les consuls, votait au sénat comme un simple membre et quelquefois y votait seul de son avis, renvoyait au sénat les députés des provinces et les rapports des généraux; laissait relever la coutume aristocratique de faire, lorsqu'on entrait en charge, l'éloge solennel de ses ancêtres. C'est qu'alors il croyait de sa prudence de respecter « le droit ordinaire », comme dit Suétone, le droit public officiel de l'ancienne Rome.

C'est là ce qui explique dans le sénat et cette servilité habituelle et ces velléités de courage, ces hardiesses momentanées à regimber contre les délateurs, parfois à les condamner [3]. Un Pison ne craignait pas de dire que, fatigué du spectacle des délations et de l'espionnage, il allait quitter Rome pour jamais, et c'était Tibère qui le suppliait de rester. D'impertinents sénateurs osaient prétendre devant

---

1. Tacite, *Annal.*, II, 36.
2. Erat adhuc frequens senatoribus, si quid è republicâ sentirent, loco sententiæ promere. (Tacite, *Annal.*, II, 33.)
3. Condamnations contre les délateurs. Tacite, *Annal.*, IV, 21, 31; VI, 3, 7, 30, 48. « L'accusateur le plus hardi, dit ailleurs Tacite, était saint et sacré : l'accusateur plus obscur et moins redoutable courait risque d'être puni. »

César que, César absent, le sénat pouvait bien faire son devoir, et qu'une telle indépendance ne serait qu'honorable à la patrie [1]. C'était encore au début de Tibère, le sénat se sentait le chef d'un système encore puissant, Tibère lui permettait cette ambition, et le sénat encouragé jouait presque à la république.

Mais plus tard le sénat paya cher sa position aristocratique et sa souveraineté officielle. Rempli des hommes que Tibère avait le plus à cœur de poursuivre, il frémissait chaque fois qu'on lui demandait une de ces illustres têtes ; mais il les livrait l'une après l'autre, espérant que peut-être l'avidité du tyran serait rassasiée, et chacun s'estimant trop heureux que ce ne fût pas son tour [2]. Ainsi, le sénat et l'aristocratie se livraient, se mutilaient eux-mêmes, et je ne connais rien de plus caractéristique que cette simple note de Tacite : « Pison cessa de vivre à cette époque ; chose étrange après une telle illustration, il mourut dans son lit ! » Le sénat était tellement décimé, que les sénateurs chargés de certains gouvernements, furent prorogés dans leurs fonctions, faute de pouvoir leur trouver des successeurs [3].

Et maintenant, si de cette société et de ce sénat nous nous tournons vers le chef de cette terreur, le grand moteur de toutes ces craintes, nous y verrons en même temps le plus grand trembleur de tout cet empire. Examinons de

---

1. *V.* Suet., *in Tiber.*, 31, 32 ; Tacite, *Annal.*, II, 34, 35.
2. « On accusa en masse Annius Pollion, Appius Silanus, Scaurus Mamercus, et avec Pollion, Vinicianus son fils, tous de haute naissance, plusieurs parvenus aux premières charges. Les sénateurs tremblèrent ; c'étaient tant d'hommes illustres : qui pouvait être pur de toute alliance, de toute amitié avec eux ? » Tacite, *Annal.*, VI, 9.
3. En l'an 33, la durée de ces fonctions fut portée d'un an à trois ou six. Dion, LVIII, p. 634 ; sur Pison, Tacite, VI, 10.

plus près ce que la tyrannie faisait de ce tyran ; regardons le monstre dans sa cage qu'il avait si bien verrouillée en dedans, qu'il pouvait à peine en sortir.

Au sein de la mer de Naples, à trois milles du rivage, vis-à-vis des belles côtes de la Campanie, s'élevait Caprée, prison au dehors, au dedans lieu de délices, rocher escarpé au sommet duquel s'apercevait le faîte des douze villas construites par Tibère en l'honneur des douze grands dieux, les thermes, les aqueducs, les arcades qui servaient de pont au-dessus des vallées. Ce petit coin de terre, protégé par la mer contre le bruit du continent, par le mont Solaro contre toutes les rigueurs de la saison, avait déjà plu à Auguste, qui était venu y passer quatre années. Après Tibère, Néron y vint habiter aussi, tout tyrans qu'ils étaient, amateurs de la belle nature ! Dans la grotte d'azur que l'on vient de découvrir, on a retrouvé le reste des bains de Néron ; la sensualité romaine, à qui rien n'échappait, avait creusé un souterrain pour rejoindre la mer, et goûter les plaisirs d'un bain inouï sous cette grotte merveilleuse. En approchant de l'île, on doutait de pouvoir débarquer ; l'escarpement du rocher ne laissait aux barques qu'un seul point où elles abordaient. Il y avait là une sentinelle, et l'on s'apercevait du voisinage du prince.

En effet, depuis longtemps il avait quitté Rome. Une aussi grande ville n'était pas pour lui facile à habiter. De ce mouvement et de cette vie, quoi qu'on pût faire, s'élevait une sourde clameur qui lui reprochait ses crimes : c'était un billet jeté sur le théâtre, à sa propre place ; c'était l'invective hardie, en face, en plein sénat, d'un condamné ; les condamnés, seuls libres, osaient tout dire. Un autre jour ce fut un témoin, homme simple, jaloux de bien faire, qui, croyant ne pouvoir dénoncer trop, se mit, devant les sénateurs et Tibère, malgré l'embarras de celui-ci et les murmures de ceux-là, à répéter tout au long, mot pour mot, ce qui dans Rome se disait en secret contre le prince. Tibère avait donc quitté Rome, fuyant ces reproches, fuyant aussi les adulations qui lui étaient insupportables, et faisant écarter durement par ses soldats le peuple courtisan qui venait s'humilier devant lui.

Une fois sorti de Rome, les astrologues l'avaient prédit, il n'y revint plus; onze ans se passèrent ainsi jusqu'à sa mort. Ce n'était pas faute de précautions pour être en sûreté dans Rome s'il y rentrait : à la honte du sénat, il s'était fait accorder par ce corps d'y venir accompagné de gardes; il avait ajouté qu'on fouillerait les sénateurs à l'entrée[1] : les sénateurs s'étaient prêtés à tout, et n'eurent pas même la triste récompense de voir César au milieu d'eux.

Il vint une seule fois près de Rome. Je ne sais quel instinct l'y appelait; il y arrivait par des chemins détournés, comme pour observer cette ennemie. Je ne sais non plus quel instinct l'en détourna; il n'était qu'à sept milles, il apercevait Rome, quand un serpent favori qu'il avait, mourut rongé par une multitude de moucherons. — « Craignons la multitude, elle est puissante. » — Voilà le présage qu'il en tira, et il revint sur ses pas.

Voyons-le donc maintenant dans sa sûre et délicieuse Caprée. Si, à travers les gardes et les espions, au risque de la vie, vous pénétrez jusqu'à lui, vous trouverez un hideux vieillard, la face moitié couverte d'ulcères et moitié d'emplâtres, chauve, courbé, à l'haleine fétide, avec des grands yeux de chat qui voient la nuit; taciturne, plein de disgrâce et de hauteur; usé par des débauches mons-

---

1. Dion, LVIII. Tacite, VI, 2.

trueuses, tristes, cachées ; couché à table, achevant de s'enivrer, discutant avec les grammairiens, ses bons amis, sur les cheveux de Phébus ou l'âge des coursiers d'Achille, ou bien parlant bas et gravement à Thrasylle, qui, la nuit venant, montera sur la tour pour étudier encore les astres.

Thrasylle était un Grec qui, à Rhodes, avait connu Tibère. Le futur empereur cherchait alors, permettez ce mot, à faire emplette d'un astrologue; mais il avait une étrange manière d'essayer ceux qui se proposaient. Il les menait chez lui, par de hauts et horribles rochers, suivi d'un seul affranchi : du toit de sa maison, ils examinaient les astres ; Tibère consultait, l'astrologue répondait; mais si la réponse lui paraissait suspecte d'erreur ou de tromperie, au retour, en descendant ces mêmes rochers, l'affranchi, bien bête et bien robuste, jetait l'astrologue à la mer. Quand vint Thrasylle, Tibère lui demanda d'abord son horoscope. Thrasylle lui prédit la pourpre impériale, et, dit-on même, tout son avenir. — Et toi? as-tu pris ton propre thème de nativité? — Thrasylle étudie de nouveau le ciel, puis hésite, pâlit, étudie encore, semble surpris, épouvanté, s'écrie enfin qu'à l'heure même le dernier danger le menace. La défiance de Tibère ne tint pas contre cette preuve de science ; il l'embrassa, le félicita sur son coup d'œil divinateur, lui donna toute assurance de salut, en fit son ami et son oracle.

Comme l'astrologue de Louis XI, Thrasylle dominait par la peur l'esprit de son maître. Il lui arracha même des prisonniers. Tibère ne croyant pas à la divinité, mais au destin, ayant peur du tonnerre et se couvrant la tête de lauriers aux jours d'orage, n'avait de religion que son astrolabe[1]. Le

---

1. Circa deos et religiones negligentior ; quippe addictus mathematicæ, persuasionisque plenus cuncta fato agi... (Suet., *in Tiber.*, 69.)

fatalisme était la maladie de ce siècle, un des principes de sa dissolution, source féconde des pires superstitions, des superstitions athées.

Le prince est triste. Une lettre du roi des Parthes lui arrive, où ce souverain, peu civilisé, lui écrit : « Tu es un monstre, le meurtrier de ta famille ; la plus belle action que tu puisses faire, c'est de te tuer. » Lui-même, voici comme il écrit au sénat (je ne puis bien rendre la barbare obscurité de cette phrase, qui, dans un homme à qui ne manqua ni la raison, ni une certaine force d'esprit, doit faire croire aux remords) : « Pères conscrits, ce que je vous écrirai, comment je vous écrirai, ou enfin si je vous écrirai quelque chose, que les dieux et les déesses me fassent périr d'une façon plus cruelle que je ne me sens périr chaque jour, si je le sais[1]. »

Mais ce n'est pas tout ; le prince se meurt. Sa santé, longtemps conservée, cède enfin aux excès qui ont rempli sa vie ; il est vieux d'ailleurs et décrépit. Mais s'il souffre, s'il est triste, s'il est déchiré de remords, il le cachera. « Rapportez les tables, versez le vin ; le festin n'a pas duré assez longtemps. » Un jour, à l'amphithéâtre, il a voulu lancer un javelot sur un sanglier, ce coup l'a fait tomber épuisé. N'importe ! « point de médecin ; passé trente ans, il n'y a qu'un imbécile qui puisse s'en servir. » Personne ne doit soupçonner ce qui se passe, ni dans cette âme ni dans ce corps.

Les festins et le théâtre ne lui suffisent pas ; ce mourant se livre à d'étranges plaisirs. Ce vieillard dégoûtant et

---

1. Quid scribam vobis, P. C., aut quomodo scribam aut quid omninò non scribam hoc tempore, dii me deæque pejus perdant quàm perire me quotidie sentio, si scio. (Tacite, *Annal.*, VI, 6.) Suet., *in Tiber.*, 67, rapporte cette lettre dans les mêmes termes.

voûté, à qui les femmes expriment leur horreur au mépris même de la mort, a des recherches de débauches qui ne se peuvent dire. Nous laissons ces beaux détails dans la traduction qu'en fit faire M. le duc de Choiseul pour l'édification des bonnes gens et l'honneur de son maître, le roi très-chrétien, Louis, quinzième du nom.

Puis le soin de la justice appelait César. S'il y avait bonne justice à Rome, il n'y avait pas moins bonne justice à Caprée. Si l'on accusait dans le sénat, on accusait bien mieux encore dans le palais du prince. Seulement ici il y avait une recherche de tourments que l'on ne connaissait pas à Rome; au lieu du simple lacet des geôliers, il y avait une *carnificine*, comme on eût dit la chambre de la question, d'où, après d'horribles tortures, les coupables étaient jetés à la mer. Ce n'étaient pas des accusés seulement, c'étaient des hommes invités par lui, assis à sa table, que Tibère envoyait à d'atroces supplices. Il avait mandé auprès de lui, par amitié, un homme qui avait été son hôte à Rhodes; cet homme arrive, est pris pour un suspect, et mis à la torture; pour cacher sa méprise, Tibère le fait tuer. C'est là encore ce misérable *pétri de boue et de sang*, comme l'avait bien deviné un de ses précepteurs; de vingt conseillers qu'au début de son règne il avait choisis parmi ses anciens amis, laissant à peine vivre deux ou trois; prêt à rendre le souffle et faisant encore tuer; enfin, lorsque, dans un repas, un nain, placé derrière lui avec ses autres bouffons, lui demandait : « Que fais-tu donc de Paconius! Pourquoi vit-il si longtemps? » réprimandant ce bouffon, mais ensuite écrivant au sénat de s'occuper de Paconius[1].

---

1. Sur cette justice personnelle de Tibère, *V.* Tacite, *Annal.*, VI, 10; Suet., *in Tiber.*, 60-62.

Cependant de fâcheuses nouvelles arrivaient des provinces. C'étaient la Gaule en révolte, l'Orient troublé, les Frisons que l'avidité des chefs romains poussait à la guerre, l'Arménie occupée par les Parthes, la Mésie par les Daces et les Sarmates [1]. Pendant que Tibère suppliciait et s'enivrait à Caprée, tous les liens de l'empire allaient se relâchant. Depuis la mort de Drusus, sa première sollicitude pour les affaires publiques avait sans cesse diminué. J'ai dit que la passion de l'argent s'était emparée de Tibère; par les confiscations, le numéraire s'accumulait dans ses mains avares, et l'intérêt de l'argent haussait d'une manière désastreuse [2]. Les routes n'étaient plus entretenues [3]; les provinces souffraient. Tibère ne s'occupait plus d'elles que pour leur demander leur contingent de proscrits, et faire passer les têtes les plus riches par les mains de son bourreau [4]. A quelques provinces, par fatigue de changer, il laissait éternellement les mêmes gouverneurs [5] : « Chassez, disait-il, les mouches qui sucent le sang d'un blessé, il en viendra d'autres plus affamées que les premières et le blessé souffrira davantage [6]. » Mais les mouches dont parlait Tibère étaient insatiables, et, sous le règne d'Auguste, après une révolte des Dalmates : « Qui vous a poussés à l'insurrection? disait Tibère à leurs chefs captifs. — Toi-même, répondirent-ils, qui envoies pour nous garder, non des chiens, mais des loups [7]. » A d'autres provinces, il ne donnait point de magistrats; il n'osait en choisir par méfiance de tous, ou bien par méfiance de ceux qu'il

---

1. Suet., *in Tib.*, 41. Tacit., VI, 31.
2. Tacite, *Annal.*, VI, 16, 17. — 3. *Id.*, III, 31; Dion, LIX.
4. Suet., *ibid.*, 49; Tacite, *Annal.*, VI, 18, 19.
5. Tacite, *Ibid.*, I, 80; Suet., *ibid.*, 41.
6. Josèphe, *Antiq.*, XVIII, 8. — 7. Dion, LV.

avait nommés, ne les laissait pas partir. Toute sa pensée était de dissimuler le mal, traitant les maladies de l'empire comme la sienne propre, craignant surtout de donner trop de crédit à un homme, s'il lui permettait de faire la guerre [1].

Cette apathie, du reste, était celle de tous. Par moments, Tibère se plaignait que les hommes les plus capables refusassent le commandement des armées, qu'il fût obligé de descendre à des prières pour trouver des consulaires qui voulussent accepter les gouvernements. Il est vrai que lui-même ne donnait pas de tribuns aux légions, et qu'Arruntius, nommé depuis dix ans pour aller en Espagne, était depuis dix ans retenu par une accusation [2]. Mais qui eût reproché à Tibère sa négligence? Chacun occupé de son danger à Rome, qui eût pensé aux dangers lointains? Lorsqu'eut lieu la révolte de Sacrovir (an 20), qui souleva deux des nations gauloises, le bruit se répandit que soixante-quatre des peuples de la Gaule étaient en révolte, que les Germains avaient été appelés à faire alliance avec eux, que l'Espagne était douteuse. Ces bruits étaient faux; mais le présent était si triste, il y avait un tel désir de tout changement, que bien des gens s'en réjouissaient. « Il s'était donc trouvé, disaient-ils, des hommes qui venaient, par les armes et la guerre, interrompre la sanguinaire correspondance de Tibère et de ses délateurs [3]! »

C'est une chose étonnante que la faiblesse de ce pouvoir tyrannique; il était terrible de près, impuissant de loin.

---

1. Dissimulante Tiberio damna, ne cui bellum permitteret; nec senatûs in eo cura, si imperii extrema deshonestarentur; pavor internus occupaverat animos. (Tacite, *Annal.*, IV, 76.)

2. *Id.*, VI, 27. — 3. *Id.*, III, 44.

Les provinces étaient à dessein mal assurées, l'armée négligée; il n'y avait personne pour contenir le premier Espagnol ou Gaulois qui se révolterait. Aussi demandait-on ironiquement si ce Sacrovir allait être traduit devant le sénat comme coupable de lèse-majesté.

Il faut voir quelle était l'indépendance d'un général éloigné de Rome, aimé de ses légions, et comment, accusé d'avoir voulu faire épouser à sa fille le fils de Séjan, il écrivait à Tibère : « Ce n'est pas de moi-même, c'est par ton conseil que j'ai songé à m'allier à Séjan. J'ai pu me tromper comme toi, et la même erreur ne doit pas être irréprochable chez l'un, funeste à l'autre. Ma fidélité est entière; si l'on ne m'attaque pas, il en sera toujours de même. Mais je recevrai un successeur comme je recevrais une menace de mort. Faisons plutôt un traité : sois le maître de tout le reste, laisse-moi ma province. » Gétulicus, le général accusé, resta en faveur. Tibère, vieux et détesté, n'osait rien hors de la portée de ses bourreaux; et puis, ajoute Tacite avec une grande vérité, il sentait que « son pouvoir reposait sur le préjugé plutôt que sur une force réelle [1]. » Cela est tout simple : Tibère avait constitué son gouvernement sur l'isolement et la peur. Conduit dans cette politique d'abord par l'amour du pouvoir, le sentiment de la haine qui le poursuivait, la crainte pour sa propre vie, la lui avaient fait pousser jusqu'au dernier excès. Il se sentait menacé de toutes parts; il ne s'agissait plus là de politique ni de gouvernement : c'était une lutte entre lui et les meurtriers qu'il entrevoyait partout. Son avantage n'était pas, comme l'est d'ordinaire celui des autres souverains, la force et la régularité de l'administration, la

---

[1]. Magisque famâ quàm re stare res suas. (Tacite, *Annal.*, VI, 30.)

puissance et l'attachement de l'armée, ou l'adhésion traditionnelle des grands corps de l'État, ou le pouvoir habilement partagé avec les masses et mesuré à leur avidité de manière à la contenter ; non, son avantage et sa force étaient tout simplement d'avoir plus de moyens de mort que ses adversaires, de gagner de vitesse ceux qui voulaient le tuer, d'avoir auprès de lui les prétoriens et les licteurs, et de compter sur l'obligeance et l'empressement du bourreau.

Voilà où en était venue la majesté du nom de César, et à quelle gloire était arrivée cette dynastie, augmentée par les adoptions et les alliances, et qui allait s'éteignant dans quelque île déserte, ou dans les culs de basse-fosse du palais. Le souvenir d'Auguste et de César, la vénération religieuse pour eux, n'entraient plus pour rien dans les moyens de force de ce gouvernement simplifié. Le premier aventurier qui eût eu l'adresse de saisir la place de Tibère à côté du licteur, et, pour première parole, aurait dit à celui-ci de tuer son prédécesseur, était sûr d'être césar aussi légitimement, aussi divinement, aussi sûrement que Tibère.

Dans une telle situation, il est aisé de penser que celui qui, pareil à Gétulicus, était sans crainte au milieu de la terreur générale, aimé et soutenu au milieu de l'isolement universel, n'était pas un homme à provoquer, mais à craindre. Il y a une sorte de consolation à voir aussi faibles en réalité les gouvernements les plus sanguinaires. Si on y regardait bien, on verrait que les princes qui ont employé ce facile moyen de pouvoir, et qu'on a fini par admirer pour la force et l'énergie de leur politique, y ont tous été poussés par la peur, et par suite sont demeurés, en bien des choses, d'une faiblesse et d'une impuissance incroyables.

Le système de gouvernement de Tibère fut un legs qu'il imposa presque à ses successeurs. Au milieu de l'égoïsme et de l'immoralité générale, on ne régnait guère que par la défiance ; et la défiance exercée contre tous conduisait bien vite à ce système. Quelques princes comme les Antonins osèrent régner autrement ; ils se hasardèrent à n'être pas sans cesse dans un état de tremblement et de menace. Il y eut sous ces princes un calme presque miraculeux, mais, eux passés, tout reprit comme de coutume : l'empire revint à ses allures ; la délation, l'abandon des proscrits, l'influence désordonnée de la force militaire, tout cela était resté dans les entrailles de la vie romaine.

On reconnut vite comment avec un pareil régime il était aisé de tuer un empereur et de se mettre à sa place. Le maître fut celui qui avait l'oreille du *carnifex* ; il n'y eut point d'autre succession, point d'autre légitimité. De là cette suite précipitée d'empereurs inconnus, nommés un jour, égorgés le lendemain ; cette multitude de césars de tout rang, de toute nation, auxquels l'histoire ne peut guère donner qu'un peu de pitié pour leur mort.

Ce système de décimation de l'empire, d'intimidation sans limite, de terreur, non contre des coupables ou contre des ennemis, mais contre tous, a bien eu de notre temps, ou du temps de nos pères, quelque chose d'analogue : on a vu cinq ou six hommes d'un génie inférieur à celui de Tibère, placés par le flux des révolutions à la tête du pouvoir, effrayés eux-mêmes de la situation qu'ils s'étaient faite, choisir, à défaut d'un autre que la médiocrité de leur esprit ne leur suggérait pas, le plus facile moyen de gouvernement, la terreur. Haïs de tous, et, malgré tant de haine, assez vils pour être méprisés, sans une puissante force matérielle et tremblant pour leur vie, ils ont vécu de la terreur comme Tibère; ils ont eu des lois de majesté comme Tibère; comme Tibère, un sénat qui leur obéissait à la consternation générale, et, tout tremblant, envoyait les proscrits à la mort; comme Tibère, leurs *gémonies,* nos places et nos quais (nos pères l'ont vu), où ils jetaient le même jour, non pas vingt cadavres (la plus sanglante journée du tyran de Rome), mais quatre-vingts, mais cent cadavres à la fois!

Le parallèle, sans doute, serait loin d'être complet. Mais ce fut, comme sous Tibère, cette décimation calculée de tout un peuple, où il ne s'agissait plus de frapper tel ou tel, mais de frapper le plus grand nombre possible pour effrayer tous. Ce fut, par suite, ces mêmes honneurs rendus à la délation, ce même espionnage, cette même police gratuite, le plus souvent exercée pour sauver sa tête; moins encore de formes judiciaires et plus d'indifférence sur la réalité des accusations. Ce fut encore, du côté des masses, cette promptitude avec laquelle la terreur se forma, cette contagion universelle de la peur, cet oubli de toute résistance, malgré la faiblesse réelle du pouvoir; plus de courage pour mourir que pour se défendre et pour vivre; je dirais presque une habitude de la mort, une facilité à aller au supplice, ce qu'on a appelé la fièvre de l'échafaud.

Cette époque eut aussi ses Romanus Hispo et ses Hatérius, formés par une éducation à l'antique, déclamatoire et puérile, nourris dans un air de phrases et d'antithèses; médiocres avocats, acteurs sifflés, mauvais médecins, à qui on avait appris à admirer Brutus et Caton, et qui, adorant tout de travers l'antiquité qu'ils ne comprenaient pas, crurent l'imiter en n'imitant que son ignoble décadence; grands faiseurs de phrases, ne tuant pas un homme sans arroser sa tête de quelques figures de rhétorique ; Anacréons de la guillotine, gens presque tous d'une médiocrité profonde.

Chez tous ces hommes, vous rencontrez la peur, premier mobile de Tibère ; chez plusieurs, son amour pour l'argent, son luxe honteux, sombre, retiré, de Caprée, ses débauches, son mélange de cruautés et de fêtes. Mais, grâce à Dieu, il y eut encore des différences : Tibère monta sur le trône dans la situation la plus pacifique, au milieu de la société la plus régulière, toute pleine encore de l'esprit paternel, placide, conservateur, d'Auguste ; les montagnards furent jetés aux affaires au milieu d'une crise propre à étourdir de plus fortes têtes. Il fit la terreur, eux la trouvèrent.

En 1793, d'ailleurs, le monde ne vivait plus sous le règne de l'égoïsme antique. S'il y eut la même faiblesse, il n'y eut pas cette immoralité, cet abandon général, cette absence de tout dévouement ; la fuite ou la retraite ne fut pas sans espérance ; peu d'hommes furent trahis, un grand nombre admirablement sauvés ; les femmes, pour secourir, devinrent plus que des hommes ; la charité et le sang défièrent le pouvoir.

Enfin, la tyrannie de Tibère, à ne la compter que de la mort de Drusus, dura quinze ans ; l'autre, plus violente, fut plus courte : au bout de quelques mois, le paroxysme de la peur enfanta le courage ; le sénat, menacé de trop près, se révolta, sentit sa puissance, et le Tibère de 93 fut écrasé. Dans la société européenne, une domination pareille ne pouvait durer longtemps : l'Europe reposait encore tout entière sur les bases de la fondation chrétienne ; les sentiments d'humanité et de justice sont vivants chez nous ; si on les comprime, ils repoussent.

Nous valons mieux que les anciens. Les vertus de l'antiquité ne seraient plus des vertus aujourd'hui. On a voulu les renouveler beaucoup trop sérieusement en 93; beaucoup plus innocemment on a cherché à les renouveler de nos jours. Ne nous a-t-on pas prêché le sacrifice de l'homme à la patrie, des individus à la société, comme si les individus ne composaient pas la société? Ne nous a-t-on pas parlé une fois de « verser le sang de dix générations » au profit de la onzième sans doute, pour laquelle on avait une prédilection singulière? L'on a dit ailleurs : « Nous aimerions mieux voir périr la moitié de la nation que si... » Tout cela, il est vrai, phrases sonores plutôt que pensées sérieuses! tout cela choses qui ne nous conviennent pas! nous ne sommes pas les anciens, grands seigneurs de l'histoire, rois au milieu d'un peuple d'esclaves ; nous sommes des bourgeois, bons et honnêtes gens, plus rétrécis dans notre puissance individuelle, ne demandant pas mieux que d'aider la machine sociale à marcher, sachant nous unir et nous exposer pour le faire, mais ne donnant pas à qui le demande « notre dernier homme et notre dernier écu, » et ne jetant pas au hasard nos enfants à ce grand mangeur d'hommes que certaines gens appellent patrie.

Le comité de salut public a eu ses apologistes; pourquoi Tibère n'aurait-il pas les siens? Déjà au dernier siècle, une langue hargneuse, parfois éloquente, du palais, un homme que son temps a trop durement traité, l'avocat Linguet, s'est chargé de cette cause ; mais lui, fait tout simplement du pyrrhonisme historique comme en a fait Voltaire, petite opposition de la philosophie à l'histoire, à laquelle un peu plus de philosophie eût fait renoncer. Tacite, Suétone, le Grec Dion Cassius, sont pour lui des conteurs, des gens prévenus, les ignorants échos de quelques rumeurs populaires; Tibère n'était qu'un homme d'ordre, un peu sévère seulement, un bon administrateur, mais qui croyait trop Séjan sur parole, et qui, ennuyé du pouvoir, aimant le plaisir, ferma trop longtemps les yeux sur quelques légèretés de son ministre : on a médit de sa retraite de Caprée ; c'étaient « des jardins délicieux, » des boudoirs en rocaille et peints à la façon de Watteau, où ce vieillard « s'était retiré pour se livrer à une vie douce et solitaire, où, las des affaires, jaloux de son repos et d'une gaieté rarement connue des princes, » il donnait « des soupers agréables et ne se montrait plus qu'à des amis par qui il ne craignait pas d'être distrait ! »

Sans justifier ici Tacite et Suétone, deux des historiens les plus exacts de l'antiquité, sans remarquer qu'ils sont confirmés par Dion, homme d'un autre siècle et d'une autre race, sans guerroyer contre le pyrrhonisme historique (ce serait trop long); qu'il me suffise de dire que l'histoire se prouve surtout par son ensemble, par cet enchaînement de faits dont le premier anneau est au commencement des temps historiques et le dernier entre nos mains. Pour peu qu'on y pense, on verra que de la révolution de février, ou de tel autre événement dont nous avons été témoins, on peut remonter jusqu'à la mort de César ou jusqu'à la bataille de Cannes, par une chaîne que nul scepticisme ne pourrait rompre, dans laquelle il serait impossible de marquer l'endroit où la réalité cesse, où le roman commence.

Il faut distinguer, sans doute, et les faits de détail des faits généraux, et les témoignages éloignés des témoignages contemporains, et les écrivains frivoles des écrivains graves, et les époques conjecturales des époques historiques. Il ne s'agit ici que des grands faits et des faits sérieux; ceux-là se prouvent parce qu'ils se touchent; ils se prouvent parce qu'ils s'engendrent. La tradition d'un peuple vérifie celle d'un autre, la tradition d'un siècle celle des autres siècles : et l'histoire a pour elle un témoin qui manque à la justice, parce que la justice s'occupe de faits obscurs, individuels, isolés ; elle a pour elle le plus irrécusable des témoins, quand son témoignage est sérieux et complet, la tradition.

Mais Linguet n'était pas humanitaire ; Linguet n'avait à sa disposition, ni la théorie du progrès, ni la perfectibilité de la race humaine ; notre temps a trouvé, pour les mémoires un peu compromises dans les siècles passés, d'autres apologies. Le fondement de ces apologies, c'est toujours la maxime qu'on ne cite pas : « Le but justifie les moyens. » Les moyens ont été affreux ; c'est à en gémir : ils en pleuraient de chaudes larmes, ceux qui les employèrent ; mais que voulez-vous ? il fallait cela pour sauver le pays, il y avait nécessité ; autrement comment eussent-ils agi ainsi, ces hommes si purs et si vertueux ! S'ils déblayaient le terrain de la société, c'était pour y construire. Ils avaient un magnifique ordre social prêt à paraître au jour, toute une théorie de bonheur public qui n'avait plus besoin que de quelques têtes pour se développer librement. Que ne leur a-t-on laissé le temps ? Le moment même était venu ; la patrie ne réclamait plus ou presque plus de proscriptions. Cette ère de bonheur, de liberté, de richesse universelle, était au moment de commencer, et tout le monde se fût embrassé au matin du 10 thermidor !

Si je voulais j'appliquerais cela à Tibère, et je serais bien étonné, du reste, que quelque amateur de paradoxe ne l'eût pas encore fait. Je montrerais qu'il y avait eu jusqu'à lui une aristocratie oppressive, riche des biens qu'elle arrachait au peuple, pesante surtout aux provinces, qu'elle pillait tout à son aise ; je citerais Verrès et tant d'autres. Cette aristocratie, vaincue par César, n'était pas encore détruite ; elle était encore riche, puissante par les souvenirs, entourée de clients, mêlée à toutes les affaires de l'État, trouvant encore mille occasions de saigner le peuple. Quant à Tibère, j'en ferais un bon homme, simple, ne demandant ni honneurs au dehors, ni flatteries, ni pompeux hommages ; aimant les plaisirs intérieurs,

> Idolâtrant les arts, les banquets de famille,

comme on l'a dit de ces beaux messieurs de la montagne ; et qui ne serait jamais sorti du calme de sa vie domestique, de sa tranquille vie de bourgeois de Rome, si le danger public ne l'eût appelé, s'il n'eût fallu affranchir le peuple et le monde, achever l'œuvre de César, établir sous un seul prince un large niveau d'égalité, une immense et touchante fraternité, de l'Arabe au Gaulois, du Maure au Sarmate. Qui pourrait nier ses vertus personnelles? Lequel des montagnards, dont on a fait des saints, répara de ses deniers, comme le fit Tibère, tout un quartier incendié de la ville? Si, comme on l'a dit, le comité de salut public était tout composé d'âmes tendres, d'amateurs de la littérature douce, si Robespierre se nourrissait de la *Nouvelle Héloïse* et avait débuté par un mémoire contre la peine de mort et par un éloge de Gresset ; Tibère, lui aussi, débutait par des vers élégiaques sur la mort de son cousin Lucius César, imitait les poëtes amoureux de la Grèce, Euphorion, Rhianus, Parthénius, et faisait mettre dans la bibliothèque publique leurs écrits et leurs portraits[1]. Je le peindrais, avec « des formes un peu acerbes, » il est vrai, mais trop honnête homme pour ne pas déplorer dans sa retraite de Caprée le sang que la nécessité lui faisait verser, passant bien certainement quel-

---

1. Suet., *in Tiber.*, 70.

ques nuits en larmes ; quand il le pouvait, épargnant des coupables (on en citerait bien deux ou trois exemples); mais ne laissant pas la sensibilité de son cœur empiéter sur ses devoirs patriotiques, et, pour employer le mot, gardant toute son énergie.

Toutes ces apologies sont aussi raisonnables les unes que les autres ; elles ont le charme du paradoxe, j'en conviens. Mais j'aime aussi le fond des choses et la vérité, et si parfois la vérité s'accorde avec l'opinion reçue, je me résigne à suivre l'opinion. Je ne puis trouver grand mérite à cette énergie qui sacrifie, non pas elle-même, mais autrui; ni grande justification dans ce principe de la nécessité que Milton appelle l'excuse des tyrans (les crimes ne sont jamais nécessaires); ni grande justesse dans l'apologie des moyens par le but : le but, après tout, n'est qu'une théorie bonne ou mauvaise, comme on voudra, mais qui ne peut être ni vertueuse, ni coupable. Il est permis à tout le monde de rêver la fraternité à la spartiate ou la loi agraire de Babeuf; ce qui est louable ou criminel, ce sont les moyens ; c'est là ce que l'histoire peut juger ; c'est par là que se distingue le génie honnête homme de la médiocrité sanguinaire.

N'oublions pas notre première pensée, l'influence qu'eut sur l'époque de Tibère une éducation fausse et déclamatoire; elle fut bientôt sentie, et il est curieux de voir comment plus tard on chercha à réagir contre elle. Sous Trajan, après une suite rarement interrompue pendant quatre-vingts ans de maîtres à la façon de Tibère, on profita du premier moment de repos pour combattre un mal que l'on sentait au fond de la société. Voyez Pline tonnant contre les délateurs ; Tacite, dès le jour où l'on put parler, reprenant à son premier principe et à son premier fondateur,

Tibère, toute l'histoire de la tyrannie, et la suivant jusqu'à son terme : vrai pamphlet tout plein d'éloquence et de vérité, écrit sous la puissance d'un sentiment réel, dirigé contre un esprit qui durait encore, dicté pour ainsi dire en commun par tous ceux qui avaient vu la tyrannie et craignaient de la revoir : ce sont les mémoires de tous les honnêtes gens de Rome.

A cette tendance s'unit évidemment celle qui cherchait à réformer l'éloquence et l'éducation. Ce sont presque les mêmes hommes, Pline, Tacite, Juvénal, Quintilien ; ils réagissent contre l'école littéraire de Sénèque, le précepteur et le faiseur de phrases de Néron, en même temps qu'ils maudissent Néron lui-même. Tout ce système de phrases, d'antithèses, d'éloquence menteuse, leur paraît un mal sérieux ; ils comprennent la liaison intime entre la controverse de l'école et la plaidoirie du Forum ; ils ne veulent pas de cette rhétorique qui formait les délateurs. Lorsque Quintilien développe longuement cette thèse, que l'orateur doit être un honnête homme, ce n'est pas pour lui, comme ce serait pour nous, une vérité triviale : c'est un instinct réel qui parle ; c'est le souvenir de tout le mal qu'a fait une criminelle éloquence, c'est tout ce qu'il peut dire, placé sous le règne des délateurs et Domitien vivant encore. Il y a chez ces écrivains un profond et évident désir d'épurer les pensées, de rectifier l'esprit, de fortifier la probité, de diriger l'ambition de toute cette jeunesse qu'ils voient grandir au-dessous d'eux, jeunesse romaine, pleine de tous les vices qui ont fait les délateurs ; jeunesse qui ne sait point le passé et à laquelle ils l'enseignent pour le lui faire détester ; qui n'a pas de règle pour l'avenir, et à qui ces hommes voudraient en donner une.

L'éducation aujourd'hui est heureusement moins grecque et romaine qu'elle ne l'était il y a quatre-vingts ans. Mais si les idées qui tendent à voir dans la patrie, non une réunion d'hommes, mais une sorte de fantôme divinisé à qui tout doit s'offrir en holocauste, si les doctrines antiques d'immolation de l'homme à la société, de toute-puissance de la loi, de mépris pour la propriété, de haine pour l'étranger, d'honneur attaché au suicide, sans être générales, grâce à Dieu, sont cependant en circulation dans les esprits ; l'éducation y est bien pour quelque chose, par son silence, dirais-je, plus que par ses enseignements. Elle montre l'antiquité, mais elle la montre à demi ; elle en fait voir des fragments qu'elle n'explique pas, et laisse s'enthousiasmer de jeunes têtes pour ce qu'au collège il est encore convenu d'appeler des vertus. Je ne voudrais pas retrancher l'étude de l'antiquité, mais en donner une juste, vraie et entière intelligence ; dire ce que j'en disais tout à l'heure, qu'elle ne nous vaut pas ; que telle qu'elle fut ou telle qu'on la fait, elle n'est guère digne d'être imitée.

En tout — faites voir les choses dans leur vérité — : la vérité n'est pas si crue, si désenchanteresse qu'on le croit ; la vérité en histoire ne détrône pas tous les grands hommes, voyez de près César, Charlemagne, Napoléon. Sans doute ce déshabillé fait apercevoir quelques-unes des faiblesses de l'homme, que cachait le manteau du héros. Mais le grand génie et les grandes choses subsistent. Si l'histoire est bonne à quelque chose, c'est à ceci : rectifier nos idées sur le présent par la connaissance du passé.

La phrase est le tyran de notre siècle. Si j'étais écrivain, si j'avais une force et une action quelconque, je voudrais lui faire la guerre. Nous sommes encore comme les Romains, sous l'empire de la déclamation. Peu philosophique et paresseux, notre siècle se paie de cinq ou six mots qu'il prend pour des idées, et sur lesquels il vit. Tout ce qui circule d'idées fausses, tout ce qu'il y a de lieux communs menteurs et pernicieux, tout cela originairement n'était que des phrases, des périodes sonores qui sont passées en idées, qui passent quelquefois en actions. Le premier qui a fait l'apologie du suicide ne pensait pas à se tuer, mais bien plutôt à être de l'Académie, ou à je ne sais quel autre honneur. Sa riche période a fait périr bien du monde.

Pardonnez-moi d'avoir quitté, un peu plus longtemps qu'il ne fallait peut-être, la lugubre histoire de Tibère. Il était sur le continent, à Nole, lorsqu'il apprit que des accusés dénoncés par lui-même venaient d'être renvoyés libres sans avoir été entendus (an 37). Cette velléité d'indépendance du sénat lui causa une étrange colère; il se hâtait de retourner à Caprée, retraite sûre d'où il frappait ses coups; mais la maladie ne le lui permit pas. Il y a différentes manières de raconter sa mort. Les uns disent qu'un poison lui fut donné; d'autres, qu'au retour d'une défaillance, la nourriture lui fut refusée[1]; d'autres enfin le font étouffer sous des matelas au moment où, après un long évanouissement, il se réveillait et demandait son anneau impérial, qu'on lui avait ôté pendant sa léthargie. Le récit de Sénèque a quelque chose de dramatique : se sentant mourir, il ôta son anneau et le tint quelque temps à la main, comme pour le donner à un autre, puis se le remit au doigt et resta longtemps immobile, la main gauche fermée; puis tout à coup il appela, personne ne lui répon-

---

1. Suet., *in Tiber.*, 73; *in Calig.*, 12; Dion, LVIII, in fine. Zonaras, *Annal.*, II.

dit ; il se leva, les forces lui manquèrent, il tomba au pied de son lit [1]. Dans tous ces récits, il y a une chose remarquable : c'est la servilité envers l'homme tant qu'il a espérance de vivre, l'abandon quand la mort est certaine. S'il tombe en défaillance, sa chambre est vide ; s'il revient, ceux qui ont déjà commencé à lui succéder pâlissent, se taisent et n'attendent plus que la mort. Selon Tacite, on l'assassina en tremblant : pendant que Caligula, qui s'était déjà presque proclamé empereur, restait pâle et stupéfait pour avoir appris le retour de Tibère à la vie, Macron, le favori de Tibère, le successeur de Séjan et le secret allié de Caligula, Macron ne dit qu'une chose : « Jetez-moi un matelas sur ce vieux bonhomme et retirez-vous. » Voilà le récit le plus probable de la mort de Tibère (16 mars 37) [2].

Quand la nouvelle de cette mort fut portée à Rome, on hésita à la croire, et surtout à s'en réjouir ; on craignait que ce ne fût un faux bruit répandu à dessein par les espions de Tibère. La joie éclata quand la nouvelle fut certaine. Je remarque une chose : des empereurs plus cruels peut-être que Tibère ne moururent pas sans qu'au milieu de la haine publique il ne se glissât quelque gage isolé de regret ; sur la tombe maudite de Néron, on apporta longtemps des fleurs ; le corps de Caligula, gardé la nuit par sa femme au risque de la vie, brûlé à la hâte, enterré en secret, fut plus tard rendu par ses sœurs à une plus honnête sépulture. Tibère, au contraire, fut enseveli avec tous les honneurs impériaux, malgré la haine du peuple, qui voulait qu'on jetât *Tibère dans le Tibre* ; mais pas un témoignage de regret et d'affection ne s'éleva sur la tombe de

1. Sénèque, cité par Suétone, 73.
2. Tacite, *in Tiber., Annal.*, VI, 50.

cet homme : lui-même n'avait-il pas fait disparaître du monde, sa famille, ses amis, les hôtes de son exil, tout ce qu'il avait fait semblant d'aimer[1]? Il y avait encore, dans l'âme dépravée de ses deux successeurs, quelque coin plus humain et plus tendre par où d'autres âmes s'étaient attachées à eux ; il n'y avait rien de cela chez Tibère, âme où tout était défiance, qui repoussait toujours, n'attirait jamais.

Il y eut après lui un fait remarquable et qui peint les mœurs publiques de cette époque : des condamnés à mort étaient à ce moment dans les prisons ; les sentences ne s'exécutaient qu'au bout de dix jours. Lorsque vint le dixième jour, Caligula n'était point à Rome ; les gardiens, n'étant pas d'humeur à rien prendre sur eux, les étranglèrent dans la prison, et le peuple vit encore ces cadavres aux gémonies. Tel était le droit de ce temps : dans le doute, le plus sûr était de tuer.

Ainsi, malgré tout ce qu'il y avait de haine pour Tibère, son gouvernement vivait après lui ; il semblait qu'il fût devenu nécessaire à Rome et qu'elle le portât en elle malgré elle-même. Personne ne songea à des institutions nouvelles, à des garanties contre le retour de nouvelles calamités. En principe, rien ne changeait ; c'était Caïus au lieu de Tibérius, toujours un Claude et un César.

Le despotisme impérial était complet. César avait déblayé la place ; Auguste posa les fondements ; Tibère construisit l'édifice : tous trois bien divers de vues, mais con

---

1. *V.* ce que j'ai dit plus haut du suicide de Coccéius Nerva et d Lentulus ; de la cruauté de Tibère envers ses anciens amis (Suet., *Tiber.*, 55) ; envers ses commensaux les grammairiens (il en fit périr u qui s'informait des lectures de Tibère pour se préparer à lui répondre). S froideur envers ses hôtes de Rhodes : « Ce que j'ai été autrefois, j ne le sais plus, » leur répond-il. Senec., *de Benef.*, V, 25.

courant involontairement à une même œuvre. Après ces trois hommes supérieurs pour fonder l'empire, la famille des Césars devait donner au monde trois hommes infimes pour l'exploiter. Caligula, Claude, Néron, furent les exploitants de ce pouvoir que les trois premiers Césars leur avaient fait.

CALIGULA

§ I. — *Caïus Cæsar*. — SON GOUVERNEMENT A ROME.

Caïus César (Caligula était un sobriquet qu'en son bon temps il eût été dangereux de lui donner)[1] restait seul des fils de Germanicus. Un rare talent pour se plier, une obséquiosité habile, quoique sans bornes, lui avaient fait trouver grâce. Ni la condamnation de sa mère, ni l'exil de ses frères, ne lui avaient seulement arraché un cri de douleur. On a dit de lui que jamais il n'y eut meilleur serviteur, ni plus mauvais maître[2]. Il sauvait en s'annulant sa dangereuse origine ; il apprenait le chant et la danse du théâtre, se passionnait pour le jeu, se déguisait la nuit, en robe longue et en perruque, pour courir les rendez-vous amoureux : il s'avilissait pour ne pas se perdre. Il était allé jusqu'à séduire la femme de Macron, le confident de Tibère, et lui promettre mariage par écrit et par serment, s'il devenait empereur ; promesse dont il se libéra depuis en la faisant mourir[3].

---

1. Senec., *de Constantiâ sapientis;* Tacite, *Annal.*, I, 41, 69.
2. Immanem animum subdolâ modestiâ tegens, non damnatione matris, non exilio fratrum ruptâ voce. (Tacite, *ibid.*, VI. 20.) *V.* aussi V, 1; VI, 9.
3. Suet., *in Calig.*, 11, 12; Dion, LVIII, LIX; Phil., *de Legat.;* Tacite, *ibid.*, VI, 45.

Cependant Tibère, sagace comme il était, l'avait pénétré ; il le voyait assister par goût aux supplices : « C'est un serpent, disait-il, que je nourris pour le genre humain[1]. » Tibère le détestait, il eût bien voulu lui préférer son propre petit-fils, le jeune Tibère ; mais ce jeune homme était bien peu mûr. Il se contenta de l'associer à Caïus, communauté inégale où la part du lion allait être bientôt faite.

Malgré tant de mauvaises qualités, Caïus était aimé ; il avait pour lui le peuple, il avait pour lui les soldats au milieu desquels s'était passée son enfance, avec qui il avait porté la guêtre militaire (*caliga*, d'où son surnom *Caligula*[2]) ; il était fils de Germanicus : et surtout il succédait à Tibère. A peine était-il en marche pour conduire les funérailles du vieux César (mars 37), qu'au milieu des autels, des victimes, des flambeaux, des habits de deuil, la joie du peuple éclata autour de lui, l'appelant son *astre*, son *nourrisson*, son *petit poulet*[3]. Arrivé à Rome, il fit l'éloge de Tibère, sans presque en rien dire, mais cependant pleurant beaucoup : il fallait avoir le don des larmes. Il oublia néanmoins, et le sénat oublia aussi, qu'il avait écrit de Misène pour faire accorder les honneurs divins à son prédécesseur ; il n'en fut pas question autrement.

Tibère était à peine enterré, qu'il s'agit de casser son testament ; tout redoutable qu'ait été un prince, il se trouve toujours quelque sénat, parlement ou assemblée, pour casser son testament avant que sa cendre soit refroidie. Le sénat, si humble et si nul sous Tibère, devenait tout-puissant pour le seul fait de rompre ses dernières volontés. Il s'agissait d'exclure le jeune Tibère, que son aïeul avait

---

1. Tacite, *Annal.*, VI, 46 ; Suet., *in Calig.*, 11.
2. Suet., *ibid.*, 9, 13.
3. Sidus et pullum et pupum et alumnum. (Suet , *ibid.*, 13.)

associé à l'empire. Cela se fit avec grande joie, au milieu du sénat, des chevaliers, du peuple, car tout le monde avait forcé les portes de la curie; Caïus fut déclaré seul souverain, maître absolu.

Rien ne portait à la modestie comme cette déclaration. Caïus, ainsi que ses prédécesseurs, fut pris d'une rage de modération et d'humilité; il fit un discours tout populaire, ne voulut point de titres souverains, rendit leurs droits aux exilés; paya au peuple les legs de Tibère quoiqu'il eût cassé le testament de Tibère; lui paya les legs de Livie que Tibère avait gardés pour lui; y ajouta 75 deniers pour chaque citoyen pauvre; brûla les archives criminelles de Tibère, qui pouvaient donner lieu en sens contraire à bien des accusations, jurant qu'il n'en avait rien lu ni parcouru (on dit qu'il n'en brûlait qu'une copie); permit de lire les écrits que Tibère avait fait détruire; rendit des comptes publics, ce qui n'avait pas été fait depuis Auguste; voulut même restituer au peuple ses droits d'élection dont le peuple ne se souciait plus et qu'on ne tarda pas à lui reprendre. Il y a de lui un beau mot; on lui dénonçait une conspiration contre sa vie : « Je n'ai rien fait, dit-il, qui ait pu me rendre odieux à personne. »

Pourquoi les Césars commençaient-ils toujours ainsi? Auguste n'avait pas voulu être dictateur; roi, moins encore. C'était une des fiertés du peuple romain de détester, de mépriser, d'humilier les rois. Dire à un homme qu'il *régnait*, c'était lui dire qu'il était un insupportable tyran; dire une âme *royale*, c'était dire une âme impérieuse, intolérable, arrogante. Les murailles de Rome se fussent soulevées si Octave eût voulu être roi. Mais, simple citoyen de la république, exerçant les magistratures de la république; n'ayant en permanence, avec les insignes du proconsulat, que le titre sacré de pontife, le pouvoir populaire de tribun et quelques désignations honorifiques; vivant, allant au Forum, votant aux comices, comme un simple Romain : qui pouvait reprocher à César le pouvoir absolu, quand il l'affichait si peu?

Tibère commence de même : légalement parlant, il n'est guère qu'un particulier, dit Suétone; il ne veut ni temples, ni prêtres; il n'admet ses statues que comme simple ornement d'architecture. Si on l'appelle *seigneur*, il se fâche; si on dit ses *saintes occupations*, il fait rayer le mot; si on s'agenouille devant lui, il se recule si vivement qu'il tombe en arrière; il appelle Rome une cité libre, et veut qu'on y parle librement; il demande pardon à un sénateur de le contredire : « Un bon prince, dit-il, doit être le serviteur et du sénat et de tous les citoyens, et quelquefois même de chacun d'eux; quant à moi, je ne me repens pas de l'avoir déjà dit, j'ai trouvé en vous de bons, de justes, de favorables maîtres. » Tibère n'aima jamais la pompe du pouvoir [1].

En droit donc, au temps d'Auguste et après lui, l'empereur ne fut rien. Son vrai pouvoir n'avait pas même de désignation légale : le nom d'*imperator* se donnait, après une victoire, même aux généraux de la république; celui de César était un nom de famille; celui d'Auguste, comme Dion le dit, un titre de dignité, non de puissance. Quand on voulait absolument lui donner un nom, on disait *princeps,* le premier, comme on eût dit le premier bourgeois de la ville. « Pour mes esclaves, disait Tibère, je suis maître; pour les soldats, général (*imperator*); pour le reste,

---

1. Dion LVII; Suet., *in Tib.* 26, 30; Tacite, *Annal.*, I. 13, 72, etc.

je ne suis que *princeps*[1]. » César n'était qu'un citoyen votant aux élections, tellement sûr, il est vrai, de l'assentiment de tous, qu'il dispensait les autres de voter après lui ; un sénateur opinant au sénat : il est vrai que le sénat ne manquait guère d'opiner comme lui. L'organisation républicaine continuait à subsister tout entière, sans pouvoir, il est vrai, mais la seule officielle, la seule légale.

Ceci nous explique la sagesse et la timidité des empereurs au commencement de leur règne. Ils craignaient que la légalité ne se réveillât, que la fiction ne voulût redevenir vérité; que sénat, consuls, préteurs, peuple, ne prissent leurs droits au sérieux. Comme, dans un tel système, il ne pouvait y avoir de loi de succession, et que d'ailleurs l'esprit romain n'en admettait pas, leur légitimité toujours douteuse les tenait en inquiétude. Ils entraient, autant que possible, dans le système de république légale conservé par Auguste, s'abritaient sous la nullité officielle dont Auguste leur avait montré l'exemple, parlaient sans cesse d'Auguste, demandaient tout au sénat, s'inclinaient devant les consuls, faisaient ainsi sans bruit et sans orgueil le lit où devait dormir en paix leur puissance, s'établissaient commodément sur l'estime, l'approbation, la reconnaissance; en attendant que, enivrés à la coupe du pouvoir, ils entendissent autrement la *principauté*, de la simplicité d'Auguste passassent à la divinité de Caligula, d'empereurs-citoyens devinssent et se fissent proclamer plus que des rois.

Il y avait une autre cause à cette modération. Légalement parlant, César était pauvre ; les citoyens romains, je

---

1. Dion, LVII, p. 607. *V.* cette simplicité personnelle du prince conseillée par Mécène à Auguste. Dion, LII, p. 489 et suiv.

l'ai dit, c'est-à-dire les plus riches propriétaires de l'empire, échappaient à l'impôt; chaque partie de l'empire, payant ses propres dépenses, donnait peu au budget impérial. Mais, despotiquement parlant et avec le système de Tibère, César était riche; les procès de lèse-majesté lui ouvraient tous les trésors du monde. Aussi, tant que l'argent ne manquait pas, l'empereur était doux et modeste; il suivait les traditions d'Auguste. Mais quand les profusions du cirque, quand des constructions insensées, quand des repas où se consumait le revenu de deux ou trois provinces, avaient épuisé le trésor, il fallait bien en revenir aux ressources de Tibère, demander secours à la confiscation et aux délateurs, et, comme disaient nos gens, battre monnaie en place de Grève. Les empereurs modérés furent toujours des princes économes; Tibère seul, chez qui la tyrannie était un système, fut à la fois parcimonieux et sanguinaire.

Sous Caïus, il y eut donc un moment où le monde respira. Un écrivain qui n'habitait point Rome, ce centre de toute adulation et de tout mensonge, décrit ce bonheur comme il eût décrit l'âge d'or : « Les Grecs n'avaient point de querelles avec les barbares, ni les soldats avec les citoyens. On ne pouvait assez admirer l'incroyable félicité de ce jeune prince; il avait d'immenses richesses, de très-grandes forces de terre et de mer; de prodigieux revenus lui arrivaient de tous les coins du monde; son empire n'avait pour bornes que le Rhin et l'Euphrate au delà desquels ne sont que des peuples sauvages, les Scythes, les Parthes, les Germains. Ainsi, depuis le lever du soleil jusqu'à son coucher, sur le continent et dans les îles, au delà même de la mer, tout était dans la joie. L'Italie et Rome, l'Europe et l'Asie, étaient comme en une fête perpétuelle;

car, sous aucun empereur, on n'avait eu tant de repos et une aussi paisible jouissance de son bien. C'étaient, dans toutes les villes, autels, victimes, sacrifices, hommes vêtus de blanc et couronnés de fleurs, jeux, concerts, festins, danses, courses de chevaux. Le riche et le pauvre, le noble et le plébéien, le maître et l'esclave, le créancier et le débiteur, se divertissaient ensemble comme au temps de Saturne [1]. » Cela dura sept mois.

Mais, à force de débauches et d'excès de tout genre, le prince tomba malade, et le monde, ne sachant en quelles mains il allait passer, se désespéra. Tout fut en deuil ; on passait la nuit aux portes du palais ; des hommes vouaient leur vie pour celle du prince. Mais la maladie de Caïus fut comme celle de Louis XV ; le jour où tout un peuple lui donna le nom de bien-aimé, il cessa de le mériter.

Je me permets de croire aussi que Caïus en resta fou. Dès son enfance, il avait été sujet à l'épilepsie : il était, au moral et au physique, d'une nature toute discordante ; tantôt supportant les plus grandes fatigues, tantôt ne pouvant se soutenir ; avouant même un germe de folie et songeant à s'enfermer pour prendre de l'ellébore. Doué d'une organisation à la fois terrible et maladive, il dormait à peine trois heures d'un sommeil troublé par des apparitions et des rêves au milieu desquels on l'entendait s'entretenir avec l'Océan ; il passait des nuits à se promener sous de vastes portiques, attendant le jour, l'invoquant et l'appelant à haute voix [2].

Et puis il faut songer à ce que devait être pour un homme jeune, pour une imagination ardente et gigantesque au milieu de sa dépravation, pour une tête fatiguée par sa

---

1. Philon, *de Legatione*, ch. 1. — 2. Suet., *in Calig.*, 50.

vie de dissimulation et son perpétuel danger sous Tibère, l'étrange position d'un empereur romain. L'empire était quelque chose de trop nouveau pour que personne, même un César, fût familiarisé avec la pensée de mener tout l'univers comme un troupeau.

Lorsqu'à Rome vous arrivez sur cette partie du mont Palatin, qu'on appelle, je crois, la villa Mills, et que vous montez sur un petit belvédère placé au milieu de cette enceinte, un grand spectacle s'offre à vos regards. Encadrée par un cercle de montagnes bleues et couronnées de neige, entourée par ce magnifique désert qu'on appelle la campagne romaine, Rome, la vieille Rome est à vos pieds. D'un côté vous avez cette large vallée, déserte aujourd'hui, qui était le grand cirque de Rome et qui en garde les formes principales. De l'autre côté, le Forum avec les débris qui l'environnent, et qui semble presque disparaître, grâce à l'infériorité de son niveau; et au delà du Forum, le Capitole, dont la hauteur elle-même s'abaisse devant vous. Il semble que toutes les collines de Romulus s'inclinent d'un commun accord devant la royauté du mont Palatin. C'est là, sur quelque terrasse de marbre appartenant à la maison d'Auguste, que montait le nouveau César pour contempler la cité souveraine dont il devenait le souverain. C'est là que l'esprit du mal pouvait lui dire, comme il disait sur une autre montagne à un tout autre Roi : TOUT CELA EST A TOI! Rome avec son peuple, ses pontifes, le tourbillon de sa vie; — le monde entier, sauf ce qui était barbare et inconnu; — une armée de vingt-cinq légions sans compter des auxiliaires fournis par toutes les nations; — des flottes sur toutes les mers; — un revenu que les confiscations pouvaient rendre illimité, et de plus les cinq cent quarante millions qui étaient l'épargne de

Tibère ; — il y a mieux, un droit de propriété, fictif au moins, mais qui pouvait devenir réel, sur tous les biens de l'empire, sur tous les patrimoines du monde [1] ; — par-dessus tout cela, si on le voulait, la divinité, des bouffées d'encens et des autels : — tout cela appartenant ou obéissant à une seule créature humaine! un individu de cinq pieds six pouces, maître et propriétaire de tout cela! ce n'étaient pas là des idées assez vieilles pour que les cerveaux se fussent blasés sur elles. Et le fils pauvre, tremblant et menacé de Germanicus, salué un beau jour par le sénat, les prétoriens et le peuple qui le débarrassaient de son humble et unique rival, seul et absolu dominateur de toutes ces choses, devait se sentir ébloui comme celui qui, après vingt ans de séjour dans un cachot, passa subitement à la lumière et devint aveugle.

Ajoutez que, par les passions qui régnaient, par les ambitions hardies et dépravées qui restaient au cœur de certaines familles, par la morale du temps qui excusait bien des crimes, cette position si grandiose était menacée d'un perpétuel danger. L'empire, ses gloires et ses richesses étaient promis à quiconque donnerait un coup de couteau à cet homme. Caïus, qui avait étouffé Tibère malade, pouvait savoir quelque chose de la facilité avec laquelle on assassinait un empereur. Ainsi, entourée de luxe, de voluptés et de coups de poignard, cette vie de maître du monde devait tenir la pensée de l'homme dans une excitation per-

---

1. « Le sol des provinces appartient en propriété au peuple romain ou à César, nous n'en avons que la possession ou l'usufruit, » dit le jurisconsulte Gaïus. *Institutes*, II, 7, et le philosophe Sénèque : « Par le droit civil, tout appartient au roi, et ce que le roi possède en universalité se partage entre différents possesseurs... Sous un bon prince, tout appartient au roi par le droit de souveraineté, aux particuliers par le droit de propriété. » *De Benef.*, VII, 5.

pétuelle, et lui paraître une splendide, redoutable, incessante hallucination.

De là ces étranges natures impériales, ces types qui ne se retrouvent pas ailleurs dans l'humanité, ces hommes qui, après avoir gouverné, sinon avec vertu, du moins avec prudence, furent tout à coup pervertis ou jetés en démence par le pouvoir : — Néron, Caligula. De là ces monstres de sang et de folie : — Domitien, Commode, Élagabale. Tibère est plus dans la nature et dans le bon sens humain ; il a peur, et il tue : sa terreur est la mesure de sa cruauté. Mais ces hommes-là ont l'air véritablement frappés du ciel, pouvant tout et osant tout, avec leur luxe inouï, leur scélératesse monstrueuse, sans but, sans raison, sans mesure. Il y a chez eux du vertige : placés trop haut, la tête leur a tourné ; ils ont vu sous leurs pieds un trop immense espace, trop de peuples, trop de pouvoir, et en même temps aussi un précipice trop glissant. Leur cerveau n'a pas tenu à ce mélange d'exaltation et de terreur.

La folie de Caïus se manifesta bien vite. Il ressaisit tous les titres dont il n'avait pas voulu dans son premier accès de modestie (auguste, empereur, père de la patrie, grand-pontife, le pieux, le grand, l'excellent, le fils des camps, le père des armées). Il rétablit l'action de lèse-majesté qu'il avait abolie. Il fit dire de se tuer (cette formule devenait en usage) à Silanus, son beau-père, et au jeune Tibère ; le crime de celui-ci était, selon Caïus, d'avoir pris du contre-poison pour éviter que César ne l'empoisonnât. Son ancien confident, Macron, ne devait pas échapper davantage : il était devenu grondeur, ne laissait pas Caïus dormir à table, ne lui permettait pas d'éclater de rire à la vue des bouffons ou de contrefaire leurs gestes : quand au spectacle Caïus mêlait son chant à celui des acteurs, Macron le poussait doucement et le grondait tout bas : on l'invita à mourir (38). Les esprits étaient tellement faits au suicide, que ce genre de supplice s'exécutait sans marchander. Les empereurs faisaient ainsi économie de bourreaux.

Mais c'était encore de la raison que tout cela. Pour compléter sa folie, Caïus voulut être dieu : « Ceux qui conduisent, disait-il, les bœufs, les moutons et les chèvres ne sont ni bœufs, ni béliers, ni boucs ; ce sont des êtres d'une nature supérieure, ce sont des hommes. De même, ceux qui conduisent tous les peuples du monde ne sont pas des hommes, mais des dieux. » Il était un jour à table avec des rois qui disputaient ensemble de leur noblesse ; Caïus les interrompit brusquement par ce passage d'Homère : « Un seul maître, un seul roi. » Il s'exalta sur cette pensée, voulut même prendre le diadème ; il y aurait eu là de quoi faire révolter sérieusement le peuple romain, que tant de proscriptions n'avaient pas révolté : « Seigneur, lui dit-on pour détourner cette faute, tu es au-dessus des rois. » A partir de ce moment, Caïus prit sa divinité au sérieux. Il commença cependant par n'être que demi-dieu ; il s'adjugea les attributs et les cérémonies d'Hercule, de Castor, d'Amphiaraüs ; il contrefit Hercule avec une peau de lion et une massue d'or. D'autres fois il portait le chapeau de Castor et Pollux, la peau de faon de Bacchus. Mais c'était trop peu de chose : il passa bientôt dieu.

Rome, au premier mot de ce fou, tomba à genoux aux pieds de son dieu Caïus. Il eut un temple, une statue d'or ; on jura par lui, on acheta pour dix millions de sesterces (2,656,000 fr.) l'honneur d'être du nombre de ses prêtres. Chaque jour on lui immola les victimes les plus exquises et les plus rares, des paons, des oiseaux du Phase, des oiseaux de Numidie ; il ne fallait pas moins au goût délicat de ce nouveau dieu. Les peuples avaient beau tenir à leurs idoles, tout ce qu'il y avait de plus parfait parmi les statues des divinités venait à Rome: on coupait les têtes, on y substituait celle de Caïus. La pauvre Grèce était dépouillée de ses dieux, la seule chose qui lui restât; son Jupiter olympien ne fut préservé que par un prodige. A Milet, Caïus vola à Apollon son temple.

Aujourd'hui donc, Caïus est Apollon, il porte une couronne de rayons sur sa tête et mène les Grâces à sa droite; demain il aura les ailes aux pieds et le caducée de Mercure; ou bien il prendra le trident pour figurer Neptune. Il a été Junon, Diane, Vénus [1]; pourquoi ne serait-il pas Jupiter? il est comme lui l'amant de sa propre sœur. Il aura la foudre en main et la barbe d'or au menton; il aura des machines d'opéra pour imiter le bruit du tonnerre, il fera des éclairs avec du soufre; si le vrai tonnerre vient à tomber et trouble sa *media noche* ou ses pantomimes, il défie Jupiter au combat, il jette une pierre au ciel en lui criant : « Tue-moi ou je te tue [2]. »

Cherchez-vous le prince ? —Voyez-le suivi d'une théorie qui chante les louanges de Caïus Hercule, ou de Caïus Jupiter. — Non, il est chez lui, demandez-le à ses portiers; ses portiers sont Castor et Pollux, dont le temple, depuis qu'il a augmenté son palais, lui sert d'antichambre.—Mais non; il est dans une plus intime retraite : la lune est dans son plein, elle brille de tout son éclat; Caligula est là qui l'appelle à venir partager sa couche. — Au Capitole, il s'est fait faire une chapelle auprès du temple de Jupiter : allez là, prêtez l'oreille, vous ouïrez la conversation de Jupiter Latialis et de Jupiter Capitolin ; le Capitolin est un peu muet,

---

1. Suet., *in Calig.*, 52.
2. Η μ' ἀνάειρ', ἢ ἐγώ σέ. (Homère.); Senec., *de Irâ.*, I, 16.

mais en revanche l'autre parle, chuchote, interroge, attend les réponses, se fâche, élève la voix : « Je te renverrai, lui dit-il, au pays des Grecs; » puis il se laisse toucher, ne menace plus, consent à vivre d'accord avec son confrère, et, pour se rapprocher de lui, joint le Capitole au mont Palatin par un pont qui passe au-dessus du temple d'Auguste.

Lorsqu'il lui naquit une fille, petite enfant dans laquelle il se reconnaissait à sa férocité précoce, il la promena d'abord chez tous les dieux, puis enfin il la porta chez Minerve, la lui mit sur les genoux, et fit la déesse sa gouvernante. A la mort de sa sœur Drusille, il créa déesse cette femme infâme, il ordonna qu'on ne jurerait que par elle ; cela ne lui suffit pas, il voulut encore qu'elle fût montée au ciel, et il trouva, selon l'usage, pour un million de sesterces, un sénateur qui jura par tous les serments possibles avoir vu Drusille en chemin pour l'Olympe.

Dans sa douleur pourtant, il partit de Rome à la hâte, courut toute l'Italie, alla donner des jeux en Sicile; mais la fumée de l'Etna lui fit si grand'peur, qu'au milieu de la nuit il s'enfuit de Messine. Rome cependant portait le deuil de Drusille. Ce deuil était sévère : on ne pouvait, sous peine de mort, ni rire, ni se baigner, ni souper avec ses enfants ou sa femme. Caïus, revenu en courant comme il était parti, ayant de plus une longue barbe et des cheveux en désordre, posait aux Romains un étrange dilemme : à qui se réjouissait, il disait : « Qui peut se réjouir lorsque Drusille est morte ? » à qui portait le deuil : « Comment peut-on pleurer une déesse ? » Il frappait donc à coup sûr, et pouvait être certain de ne manquer personne [1].

Un jour, — il n'avait, du reste, pas attendu ce jour-là

---

1. Senec., *Consolatio ad Polybium*, 36; Suet., *in Calig.*, 24.

pour renouveler les cruautés de Tibère, — un jour il vint au sénat, et y entonna l'éloge de son prédécesseur. Jusque-là on avait librement parlé de Tibère. « Mais, disait Caïus, moi, je suis empereur, je puis le blâmer; où d'autres prendraient-ils cette liberté? Valets de Séjan, délateurs de ma mère, de quel droit condamnez-vous l'homme que vous avez honoré par tant de décrets? » Et à la fin de sa harangue, il se faisait apostropher par Tibère lui-même : « Tout ce que tu as dit, mon fils, est très-juste et très-vrai; ne t'amuse pas à les aimer, à leur plaire, à les épargner; s'ils le peuvent, ils te tueront. Ne pense qu'à ta sûreté; les moyens qui la garantiront le mieux seront les plus justes : tranquille sur ta vie, jouissant de tous les plaisirs, tu seras honoré d'eux bon gré, mal gré. Prends-y garde, personne n'obéit volontairement; tant qu'on redoute le prince, on l'honore; s'il cesse d'être le plus fort, il faut qu'il meure. » C'était là au fond toute la politique de Tibère.

Le sénat resta consterné : quel sénateur n'avait parlé contre Tibère? Le lendemain, le sénat reprit courage, fit grand éloge de la bonté du prince qui, après de si justes reproches, n'avait pas ordonné leur mort à tous; il décréta des sacrifices pour l'anniversaire d'un si beau discours, et recommença toute sa série de bassesses sous Tibère : rien n'était changé.

L'homme seulement était pire. Était-ce folie, habitude du sang, délire du pouvoir, instinct inné de cruauté? Il est malheureusement difficile de ne pas reconnaître dans quelques âmes un certain goût de sang, une manie féroce, un amour gratuit du meurtre, indépendant de toute idée de crainte, d'intérêt ou de vengeance. Caligula jetant aux bêtes féroces les gladiateurs vieux et infirmes, marquant sur la liste de ses prisonniers ceux qui devaient être égorgés pour nourrir les bêtes du cirque lorsque la viande était trop chère, introduisant dans les supplices une recherche de tortures longtemps étrangère aux mœurs romaines [1] ; Caligula faisant assaut au fleuret contre un gladiateur, et quand celui-ci se fut laissé tomber comme vaincu, le perçant d'un poignard ; dans un sacrifice, revêtu de l'habit sacerdotal, prêt à immoler la victime, laissant tomber la hache sur la tête du victimaire debout auprès de lui ; faisant frapper ses condamnés à petits coups, afin, disait-il, qu'ils se sentissent mourir ; dans ses orgies, se donnant pour spectacle la torture, ayant là toujours un bourreau tout prêt pour décapiter ; caressant le cou de sa maîtresse, et ajoutant : « Cette belle tête pourtant, je n'ai qu'à dire un mot, et elle tombera [2]. » qu'est-ce que cela, si ce n'est l'amour et le besoin du sang ?

Aussi était-il merveilleusement ingénieux à trouver des criminels. Nous parlions tout à l'heure du deuil de Drusille. L'anniversaire de la bataille d'Actium lui fournit un pareil dilemme : par sa mère, il descendait d'Auguste ; par sa grand'mère, d'Antoine ; il était petit-fils du vaincu et du vainqueur. « Que les consuls fassent la fête, disait-il le matin à ses amis, ou qu'ils ne la fassent pas, ils seront toujours coupables. » Les consuls firent la fête ; ils furent déposés le jour même, les verges de leurs licteurs rompues sous leurs yeux. L'un d'eux se tua de chagrin.

Caïus se souvint aussi de ceux qui, pendant sa maladie, avaient voué leur vie pour la sienne ; il les prit au mot, fit combattre l'un contre des gladiateurs et eut grand'peine à lui faire grâce après sa victoire ; fit promener un autre

---

1. Senec., *de Irá.*, III, 18, 19, 20 ; *de Tranquillitate animi*, 14 ; Suet., *in Calig.*, 27, 32. Dion. — 2. Suet., *in Calig.*, 30, 32, 33.

comme une victime avec les bandelettes et la verveine, et le fit jeter dans un précipice. Sa cruauté était facétieuse : tous les dix jours, il marquait sur la liste des prisonniers ceux qu'il voulait faire périr (la procédure était simplifiée, on le voit, il ne fallait plus tant de formalités pour tuer un homme); il appelait cela apurer ses comptes.

Plus d'une fois il fit assister les pères à la mort de leurs fils; à ceux qui étaient malades il envoyait poliment une litière. Un autre, invité par l'empereur à venir ce soir-là souper à sa table, n'osa refuser, parce qu'il lui restait un fils. Caïus le chargea de parfums et de couronnes, lui envoya sa coupe pleine de vin, l'accabla de toutes ces marques de joie si déchirantes pour sa douleur, et ne lui permit pas même, en récompense de sa résignation, de recueillir les os de son enfant [1].

Laissons la fatigante énumération de ces cruautés. Il serait sans doute absurde de chercher quelque raison politique dans la conduite de ce fou; mais à travers sa folie il sentait l'état de la société sans le comprendre. Il sentait qu'il n'y avait en réalité que deux puissances dans l'empire, les soldats et le peuple, ou plutôt les prétoriens et la canaille de Rome; il trouvait facile de leur immoler les restes des deux puissances éteintes, le sénat et la noblesse. Ce que Tibère n'avait pas fait, Caligula appela le peuple au bénéfice de ses proscriptions; il fit passer en jeux et en largesses pour la populace, en libéralités pour ses prétoriens, en liberté même pour les esclaves, les patrimoines des condamnés, c'est-à-dire des hommes les plus riches. Un Gaulois qui le vit habillé en Jupiter, osa un jour lui dire qu'il était fou; Caligula lui pardonna, selon Dion,

---

1. Senec., *de Irâ.*, II, 33; Suet., *in Calig.*, 27.

« parce que cet homme était cordonnier, et que les tyrans souffrent chez de telles gens plus de liberté qu'ils n'en souffriraient chez d'autres¹. » Cette politique simple et facile ne passait pas l'esprit de Caïus.

Du reste, cette politique démocratique n'empêchait pas l'homme de sang de se faire partout et toujours sentir. Il n'y eut personne, dit Suétone, de condition si basse à qui il ne voulût du mal. Le théâtre était le lieu de ses querelles avec le peuple. Caligula avait fait du théâtre un devoir. Comme il permettait d'y venir en sandales et sans s'arrêter même pour saluer l'empereur; comme des jours de spectacle il avait fait des jours de fête où il n'était pas même permis de porter le deuil de ses parents : par suite, il trouvait fort mauvais qu'on se dispensât du spectacle, qu'on arrivât tard ou qu'on partît avant la fin. Mais d'un autre côté, comme il avait des caprices; comme parfois, aux jours les plus chauds, il faisait retirer le *velarium* qui abritait les spectateurs; comme il changeait l'heure des jeux, et souvent les faisait faire de nuit : le peuple se permettait d'être inexact; le peuple, qui avait conservé une certaine liberté au théâtre, ne favorisait pas les mêmes acteurs que César; le peuple était au cirque d'une autre faction que César; le peuple, enhardi parce qu'il était en foule, se levait, et à grands cris appelait et menaçait les délateurs. Caïus s'irritait alors, faisait frapper à droite et à gauche du bâton et même de l'épée. Si au moins, criait-il, vous n'aviez qu'une seule tête² !

Il haïssait tant son peuple, qu'il regrettait que son époque ne fût marquée par aucune calamité publique : « Sous Auguste, la défaite de Varus; sous Tibère, la ruine du

---

1. Dion, LIX, p. 661.
2. Senec., *de Irâ.*, III, 19; Suet., *in Calig.*, 30; Dion, LIX, p. 649, 650.

théâtre de Fidènes, avaient au moins illustré leurs règnes. » En vain faisait-il quelquefois fermer les greniers de Rome pour affamer le petit peuple ; qu'étaient-ce que ces calamités factices? Son temps était trop heureux ; son nom allait être voué à l'oubli.

Tout cela, c'est simplement le besoin, poussé jusqu'à la démence, de l'extraordinaire et de l'étrange. Caïus cherche à le satisfaire par ses spectacles : ce ne sont que gladiateurs, combats de bêtes, drames, pantomimes ; le cirque est rempli le matin, il n'est pas encore vide le soir. C'est d'abord la chasse aux bêtes féroces ; 400 ours, 400 autres bêtes y sont tués à chaque fois : puis la course de chars où nul n'est admis à servir de cocher s'il n'est sénateur ; la poussière du cirque est parsemée de minium et d'une poudre brillante. Vive le dieu Caïus, le patron des farceurs, le protecteur des bouffons, l'ami, le commensal, le convive des cochers de la faction verte, avec qui il soupe dans l'écurie! Croyez-vous qu'il ne sache pas récompenser les talents? Apelle, le tragédien, est son conseiller intime ; Cythicus, le cocher du cirque, pendant une orgie, a reçu 2 millions de sesterces (530,000 fr.) sur sa cassette. Voyez Incitatus, à qui les libéralités de César ont fait une fortune, qui a des manteaux de pourpre, un collier de pierres précieuses, une maison, des esclaves, un mobilier ; qui invite à souper et traite magnifiquement ses convives. Qu'Incitatus dorme en paix, les soldats sont là, et, pour ménager son sommeil, imposent silence à tout le quartier. Incitatus va être consul : il a une écurie de marbre et un râtelier d'ivoire ; Incitatus est le cheval de César [1]. — Caïus a donné des jeux à la Sicile, il en a donné à la Gaule, il n'en refuse

---

1. Suet., *in Calig.*, 55.

à personne. A Rome, il y a des spectacles tout le jour, ce n'est pas assez, il y en aura la nuit; toute la ville sera illuminée. — Venez plus loin : si Caïus quelquefois affama le peuple, aujourd'hui il le nourrit; il lui jette des vivres, des fruits, des oiseaux, de l'argent, de l'or; il y mêle des couteaux aiguisés; pardonnez-lui, c'est un caprice.

Caïus cherchera encore dans une sphère plus haute l'extraordinaire et l'étrange; il y a en lui une sorte d'ambition et de jalousie universelle; il faut qu'il soit le premier en toutes choses; il est jaloux d'Homère et de Virgile, il renverse et défigure les statues des hommes illustres. La noblesse est en coupe réglée, elle expie chaque jour son ancienne puissance, ses patrimoines enrichissent le fisc; mais il lui reste ses souvenirs, les Torquatus ont le collier que leur ancêtre enleva aux Gaulois, les Cincinnatus ont pour insigne la longue chevelure de leurs aïeux, les Pompée ont gardé le surnom de Grand. Tout ce blason fait ombrage à Caïus, il l'abolit. Il porte envie à tout ce qui se distingue, même à la robe de pourpre du roi africain Ptolémée, qui détourne les regards de la foule et la distrait des jeux que son prince lui donne. Un homme est élégant et bien peigné, il lui fait raser la tête par derrière; — un autre est grand et beau, il l'envoie combattre contre les gladiateurs; vainqueur, il le fait mourir. — Un jour, un esclave, vainqueur au cirque, est affranchi par son maître; le peuple applaudit avec transport : Caïus est indigné, il faut qu'on ne voie, qu'on n'admire que lui; il se jette hors du cirque, descend les degrés à la hâte, foule aux pieds la frange de sa robe : « Le peuple-roi aura donc plus d'hommages pour un gladiateur que pour la personne sacrée de ses princes, que pour moi, présent devant lui ? »

Celui qui peut tout ne doit-il pas avoir tous les talents ?

Il est gladiateur, chanteur, cocher. Au théâtre, il accompagne la voix de l'acteur; il répète son geste, il le corrige. Chaque empereur a eu sa manie : Tibère, la grammaire et les grammairiens; Claude eut la rage de juger; mais la manie la plus commune de ces maîtres du monde fut celle du cirque et du théâtre. Ceux qu'on applaudissait tant après eux et devant eux, ceux qui faisaient la fureur du consul et du crocheteur, de la matrone et de l'esclave, — le comédien, le bouffon, l'*agitator*, le pantomime, leur inspiraient plus de jalousie que les grands hommes et les rois; c'était une gloire qui ne pliait pas tout à fait devant la leur, et le reste de liberté que le peuple gardait au théâtre poussait instinctivement le prince à s'y faire applaudir. Au milieu de la nuit, Caïus mande auprès de lui trois consulaires; les malheureux arrivent tremblants; un pareil message ne leur semblait que trop clair. On les fait entrer, on les place tout gelés de peur. Tout à coup un bruit de flûtes et de castagnettes : Caïus paraît avec une longue tunique et la robe flottante du tragédien. Il monte sur un tréteau, danse un ballet, chante un air et les renvoie tout tremblants encore.

Mais sa grande passion fut pour l'éloquence. Il avait une parole naturellement forte, ardente, impétueuse : c'était une nature bizarrement hardie que la sienne. Lorsqu'un homme était accusé devant le sénat, Caïus songeait au parti qu'il devait prendre, l'accusation ou la défense, selon que l'une ou l'autre irait mieux à sa phrase. Quand il avait choisi, il faisait ouvrir aux chevaliers les portes du sénat; il invitait par ordonnance à venir l'entendre.

Il ne tint pas contre le désir de jouter avec l'homme qui passait pour le premier orateur de son siècle, Domitius Afer. Domitius avait eu beau lui élever une statue, il ne pouvait échapper à cette joute fort désirée de Caïus, fort sérieuse pour lui, car en tous cas mort devait s'ensuivre. On le chicana sur je ne sais quelle inscription de sa statue; il fut dénoncé devant le sénat. Caïus voulut être son accusateur; il avait tout prêt un magnifique discours, et le débita avec grande chaleur et grande solennité. C'était au tour de Domitius de répondre; mais il se garda de le faire; il était trop ému, trop rempli d'admiration, il n'eut de parole que pour louer son éloquent accusateur, répéter chacune de ses phrases, s'enthousiasmer sur chacune de ses périodes. « Mais ta défense, lui criait-on, ta défense ! » Sa défense! Il se jeta aux genoux de Caligula, il le supplia, ce maître de l'éloquence, de pardonner à un pauvre écolier comme lui, pria, pleura; et Caïus, tout ému d'un si manifeste triomphe, lui pardonna et le fit consul.

Ce n'était rien encore que ces triomphes, d'autres les avaient remportés avant lui. Chanter au théâtre, lutter dans l'arène, triompher au sénat par la parole! tout cela était humain et possible. La passion de Caïus était pour l'impossible et le surhumain[1]. Ce fut toujours, du reste, la folie impériale; en contemplant le monde du haut de ce pic gigantesque où ils étaient placés, les Césars avaient dû le voir tout autre que nous ne le voyons, et, mesurant toutes choses à leur grandeur, ils les trouvaient petites et mesquines; chez eux, la manie du grandiose, innée dans les Romains, devint une rage pour l'impossible. Néron s'adressa à la magie pour la satisfaire, Caïus à la force; l'un plus instruit, plus artiste, plus curieux; l'autre affectant davantage l'énergie, la puissance, la virilité.

---

1. Nihil tam efficere concupiscebat, quàm quod effici posse negaretur. (Suet., *in Calig.*, 37.) Néron était aussi *incredibilium cupitor*. (Tacite.)

S'il voulait une villa, il la lui fallait en pleine mer, sur une digue jetée là où les eaux étaient plus profondes et plus orageuses, là où la pierre des rochers cédait au pic avec plus de peine; il la lui fallait sur une cime de montagne nivelée par des déblaiements, sur une vallée exhaussée au niveau des montagnes : tout cela se faisait avec une vitesse incroyable; la paresse était punie de mort. Dans ses bains, c'étaient des parfums précieux; à ses repas, des mets étranges et inouïs. Il buvait des perles dissoutes dans du vinaigre, faisait servir à ses convives des pains et des mets en or. Il avait fait faire des navires immenses dont la carcasse était en cèdre, la poupe couverte de pierres précieuses, les voiles de couleurs brillantes; sur ces palais flottants, il avait des thermes, des salles de festin, des portiques, il avait de la vigne pendante sur sa tête, des arbres qui se balançaient avec leurs fruits. Au milieu de ces délices, il passait des jours à se faire porter le long des côtes de Campanie, au son des instruments, au bruit des chœurs, jouissant à la fois de la terre et de la mer, comme maître de l'une et de l'autre. Ce n'est pas assez : élever une ville au sommet des Alpes, percer l'isthme de Corinthe, c'est se séparer encore plus de la pauvre humanité, c'est vaincre les dieux. Caïus le fera. Caïus l'aurait fait, si par bonheur on lui eût laissé le temps.

L'astrologue Thrasylle ne disait-il pas sous Tibère que Caïus ne régnerait pas plus qu'il ne galoperait sur le golfe de Baïes? Eh bien! Caïus va galoper sur le golfe. Depuis Baules[1] jusqu'à Pouzzoles, sur une longueur de plus d'une lieue, il fera un pont sur la mer. Il rassemble de toutes

---

1. Selon Dion, LIX, 652. Suétone dit *Baies*, et Josèphe *Misène*, ce qui augmenterait la distance. Elle est déjà bien assez grande.

parts des vaisseaux de charge, les fait ancrer sur deux rangs; et sur eux élève, non pas son pont, mais sa route, véritable voie romaine sur le modèle de la voie Appia, construite en terre et en pierre, avec des auberges, des lieux de repos, jusqu'à des ruisseaux d'eau fraîche pour boire. Tant de vaisseaux furent réunis là, qu'il en manqua pour porter le blé à Rome; et Rome, qui ne vivait que des blés étrangers, prit son parti de mourir de faim pourvu que son maître galopât sur la mer.

Il était là, en effet; accomplissant la prophétie de Thrasylle; faisant d'abord des sacrifices, surtout à l'Envie, de peur, disait-il, que les dieux ne fussent jaloux de lui; puis, sur un cheval caparaçonné, la couronne de chêne sur la tête, tout armé, vêtu de la chlamyde d'or et d'une cuirasse qu'il disait venir d'Alexandre, s'avançant sur le pont suivi de son armée; le traversant et allant coucher à Pouzzoles. Le lendemain, il revenait de Pouzzoles à Baules. Il retraversait le pont, en habit du cirque, sur un char traîné par les chevaux les plus célèbres dans les jeux; après lui, les voitures de ses amis, les prétoriens, l'armée, le peuple. A moitié chemin, il monte sur un trône, y prononce son propre panégyrique, récompense les compagnons de ses dangers. Ce pont passé et repassé était pour lui une grande guerre accomplie.

Il resta là toute la journée et la nuit suivante. Ce devait être un beau spectacle : toute la côte, tout le pont, les bateaux dont la mer était couverte, portaient des flambeaux allumés : partout on y faisait des festins. Mais le maître est rassasié, prenez garde, il va changer de plaisir : « A la mer les convives, maintenant que la fête est finie! Si quelques-uns cherchent à remonter sur les bateaux, à coup de rames repoussez-les à la mer! » Malheureusement pour Caïus la mer était calme, la plupart se sauvèrent à la nage[1]. Telle était sa passion de l'étrangeté et de l'impossible.

Mais l'impossible était cher. Il fallait remuer les millions à la pelle, et les millions manquaient. En un seul repas, s'il faut en croire Sénèque, près de 10 millions de sest. (2,666,000 fr.) y avaient passé[2]; en un an les 2,700,000,000 de sest. (550,000,000 de fr.) de Tibère avaient disparu. Caïus se sentait homme par ce côté-là, il n'était pas assez riche[3].

Les proscriptions redoublèrent ; c'était le bourreau et le suicide par ordre qui donnaient au fisc son meilleur revenu. Après avoir fait mourir Junius Priscus qu'il croyait riche et qui ne l'était pas : « Il m'a trompé, disait Caïus, il méritait de vivre. »

Un jour, en Gaule, il perdait au jeu, et n'avait pas d'argent : il n'en eut pas plus de peine à payer. Il fit apporter les registres des contributions et abattit la tête des plus imposés. «Gagnez-moi maintenant quelques sesterces, dit-il aux joueurs, je viens de gagner des millions! »

A Rome, il trouva de nouveaux prétextes pour condamner. Il se souvint de la persécution dirigée par Séjan contre sa famille, persécution que, sous Tibère, il avait si héroïquement supportée, qu'à son avénement il avait si noblement renoncé à punir en brûlant les archives de Tibère. Dans sa tête ou dans son secrétaire, il retrouva la copie des fameuses archives; il sut au moins ou se rappeler, ou deviner qui avait dénoncé, qui avait poursuivi, qui avait condamné sa mère ou ses frères : ce fut un large prétexte pour sa cruauté. Une autre fois il songea, pendant une nuit sans sommeil, à la félicité de ceux qu'il avait bannis: « Je les ai condamnés,

---

1. Dion, LIX, p. 652-654. Josèphe, *Antiq.*, XIX, 9 ; Suet., *in Calig.*, 19, 32, 37 ; Senec., *de Brevitate vitæ*, 18. — 2. Senec., *ad Helviam*. 9.
3. Suet., *in Calig.*, 37 ; Dion, LIX, p. 641.

et ils vivent, ils boivent, ils mangent, ils sont libres. Qu'est-ce que leur exil? Un voyage! » Il les fit tous tuer. On explique d'une autre manière cette boucherie : à un homme qui avait été banni sous Tibère, il demandait : « Que faisais-tu dans ton exil ? — Seigneur, dit le courtisan, je passais ma vie à demander aux dieux la mort de Tibère et ton avénement. » Caïus réfléchit : « Ceux que j'ai bannis, pensa-t-il, passent donc aussi leur temps à souhaiter ma mort ! » Et pour détourner l'effet de leurs vœux, il les fit mourir [1].

Mais les confiscations elles-mêmes ne suffisaient pas au trésor. Caïus avait l'esprit fécond en ressources; il en trouva une qui était bien romaine. J'ai dit quelle place occupaient, dans les mœurs de cette nation, le droit de testament, la chasse aux successions, la captation des vieillards. Il y a encore trace de ces mœurs dans nos provinces de droit écrit, dans le midi de la France, plus romain que le nord. Tibère avait déjà donné l'exemple : Caïus entra après lui dans une voie que leurs successeurs ne manquèrent pas de suivre. L'empereur se mit à courir les héritages; captateur dangereux qui ne s'amusait pas à dorloter les vieillards, mais qui se faisait, au nom de la peur, inscrire dans les testaments, et qui ensuite, si le testateur s'avisait de vivre trop longtemps, lui envoyait un ragoût délicat de sa cuisine, auquel on avait mêlé du poison. S'il y avait difficulté sur un testament, l'affaire revenait à l'empereur; l'empereur était le juge suprême de son empire. — « César, te voilà institué héritier par un étranger, un homme qui ne t'a jamais vu; il a exclu pour toi ses amis, ses parents, ses fils. — Qu'importe? Le droit de testament est sacré. Irai-je briser la volonté suprême d'un citoyen romain? —

---

[1]. Suet., *in Calig.*, 28; Philon, *in Flaccum*.

César, en voici un autre qui ne te nomme pas; il a fait son testament, il est vrai, au commencement du règne de Tibère; mais il était centurion en retraite; il vivait des bienfaits du prince, il a oublié ce qu'il lui devait. — Infamie! ingratitude! Que ce testament soit cassé. — César, disait le premier venu, tu n'es pas inscrit au testament; mais j'ai ouï dire à cette homme qu'il comptait te faire son héritier. — Oubli! erreur humaine! mais le mal est réparable; le testament ne comptera pour rien.» —Ainsi Caïus rendait ses jugements, chicanant, gagnant, grappillant sur tout: — « Tu dois l'impôt, mon ami, tu n'es pas citoyen romain. — Mais, César, voilà le diplôme d'Auguste qui accorde le droit de cité à mon grand-père. — A ton grand-père, mais point à toi. — A mon grand-père et à sa postérité. — Qu'importe? sa postérité, ce sont ses fils; emporte ton diplôme, mon ami, il est bien vieux, ce vieux papier; c'est assez qu'il ait servi à une génération. » Au commencement de ces lucratives audiences, il se fixait la somme qu'elles devaient lui rapporter; tant que la somme n'était pas complète, il appelait de nouvelles causes, et, juge infatigable, ne se levait que sa besogne remplie [1].

Les impôts ne s'arrêtaient pas cependant. A défaut de l'impôt direct, que Caïus n'avait pas le temps ou la hardiesse d'établir sur les citoyens romains, mille ressources fiscales lui avaient été léguées par ses prédécesseurs, ou inspirées par son génie. A l'époque de son joyeux avénement, il avait eu la faiblesse de supprimer l'impôt du centième des objets mis aux enchères [2]. Mais il sut bien se dédommager de cette perte; tout homme et toute chose

---

1. Suet., *in Calig.*, 38.
2. Suet., *ibid.*, 16. Sur cet impôt, V. Pline, *Hist. nat.*, XIX, 19; Tacite, *Annal.*, I, 78; II, 42; Dion, LVIII, 16; LIV.

furent imposés ; — pour la vente des comestibles dans toute la ville, tant ; — pour les procès, un quarantième de la somme, une amende si on transigeait ; — sur les gains journaliers des portefaix, un huitième ; — tant sur les maisons de débauche ; — tant sur les mariages[1]. Tout cela s'établissait par des édits bien ignorés, bien clandestins, pour prendre plus facilement les gens en défaut. Le peuple demanda une loi, c'est-à-dire une affiche ; car toute la différence de la loi à l'édit était celle d'une affiche à une lettre. Caïus céda à son bon peuple : au coin de quelque place, dans un lieu bien retiré, il fit afficher sa loi en si petites lettres que personne ne la pouvait lire[2].

Mais le pauvre homme fut bien embarrassé quand une fille lui naquit (malheureuse enfant qui ne vécut pas deux ans, et que, par une justice à la romaine, on écrasa contre un mur après avoir tué son père). Les charges de l'empire, le fardeau de la paternité, une fille à nourrir, à élever, à doter, mettaient le comble à son indigence : il demandait l'aumône, le pauvre César ! Au mois de janvier, il sollicitait des étrennes ; dans le vestibule du palais était le mendiant impérial, assis sur son trône, tendant la main ; les consuls, le sénat, la foule, appelés par ordonnance, venaient, les mains et la toge pleines, couvrir de leurs dons le siége du souverain. Il n'y eut gain si infâme dont cet homme pût rougir : il y avait un lieu de débauche dans son palais ; on inscrivait les noms de ceux qui y entraient, gens dignes de la reconnaissance du monde, pour avoir ajouté un denier au revenu de César[3].

Voici un métier qu'il fit encore, moins infâme, également étrange. Après avoir aimé ses sœurs plus que des

---

1. Suet., *in Calig.*, 40. — 2. Suet., *ibid.*, 41.
3. Suet., *ibid.*, 40, 42.

sœurs ne doivent l'être, et leur avoir décerné les honneurs des vestales, il s'avisa de les trouver complices de conspiration, révéla toutes leurs infamies, fit périr ceux qui en avaient été les complices; obligea même Agrippine, après qu'il eut fait mourir Lépidus, son amant, de porter elle-même jusqu'à Rome l'urne où étaient les os de Lépidus; l'exila ainsi que sa sœur Julie; s'empara de tous leurs biens (39). Mais que faire de tant de dépouilles? Il n'était pas assez riche pour les garder. Les vendre? L'énormité des confiscations pouvait avoir fait baisser le prix des biens. Que dis-je? il les vendra, mais il les vendra, lui, en propre personne, recevant et proclamant les enchères. Ainsi, toutes les richesses de ses sœurs, leurs mobiliers, leurs parures, leurs esclaves, leurs affranchis, tout affranchis qu'ils étaient, furent adjugés à des prix immenses. Cette admirable découverte ne pouvait en rester là. Il avait bien autre chose à vendre; en Gaule, des biens énormes confisqués sur les principaux du pays; ailleurs, nombre de gladiateurs, restes des jeux qu'il avait donnés, objet d'un débit excellent; en Italie, le mobilier magnifique qui, accumulé par deux Césars, garnissait les palais impériaux: « Que tout cela vienne à la vente; le grand marché est dans les Gaules; il faut toutes ces richesses au marchand César. — Mais les voitures, les chevaux manquent. — Prenez les voitures de louage, prenez les chevaux des moulins. — Mais les plaideurs cités ne pourront venir à l'audience, mais le pain manquera à Rome (les moulins étaient mis en mouvement par des chevaux). — Qu'importe? ainsi le veut le salut de l'État. »

Voilà donc César commissaire-priseur, tenant hautes les enchères, vantant sa marchandise, encourageant les ache-

1. Suet., in Calig., 39.

teurs qui hésitent; bavard, facétieux, ne vendant guère à moins de quelques 100,000 sesterces; déployant toute la faconde du genre, plus l'argument sous-entendu de la hache impériale : « N'avez-vous donc pas honte, avares que vous êtes, d'avoir plus de fortune que moi? Voyez où j'en suis réduit. Livrer au premier venu le mobilier sacré des princes! Je m'en repens, en vérité..... Ne donnerez-vous pas cette misère pour un meuble qui vient d'Auguste?..... Ceci servait à Antoine; pour l'amour de l'histoire, achetez-le..... Et toi, mon ami, prends cette bagatelle : 200,000 sesterces. Tu es de province; tu n'as pas donné moins que cela pour souper chez César, tu souperas chez César, lui-même t'invite..... Crieur, que fais-tu donc? Ne vois-tu pas qu'Aponius hoche la tête? il accepte mon prix. Treize gladiateurs pour 9 millions de sesterces (2,370,000 francs)! » Aponius qui dormait, s'éveilla ruiné. D'autres forcés d'acheter (et il n'y avait pas à rabattre des mises à prix de César), sortirent de la salle de vente pour aller s'ouvrir les veines[1].

Pour cette fois, Caïus devait avoir de l'or ; l'or affluait à lui de tous les côtés ; tout se payait, et se payait au prix de César. L'or lui venait de la Gaule, de l'Égypte, de la Syrie. Toutes les parties du monde apportaient leur tribut. L'or était devenu sa passion la plus ardente; il voulait le voir, le remuer dans ses mains. — Courage, Caïus! voici une grande salle toute remplie d'or, le plus doux des tapis pour tes pieds d'empereur; ôte tes sandales pour y courir! couche-toi là! roule-toi sur ces milliards! Tu es au comble de tes vœux, Caïus, tu es riche une seconde fois[2]!

Ainsi, Caïus César occupait-il les loisirs de la paix.

---

1. Suet., *in Calig.*, 38, 39. — 2. Suet., *ibid.*, 42. Dion, LIX.

Mais je n'ai rien dit encore de sa vie militaire, le côté bouffon de son histoire; car il appartenait au seul Caïus de faire de la paix une sanglante tragédie et en même temps une risible comédie de la guerre. Il faut que je remonte au temps qui précède son voyage des Gaules ; que la chronologie me pardonne cette légère infraction à ses lois.

§ II. — *Caïus Cæsar*. — SES GUERRES ET SA MORT.

L'Italie semblait épuisée (an 39). La Gaule et l'Espagne, provinces opulentes, et qui avaient eu le bonheur d'être un peu à l'abri de Tibère, tentaient fort l'avidité de Caïus[1]. Les empereurs aimaient peu les provinces : quand, par hasard, ils gouvernaient au profit de quelqu'un, c'était au profit de la populace de Rome. Un jour, Caïus, en visitant je ne sais quel fleuve ou quel bois d'Italie, déclare qu'il va faire la guerre[2]. Aussitôt les légions s'assemblent, les levées se font avec rigueur. Hommes, munitions, vivres, provisions de tout genre, gladiateurs, chevaux et cochers du cirque, comédiens, courtisanes, deux rois même : Caïus emmène de tout avec lui. Il se met en route, étrange général, tantôt si vite que ses cohortes ne peuvent le suivre et font porter leurs enseignes par des bêtes de somme ; tantôt lentement, paresseusement, porté par huit hommes dans une litière, envoyant devant lui le peuple des villes voisines pour balayer les chemins et jeter de l'eau sur la poussière des routes[3].

Il passa le Rhin. Les ennemis manquaient ; les Germains étaient quelque part dans leurs forêts à pourchasser les ours

---

1. Dion, LIX, p. 656. — 2. Dion, LIX.
3. Dion, LIX. Suet., *in Calig.*, 43.

ou les sangliers, et ne s'inquiétaient pas, les malheureux, d'aller se faire vaincre par Caïus. Il leur faisait pourtant de terribles menaces, dont ils avaient la hardiesse de se moquer, jusqu'à un petit prince des Caninéfates qui prit impunément en plaisanterie ce grand effort du maître. Caïus, il est vrai, avec son affectation d'énergie et de mâle vigueur, était, comme il arrive souvent, un poltron. Il venait de passer le Rhin ; il était au beau milieu de ses soldats, en voiture, dans un défilé. « Par les dieux ! s'avisa de dire quelqu'un, la confusion serait grande si l'ennemi venait à paraître. » Aussitôt voilà Caïus hors de voiture, montant à cheval, tournant bride. Il regagne le pont. Le pont était encombré de traînards, de goujats, de bagages. Caïus, poussé par la peur, se fait porter de main en main, leur passe à tous au-dessus de la tête, et n'est tranquille que sur sa bonne terre des Gaules.

Mais ce n'était là qu'une fausse alerte ; l'ennemi se contentait de rire et ne venait pas. Il fallait pourtant une victoire à Caïus. Il avait, je ne sais d'où, quelques prisonniers ; il les fait cacher au delà du Rhin ; ils reviennent avec bruit. On lui annonce que l'ennemi arrive ; il était à table, quitte héroïquement son repas, suivi de ses convives et de quelques cavaliers, arrive dans le bois voisin ; l'ennemi avait fui. Il abat des arbres, fait élever des trophées, revient aux flambeaux, réprimande vertement ceux qui ne l'ont pas suivi, distribue des couronnes aux compagnons de sa victoire. Un autre jour, il avait dans son camp de jeunes otages ; il leur fait quitter l'école où ils apprenaient le latin, les envoie au loin secrètement, se fait annoncer leur fuite, quitte encore son repas, monte à cheval, reprend et ramène les fugitifs ; puis se remet à souper, fait asseoir auprès de lui les chefs de l'armée, tout cuirassés et tout bottés encore.

Voilà la misérable parodie à laquelle le monde assistait sans rire, et, pendant ce temps, Caïus injuriait officiellement le sénat et le peuple de Rome : « Comment! lorsque César combat, lorsqu'il court tant de dangers, vous ne pensez qu'à d'inconvenants festins, au cirque, au théâtre, au repos de la campagne[1]! »

Aussi n'était-il pas pressé de revenir à Rome. Il aimait bien mieux passer son temps en Gaule, pillant, confisquant, épuisant ce malheureux pays; assez près de Rome pour que les proscriptions ne s'y ralentissent pas, pour qu'il pût dénoncer et faire exiler ses sœurs, pour qu'il pût faire venir le mobilier impérial, le vendre et pratiquer ces fructueuses enchères dont nous parlions tout à l'heure; fondant, pour se divertir, ce fameux autel de Lyon, du haut duquel les rhéteurs vaincus étaient jetés dans le Rhône (bel encouragement pour l'éloquence!)[2]. Mais ce n'était pas tout : si riche et si à son aise qu'il fût dans les Gaules, son ambition ne se reposait pas. Vous avez vu le commencement de sa comédie guerrière : voici le farceur impérial sur un nouveau tréteau. C'est la Bretagne qu'il veut conquérir (an 40), la Bretagne abandonnée par la politique romaine depuis la victoire équivoque de Jules César, interdite par Auguste à ses successeurs; conquête lointaine, stérile, pleine de dangers. Son armée est rangée sur les côtes; ses machines de guerre sont disposées. Caïus est sur son vaisseau, il s'avance en mer; il fait un peu de route, puis s'en revient; — la guerre est finie. Il n'a pas vaincu la Bretagne, il a vaincu l'Océan (c'est-à-dire le Pas-de-Calais ou la Manche). Il monte sur son trône : « Chargez-vous, dit-il à ses soldats, des

---

1. Sur cette guerre prétendue, *V.* Suet., 44, 45, 51; Tacite, *Agricola*, 13; *Germania*, 37; *Hist.*, IV, 15; Dion, LIX.
2. Dion, *ibid.*; Juvénal, *Satire*, 1.

dépouilles de l'Océan, elles sont dues au mont Palatin et au Capitole. » Après cela, il leur fait ramasser des coquilles, et bâtit un phare comme monument de ses exploits [1].

Après tant de succès, il voulait un triomphe. « Qu'il soit inouï de grandeur et qu'il ne coûte pas cher, écrivait-il à ses intendants; vous le pouvez ainsi, vous avez droit sur les biens de tous. » Des trirèmes sur lesquelles il avait vaincu l'Océan devaient être amenées par terre d'Ostie à Rome. Mais il lui fallait des captifs à mener à sa suite, et il n'avait pas fait de prisonniers. Rien n'embarrasse ce hardi bouffon; il n'a pu prendre de Germains, il prendra des Gaulois, choisira les plus grands et les plus beaux (bon mobilier de triomphe, disait-il), laissera croître et fera teindre leurs cheveux pour leur donner le roux germanique et la longue crinière des barbares, leur imposera des noms germains, leur fera apprendre la langue. Sotte et perpétuelle comédie que la vie de cet homme!

Voici une autre plaisanterie qui, sans sa poltronnerie, devenait sérieuse : il se souvint que plusieurs légions s'étaient mises en révolte après la mort d'Auguste; que, tout enfant alors, il avait été menacé avec son père Germanicus; il voulut les faire égorger, et ce fut à grand'peine que l'on obtint de lui de les décimer seulement. Il les rassemble donc comme pour les haranguer, sans armes et même sans épées, les fait entourer par la cavalerie; ces braves gens soupçonnent le danger, s'éloignent à temps, courent retrouver leurs armes. Caïus s'effraie, s'enfuit, prend le chemin de Rome, cherchant sur qui se venger, et trouvant sous sa main la perpétuelle victime des empereurs, le sénat [2].

Le sénat était fort embarrassé : il avait envoyé une dé-

---

1. Suet., *in Calig.*, 46, 47. Dion, *ibid.* — 2. Suet., *in Calig.*, 47.

putation à Caïus; Caïus l'avait mal reçue, ne l'avait pas trouvée assez nombreuse, s'était fâché surtout qu'on y eût mis Claude, son oncle, quoiqu'il eût défendu au sénat de conférer à ses proches aucun honneur. Il se plaignait qu'on n'eût pas fait assez pour son triomphe, et, d'un autre côté, menaçait de mort quiconque lui parlerait de nouveaux honneurs. Le sénat, bien humblement, bien respectueusement, lui envoya une députation nouvelle pour le supplier de revenir. « Oui, je reviendrai, dit-il, et celle-ci avec moi (en frappant sur la poignée de son épée). Je reviendrai pour ceux qui souhaitent mon retour, pour les chevaliers et pour le peuple; quant au sénat, je ne serai plus ni son concitoyen, ni son prince [1]. »

Et en effet, si ses guerres avaient été plaisantes, son retour à Rome fut sérieux. Il ne voulut pas de triomphe; il défendit qu'aucun sénateur vînt au-devant de lui. Il avait deux livrets, appelés le Glaive et le Poignard; on y trouva marqués les noms de ceux qu'il voulait faire mourir. Ainsi comptait-il décimer le sénat et l'ordre des chevaliers, puis quitter Rome où il s'ennuyait, transférer le siége de l'empire à Antium sa ville natale, ou bien dans sa ville favorite, Alexandrie.

Alexandrie méritait bien cette faveur; la ville grecque et égyptienne, idolâtre et superstitieuse comme l'ancienne Égypte, légère et adulatrice comme la Grèce, avait été la première à célébrer le culte de l'empereur : le dieu-prince Caïus valait bien après tout le dieu bœuf Apis et le dieu-chien Anubis. Mais, au sein de cette ville aux mille déités, vivaient à part les ennemis de l'Égypte et des idoles; à la faveur de la civilisation et du commerce, Israël était revenu

---

1. Suet., *in Calig.*, 49; Senec., *de Irâ*, III, 19.

après des siècles sur la terre de Memphis. Dans Alexandrie, cité universelle, il y avait de tous les peuples, et entre autres, une colonie de Juifs, riche, nombreuse, se faisant respecter à force de ténacité et de conviction, maintenant sous les empereurs ses synagogues, ses lois, ses magistrats, ses priviléges. Mais entre les adorateurs de l'ibis et du crocodile et les adorateurs de Jéhova, entre la menteuse, mondaine, changeante Alexandrie et la sévère Jérusalem, il y avait querelle depuis longtemps. La divinité de Caïus ne fut qu'une occasion pour rallumer les haines. On profana les synagogues, on dégrossit à la hâte quelques images du prince pour les placer, objet abominable! dans l'oratoire des Juifs; à eux-mêmes, on dénia le droit de cité, qui leur appartenait depuis des siècles; on les rejeta, comme au moyen âge, dans un étroit et obscur quartier de la ville; ceux que l'on rencontrait ailleurs furent pris, fustigés, brûlés même.

Le gouverneur romain Flaccus favorisait ces violences. La dernière et triste ressource des Juifs était de s'adresser à Caïus : ils députèrent vers lui : les Alexandrins en firent autant. De part et d'autre on choisit les plus beaux discours : la rhétorique était de toute nation et de tout lieu [1].

Mais de tristes nouvelles attendaient sur le sol d'Italie les pauvres envoyés juifs : en débarquant à Pouzzoles, ils apprirent de la bouche de leurs frères ce qui se passait à Jérusalem. Dans le temple, dans le saint des saints, là où reposait le nom incommunicable de Dieu, Caïus avait ordonné qu'on mît sa statue. C'est ce que l'Évangile avait appelé par avance « l'abomination de la désolation dans le temple du Seigneur. » Jusque-là, non-seulement

---

1. *V.* Philon, *in Flaccum; Id., de Legatione,* 9, 11 ; Josèphe, *Antiq.* XVIII, 10.

dans le temple, mais dans la ville, les soldats romains avaient ôté de leurs enseignes les images des empereurs ; telle était l'horreur des Juifs pour tout ce qui semblait une idole, et la tolérance de Rome pour les mœurs et les croyances des vaincus. Aussi le gouverneur de la Syrie, Pétronius, tremblant d'accomplir des ordres aussi redoutables, hésitait, tardait, rassemblait des troupes, faisait traîner en longueur le travail de la statue, sous prétexte de le rendre plus parfait. Cependant toute la nation avait pris le cilice et la cendre ; la culture des terres était abandonnée. Pétronius voyait venir l'hiver, la famine, à sa suite les tribus arabes grossies par la misère des Juifs, des brigandages que Rome ne saurait réprimer : il arrivait à Jérusalem, négociant pour obtenir par la douceur obéissance aux ordres irréfragables de César. Mais voici venir à lui une multitude de peuple, rangée par classes d'hommes, de femmes, d'enfants, de vieillards, pleurant et gémissant, la tête couverte de cendres, les mains derrière le dos comme des condamnés. « Voulez-vous résister au prince? leur dit-il; voulez-vous commencer une guerre? Voyez votre faiblesse : voyez la puissance de César. — Nous ne voulons pas combattre ; mais plutôt que de violer nos lois, nous sommes prêts à mourir. » Et cette nation entière se prosterna devant lui, la gorge découverte, pleine de résignation et de foi, laissant Pétronius assez ému pour qu'il osât écrire à l'empereur et lui demander de nouveaux ordres [1].

Les choses en étaient là. Caïus ballotté en tous sens par des conseillers divers ; touché un moment par la lettre de Pétronius ; décidé même en faveur des Juifs par les supplications de son ancien favori, le roi Agrippa ; puis tiraillé

---

1. Philon, *de Legatione*, 12, 17; Josèphe, *Antiq.*, XVIII, 10 et suiv.

en sens contraire par deux ou trois bouffons égyptiens qui formaient son conseil privé ; Caïus avait pris enfin son parti, il faisait faire au palais sa propre statue ; et comme il partait pour l'Égypte, il voulait la porter lui-même à Jérusalem et écrire sur le fronton du temple : « Temple du nouveau Jupiter, de l'illustre Caïus. »

Il y a deux écrivains qu'on a parfois appelés conteurs ; ils ne racontent pourtant que ce qu'ils ont vu, ou ce qu'ils savent par une tradition cohérente et de toutes la plus suivie. Je me permets de consulter ces deux Juifs, Josèphe et Philon. Le dernier était le plus disert des Juifs d'Alexandrie, l'orateur de leur ambassade ; il nous peint ce qu'il a vu de ses yeux ; quand il nous raconte l'audience de Caïus, c'est chacune de ses émotions qu'il nous redit, c'est un empereur tout vivant, tout parlant, tout agissant, qu'il fait jouer devant nous. Même dans la vérité majestueuse de Tacite, dans la curiosité anecdotique de Suétone, il n'y a pas cette réalité de mouvement, ce détail d'action.

Depuis plusieurs jours, les députés juifs suivaient Caïus sans pouvoir le joindre. Caïus était en Campanie, visitant ses villas, vivant de palais en palais. Il leur donna enfin rendez-vous aux portes de Rome, dans la maison de Mécène, qu'il avait jointe à celle de Lamia, pour faire avec ces deux grandes demeures de l'aristocratie une demeure plus digne de lui. Ils trouvèrent la villa toute belle et tout ornée, des vases d'or et des statues grecques disposés partout, les salles ouvertes, les jardins ouverts ; Caïus avait voulu, tout en leur parlant, parcourir les magnificences de son palais.

Au milieu de ces grandes salles, ils trouvèrent, entre un comédien et les intendants des deux villas, un homme grand, pâle, mal proportionné, le cou étroit, les yeux creux, le regard fixe, le front menaçant, peu de cheveux et beaucoup de barbe ; une férocité étudiée sur sa figure, qu'il composait au miroir pour la rendre plus terrible. Son costume, comme dit un écrivain, n'appartenait ni à son pays, ni à son rang, ni à son sexe, ni même à l'espèce humaine : c'était un manteau peint et couvert de pierreries, de longues manches, des bracelets, une robe de soie, une chaussure de femme ornée de perles [1].

Les Juifs n'eurent que le temps de se prosterner devant lui. « Salut, dirent-ils, Auguste et empereur… » Caïus les interrompit : « Voilà donc ces ennemis des dieux, ces hommes qui me méprisent quand tout le monde m'adore, ces adorateurs d'un Dieu inconnu ! » Les Alexandrins qui étaient là profitèrent de cet heureux début. « Ce n'est pas tout, seigneur, dirent-ils ; ces hommes refusent d'offrir des victimes pour ton salut. » Les Juifs protestèrent : « Non, seigneur, nous immolons des hécatombes pour toi ; nous versons sur l'autel le sang des victimes ; ainsi avons-nous fait quand tu es devenu empereur, quand tu as été guéri de cette maladie qui affligea toute la terre, quand tu es parti pour la Germanie. — Oui, dit Caïus, vous avez sacrifié, je ne sais à quel autre Dieu, mais pas à moi. Je ne m'en suis pas senti plus honoré. »

Chacune de ces paroles glaçait le sang des pauvres députés. Mais il les laisse là, passe dans une autre salle, visite, inspecte, ordonne, cause avec l'intendant du palais, fait changer de place les beaux tableaux et les belles statues. La double députation suivait toujours, les Alexan-

---

1. Sur la figure et le costume de Caligula, *V.* Suet., *in Calig.*, 50, 52 ; Senec., *de Constantiâ*, 18 ; *de Benef.*, II, 12 ; Pline, *Hist. nat.*, XI, 37 ; XXXVII, 2 ; Josèphe, *Antiq.*, XIX, 1, et les médailles qui sont d'accord avec ces écrivains.

drins triomphant, se moquant des Juifs, les raillant comme sur le théâtre ; les autres, tête basse, n'attendant guère que la mort.

Tout à coup Caïus se retourne, prend un air grave : « Pourquoi donc ne mangez-vous pas de cochon? » Les Alexandrins éclatèrent de rire. — « Seigneur, dirent les Juifs, chaque peuple a ses lois. Certaines choses nous sont défendues, d'autres aux Égyptiens ; il y en a même qui ne mangent pas d'agneau. — Ils ont raison; la chair en est mauvaise. » Puis, après avoir ri de sa facétie : « Mais enfin, sur quoi fondez-vous votre droit de cité à Alexandrie? » C'était là le grand point de la querelle. Les Juifs commencèrent à plaider leur cause. Caïus craignit que leurs raisons ne fussent trop bonnes ; il leur tourna le dos, passa en courant dans une autre salle, fit fermer les fenêtres, revint à eux : « Qu'avez-vous à me dire? » Son ton était plus doux : les Juifs recommencèrent avec quelque espérance ; mais au lieu de les entendre, le voilà encore à courir, visitant des tableaux, ne voulant rien écouter. Pour le coup, les malheureux circoncis faisaient tout bas leur prière et se préparaient à la mort. « Allez-vous-en, leur dit enfin Caïus. Après tout, ces gens-là sont plus fous que méchants de ne pas savoir que je suis dieu. »

La colère de l'empereur ne laissait plus de ressource aux Juifs contre la persécution des Alexandrins. « Mais, leur dit Philon, nous devons maintenant espérer plus que jamais ; l'empereur est si irrité contre nous, que Dieu ne peut manquer de nous secourir. » Belle parole que Dieu prit soin de justifier.

Caïus, en effet, avait su blesser tout ce qui l'entourait ; sa défiance, ses craintes pour sa vie, les discordes qu'il aimait à semer parmi ceux qui l'approchaient, les railleries qu'il faisait d'eux, les épouvantables commissions qu'il leur donnait, lui faisaient des ennemis parmi ses affranchis mêmes. Entre autres, Cassius Chærea, tribun des cohortes prétoriennes, homme âgé, aux formes un peu molles, mais vieux Romain et brave soldat, était le plastron des gaietés de Caïus. S'il demandait le mot d'ordre, César lui en donnait un ridicule ou obscène qui faisait railler Chærea par ses compagnons; s'il y avait quelque sanglante mission à accomplir, César, qui avait aperçu en lui un peu de compassion, ne manquait pas de l'en charger.

Un jour, au milieu des jeux du cirque, le peuple s'avisa de se lever, de réclamer une diminution d'impôts. Au cirque, d'ordinaire, l'empereur et le peuple, associés par la même passion, se rapprochaient, s'entretenaient, se faisaient et s'accordaient des demandes. Cette fois, Caïus s'irrita de cette familiarité, lâcha ses prétoriens sur le peuple, fit couler le sang. Chærea, témoin de ce massacre, plus irrité encore de ses propres affronts, n'eut pas de peine à trouver, parmi les officiers mêmes du prétoire, de vieux Romains qui n'avaient pas encore oublié la république, ou des hommes qui sentaient leur vie menacée tant qu'ils ne mettraient pas fin à celle de Caïus : il se forma une conspiration (an 41), conspiration de palais comme celle qui donna la mort à un autre fou, Paul Ier.

Les occasions ne manquaient pas : Caïus se montrait chaque jour en public; il allait au Capitole offrir des sacrifices pour sa fille; ou, seul, il allait célébrer quelque superstitieux mystère; ou enfin il jetait de l'or et de l'argent au peuple du sommet de la basilique Julia, du haut de laquelle Chærea voulait qu'on le précipitât. Mais les conjurés étaient en trop grand nombre; les uns avaient des objections contre un jour, d'autres contre un autre; Chærea s'impatientait : « Croyez-vous donc, disait-il, que le tyran soit invulnérable ? »

Caïus, cependant, songeait toujours à son voyage d'Alexandrie. Avant de partir, il donnait des jeux en l'honneur d'Auguste : la foule était immense, désordonnée ; Caïus avait supprimé toutes les distinctions de places entre les sénateurs et le peuple, les maîtres et les esclaves, les hommes et les femmes ; son esprit d'égalité souriait à ce pêle-mêle, il éprouvait un vrai plaisir de démagogue à voir les chevaliers se battre pour leurs places[1]. Ce jour-là, il était gai, affable même, faisait jeter des fruits au peuple, et se divertissait en le voyant se battre pour les ramasser. Mnester, son mime favori, celui qu'il passait son temps à embrasser au théâtre, celui qu'on ne pouvait interrompre par le plus léger bruit, sans être fustigé de la main même de l'empereur ; Mnester dansait. Quant au prince, il buvait et mangeait en regardant les jeux, donnait à manger à ses voisins, entre autres à un consul, qui, assis à ses pieds, les baisait sans cesse ; lui-même devait, à la nuit, paraître et danser sur le théâtre. Mais en goûtant ces ignobles plaisirs, il ne remarquait pas de sinistres présages : le sang avait coulé sur la scène, la robe du sacrificateur avait été tachée de sang ; la tragédie que l'on dansait (comme disaient les Romains) était la même pendant laquelle Philippe, roi de Macédoine, avait été assassiné ; pour la nuit, on préparait un autre spectacle, le tableau des enfers, selon la mythologie égyptienne : frivoles circonstances qu'on ne remarque qu'après l'événement, mais dont les historiens de cette époque sont remplis, et qui peuvent servir comme échantillon de leur philosophie.

---

1. Josèphe, *Antiq.*, XVIII, 1. Suet., *in Calig.*, 26.

Caïus voulait passer la journée au théâtre; les conjurés, qui étaient près de lui, le déterminèrent à quitter le spectacle pour le bain et le festin. Dans une crypte, en allant au bain, il rencontra des jeunes gens d'Asie qu'on lui amenait pour paraître sur la scène. Il s'arrêta à voir leur répétition, et allait leur ordonner de venir jouer en plein amphithéâtre, lorsqu'un des conjurés, Chærea ou Sabinus, au lieu de lui répondre, le frappa de son épée à la tête. Il n'avait autour de lui que les conjurés, tous ses propres officiers; comme pour lui faire honneur, ils avaient écarté la foule. Ils revinrent sur lui, le frappèrent jusqu'à trente fois, s'encourageant par ce cri : Encore! encore[1]! (24 janvier 41.)

Mais il faut voir ce qui suivit, et saisir, en ce moment de trouble où tout se révèle, cette société dont les éléments sont si loin de nous. Caïus fut à peine tué que ses meurtriers, comme ceux de César, se trouvèrent en péril. Des esclaves, qui portaient sa litière, arrivèrent avec leurs bâtons sur le lieu du meurtre; sa garde la plus intime, composée de Germains, bras robustes et cervelles épaisses, se mit en mouvement à la première alarme, parcourut les rues, parcourut le palais, frappa au hasard, ne sachant qui était conjuré, tua trois sénateurs et promena leurs têtes dans Rome.

Cependant le peuple au théâtre apprenait la mort de Caïus : on en doutait encore, les uns par désir, les autres par crainte de voir la nouvelle se confirmer. Il en était comme à la mort de Tibère; on craignait que le prince n'eût fait courir le bruit de sa fin pour connaître et pour-

---

1. Sur la mort de Caïus, *V.* Dion, LIX, in fine; Suet., *in Calig.*, 56, 57, 58; Senec., *de Constantiâ*, 18; Josèphe, *Antiq.*, XIX, 1. Il accordait aux esclaves dénonciateurs le huitième des biens confisqués.

suivre ses ennemis. Il s'en fallait donc bien que tous fussent réunis dans la même pensée. Il est curieux de savoir qui étaient les amis de Caïus : c'étaient, dit Josèphe, — les soldats, associés à ses rapines, — les femmes et les jeunes gens, enchantés de la magnificence de ses jeux, de ses largesses, de ses combats de gladiateurs, ne pensant à rien, ne possédant rien, craignant peu de chose ; — les esclaves enfin, auxquels Caïus avait permis de dénoncer leurs maîtres, de les accuser, de s'enrichir de leurs dépouilles, sorte de demi-affranchissement. En ce moment, les passions et les craintes diversifiaient à l'infini la nouvelle. Tantôt Caïus n'était pas mort, on mettait un appareil à ses blessures ; tantôt il était au Forum, tout sanglant, haranguant le peuple. Personne n'osait exprimer une pensée, les complices moins que tous autres ; personne n'osait se lever ni sortir, il semblait que le premier qui ferait un pas dans la ville serait jugé le meurtrier de Caïus.

Mais bientôt on entendit résonner au dehors le tumulte de la garde germaine ; le théâtre était investi, il n'était plus possible d'en sortir. Un instant après, les Germains y entrent ; les têtes qu'ils ont promenées dans Rome sont jetées sanglantes sur un autel ; ils veulent se venger, et sur qui se venger, si ce n'est sur tout le monde ? Le peuple est saisi de terreur ; qu'on aimât ou non Caïus, c'est à qui protestera qu'il ne l'a pas tué, à qui pleurera, à qui suppliera, à qui se jettera aux genoux de ces barbares, charmés d'avoir une fois sous leur main Rome tout entière. Mais un héraut paraît sur la scène, vêtu de deuil, avec un grand air d'affliction : « Caïus est mort, notre malheur n'est que trop certain ! » Les têtes dures des Germains commencèrent à réfléchir ; du mort plus rien à espérer, de son successeur tout à craindre. Le profitable eût été de venger le meurtre de Caïus vivant. Ils se retirèrent donc, et, toute réflexion faite, laissèrent vivre le peuple.

Autre chose se passait au Capitole, le sénat s'y était rassemblé; la basilique Julia, lieu de sa réunion ordinaire, portait le nom de César, il n'en voulait plus; et pendant qu'au Forum, peuple et prétoriens criaient vengeance contre les meurtriers de Caïus, le sénat condamnait sa mémoire, parlait d'abolir le nom et les monuments de tous les empereurs, donnait pour mot d'ordre : *liberté.* Une bague que portait un sénateur, et sur laquelle était l'image de Caïus, lui fut arrachée et mise en pièces; un des consuls parla magnifiquement sur le rétablissement de l'ancienne liberté; cette liberté, c'était son ancienne domination que le sénat ressaisissait avec enthousiasme. Les quatre cohortes urbaines, garde municipale de Rome, obéissaient au sénat et aux consuls; elles occupaient le Forum et le Capitole, et le peuple, toujours changeant, bien sûr cette fois que Caïus était mort, applaudissait à Chærea.

Ailleurs les prétoriens délibéraient à leur façon, regrettant peu Caïus qui avait bien mérité sa mort, mais songeant beaucoup à eux-mêmes : nourris, engraissés, choyés par les empereurs, qu'allait faire d'eux le sénat? C'était un sec et peu profitable gouvernement que celui des consuls; qu'auraient-ils à gagner? L'absence de Rome, des marches forcées, de dures garnisons, des combats contre les Germains, chose dont ils se souciaient peu; puis mourir au service, ou, si l'on parvenait aux premiers grades, une pauvre retraite. Décidément ils n'étaient que les soldats de l'empereur : il leur fallait un empereur; lequel? Peu importait. Tout en délibérant, ils pillaient le palais; le peuple, qui ne délibérait pas, pillait avec eux : lorsque dans un coin obscur, dans une de ces pièces élevées que l'on ménageait pour recevoir en hiver les rayons du soleil, un soldat, nommé Gratus, vit des pieds sortir de dessous une portière, les tira à lui, amena quelque chose qui se jeta tout tremblant à ses genoux pour lui demander grâce de la vie. Loin de la lui refuser, le soldat se prosterna, et salua cet homme empereur. Le personnage était Tibérius Claudius, frère de Germanicus, oncle de Caligula, âgé alors de cinquante ans, grand amateur de grec, et depuis son enfance plastron de la famille impériale. Quelque proche qu'il fût de Caïus, celui-ci ne l'avait point tué, il l'avait gardé pour s'en amuser. Un instant avant le meurtre, Claude suivait l'empereur; les conjurés l'écartèrent pêle-mêle avec la foule, il s'en fut dans une salle voisine; de là entendit du tumulte, eut peur, alla se cacher; de sa retraite, derrière son rideau, il vit porter les têtes de ceux qu'avaient tués les Germains, et quand on le trouva, il tremblait de tout son corps.

Cependant les prétoriens s'étaient attroupés; l'élu de Gratus fut tout de suite leur empereur; quel qu'il fût, on pouvait en faire un prince; il y a tant d'occasions où tout ce qu'il faut à un parti, c'est un homme à mettre en avant. Le ridicule, l'obscur, l'imbécile Claude représentait donc la puissance prétorienne que Caïus avait faite la première dans l'empire. Mais il avait si peur qu'il ne pouvait marcher, on le mit dans une litière; les porteurs, effrayés comme lui, le laissèrent là et s'enfuirent; les prétoriens le prirent sur leurs épaules, tout triste et tout effrayé, si piteux que le peuple crut qu'on le menait à la mort, et, touché de compassion, disait : « Laissez-le donc, c'est aux consuls à le juger. » On le porta ainsi au camp du prétoire; il y passa une nuit fort inquiète. Triste empereur! mais il ne fallait pas mieux aux soldats.

Comme il arrive en pareil cas à toute assemblée, le sénat perdait le temps. Il députait à Claude, Claude répondait qu'il n'y pouvait rien, qu'il était contraint par la force ; réponse mesquine, mais peut-être habile.

S'il y avait habileté, il faut dire d'où elle venait. Les Césars comptaient à leur cour, je dirais presque dans leur mobilier, le roi des Juifs Agrippa, monarque à la suite, homme à romanesques aventures, prisonnier et condamné à mort sous Tibère, favori sous Caïus, qui, pour le dédommager de sa captivité, lui avait donné une chaîne d'or d'un poids égal à la chaîne de fer qu'il avait portée. Dans la nuit même qui suivit le meurtre, il vint en cachette et à la hâte donner la sépulture à son bienfaiteur. De là il court auprès de Claude, toujours aussi secrètement, le rassure et le fortifie, lui persuade de garder l'empire.

Agrippa était encore au camp, lorsqu'on lui annonce que le sénat le fait appeler ; le sénat, dans son embarras, ne savait à qui demander conseil. En peu d'instants, le roi diplomate peigne ses cheveux, parfume sa barbe, et, frais et paré comme un homme qui sort de table, qui n'a pas quitté sa maison, qui ne sait rien, n'a rien vu, ne s'est mêlé de rien, demandant ce qu'il y a, ce qu'est devenu Claude, ce que veulent les pères conscrits, il paraît devant le sénat. Quand on l'eut instruit, il donna son avis à son tour : « Il était dévoué, disait-il, à la dignité du sénat, il lui donnerait sa vie ; mais il osait s'informer de ses ressources. Les gardes de la ville, les esclaves armés, gens nouveaux à la guerre, lutteraient-ils contre de vieux soldats comme les prétoriens ? » Ainsi décida-t-il une nouvelle ambassade à Claude, se fit nommer pour accompagner les députés, vit ceux-ci tomber aux genoux de Claude pour le supplier de n'accepter au moins l'empire que du sénat, les laissa faire, parvint à voir Claude en secret, lui donna de meilleures raisons encore pour tenir ferme, le fit répondre en homme décidé, et le quitta haranguant les soldats et distribuant de l'or.

Le sénat, repoussé dans ses tentatives d'accommodement, était donc réduit à combattre. Il songeait à affranchir et à armer les esclaves; la multitude en était énorme, et cette ressource, au temps de la république, avait plus d'une fois décidé les sanglantes querelles du Forum. Claude, de son côté, protestait qu'il ne voulait pas la guerre; mais, puisqu'on l'y forçait : « qu'au moins, disait-il, la ville, les temples ne soient pas souillés. Assignez-nous un lieu de combat, hors des murs de Rome. » Quand on propose de semblables conventions, il est probable qu'on n'aura point à se battre.

Qu'était-ce donc, au reste, que le sénat? Mélange de nobles dégénérés, d'hommes nouveaux, d'affranchis, de barbares même, de quel droit se prétendait-il successeur de l'aristocratie ancienne? C'étaient ces hommes dont la flatterie avait dégoûté Tibère; qui avaient dressé, en l'honneur de Séjan, un autel à la Clémence; c'étaient eux que Caligula avait vus courir en toge pendant plusieurs milles au-devant de son char; qui l'avaient servi à table, la toge relevée, le linge autour du corps; c'étaient eux qui, sur un seul mot d'un affranchi de Caligula, s'étaient jetés sur un de leurs collègues et l'avaient mis à mort [1]. Les anciennes fortunes avaient disparu pendant les proscriptions; les anciens noms étaient éteints pour la plupart. Les sénateurs ne pouvaient échapper au sentiment de leur impuissance : cent d'entre eux seulement étaient venus, sur la convocation des

---

1. Dion, LIX, p. 660.

consuls, délibérer dans le temple de Jupiter; le reste était chez eux, d'autres à la campagne. Le sang-froid de la nuit avait amorti leur enthousiasme.

Le peuple, au contraire, qui s'était reconnu, entourait le sénat, demandait un chef unique, demandait Claude. Tout ce qui était tant soit peu soldat allait à Claude : les gladiateurs, les mariniers du Tibre, arrivaient à son camp; les soldats même du sénat vinrent heurter aux portes du temple de Jupiter, protestant contre la liberté, demandant un empereur, et ne laissant au sénat que le droit de le choisir, parti embarrassant auquel le sénat commençait à se résigner. On nommait des candidats; Minucianus, l'un des conjurés et beau-frère de Caïus, n'hésita pas à s'offrir. Les consuls, jaloux, traînaient la discussion en longueur; le sénat était refroidi, ennuyé, divisé, effrayé même; car choisir un empereur, c'était plus que jamais déclarer la guerre.

Chærea cependant haranguait ces soldats; vieux croyant à la république, il ne pouvait leur pardonner l'injure qu'ils venaient de faire, disait-il, à la dignité du sénat. Les soldats répondirent : « Un empereur! » Excepté ceux qui devaient régner sous la liberté, nul ne voulait être libre. — « Mais ce Claude est un imbécile; autant aimerais-je Cythicus, le cocher du cirque. Vous venez d'avoir un prince fou, vous en prenez un stupide. — Nous avons un empereur, et un empereur sans reproche; irons-nous donc nous entre-tuer, gens du même pays et du même sang? » Ainsi parla un soldat; il tira son épée, les autres suivirent, et, les enseignes hautes, l'armée du sénat alla se joindre à celle de Claude.

Ce furent alors les sénateurs eux-mêmes qui désertèrent le parti du sénat, et vinrent l'un après l'autre à ce terrible camp du prétoire. Les soldats les y reçurent mal, et Claude eut grand'peine à empêcher qu'on ne les massacrât. Les prétoriens avaient fait un empereur à eux seuls et malgré le sénat; ils voulaient que ce fût leur empereur à eux, et n'aimaient pas ces tardifs courtisans de leur victoire.

Tout marcha pourtant de bon accord : Claude entra dans Rome, décoré selon l'usage par le sénat de tous les titres impériaux, refusant selon l'usage ceux qui lui parurent trop magnifiques. Il ordonna l'oubli de tout ce qui s'était passé durant ces deux jours, et lui-même, bon homme, il l'oublia. Chærea, presque seul, fut jeté comme victime aux mânes peu considérés de Caïus. Sabinus se tua. Chærea, conduit au supplice, trouva l'épée du soldat trop peu tranchante, demanda celle dont il avait frappé Caïus, et mourut en hardi républicain. Ce courage, un reste d'idées antiques, toucha le peuple; quand vint le jour des libations pour les morts, il ordonna qu'on en fît publiquement pour Chærea, et, ce qui est plus étrange, demanda aux mânes de ce vieux tribun pardon de son ingratitude [1].

Voilà comment échoua cette tentative de révolution. En finissant, je me demande si toute cette histoire de Caïus est possible, et je conviens que jamais accès de scepticisme ne fut mieux motivé. Suétone cependant est bien positif, Josèphe également, Philon également, Dion Cassius également. Or Suétone est Romain; Josèphe et Philon sont Juifs; Dion est Grec : voilà des témoins de races bien différentes. Philon est contemporain; Suétone et Josèphe sont de la génération qui suit; Dion est d'un siècle et demi plus tard : voilà

---

1. Cette révolution est très-bien racontée par Josèphe, probablement d'après les souvenirs même d'Agrippa. *Antiq.*, XIX, 1, 2, 3. *V.* aussi Suet., *in Calig.*, 58, 59, 60; *in Claudio*, 10; Dion, LIX, in fine, et LX in princ. Josèphe lui-même, *de Bello*, XVIII, 2, 3.

des témoins d'époques bien diverses. Tacite nous manque ; mais quelques endroits où il parle de Caligula nous font voir qu'il ne le jugeait pas autrement. Sénèque, témoin oculaire, atteste des faits semblables. D'ailleurs, si on a forgé une fausse histoire de Caligula, il faudrait qu'on eût forgé aussi une fausse histoire de Tibère, une fausse histoire de Claude, une fausse histoire de Néron, une fausse histoire de Domitien, de Caracalla, d'Élagabale ; car ce sont, à des degrés divers, des tyrannies de même nature ; elles témoignent d'un même état social, d'un même endurcissement des peuples à plier, à craindre et à se dégrader.

Car ce n'est pas Caligula lui-même qui est difficile à expliquer. C'est à la lettre un fou ; la prédisposition de son cerveau, l'étourdissement de l'orgueil et de la peur, les philtres de Césonie, sa femme, je ne sais quelle cause enfin l'a mis à l'état d'un pensionnaire de Charenton. Il n'y a pas à lui chercher une politique quelconque. On en fera peut-être le protecteur des provinces contre Rome : mais non ; il pille et massacre horriblement dans les Gaules, et, dit le provincial Josèphe, de tant de contrées soumises à l'empire romain, il n'y en eut pas une qui ne souffrît de sa tyrannie[1] ; — un ami de l'égalité, un défenseur des classes opprimées : ce qui n'empêche pas le peuple d'être chargé d'impôts, battu au cirque, jeté à la mer à Pouzzoles, affamé dans Rome (au moment de sa mort, il n'y restait pas de vivres pour huit jours)[2] ; — un ennemi du génie romain : et il porte en lui ce qui caractérise le mieux ce génie, la dureté des mœurs et les inclinations sanguinaires ; c'est un Claudius, âpre et sans cœur comme ses ancêtres. A ce penchant qu'il tient de l'hérédité et de la nature, la suite de sa vie n'a ajouté qu'une seule idée nette : c'est

---

1. Josèphe, *Antiq.*, XIX, 1. — 2. Senec., *de Brevitate vitæ*, 18.

qu'il lui faut de l'argent, et que les proscriptions seules peuvent lui en donner : le reste de l'homme est de la démence.

Et il n'est pas inexplicable non plus qu'avec sa folie, et ce genre de folie, cet homme ait été parfois aimé. Il y a peut-être une loi qui veut que les natures les plus dépravées aient un côté plus tendre qui attire à elles des natures souvent meilleures. Nous avons vu le Juif Agrippa aller la nuit, au péril de sa vie, donner une sépulture aux restes de son maître. Ses sœurs, Julie et Agrippine, bannies, déshonorées par lui, ne revinrent de leur exil que pour transporter les cendres de leur frère dans un tombeau plus honorable. Sa femme Césonie fut plus dévouée encore : femme étrange qui, sans être jeune, sans être belle, mère déjà de trois enfants, avait subjugué l'âme de Caïus, et dont on expliquait l'empire par des philtres qui auraient en même temps assujetti le cœur et égaré la raison du prince. C'était elle qu'il montrait à ses soldats, à cheval, ayant le casque et la chlamyde ; c'est à elle qu'il disait, dans un accès d'amour sanguinaire : « Je mettrai le chevalet en œuvre pour tirer de toi-même la raison de cet étrange amour que j'ai pour toi. » Elle seule avait dompté cette nature de loup-cervier, nature cruelle et sauvage, sans être forte et persévérante. Après la mort de Caïus, elle resta avec sa fille, couchée auprès du corps délaissé de son mari, toute couverte du sang de ses plaies, jusqu'à ce qu'on vînt pour la tuer. Alors elle présenta sa gorge nue, demanda qu'on se hâtât, et mourut avec courage.

Je n'affirmerai pas non plus que Caïus ne fut point aimé d'une portion du peuple de Rome ; nous avons vu les incertitudes et les dissentiments de la foule rassemblée au théâtre. Les largesses de Caïus, la magnificence de ses spectacles, lui avaient fait des amis [1] qui, après sa mort, et tant qu'il n'eut pas reçu les honneurs de la sépulture, ne manquèrent pas de voir des revenants dans les jardins de Lamia où il était enterré, et d'entendre des bruits effrayants dans la maison où il était mort [2]. Caïus, après tout, n'avait que vingt-huit ans ; on l'avait aimé tout enfant comme fils de Germanicus : « laissez-le mûrir, » pensait peut-être le peuple, comme ces vieillards qui attendent patiemment au retour vers le bien le jeune homme qu'ils ont vu naître, tout en souffrant de ses folies de jeunesse. C'était un enfant gâté par la mauvaise éducation des Césars, blessé par la rigueur de Tibère, si fou, si inconséquent, si grandiose en certaines choses, si ridicule bouffon en d'autres, curieux à voir, quoique dur à vivre! Aussi y avait-il quelque part, bien bas sans doute dans la populace, un groupe d'hommes, libres ou esclaves, à qui il plaisait; êtres si obscurs, si cachés dans leurs guenilles, ayant besoin de si peu, qu'ils n'avaient à craindre ni à souffrir grand'chose d'un empereur; oisifs, chevaliers d'aventure, devins, grecs, esclaves ; tourbe de gens qui fourmillaient à vos pieds dans Rome, qui, pauvres et nus, vivant sans travailler, prenaient la vie en passe-temps, la politique en spectacle, César en comédien; trouvaient Caïus original, et l'aimaient.

Mais ce qui étonne, ce qui constitue le problème, c'est que cet homme ait été supporté. C'est qu'il ait eu trois ans et deux mois, depuis sa maladie, pour régner de cette façon; que, pendant trois ans, peuple, soldats, sénat aient consenti à un avilissement qui ne les sauvait pas : qu'on

---

1. Josèphe, *Antiq.*, XIX, 1. — 2. Suet., *in Calig.*, 59.

ait été trois ans sans enchaîner ce fou. Nous savons bien que les peuples supportent beaucoup une fois que la terreur les a pris, de même qu'une fois saisis par l'esprit de révolte ils ne supportent rien. La Convention a été pendant dix-huit mois aussi lâche devant son comité de salut public, que le sénat l'a été pendant trois ans devant Caligula. Mais on était en révolution alors. Dans une situation régulière, si Caligula eût été un prince moderne, six mois après sa maladie, le sénat, le parlement, les cortès, la diète, ce pouvoir quelconque qui souvent n'existe pas dans le cours ordinaire des choses, mais qu'on retrouve ou qu'on refait dans de certaines circonstances, eût nommé une régence, dépossédé le souverain, et de son palais l'eût envoyé à Bedlam. Dans l'empire romain il n'y avait pas, même pour cela, assez d'unité, assez d'esprit public; l'isolement et l'égoïsme faisaient que nul n'osait se mettre en avant pour tous, incertain s'il serait avoué ou non, s'il serait soutenu ou abandonné. Le pouvoir restait donc à celui qui l'avait, fût-il fou, fou furieux, fou sanguinaire.

C'est que, depuis ce temps, le monde a subi une grande réforme, la plus grande dans l'histoire, ou, pour mieux parler, la seule, certainement unique dans le passé, certainement unique dans l'avenir. Sous Caïus, cette réforme était pourtant commencée; ceux qui l'entreprenaient ne faisaient pas, il est vrai, parler d'eux; ils n'avaient pas débuté par un coup d'éclat comme Luther, ni par quelque livre emphatique comme Rousseau : c'étaient des Grecs ou des Juifs, pauvres, affranchis, en bonne partie esclaves, se réunissant dans des greniers, à la lueur de quelques mauvaises lampes; gens peu civilisés qui parlaient un latin barbare ou un grec impur, vêtus de pauvres tuniques et faisant en commun de maigres repas; pas même encore persécutés, et à qui l'histoire, avant le temps de Néron, n'accorde que cette dédaigneuse mention : « Claude chassa de Rome les Juifs qui, excités par *Chrest,* causaient des troubles perpétuels [1]. »

Quant au reste du monde, il supportait, sans entrevoir rien de meilleur, ou du moins sans rien attendre, si ce n'est du caprice d'un homme, le règne de ces Claudius métamorphosés en Césars, race dégénérée, chez qui la dureté sabine des anciens Appius était devenue un amour effréné pour le sang. Ce monde pourtant était le dernier résultat de la civilisation antique : le génie des nations primitives, l'esprit des Grecs, la politique des Romains, n'avaient si longtemps élaboré la société que pour en venir à ce progrès suprême; c'était là ce qu'avait produit l'union sous une même loi des pays civilisés, ce résultat si désirable pour les philosophes, si laborieusement atteint par la politique. L'humanité avait par devers elle le labeur des plus grandes et des plus belles intelligences : dans l'ordre social, les conquêtes vivifiantes d'un Alexandre ou d'un César ; dans l'ordre intellectuel, les inspirations d'un Pythagore, d'un Socrate ou d'un Platon. L'empire avait à sa disposition (admirables instruments de la pensée) les deux langues qui avaient conquis, l'une l'Occident, l'autre l'Orient; les orateurs parlaient grec dans les Gaules, comme les préteurs parlaient latin à Antioche : la Grèce et Rome,

---

[1]. Judæos, impulsore *Chresto,* assiduè tumultuantes Româ expulit. Suet., *in Claudio,* 25. Les païens, par erreur, changeaient le nom de Christ en celui de *Chrest.* Lactance, IV, 7. « Quand vous nous appelez *Chrestiens* (car vous ne savez pas bien notre nom), dit Tertullien, le nom que vous nous donnez indique la bonté et la douceur... (χρήστος, *excellent,* au lieu de Χρίστος, *oint*), et vous haïssez en des hommes innocents un nom innocent lui-même. » Tertullien, *Apolog.,* 3. Sur cette persécution de Claude, *V. Act. Apost.,* XVIII, 2, et Dion, LX.

en venant se réunir, avaient amené chacune de son côté un monde avec elle. La plus belle poésie, un Virgile et un Homère, étaient enseignés d'un bout du monde à l'autre; l'art était arrivé à sa perfection.

Ces gens-là étaient donc des gens civilisés, ou du moins ce que nous appelons ainsi. La civilisation, il est vrai, ne s'étendait pas à tous; il faut toujours, quand on parle de l'antiquité, mettre à part les esclaves. Mais quant aux maîtres, je me permets de croire que, malgré notre progrès, ils étaient, en fait de confortable, de luxe, de commodités, en avant de nous. Voyez seulement (je ne parle pas des riches) le petit peuple de Rome assistant pour rien à des spectacles dont la splendeur nous passe, se baignant pour rien ou presque pour rien dans des thermes magnifiques, se promenant pour rien sous de beaux portiques où venaient en hiver se rassembler les rayons du soleil, ne travaillant pas, nourri gratuitement par ses empereurs, oisif et redouté comme un roi d'Asie. Ce devait être bien autre chose encore chez les heureux de l'époque, qui avaient leurs 100,000 sesterces à dépenser en un repas. Qui eût été assez fou pour imposer un devoir quelconque d'état ou de famille à ces personnes si délicates, si confortablement choyées dès leur enfance; craignant le chaud, le froid, la faim, le vent, le soleil; pour qui la toge était trop lourde, la chaussure romaine trop étroite, à qui il fallait des sandales et une robe de soie presque transparente; qui, en été, se tenaient la main fraîche en maniant un pommeau de cristal; qui avaient trouvé le moyen (et un moyen bien étranger à nos mœurs) de faire cinq repas en un jour? Gens ayant des esclaves pour toutes choses, depuis la poésie jusqu'à la cuisine, depuis les grandes affaires jusqu'au balayage de la maison, dispensés par là de tout soin domestique, pouvant perdre leur temps au Forum, aux basiliques, au Champ de Mars, aux bains surtout, lieux d'assemblée, de conversation, de lecture; dieux de la société si le peuple en était roi, et dieux fainéants comme ceux d'Épicure!

Mais à quoi servait ce double perfectionnement de l'intelligence et de la vie matérielle, sous un Caïus ou un Tibère, qui pouvait au premier jour de mauvaise humeur vous envoyer dire de vous mettre au bain et d'ouvrir vos veines? Une grande partie de l'humanité était donc toujours souffrante; l'humanité tout entière était au moins sans cesse menacée; enfin, le règne d'un homme en délire n'était ni chose invraisemblable, ni chose impossible : c'était chose réelle et éprouvée. Voilà la civilisation antique et idolâtre! N'est-elle pas faite pour nous faire prendre en plus grande estime notre civilisation moderne et chrétienne?

Un mot encore, et observons ce qui demeure du règne de Caligula et de la révolution qui l'a suivi. Un nouvel élément s'est ajouté à la constitution impériale; les prétoriens sont devenus une puissance. Cette milice privilégiée, seule force militaire de l'Italie, qu'Auguste tenait prudemment dispersée aux environs de Rome, que Tibère le premier rassembla dans les faubourgs[1], pour être, non un pouvoir de l'État, mais un docile instrument de son pouvoir, a conquis sous Caligula toute la faveur et toute la puissance du trône. Le premier parmi les empereurs, Caligula, ce prince si peu guerrier, s'est constitué le chef de la société militaire, à l'encontre du sénat, chef nominal de la société civile.

Le mouvement qui a suivi sa mort a confirmé et con-

---

1. Suet., *in Aug.*, 49; *in Tiber.*, 37. Tacite, *Annal.*, IV, 2.

staté cette puissance. Les prétoriens ont fait un empereur sans les légions, sans le peuple, malgré le sénat. L'habitude leur vient d'être les vrais électeurs de l'empire, de se faire payer pour nommer un empereur, de se faire payer pour le soutenir; l'habitude leur viendra de se faire payer pour le quitter. Claude et Néron ne seront que les créatures et les protégés de ces neuf ou dix mille soldats latins, ombriens ou étrusques[1], qui, à défaut de toute autre force morale ou matérielle, gouvernent Rome, l'Italie et le monde.

Mais les légions viendront à leur tour. Un jour, le soldat provincial s'insurgera contre l'omnipotence du soldat italien, et disputera aux casernes du mont Esquilin le monopole de l'élection impériale. Et, sous cet effort d'une puissance nouvelle, succombera, dans la personne de Néron, la dynastie des Césars.

---

1. Neuf ou dix cohortes. *V.* Tacite, *Annal.*, IV, 5; Suet., *in Aug.*, ibid.; Dion, LV, 24.

APPENDICE

NOTE
sur la page 48.

DES LOIS ROMAINES PENDANT LE DERNIER SIÈCLE DE LA RÉPUBLIQUE.

Pour résumer ce qui a été dit de l'état de la propriété et des institutions politiques vers la fin de la république romaine, il peut être utile d'indiquer ici brièvement les principales lois rendues pendant le dernier siècle de la république, et relatives aux questions qui viennent d'être traitées.

Jamais autant de lois ne furent rendues à Rome qu'à cette époque de décadence. Sur 207 lois de la république qui nous sont connues, on en compte 133 appartenant au dernier siècle. On sait le mot de Tacite, que pour notre part nous avons suffisamment justifié : *Corruptissimâ republicâ plurimæ leges.*

On sait aussi que les lois sont indiquées par le nom propre de la famille (nomen gentilitium) de leur auteur. Ainsi les lois des Gracques s'appellent *leges Semproniæ*, les lois de César, *leges Juliæ*, etc.

J'ai pris pour guide, dans les indications qui vont suivre, l'excellent ouvrage intitulé : *Histoire du droit romain jusqu'à Justinien*, par F. Walter (*Geschichte des Römischen Rechts*, Bonn, 1840).

LOIS AGRAIRES.

388. Loi LICINIA, défend de posséder plus de 500 *jugera* d'*ager publicus*. Pour connaître en détail les dispositions des lois liciniennes (voy. p. 5), Niebuhr, tome I, p. 335. M. de Lamalle *Economie politique*, etc., t. II, liv. IV, c. III.

619. Rogatio (projet de loi) de Tib. Gracchus, tendant à remettre cette loi en vigueur. Plut., *in Grac.* Appian, I, 10-27. Tit.-Liv. *Epit.* 58. (V. p. 7.)

629. — de C. Gracchus. Tit.-Liv., *Epit.* 66. Plut., *in Grac.*, 5. Velleius, II, 6. Florus, III, 15.

..... Loi tribunitienne (auteur inconnu) ; garantit les possesseurs de l'*ager publicus,* en les obligeant seulement à payer une redevance. Appian, I, 27.

646. Loi Thoria, supprime la redevance. Appian, *ib.* Cic., *Brut.*, 36.

689. Rogation de Rullus. (Voy. p. 30.)

692. — du tribun Flavius, inspirée par Pompée. Cic., *ad Attic.*, II, 1. (Voy. p. 81.)

693. Loi Julia (de César). (Voy. p. 82, et de plus, Vell., II, 44; Cic., *ad Attic.*, II, 16, 18 ; *Phil.*, II, 39 ; V, 19 ; Plut., *in Catone,* 31-33.)

708. Loi Julia (de la dictature de César), sur la population de l'Italie. (V. p. 151.)

LOIS AGRAIRES MILITAIRES.

(*Distribution de terres aux soldats.*)

672. Loi Cornelia (de Sylla). (Voy. p. 25.)
707. Loi Julia (de la dictature de César). (Voy. p. 152.)
711. — (d'Auguste). (Voy. p. 100, 211, 221.)

LOIS SUR LE DROIT DE CITÉ.

(*Leges municipales.*)

619. Rogation de Tib. Gracchus pour les Italiens.

629. — de C. Gracchus dans le même but. (Voy. p. 3; Vell., II, 2, 6 ; Valer. Max., IX, 5, 1 ; Appien, I, 21-34 ; Plut., *in Grac.,* 5-8.)

657. Loi Licinia mucia, contre ceux qui s'introduisent furtivement dans la cité romaine. (Cic., *Off.*, III, 11. *Brut.*, 16; *pro Balbo,* 21, 24.)

661. Rogation de Drusus. App., I, 35-49. Tit.-Liv. *Epit.* 71. Florus, III, 17, 18. Aurel. Victor, *de Viris illustrib.*, 66.

APPENDICE.

662. Loi JULIA, donne le droit de cité aux peuples qui n'ont pas pris les armes contre Rome dans la guerre sociale. (Voy. p. 24; Appian, I, 49; Cic. *pro Balbo*, 8; Vell. Pater, II, 16; Gell., IV, 4.

663. Lois DIVERSES en faveur des peuples qui se soumettent. Les Lucaniens et Samnites en dernier lieu.

— — PAPIRIA et PLAUTIA en faveur des étrangers qui prendraient domicile en Italie.

664. ROGATION du tribun Sulpitius pour la distribution des Italiens dans toutes les tribus.

665. Loi POMPEIA pour les Cispadans. Pline, *Hist. nat.*, III, 20. Ascon., *in Pis.* César, *Bell. Gal.*, VIII, 50, 52. Cic., *Phil.*, III, 31; ad *Attic.*, I, 1. La latinité est en même temps accordée aux Transpadans. Pline, *Hist. nat.*, III, 24.

— ROGATION du consul Cinna, pareille à celle de Sulpitius.

668. Loi RENDUE en ce sens (?). Tit.-Liv. *Epit.* 84.

672. Loi CORNELIA (de Sylla), retirant le droit de cité à un grand nombre de municipes italiens.

705. (?) Loi JULIA municipalis, donne le droit de cité aux Transpadans. Dion, XXXVII, 9; XLI, 36. (Voy. p. 65, 137, 192, 209.)

..... Loi RUBRIA, sur l'organisation des municipes de la Cisalpine.

708. Loi JULIA du dictateur César (ou fabriquée par Antoine?) donne le droit de cité à la Sicile. (Voy. p. 192, Cic., *ad Attic.*, XIV.)

LOIS TRIBUNITIENNES.

(*Sur les droits du tribunat.*)

671. Loi CORNELIA (de Sylla), ôte aux tribuns le droit de rogation, et leur interdit l'accès des autres magistratures. (Voy. p. 25.)

677. Loi AURELIA (du consul Cotta), leur permet de prétendre aux magistratures... (Voy. p. 26.)

682. Loi POMPEIA, leur rend le droit de rogation. (Voy. p. 26 et 50.)

LOIS SOMPTUAIRES.

537. Loi OPPIA, sur la parure des femmes.

557. — TERENTIA, qui l'abroge. Tit.-Liv., XXIV, 1-8. Val. Max., IX, 1, 3.

571. — ORCHIA limite le nombre des convives dans les festins.

591. Loi Fannia, limite les frais des festins à 100 as (7 francs 76 c.) pour les jours de fête, 10 as les jours ordinaires.
609. — Didia sur les repas. Macrobe, *Saturn.*, II, 13. Gell., II, 24.
337. — Æmilia. Pline, *Hist. nat.*, VIII, 72. Aurel. Victor, *de Vir. ill.*, 72.
655. — Licinia, sur les repas, défend de servir plus de trois livres de viande fraîche.
671. — Cornelia (de Sylla), contre les dépenses des funérailles. Cic., *de Leg.*, II, 23.
674. — Æmilia Lepida, contre la dépense des repas.
..... — Antia. Macrobe et Gell., *ibid.*
..... — Julia (du dictateur César). (Voy. p. 150.) Fixe la dépense des repas pour les jours ordinaires à 200 as (22 fr. 35 c.); nones, ides, etc., 300; les noces, 1000 as. (Gell., II, 24. Dion, XLIII, 25; LIV, Suet. *in Cæs.*, 42. Cic., *ad Attic.*, XIII, 7. *Fam.*, VII, 26; IX, 15.)
..... — Julia (d'Auguste) Gell., *ibid.* Suet., *in Aug.*, 34.

LOIS SUR LES JUGEMENTS.

(*Leges judiciariæ.*) (Voy. p. 46, 47.)

630. Loi Sempronia (de C. Gracchus), ôte le droit de jugement aux sénateurs et le donne aux chevaliers. (Voy. p. 47.)
646. — Servilia (de Cépion) — sénateurs et chevaliers. Cic., *in Bruto*, 43, 44, 86; *de Orat.*, II, 55. Tacite, *Annal.*, XII, 60.
648. — Servilia (du tribun Glaucia), abroge celle-ci. Cic., *in Bruto*, 62. Cic., *in Verr.*, I, 13.
661. — Livia (du tribun Drusus), — 300 sénateurs et 300 chevaliers. Appian, I, 35. Tit.-Liv. *Epit.* 70, 71.
662. Cette loi, après la mort de Drusus, est abrogée avec toutes ses lois par le sénat seul. Diodor., XXXVII, 4. Cic., *de Legib.*, II, 6.
665. Loi Plautia, appelle aux jugements des chevaliers choisis par le peuple. Asconius, *in Cornel.*
673. — Cornelia (de Sylla). Les sénateurs seuls.
679. — Aurelia (de Cotta). Trois décuries de juges : sénateurs, chevaliers et tribuns du trésor. (Voy. p. 47, 51.)
692. S. C. et loi provoquée par Caton, soumettant les chevaliers aux peines *judicii corrupti*, jusque-là réservées aux seuls sénateurs.

697. Loi Pompeia. Admet les plus riches des trois ordres. Cic. et Ascon., *in Pison*, 39. Valer. Max., VI

701. — Pompeia règle la forme des jugements, le temps des plaidoiries, interdit les sollicitations, etc. Dion, XXXIX, XL, 52. Tacite, *de Orator.*, 38. (Voy. p. 100.) Le nombre total des juges fut alors de 850. *Att.*, VIII, 16.

706. — Julia (de César, dictateur) exclut les tribuns du trésor. Suet., *in Cæs.*, 41. Dion, XLIII, 25. Cic., *Phil.*, I, 9.

709. — Antonia (de Marc-Antoine) établit une troisième décurie de centurions ou de soldats. Cic., *Phil.*, I, 8; V, 5, 6; VIII, 2.

..... — Julia (d'Auguste) rétablit les trois anciennes décuries et en ajoute une quatrième de citoyens d'une fortune inférieure. (Caligula depuis en ajouta une cinquième. Pline, *Hist. nat.*, XXXIII, 7, 8. Suet., *in Aug.*, 32; *in Catil.*, 16. Chaque décurie était alors de mille citoyens.)

LOIS SUR LA LIBERTÉ INDIVIDUELLE DES CITOYENS.

(*De Tergo civium — de Provocatione ad populum.* V. p. 45.)

245. Loi Valeria (de Valérius Publicola) établit l'appel au peuple. Tit.-Liv. II, 8. Denys d'Hal., V, 19, 70. Cic., *de Rep.*, II, 31.

..... — Renouvelée à plusieurs époques par d'autres Valérius. Liv. III, 55; X, 9.

454. — Porcia défend de lier, battre de verges ou mettre à mort un citoyen. Tit.-Liv. X, 9. Cic., *pro Rabirio*, 3, 4; *in Verr.*, V, 63. Salluste, *Catil.*, 51.

Il y eut trois lois *Porcia*. Cic., *de Rep.*, II, 31. Tit.-Liv. X, 9.

628. — Sempronia (de C. Gracchus *de Capite civium*), défend de prononcer la peine capitale contre un citoyen sans l'intervention du peuple. Cic., *pro Rabirio*, 4; *in Verrem*, V, 63; *in Catil.*, IV, 5.

.... Lois qui *permettent l'exil* au citoyen accusé devant le peuple, après le vote de la première tribu. Salluste, *Catil.*, 51. Polybe, VI, 14.

LOIS SUR LES DETTES.

(*De Usuris, de Pecuniis mutuis.*)

413. Interdiction du prêt à usure, même au taux légal d'un pour cent.

559. Loi SEMPRONIA soumet à cette règle les Latins et les alliés sous les noms desquels on faisait des prêts usuraires. Tit.-Liv. XXXV, 7.

667. — VALERIA (*de Quadrante*) autorise à payer les dettes en cuivre au lieu d'argent (réduction des trois quarts). Vell. Paterc., II, 23. Salluste, *in Catil.*, 33. (V. p. 77.)

685. — GABINIA étend aux provinces les dispositions de la loi Sompronia. Cic., *ad Attic.*, V, 21; VI, 13. Ascon., *in Cornel.*

705. — JULIA *de Pecuniis mutuis, sive de cessione bonorum.* César, *Bell. civ.*, III, 1, 20, 42. Suet., *in Cæs.*, 42. Dion, XLI, 37, XLII, 51. Cic., *de Off.*, II, 24. Appian., *Bell. civ.*, II. Gaïus., III, 78, 81. (Voy. p. 131.)

708. — JULIA (*de Modo pecuniæ possidendæ*), selon Dion défend de garder en argent au delà de 60,000 sest. Dion, XLI, 38. — Oblige les capitalistes à avoir un tiers au moins de leur fortune en biens-fonds. Plut., *in Cæs.*, 48. Cæsar, *Bell. civ.*, III, 1, 20, 42. Tacite, *Annal.*, VI, 16. Dion, LVIII, 21.

LOIS FRUMENTAIRES.

(*Distributions de blé au peuple.*)

628. Loi SEMPRONIA (de C. Gracchus) fait vendre le blé aux pauvres à 5/6 d'as le *modius*. Cic., *pro Sextio*, 24, 48; *Tuscul.*, III, 20; *in Bruto*, 62; *Off.*, II, 21. Tit.-Liv. *Epit.* 58, 60. Appian., *Bell. civ.*, I, 21. Plut., *in Grac.*, 5. Vell. Paterc., II, 6. (Il y eut grand nombre de changements dans la forme et le prix de ces distributions.)

689. SÉNATUS-CONSULTE rendu sur l'avis de Caton (voy. p. 21, 78), donne une distribution de blé tout à fait gratuite.

694. Loi CLODIA (du tribun Clodius) rend les distributions tout à fait gratuites, et de cette façon prive l'État de près d'un cinquième de son revenu (7 millions de francs environ). Cic., *pro Sextio*, 25. Ascon., *in Pison*, 4. (Depuis, ou au moins sous les empereurs, le blé cessa d'être tout à fait gratuit.)

..... — POMPEIA règle la forme des distributions de blé. Dion, XXXIX, 24.

..... — JULIA *de Annona.* Amende contre ceux qui produisent une disette factice. *Dig. de leg.; Jul. de ann.*

707. César, dictateur, réduit le nombre des frumentaires (Voy. p. 20, 151) de 320,000 à 150,000.

LOIS SUR LA BRIGUE.

(*De ambitu.*)

Ces lois sont très-nombreuses, surtout pendant le dernier siècle de la république; je ne cite que les principales :

685. Loi Calpurnia prononce contre les coupables une amende et l'exclusion perpétuelle des magistratures et du sénat. Dion, XXXVI, 21. Cic., *pro Murena*, 23.
689. — Tullia (de Cicéron) — dix ans d'exil. Dion, XXXVII, 29 Cic., *pro Murena*, 3, 26, *in Vatin.*, 15, *pro Sext.*, 64.
691. — Aufidia. Cic. *ad Attic.*, I, 16.
697. — Licinia contre les associations illégales (*sodalitia*). Cic., *pro Planc.*, 15. Dion, XXXIX, 37.
700. — Pompeia. Ascon. *in argument. Milonis.* Dion, LX, 52. Voy. p. 94.
— — Julia (d'Auguste). Suet., *in August.*, 34. Dion, LIV, 16.

LOI SUR LES CORPORATIONS.

(*De collegiis aut sodalitiis.*)

684. S. C. supprime tous les *collegia* autres que ceux qui étaient anciennement et régulièrement établis. Ascon., *in Pis.*, 4, *in Cornel.*
694. Loi Clodia (du tribun Clodius) qui les rétablit. Cic., *in Pis.*, 4, *pro Sextio*, 25. Dion, XXXVIII, 13.
697. — Licinia (citée plus haut) les interdit en matière d'élection. Cic., *pro Planco*, 15.
— — Julia (du dictateur César) les supprime. Suet., *in Cæs.*, 42.
— — Julia (d'Auguste) confirme cette mesure. Suet., *in Octav.*, 32. Josèphe *Ant. Jud.*, XIV, 10, 8. Dion, LX, 6. Tacite, *Annal.*, XIV, 17. Loi 1, 3. *D. de colleg. et corporib.*

Ils demeurèrent supprimés, sauf une restauration de courte durée sous Catigula. Dion, LX, 6. Tac., *Annal.*, XIV, 17.

Note de la page 367.

HISTOIRE DU ROI AGRIPPA.

L'extrait suivant de Josèphe me paraît peindre assez bien la cour de Tibère et la vie de ces princes à la suite, qui s'attachaient à la maison des Césars. On voit par les dangers que courut Agrippa qu'ils n'étaient nullement à l'abri des rigueurs impériales, pas plus que s'ils eussent eu l'honneur d'être sénateurs romains. Ainsi, sous Tibère, périt Tigrane, ancien roi d'Arménie (Tac., *Ann.* VI, 40); sous Caligula, un Ptolémée son cousin, roi d'Afrique (Suet., *in Cal.* 26. — Dion, LIX. — Senec. *de Tranq. animi* 11). Mithridate, roi d'Arménie, fut emprisonné, puis exilé sous le même prince (Senec., *ibid.* Tacite, *Ann.* XI, 9).

J'emprunte la vieille et naïve traduction d'Arnaud d'Andilly.

« Un peu avant la mort d'Hérode le Grand, Agrippa, son petit-fils et fils d'Aristobule, était allé à Rome; et comme il mangeait souvent avec Drusus, fils de l'empereur Tibère, il s'insinua dans son amitié et se mit aussi fort bien dans l'esprit d'Antonia, femme de Drusus, frère de Tibère et mère de Germanicus, et de Claudius, qui fut depuis empereur, par le moyen de Bérénice sa mère, pour qui elle avait une affection et une estime particulières. Quoique Agrippa fût de son naturel très-libéral, il n'osa le faire paraître du vivant de sa mère, de peur d'encourir son indignation; mais, aussitôt qu'elle fut morte et qu'il n'y eut plus rien qui le retînt, il fit de si grandes dépenses en festins et en libéralités excessives, principalement aux affranchis de César, dont il voulait gagner l'affection, qu'il se trouva accablé de ses créanciers, sans pouvoir les satisfaire; et le jeune Drusus étant mort en ce même temps, Tibère défendit à tous ceux que ce prince avait aimés de se présenter devant lui, parce que leur présence renouvelait sa douleur.

« Ainsi, Agrippa fut contraint de retourner en Judée, et la honte de se voir en cet état l'obligea de se retirer dans le château de Malatha en Idumée, pour y passer misérablement sa vie. Cypros, sa femme, fit ce qu'elle put pour le détourner de ce dessein, et écrivit à Hérodiade, sœur d'Agrippa, qui avait épousé Hérode le Tétrarque, pour la conjurer de l'assister, comme elle faisait de son côté, autant qu'elle pouvait, quoiqu'elle eût beaucoup moins de bien qu'elle. Hérode et Hérodiade envoyèrent ensuite quérir Agrippa, et lui donnèrent une certaine somme avec la principale magistrature de Tibériade pour pouvoir subsister avec quelque honneur dans cette ville. Quoique cela ne suffît pas pour contenter Agrippa, Hérode se refroidit si fort pour lui, qu'il perdit la volonté de continuer à l'obliger. Et un jour, après avoir un peu trop bu dans un festin où ils se trouvèrent ensemble dans Tyr, il lui reprocha sa pauvreté et le bien qu'il lui faisait.

« Agrippa, ne pouvant souffrir un si grand outrage, alla trouver Flaccus, gouverneur de Syrie, qui avait été consul et avec qui il avait fait amitié dans Rome. Il le reçut très-bien ; et il avait dès auparavant reçu de même Aristobule, frère d'Agrippa, sans que l'inimitié qui était entre ces deux frères l'empêchât de témoigner également son affection à l'un et à l'autre. Mais Aristobule continua de telle sorte dans sa haine, qu'il n'eut point de repos jusqu'à ce qu'il eût donné à Flaccus de l'aversion pour Agrippa ; ce qui arriva par l'occasion que je vais dire. Ceux de Damas étant entrés en contestation avec ceux de Sydon touchant leurs limites, et cette affaire devant être jugée par Flaccus, ils offrirent une grande somme à Agrippa qui promit de faire tout ce qu'il pourrait pour les assister de son crédit. Aristobule le découvrit et en instruisit Flaccus, qui se convainquit de la vérité du fait, et Agrippa disgracié fut obligé de se retirer à Ptolémaïde, où n'ayant pas de quoi vivre, il résolut de s'en retourner en Italie. Mais comme l'argent lui manquait, il dit à Marcias, son affranchi, de faire tout ce qu'il pourrait pour en emprunter. Cet homme alla trouver Protus, affranchi de Bérénice, mère d'Agrippa, qui, l'ayant recommandé par son testament à Antonia, avait été cause qu'elle l'avait reçu à son service, et le pria de lui vouloir prêter de l'argent sur son obligation. Protus lui répondit qu'Agrippa lui en devait déjà ; et ainsi, ayant tiré de lui une obligation de 20,000 drachmes attiques, il ne lui en donna que 17,500 et retint les 2,500 restant, sans qu'Agrippa s'y pût opposer. Après avoir touché cette somme, il s'en alla à Anthédon, où ayant rencontré un vaisseau, il se préparait à continuer son voyage, lorsque Hérennius Capito, qui avait dans Jamnia l'intendance des affaires, envoya des gens de guerre pour lui faire payer 300,000 pièces d'argent qu'on lui avait prêtées du trésor de l'empereur, durant qu'il était à Rome. Agrippa les assura qu'il ne manquerait pas d'y satisfaire ; mais, aussitôt que la nuit fut venue, il fit lever l'ancre et prit la route d'Alexandrie. Quand il y fut arrivé, il pria Alexandre, qui en était alabarche, de lui prêter 200,000 pièces d'argent. A quoi il répondit qu'il ne les lui prêterait pas ; mais qu'il les prêterait à Cypros sa femme, dont il admirait la vertu et l'amour pour son mari. Ainsi, elle fut sa caution, et Alexandre lui donna 5 talens avec assurance de lui faire payer le reste à Puteoles, ne jugeant pas à propos de le lui donner à l'heure même, à cause de sa prodigalité. Et alors Cypros, voyant que rien ne pouvait plus empêcher son mari de passer en Italie, s'en retourna par terre en Judée avec ses enfants.

« Quand Agrippa fut arrivé à Puteoles, il écrivit à l'empereur alors à Caprée, qu'il était venu pour lui rendre ses devoirs, et qu'il le suppliait d'agréer qu'il l'allât trouver. Tibère aussitôt lui répondit qu'il pouvait venir quand il voudrait. L'empereur le reçut très-favorablement; il l'embrassa et le fit loger dans son palais; mais, dès le lendemain, il fut informé par Hérennius du refus qu'Agrippa avait fait de payer sa dette, et Tibère, violemment courroucé, défendit qu'on le laissât approcher de sa personne, avant qu'il se fût acquitté envers le trésor. Agrippa, sans s'étonner de cette colère, pria Antonia de lui vouloir prêter cette somme, afin de l'empêcher de perdre les bonnes grâces de César. Cette princesse, qui conservait toujours le souvenir de l'affection qu'elle avait portée à Bérénice, mère d'Agrippa, et de ce qu'il avait été nourri auprès de Claudius, son fils, lui accorda cette grâce. Ainsi il regagna la faveur de Tibère, qui lui ordonna de prendre soin de Tibère Néron, son petit-fils, fils de Drusus, et de veiller sur ses actions; mais le désir qu'avait Agrippa de reconnaître les faveurs dont il était redevable à Antonia, fit qu'au lieu de satisfaire en cela au désir de l'empereur, il s'attacha d'affection auprès de Caïus, surnommé Caligula, petit-fils de cette princesse, qui était aimée et honorée de tout le monde, à cause de la mémoire de Germanicus son fils; et ayant emprunté 1,000,000 de pièces d'argent d'un affranchi d'Auguste, nommé Allus, qui était de Samarie, il rendit à Antonia ce qu'elle lui avait prêté.

« Ayant donc gagné les bonnes grâces de Caïus, un jour qu'il était dans son chariot avec lui, ils tombèrent sur le discours de Tibère, et Agrippa ayant témoigné le désir de voir bientôt Caïus à sa place, Eutichus son affranchi, qui conduisait le chariot, l'entendit, mais n'en parla point alors. Mais quelque temps après, traduit devant Pison, préfet de Rome, pour avoir volé son maître, au lieu de répondre à l'accusation, il dit qu'il avait un secret à déclarer à l'empereur, qui était important pour sa sûreté. On l'envoya aussitôt à Caprée, et Tibère le fit mettre en prison sans approfondir davantage l'affaire.

« Mais, lorsque ce prince vint de Caprée à Tusculane, Agrippa pria Antonia d'obtenir qu'il voulût bien entendre Eutichus, afin de savoir de quel crime il l'accusait. Et Tibère avait sans doute beaucoup de considération pour elle, tant à cause qu'elle était sa belle-sœur que parce qu'elle était si chaste, qu'encore qu'elle fût fort jeune, lorsqu'elle demeura veuve, qu'Auguste la pressât de se remarier, elle ne voulut jamais passer à de secondes noces, mais vécut dans une si grande vertu, que sa réputation demeura toujours sans tache. Il faut ajouter

qu'il lui était particulièrement obligé de l'affection qu'elle lui avait témoignée ; car Séjan, colonel des gardes prétoriennes, qu'il avait très-particulièrement aimé et élevé à un très-haut degré de puissance, ayant, avec plusieurs sénateurs, plusieurs officiers d'armée, et même des affranchis de Tibère, formé contre lui une grande conspiration qui était sur le point de s'exécuter, elle seule fut cause qu'elle demeura sans effet, parce que l'ayant découverte, elle lui en fit savoir tous les détails par Pallas, le plus fidèle de ses affranchis. Un si grand service augmenta encore de telle sorte l'estime et l'affection qu'il avait déjà pour cette princesse, qu'il lui accorda une confiance sans bornes. Sur la prière qu'elle lui fit de vouloir entendre Eutichus, Tibère lui répondit :
« Que s'il voulait accuser faussement son maître, il en était assez puni
« par les souffrances de la prison, et qu'Agrippa devait prendre garde
« à ne pas s'engager à poursuivre inconsidérément cette affaire, de
« peur que le mal qu'il voulait faire à son affranchi ne retombât sur
« lui-même. » Cette réponse, au lieu de ralentir Agrippa, le fit presser encore davantage Antonia d'obtenir cet éclaircissement de l'empereur. Un jour que Tibère prenait l'air en litière et qu'il était accompagné par Caïus et Agrippa, elle renouvela sa demande ; alors Tibère lui répondit : « Je prends les dieux à témoin que c'est contre mon senti-
« ment et pour ne pas vous refuser que je ferai ce que vous désirez
« de moi... » Aussitôt Eutichus est amené ; Tibère lui demande ce qu'il a à lui dire contre celui à qui il était redevable de sa liberté... : « Un
« jour, seigneur, lui dit-il, que Caïus, que je vois ici, et Agrippa étaient
« ensemble dans un chariot que je conduisais, Agrippa dit à Caïus :
« Ne verrai-je jamais venir le jour où ce vieillard s'en ira en l'autre
« monde et vous laissera le maître de celui-ci, sans que Tibère, son
« petit-fils, vous y puisse servir d'obstacle, puisqu'il sera facile de vous
« en défaire ? Que toute la terre serait heureuse et que j'aurais moi-
« même de part à ce bonheur !...... » Tibère n'eut point de peine à ajouter foi à ces paroles, et ainsi il dit à Macron : « Enchaînez cet homme ; » mais Macron, ne pouvant s'imaginer que ce fût d'Agrippa qu'il s'agissait, différa d'exécuter cet ordre ; Tibère l'ayant renouvelé, Agrippa eut recours aux prières ; mais elles furent inutiles, et les gardes de l'empereur le menèrent en prison sans lui ôter son habit de pourpre. Comme il était échauffé par le vin qu'il avait bu au dîner et que la chaleur était très-grande, il se trouva pressé par la soif, et apercevant Thaumaste, un des esclaves de Caïus, qui portait une cruche pleine d'eau, il lui en demanda, et après avoir bu lui dit : « Ce service ne
« sera point perdu pour vous ; lorsque je serai libre, j'obtiendrai de
« Caïus la liberté de l'esclave qui a pris autant de plaisir à me rendre
« service, que si j'étais dans la bonne fortune. » Agrippa tint sa pro-

messe : devenu roi, non-seulement il fit accorder la liberté à Thaumaste, mais même il le nomma administrateur de tous ses biens, et en mourant le recommanda à son fils Agrippa et à Bérénice sa fille, et ainsi Thaumaste fut conservé toute sa vie dans sa charge.

« Un jour qu'Agrippa était devant le palais avec d'autres prisonniers, la faiblesse que lui causait son chagrin fit qu'il s'appuya contre un arbre sur lequel vint se poser un hibou. Un Allemand, du nombre des prisonniers, l'ayant remarqué et ayant appris qui il était, s'approcha de lui et lui dit : « Je vois bien qu'un si grand et si soudain change-
« ment de fortune vous afflige, et que vous aurez peine à croire que
« votre délivrance soit proche ; mais je prends à témoin les dieux que
« j'adore et ceux que l'on révère en ce pays, qui nous ont mis dans
« ces liens, que ce que je vous dis n'est point pour vous donner une
« vaine consolation : sachez donc ce que cet oiseau qui vient de voler
« au-dessus de votre tête vous présage. Vous serez bientôt libre et
« élevé à la plus grande puissance ; vous serez heureux le reste de
« votre vie, et laisserez des enfants qui succéderont à votre bonheur ;
« mais lorsque vous verrez une seconde fois paraître cet oiseau, vous
« n'aurez plus que cinq jours à vivre. Telles sont les choses que les
« dieux vous présagent. Quand vous vous trouverez dans une si grande
« prospérité, n'oubliez pas ceux qui sont maintenant vos compagnons
« d'infortune. » Cette prédiction, qui plus tard excita l'admiration d'Agrippa, ne lui inspira alors qu'une grande hilarité. Cependant Antonia était très-affectée de sa captivité, et elle l'adoucissait par tous les moyens qui étaient en son pouvoir. Macron lui donnait ses soldats les plus sociables pour gardes, ou lui permettait l'usage du bain ; Silas son ami, Marcias et Stichus, ses affranchis, lui portaient les mets qu'ils savaient lui être les plus agréables. On lui laissait des couvertures dont il se servait la nuit. . . . .
. . . .

« Six mois se passèrent de la sorte ; cependant Tibère mourut et Marcias courut en hâte donner cet avis à son maître : il le trouva prêt à se mettre au bain ; et, s'étant approché, lui dit en hébreu : « Le lion
« est mort. » Agrippa comprit ; dans le transport de sa joie, il lui dit :
« Comment pourrai-je assez reconnaître les services que vous m'avez
« rendus, surtout celui de m'apporter cette nouvelle, surtout si elle est
« véritable ? » L'officier qui le gardait remarquant avec quel empressement Marcias était venu et la joie d'Agrippa, jugea qu'il était arrivé quelque chose d'important, et les pria de lui dire ce que c'était ; ils firent d'abord difficulté, mais enfin Agrippa, qui avait contracté quelque amitié avec lui, lui communiqua la nouvelle ; alors l'officier le félicita de son bonheur, et pour lui prouver la part qu'il y prenait, lui fit un

festin. Mais pendant qu'ils faisaient bonne chère, un bruit contraire assura que Tibère n'était pas mort et qu'il viendrait bientôt à Rome. Une si grande surprise étonna tellement cet officier, qu'il poussa Agrippa de dessus le lit sur lequel ils étaient assis pour manger, en lui disant : « Vous imaginez-vous que je souffre que vous m'ayez trompé « impunément par cette fausse nouvelle de la mort de l'empereur, « et que cette supposition ne vous coûte pas la vie. » En achevant ces mots il le fit enchaîner et garder avec plus de soin que jamais. Agrippa passa la nuit dans la plus grande peine; mais, le lendemain, on ne douta plus de la mort de l'empereur; chacun en parla ouvertement; il en est même qui firent des sacrifices aux dieux pour les remercier. Caïus voulait, dès le jour même, mettre Agrippa en liberté; mais Antonia lui conseilla de différer, non qu'elle manquât d'affection pour lui, mais parce qu'elle estimait que cette précipitation choquerait la bienséance. Néanmoins, peu de jours après, Caïus l'envoya quérir, et ne se contenta pas de lui faire dire de faire couper ses cheveux; il lui mit le diadème sur la tête, l'établit roi de la tétrarchie que Philippe avait possédée, et y ajouta celle de Lysanias. Il voulut aussi, pour marque de son affection, lui donner une chaîne d'or de semblable poids à celle de fer qu'il avait portée. »

FIN DE L'APPENDICE DU TOME PREMIER.

TABLE DES MATIÈRES

DU TOME PREMIER

Préface de la première édition.   VII

JULES CÉSAR.

§ I. — Derniers temps de la République.

An de Rome.	Avant J.-C.		Pages.
619-691	135-63	Idée générale de cette époque...........	1
		Décadence intérieure de Rome depuis la prise de Carthage.	3
		Abondance de l'or et des esclaves........	4
		L'*ager publicus*.......................	4
		Les lois agraires	5
		L'*ager publicus* accaparé par les sénateurs enrichis............................	7
		L'oligarchie des chevaliers.............	7
		L'usure, richesse des chevaliers.........	8
		En tout accroissement de la grande propriété	9
		Culture par les esclaves................	10
		Substitution du pâturage à la culture....	11
		État de misère de la *plebs rustica*, la population romaine des campagnes......	12
		— de la population italique.............	13
		Insalubrité de l'Italie..................·.	14
		Misère des provinces..................	15
		Tyrannie des proconsuls................	15
		— des publicains	16
		Tous les misérables se réfugient à Rome. Encombrement de Rome...............	18
		Expulsions d'étrangers, distributions de blé aux citoyens.	19

An de Rome.	Avant J.-C.		Pages.
		La *plebs urbana*, les privilégiés de l'empire.	20
		Rome se recrute d'étrangers et d'esclaves.	22
		Luttes qui s'établissent pendant le dernier siècle de Rome................	23
619-632	135-122	Les Gracques......................	24
654	100	Saturninus........................	24
661	93	Drusus...........................	24
662	92	Admission de l'Italie au droit de cité.....	24
672	82	Sylla.............................	25
		Restauration de l'ancienne Rome........	25
674	80	L'œuvre de Sylla disparaît après lui......	25
		La concentration des biens encore accrue.	26
		Le luxe augmenté....................	27
		Inanité des droits politiques accordés à l'Italie.......................	28
		Déperdition de la race agricole..........	28
		État de la propriété au temps de la jeunesse de César....................	29
691	63	Loi agraire de Rullus.................	30
		Décadence des institutions politiques, corrélative à celle de la propriété.........	32
		Puissance toute morale des institutions romaines............................	32
		Cette puissance affaiblie par la corruption des idées et de la race..............	34
		Violence au Forum.— Multitude d'esclaves et de gladiateurs....................	34
		Corruption électorale.................	36
		L'Anglais et le Romain................	38
		Corruption des magistratures...........	42
		L'édilité. — La préture. — Le consulat. — La province consulaire...............	42
		Instabilité de tous les pouvoirs..........	44
		Le pouvoir judiciaire a seul une action plus durable.........................	44
		L'*habeas corpus* du citoyen romain........	44
		La justice romaine. — L'accusation. — Le procès............................	45
		Le pouvoir judiciaire violemment disputé.	46
		Sa corruption.......................	47
		Dernier état politique vers l'an 691.......	48
		Oligarchie toujours croissante...........	48
		Pompée. — Cicéron...................	50
		La monarchie attendue et redoutée.......	51

An de Rome.	Avant J.-C.		Pages.
		On peut même dire, décrétée............	52
		Les espérances et les dangers des ambitions romaines....................	52
		Les ambitions patriciennes..............	55
		Un mot sur les historiens de l'époque de César................................	57

§ II. — CÉSAR ET SES COMMENCEMENTS JUSQU'A LA GUERRE CIVILE.

An de Rome.	Avant J.-C.		Pages.
		César. — Sa naissance.................	59
		— Sa jeunesse.....................	59
		— Son portrait....................	61
		— Ses vices......................	61
		— Sa clémence et son humanité........	63
		— Ses dettes......................	65
		— Ses débuts politiques. — Son édilité...	65
691	63	Danger de la république. — Cicéron consul.	67
		Catilina. — Son parti..................	68
		Le danger public proclamé.............	72
		Catilina quitte Rome..................	73
		Ses complices arrêtés..................	73
		— Condamnés et tués.................	75
		La partie italienne du complot..........	76
692	62	Catilina vaincu......................	79
		Intrigues populaires de César............	80
		Triumvirat de César, Pompée, Crassus...	81
695	59	César consul........................	81
		Loi agraire de César..................	81
		Puissance des triumvirs...............	83
		Leur impopularité...................	84
696	58	Exil de Cicéron......................	85
		Fin du triumvirat....................	86
		César part pour la Gaule..............	86
697	57	Rappel de Cicéron....................	87
		Désordres et anarchie dans Rome........	89
698	56	Le triumvirat renoué. — Pompée et Crassus consuls........................	91
699-701	55-53	Amoindrissement de tous les personnages politiques.......................	92
		Crassus. — Sa guerre de Syrie. — Sa mort.	92
		Cicéron. — Caton. — Pompée..........	92
702	52	Clodius tué par Milon. — Pompée seul consul.............................	94

An de Rome.	Avant J.-C.		Pages.
		César seul grandit par sa gloire militaire.	95
		La Gaule...............................	95
		Le génie militaire de César.............	96
		Idée générale des guerres des Gaules.....	99
		Puissance de César absent dans Rome....	101
		Ses adversaires.........................	105
703	51	Première brouille entre César et les pompéiens................................	107
703-704	51-50	Négociations de César...................	107
		Motifs de sa prudence...................	107
705	49	Les pompéiens rompent ouvertement....	109
		César passe le Rubicon..................	109

§ III. — LA GUERRE CIVILE ET LA DOMINATION DE CÉSAR.

		Frayeur du sénat.— Modération de César.	111
		Pompée enfermé dans Brindes. — Il quitte l'Italie................................	114
		Violence des pompéiens.................	114
		Lettre de César.........................	115
		César vient à Rome et force le temple de Saturne...............................	115
		Campagne de César en Espagne..........	116
		Les pompéiens se fortifient en Grèce.....	117
706	48	César passe l'Adriatique.................	118
		Campagne de Pharsale...................	119
		Les pompéiens se croient vainqueurs.....	119
		Bataille de Pharsale.....................	121
		Fuite et mort de Pompée.................	123
707	47	Guerre d'Alexandrie.....................	123
		Le parti pompéien se relève en Afrique...	125
708	46	Guerre d'Afrique........................	125
		Mort de Caton..........................	127
709	45	Seconde guerre d'Espagne. — Défaite du jeune Pompée.......................	127
705-709	49-45	Lutte de César contre son parti..........	130
		Cœlius (706)............................	131
		Antoine (707)..........................	132
		Dolabella...............................	133
		Révolte des légions......................	134
709	45	Triomphe de César à Rome..............	135
		Pouvoir absolu de César. — La révolution accomplie............................	136

An de Rome.	Avant J.-C.		Pages.
		Largesses au peuple et aux soldats.......	137
		Rome livrée aux étrangers..............	138
		Ses dignités prodiguées................	139
		Les commencements de l'esprit impérial..	140
		Il avilissait la dignité humaine..........	140
		Tous les hommes élevés le combattent sans espérer de le vaincre................	143
		Cicéron...............................	143
		César lui-même lutte contre cet esprit....	147
		Politique conservatrice de César.........	148
		Lettres politiques de Salluste............	148
		Lois somptuaires. — Lois pénales. — Mesures en faveur de la race agricole....	150
		Clémence de César. — Rappel des exilés..	152
		La clémence de César fut-elle la cause de sa perte ?...........................	153
		Fausse grandeur qu'on attribue aux gouvernements sanguinaires..............	153
		Réformation du calendrier. — Projets de César...............................	155
		Tristesse de César depuis son retour d'Espagne..............................	156
		Honneurs inouïs acceptés par lui. — Son arrogance............................	156
		Son affaiblissement, ses pressentiments sinistres...............................	159
		Projets de guerre contre les Parthes.....	159
		César veut être roi.....................	160
710	44	Antoine lui offre la couronne............	160
		Complot contre César..................	161
		César tué.............................	163
		Consternation et désordre dans Rome....	164
		Funérailles et apothéose de César........	165
		Un mot sur la mission de César.........	167

AUGUSTE.

§ I. — CÆSAR OCTAVIANUS. — ÉTABLISSEMENT DE LA MONARCHIE.

An de Rome.	Avant J.-C.		Pages.
710	44	Auguste, sa naissance, son caractère, sa situation politique...................	170
		Puissance d'Antoine après la mort de César.................................	174

An de Rome	Avant J.-C.		Pages.
711	43	Octave lui déclare la guerre............	174
		Triumvirat d'Antoine, Octave et Lépidus.	175
712	42	Guerre de Macédoine contre les meurtriers de César. — Bataille de Philippes......	178
		Octave gouverne l'Italie................	180
713	41	Guerre de Pérouse.................	181
		Sextus Pompée tient la mer............	181
715	39	Paix entre Antoine, Octave et Sextus.....	182
		Antoine en Asie. — Il voit Cléopâtre.....	182
715-721	39-33	Octave défait Sextus et pacifie l'Italie.....	183
721	33	Antoine épouse Cléopâtre................	184
722	32	Octavie répudiée.................	184
723	31	Guerre et bataille d'Actium............	185
724	30	Octave devant Alexandrie.............	187
		Mort d'Antoine et de Cléopâtre..........	188
725	29	Triomphe d'Octave à Rome............	189
		État d'anarchie de la république.........	189
		Pauvreté universelle. — Octave seul riche secourt tout le monde................	191
725-829	29-25	Sa politique. — La république maintenue à titre officiel........................	192
		Le gouvernement monarchique s'élève sans bruit à côté d'elle....................	195
		Les républicains s'adoucissent...........	197
		Goût des arts et de la poésie............	197
		Les vétérans satisfaits, puis disciplinés....	200
		Le peuple.— Auguste l'amuse et le nourrit.	201
		Frumentations, libéralités................	202
		Spectacles........................	202
		Monuments..........................	204
		Libéralités testamentaires au peuple romain...........................	205
		Simplicité d'Auguste...................	206
		Son esprit de conciliation et d'humanité..	207
		Sa popularité..........................	207

§ II. — AUGUSTUS CÆSAR. — RESTAURATION DE L'ANCIENNE ROME.

Efforts d'Auguste pour guérir les plaies de l'empire.........................	208
Affaiblissement de la race romaine.......	208
Sa corruption par les affranchissements.— Invasion de la race servile............	209

An de Rome.	Avant J.-C.		Pages.

La propriété incertaine et sans protection. 210
Spoliations successives 211
Auguste délibère entre Agrippa et Mécène. 212
Mécène, son caractère. — Il propose, selon Dion, la monarchique unitaire et bureaucratique...................... 212
Mais Auguste devait incliner vers le parti qu'il avait vaincu; il cherche à restaurer l'ancienne Rome.................. 214
Esprit progressif des institutions de l'ancienne Rome...................... 217
La censure, gardienne et directrice de ce progrès......................... 218
Auguste rétablit la censure afin d'arriver à la réforme de l'État................ 219
Recrutement du peuple romain.......... 219
Impôt des successions établi sur les citoyens romains 220
Restauration de la propriété et de la culture........................... 221
Réforme du sénat, — des chevaliers...... 223
— du peuple. — Droit de cité donné avec mesure........................ 224
Lois sur les affranchissements et les mésalliances 224
Résurrection de l'ancienne cité.......... 224
Plaie du célibat; — lois contre le célibat. 225
Auguste évoque tous les souvenirs de l'ancienne Rome...................... 229
Sa littérature religieuse, morale et romaine. 229
Un demi-siècle de repos et d'équilibre donné au monde....................... 231
Cependant les plaies de l'empire subsistent. — Concentration des biens. — Dépopulation de l'Italie.................. 232
Insuffisance de la culture. — Frumentations. — Expulsions d'étrangers....... 232
Accroissement de la population servile. — Faiblesse de la population militaire..... 233
Affaiblissement des idées, des mœurs et de la religion romaine................ 234
La divinité de l'empereur seule en crédit. 235
Inutilité des lois contre le célibat........ 236
Désordres d'Auguste................. 237

An de Rome.	Avant J.-C.		Pages.
752	2	Sa famille. — Désordres des deux Julies..	238
		Le génie romain et la grandeur de ses souvenirs reste pourtant l'unique soutien de	
	Après J.-C.	l'empire..	240
767	14	Gloire d'Auguste. — Sa mort............	242

TIBÈRE.

§ I. — LA FAMILLE IMPÉRIALE.

An de Rome	Avant J.-C.		Pages
		De l'éducation romaine.................	244
		Étude universelle de l'éloquence, elle subsiste sous les empereurs, quoique inutile. — Éducation déclamatoire...........	246
		Les grammairiens	251
		Les rhéteurs.........................	252
		Orateurs, instruments de la puissance de Tibère...........................	256
		Tibère................................	257
		Sa jeunesse, son exil à Rhodes...........	258
		Son caractère chagrin et difficile.........	258
767	14	Ses craintes au commencement de son règne. — Sa modestie et la sagesse de son administration.....................	259
772	19	Mort de Germanicus..................	263
773	20	Élévation de Séjan...................	264
776	23	Drusus, fils de Tibère, empoisonné......	264
		Inimitié de Séjan contre la maison de Germanicus.............................	265
779	26	Tibère quitte Rome pour n'y plus revenir.	266
782	29	Accusation contre Agrippine, veuve de Germanicus et Néron son fils.............	267
784	31	Chute de Séjan.......................	269
786	33	Massacre des amis de Séjan............	271

§ II. — LA POLITIQUE DE TIBÈRE.

An de Rome	Avant J.-C.		Pages
776-788	23-35	Affaiblissement des traditions d'Auguste..	273
		Progrès du luxe......................	273
		Politique nouvelle que Tibère commence à fonder.............................	275

			Pages.
An de Rome.	Après J.-C.		

Divinité de la république devenue la divinité des Césars...................... 276
Lois de lèse-majesté employées d'abord avec timidité et réserve............... 277
Droit d'accusation..................... 277
Inimitiés.............................. 278
Métier de délateur..................... 280
Prétextes des accusations.............. 282
Isolement de l'accusé.................. 283
Il ne cherche pas à fuir, pourquoi?.... 234
Jugement par le sénat.................. 285
L'accusé se fait quelquefois accusateur.... 287
Suicide................................ 288
Accusations multipliées................ 289
Tristesse profonde de cette époque. — Fatalisme. — Suicide................... 289
Peur universelle. — Raison de cette peur. 291
L'égoïsme national, fondement des sociétés antiques.......................... 293
L'esprit de nationalité brisé par la conquête romaine............................ 294
Égoïsme individuel. — Nul ne secourt personne............................... 295
Le sénat, le centre de l'aristocratie, le chef du gouvernement républicain est le premier instrument de la tyrannie de Tibère................................. 296
Terreur de Tibère lui-même............. 298
Sa retraite de Caprée.................. 299
Thrasylle son astrologue............... 301
Tristesse de Tibère. — Son affaiblissement. 302
Ses débauches.......................... 302
Ses cruautés à Caprée.................. 303
Abandon de l'empire. — Succès des barbares. — Relâchement de l'administration................................. 304
Apathie universelle.................... 305
Indépendance des généraux.............. 306
La politique de Tibère devait durer après lui.................................. 308
Tibère et les révolutionnaires français.... 308
Apologistes de Tibère.................. 311
Réaction sous Trajan contre l'esprit de Tibère et l'éducation déclamatoire........ 315

An de Rome.	Après J.-C.		Pages.
790	37	Mort de Tibère........................	318
		Ses funérailles........................	319

CALIGULA.

§ I. — CAÏUS CÉSAR. — SON GOUVERNEMENT A ROME.

		Caïus Caligula, fils de Germanicus. — Sa jeunesse menacée et corrompue........	322
790	37	Sa popularité........................	323
		Joie du peuple à son avénement..........	323
		Le testament de Tibère cassé............	323
		Modération et clémence de Caligula......	324
		Timidité des empereurs à leur début......	324
		Leur nullité officielle....................	324
		Leur pauvreté........................	326
		Bonheur de l'empire sous Caïus.........	327
		Sa maladie...........................	328
		Sa folie..............................	328
		Caractères de la folie impériale..........	329
		Rome vue du haut du mont Palatin......	329
790-701	37-38	Mort de Silanus, — du jeune Tibère, — de Macron.............................	331
		Divinité de Caïus......................	332
791	38	Sa douleur à la mort de Drusille.........	334
791-792	38-39	Il veut réhabiliter Tibère................	334
		Cruauté instinctive de Caligula..........	335
		Ses sophismes........................	336
		Ses recherches de cruauté..............	337
		Caligula démocrate, et cependant cruel envers le peuple.......................	338
		Ses spectacles. — Incitatus.............	339
		Jalousie de Caïus pour tous les talents et pour tous les succès..................	340
		Ses goûts d'artiste....................	340
		Son éloquence........................	341
		Passion de l'impossible.................	342
		Pont sur la mer à Pouzzol..............	343
		Le fisc épuisé. — Nouvelles proscriptions pour le remplir.....................	345
		L'empereur héritier universel...........	346

An de Rome.	Après J.-C.		Pages.
		Inventions fiscales...................	347
		Caïus reçoit des étrennes.............	348
		Il vend le mobilier de ses sœurs........	349
		Caïus riche une seconde fois...........	350

§ II. — CAÏUS CÉSAR. — SES GUERRES ET SA MORT.

An de Rome.	Après J.-C.		Pages.
792	39	L'Italie épuisée, le pillage des provinces tente Caïus......................	351
		Son départ pour la Germanie...........	351
		Il y fait la guerre sans trouver d'ennemis.	352
		Pillage des Gaules....................	353
793	40	Sa guerre de Bretagne sans passer la mer.	353
		Son triomphe........................	354
		Son retour à Rome, menaçant pour le sénat.	354
		Querelle des Juifs et des Égyptiens à Alexandrie......................	355
		Querelle de Caïus contre les Juifs de Jérusalem............................	356
		Josèphe et Philon, historiens juifs.......	358
		Audience donnée par Caïus aux députés des Juifs d'Alexandrie...............	358
		Cassius Chéréa, tribun du prétoire......	360
794	41	Sa conspiration contre Caïus...........	361
		Mort de ce prince....................	363
		Mouvement qui suivit sa mort..........	363
		Regrets des soldats et d'une partie du peuple...............................	363
		La garde germaine prête à massacrer le peuple au théâtre....................	364
		Le sénat veut ressaisir la liberté........	365
		Les prétoriens trouvent Claude caché dans le palais et le font empereur...........	365
		Le roi juif Agrippa auprès de Claude, puis dans le sénat......................	367
		Négociations entre le sénat et Claude....	367
		Le sénat se refroidit. — Le peuple et les soldats vont à Claude.................	368
		Les sénateurs y viennent eux-mêmes.....	369
		Claude reconnu par tous. — Amnistie. — Mort de Chéréa.....................	370
		Sur le caractère de Caïus. — Son incohérence. — Ses contradictions...........	370

An de Rome.	Après J.-C.		Pages.
		Il fut aimé pourtant, et de qui............	372
		Un mot sur les commencements du christianisme.............................	374
		Misère et corruption de la civilisation antique................................	375
		Puissance des prétoriens, grand résultat du règne de Caïus.....................	377

APPENDICE.

Des lois romaines pendant le dernier siècle de la république...... 379
Histoire du roi Agrippa....................................... 386

FIN DE LA TABLE DU TOME PREMIER.

PARIS. — IMPRIMERIE DE J. CLAYE, RUE SAINT-BENOIT 7.